वाणिज्य-शिक्षण
TEACHING OF COMMERCE

डॉ. हंसराज पाल

प्रोफेसर

शिक्षा संस्थान, देवी अहिल्या वि.वि., इन्दौर

डॉ. मंजुलता शर्मा

लेक्चरर

श्री वैष्णव कॉलेज ऑफ टीचर्स ट्रेनिंग, इन्दौर

SHIPRA

ISBN: 978-81-7541-561-4

First Published in India in 2010

वाणिज्य-शिक्षण

Published by:
SHIPRA PUBLICATIONS
H.O.: LG 18-19, Pankaj Central Market, I.P. Ext.,
Patparganj, Delhi-110092, Tel: 2223 5152, 2223 6152, 9810522367
Br. Off.: 4617/18, Ansari Road, Darya Ganj,
New Delhi-110002, Tel: 6594 6453, 9810522367
E-mail: info@shiprapublications.com
www.shiprapublications.com

प्राक्कथन

शिक्षक-प्रशिक्षण का मुख्य उद्देश्य प्रशिक्षणार्थियों (भावी अध्यापकों) को अध्यापन कार्य में कुशल बनाना होता हैं। वैसे तो प्रशिक्षित और गैर-प्रशिक्षित, दोनों तरह के अध्यापक अध्यापन कार्य करते हैं, लेकिन उनके अध्यापन-कार्य में अन्तर होता है। प्रत्येक विषय और विषयवस्तु की अपनी आवश्यकताएं (Requirement) होती हैं। उनके अध्यापन के लिए विभिन्न शिक्षण विधियों, प्रविधियों, सहायक सामग्रियों की आवश्यकता होती है, और इनका ज्ञान शिक्षक प्रशिक्षण शिक्षा में दिया जाता है। अतः गैर-प्रशिक्षित शिक्षक विषय वस्तु की इन आवश्यकताओं को समझ नहीं पाते हैं और इसी वजह से उनका अध्यापन कार्य प्रभावी नहीं बन पाता है।

वाणिज्य विषय की प्रकृति अन्य विषयों जैसे - विज्ञान, सामाजिक विज्ञान, समाजशास्त्र, भाषाओं (हिन्दी, अंग्रेजी, संस्कृत या अन्य), गृहविज्ञान, मनोविज्ञान, गणित इत्यादि से अलग होती है। यह विज्ञान के साथ-साथ कला भी है। इसमें सैद्धान्तिक व प्रायोगिक, दोनों तरह के विषयों को शामिल किया गया है। अतः वाणिज्य का अध्यापन कराना एक जटिल व चुनौतीपूर्ण कार्य हैं। वाणिज्य विषय का जन्म भी अन्य सभी विषयों के जन्म के कई समय पश्चात् हुआ है। प्रारम्भ में इसे अर्थशास्त्र विषय का ही एक भाग माना जाता था। लेकिन धीरे-धीरे इसकी महत्ता व्यावसायिक क्षेत्र के साथ-साथ दैनिक जीवन में भी स्वीकार की गई और इसे सामान्य शिक्षा पाठ्यक्रम एवं व्यावसायिक शिक्षा पाठ्यक्रम, दोनों में शामिल किया गया।

वर्तमान युग तकनीकी युग है, अतः व्यापार, बैंकिंग, प्रबंधन इत्यादि क्षेत्रों में नई-नई संकल्पनाएं आ गई हैं। ये सभी क्षेत्र वाणिज्य से सम्बन्धित है। आज व्यापार में दूरभाष, मोबाइल, फैक्स से लेकर कम्प्यूटर, अन्तरजाल (Internet), ई वाणिज्य, एम-वाणिज्य तक का उपयोग किया जा रहा है। भौतिक संसाधनों के साथ-साथ मानवीय संसाधनों का कुशलतापूर्वक व अधिकतम उपयोग, उत्पादनिर्दिष्टता, प्रणाली उपागम (अदा, प्रक्रिया व प्रदा) के सिद्धांतों को अपनाया जा रहा है। चूँकि वाणिज्य विषय अधिक पुराना नहीं है, तथा इसमें नित नयी संकल्पनाओं का प्रादुर्भाव हो रहा है, अतः इसके शिक्षकों को कई कठिनाइयों का सामना करना पड़ता है। वाणिज्य के शिक्षक को व्यापार, उद्योग, व्यवसाय, वाणिज्य शब्दों का अर्थ जानना आवश्यक होता है। वाणिज्य विषय की प्रकृति अन्य विषयों से भिन्न होने के कारण इसके लिए प्रयुक्त की जाने वाली शिक्षण-विधियों, प्रविधियों, सहायक सामग्रियों,

शिक्षण-प्रतिमान इत्यादि का पर्याप्त ज्ञान एक शिक्षक को अपना अध्यापन प्रभावी बनाने में मदद करता है।

प्रस्तुत पुस्तक में उपर्युक्त सभी संकल्पनाओं के साथ ही अनुदेशन सामग्री, जर्क तकनीक, ई-वाणिज्य, टैली पैकेज, मापन, आकलन एवं मूल्यांकन, एक अच्छे परीक्षण के गुण, उपलब्धि परीक्षणों का मानकीकरण, निकष सन्दर्भित परीक्षण एवं मानक सन्दर्भित परीक्षण, निदानात्मक परीक्षण, उपचारात्मक शिक्षण, वाणिज्य में बनाए जाने वाले विभिन्न प्रकार के प्रश्न, बहुविभेदात्मक पद, अभिप्राय, लक्ष्य एवं उद्देश्य, वाणिज्य पाठ्यपुस्तक व अध्यापक की विशेषताएँ, संकल्पना प्राप्ति प्रतिमान व जाँच प्रशिक्षण प्रतिमान के साथ भारत में वाणिज्य-शिक्षा का विकास इत्यादि को शामिल किया गया है। वाणिज्य-शिक्षण की हिन्दी या अंग्रेजी भाषा की किसी भी एक पुस्तक में उपर्युक्त सभी संकल्पनाएँ एक साथ नहीं मिलती है, जबकि ये वाणिज्य विषय के शिक्षण के लिए आधारशिला का कार्य करती हैं, इससे प्रस्तुत पुस्तक की उपयोगिता सिद्ध होती है।

पुस्तक को बोधगम्य बनाने व अंग्रेजी माध्यम के विद्यार्थियों की सहायता के लिए पुस्तक के अंत में शब्द-सूची के अन्तर्गत तकनीकी व महत्वपूर्ण शब्दों को अंग्रेजी पर्याय के साथ दिया गया है। इसके साथ ही विस्तृत सन्दर्भ सूची भी दी गई है जिसका उपयोग जिज्ञासु विद्यार्थी, शोध छात्र एवं अध्यापक कर सकेंगे।

यह पुस्तक का प्रथम संस्करण है, इसमें कमियां हो सकती है, अत: विद्यार्थियों, अध्यापकों, शैक्षिक प्रशासकों व विषय-विशेषज्ञों से निवेदन है कि वे पुस्तक की न्यूनताएँ एवं अपनी अमूल्य राय हमें बताएं ताकि अगले संस्करण में उन्हें सुधारा जा सके। लेखक इसके लिए उनके ऋणी रहेंगे।

पुस्तक लिखने में सन्दर्भ सूची में दर्शायी पुस्तकों, शोध पत्रिकाओं, विश्वकोषों, अन्तरजाल की वेबसाइट्स एवं अन्य सामग्रियों का प्रत्यक्ष व परोक्ष रूप से उपयोग किया गया है। साथ ही साथ चित्रों का उपयोग भी किया गया है, उक्त सभी के लेखकों के प्रति हम हृदय से आभारी हैं।

डॉ. आशा पाल, सहायक प्राध्यापक आदर्श होलकर विज्ञान महाविद्यालय इन्दौर ने पुस्तक को त्रुटिरहित बनाने में सतत योगदान दिया जिसे शब्दों में व्यक्त करना सम्भव नहीं है। डॉ. राजेन्द्र पाल, रीडर (सी.आई.ई.टी. नई दिल्ली) ने साहित्य संकलन में सहयोग दिया तथा राकेश देवड़ा रिसर्चफेलो शिक्षा संस्थान ने सामग्री संकलन में सहायता की इसके लिए इन सभी को साधुवाद। संस्थागत पुस्तकालय की ग्रंथपाल श्रीमती स्वाति मजुमदार एवं उनके सहयोगियों ने सहर्ष पुस्तकें प्रदान की इसके लिए हम उनके आभारी हैं।

इन्दौर
फरवरी, 2010

डॉ. हंसराज पाल
डॉ. मंजुलता शर्मा

अनुक्रमणिका

1. वाणिज्य एवं वाणिज्य शिक्षा
(Commerce and Commerce Education)

किसी भी देश की शिक्षा योजना वहाँ के सामाजिक और आर्थिक ढाँचे के आधार पर बनाई जाती है। भारत एक कृषि प्रधान देश है जहाँ के लोगों का मुख्य व्यवसाय कृषि है। भारत देश में कृषि का विकास जीविकोपार्जन के रूप में हुआ है, यहाँ कृषि उद्योग के रूप में नहीं की जाती है। प्रारम्भ में मनुष्य की आवश्यकताएँ अत्यन्त सीमित थी। वह अपनी आवश्यकताओं की पूर्ति कृषि के द्वारा अन्न पैदा कर तथा अतिरिक्त अन्न का वस्तु विनिमय प्रणाली के अन्तर्गत विनिमय कर, पूर्ण कर लेता था। अतः प्रारम्भ में हमारे यहाँ किसी प्रकार की वाणिज्य शिक्षा की आवश्यकता अनुभव नहीं की गयी। इसके अतिरिक्त प्राचीन समय में हमारे देश में वर्ण-व्यवस्था प्रचलित थी, जिसके अन्तर्गत मनुष्यों को उनके कर्म के अनुसार चार वर्गों – ब्राह्मण, क्षत्रिय, वैश्य व शूद्र में बाँटा गया था। इसमें शिक्षा प्रदान करने व भगवान की आराधना का कार्य करने वाले ब्राह्मण कहलाते थे, सेना में कार्य करने वाले व राज्य की सुरक्षा करने वाले क्षत्रिय कहलाते थे, वस्तुओं का विनिमय व माल का क्रय-विक्रय करने का अधिकार वैश्यों को था तथा सफाई का कार्य करने वाले शूद्र कहलाते थे। अतः वर्ण-व्यवस्था के अनुसार प्रत्येक वर्ग में पीढ़ी-दर-पीढ़ी समान कार्य किया जाता था। ब्राह्मण का बेटा पूजा-पाठ व शिक्षा प्रदान करने का ही कार्य करता था और क्षत्रिय का बेटा अपने दादा-पिता की तरह सेना में ही कार्य करता था। इस वर्ण व्यवस्था में व्यापार करने का उत्तरदायित्व केवल वैश्यों का था। व्यापारी का बेटा व्यापारी ही बनता था, तथा उसके व्यापार करने के कार्य का आधार उसका पारिवारिक अनुभव होता था। उस समय संयुक्त परिवार प्रणाली प्रचलित होने के कारण बालक को व्यापार करने के लिए किसी तरह की औपचारिक व्यावसायिक शिक्षा की आवश्यकता नहीं होती थी। वह परिवार में ही रहकर अपने दादा-पिता-चाचा-ताऊ से व्यापार की मूल बातें सीखता था।

प्रारम्भ में विज्ञान एवं प्रौद्योगिकी का इतना विकास नहीं हुआ था, लेकिन वर्तमान युग तकनीकी व परिवर्तन का युग है। आज तकनीकी का अत्यन्त विकास हो चुका है तथा उसमें भी निरन्तर परिवर्तन होता जा रहा है। पहले जहाँ मनुष्य हाथों से ही सभी कार्य कर लिया करते थे तथा कुछ प्रयासों द्वारा अपने आस-पास के व्यक्तियों से ही अपनी आवश्यकताओं की पूर्ति कर लिया करते थे, वहीं आज वे इन आवश्यकताओं की पूर्ति के लिए एक शहर से दूसरे शहर तथा एक राष्ट्र से दूसरे राष्ट्र में वस्तुओं व सेवाओं का क्रय विक्रय करते हैं। अब वस्तुओं का उत्पादन मशीनों से किया जा रहा है। उत्पादन की इकाइयों व गुणवत्ता

में विस्तार व उसमें लगने वाले समय में संकुचन हो गया है। मशीनों से कार्य करने के लिए व्यक्ति को तकनीकी ज्ञान, मशीनों के संचालन व रख रखाव की जानकारी होना चाहिए। समय के साथ मनुष्य के रहने के स्तर, फैशन, जीवनयापन की शैली में परिवर्तन होने से एक ही उत्पाद की कई किस्में (Variety) प्रचलित हो गयी हैं।

प्रारम्भ में उद्योगों व व्यवसायों में भी इतनी विशिष्टता नहीं थी, जितनी कि आज है। अत: व्यापारियों को अपने व्यापार के संचालन के लिए किसी प्रकार की वाणिज्य शिक्षा की आवश्यकता नहीं होती थी। वे थोड़े बहुत ज्ञान से व्यापार का संचालन कर लेते थे। लेकिन आज कई तरह के व्यवसाय व उद्योग खुल गये हैं, जिनमें एक से अधिक व्यक्ति मिलकर कार्य करते हैं। प्रत्येक व्यक्ति में कुछ योग्यताएँ व कमियाँ होती हैं, वह किसी कार्य को अत्यन्त कुशलतापूर्वक कर सकता है, वहीं दूसरे कार्य को सामान्य रूप में कर सकता है।

चूँकि प्रत्येक व्यक्ति को जीविकोपार्जन के लिए कुछ कार्य करना होता है, और यदि उसे उसकी योग्यता के अनुसार कार्य मिलता है तो वह अपने जीवन में समायोजित होता है और स्वयं की व अपने परिवार की उन्नति करते हुए देश व समाज की उन्नति में भी अपना योगदान देता है। वर्तमान में व्यापार का क्षेत्र विस्तृत होने से भी व्यावसायिक प्रतिस्पर्धा की स्थिति उत्पन्न हो गयी है। अत: इन सभी कारणों से व्यवसायों में विशिष्टीकरण हो गया है, जिससे अलग-अलग व्यवसायों के लिये अलग-अलग प्रकार की योग्यताओं की आवश्यकता उत्पन्न हो रही है। अत: वर्तमान में वाणिज्य शिक्षा को विद्यार्थियों के लिए अत्यन्त महत्वपूर्ण व आवश्यक समझा जा रहा है और इसीलिए इसे अब विद्यालय स्तर महाविद्यालय स्तर, व विश्वविद्यालय स्तर पर आवश्यक रूप से शामिल किया जा रहा है। इसे सामान्य शिक्षा के रूप में सभी विद्यार्थियों के लिए आवश्यक समझा जा रहा है, चाहे वे विद्यार्थी वाणिज्य को मुख्य विषय के रूप में ले अथवा नहीं। इसका कारण यह है कि सभी विद्यार्थियों को बैंक और डाकघर संबंधित सेवाएँ, वस्तुओं के क्रय-विक्रय, उद्योगों व व्यापारों तथा उनसे संबंधित विभिन्न नियमों, कराधानों इत्यादि की जानकारी होना आवश्यक है तथा व्यावसायिक शिक्षा के रूप में यह उन विद्यार्थियों के लिए आवश्यक है जो भविष्य में वाणिज्य से संबंधित व्यवसायों को अपनाएँगे।

वाणिज्य शिक्षा को व्यावसायिक शिक्षा (Business Education), वाणिज्यिक शिक्षा (Commercial Education) व व्यावसायिक अध्ययन (Business Studies), अनुप्रयुक्त आर्थिक शिक्षा (Applied Economic Education), वाणिज्यिक विज्ञान (Commercial Science), वाणिज्य के लिए शिक्षा (Education for Commerece) इत्यादि कई नामों से जाना जाता है। वास्तव में ये सभी शब्द पर्यायवाची हैं। लेकिन वाणिज्य शिक्षा के अर्थ को जानने के पहले हमें 'वाणिज्य' शब्द का अर्थ जानना आवश्यक है।

वाणिज्य का अर्थ (Meaning of Commerce)

सामान्यत: वाणिज्य का अर्थ व्यक्ति द्वारा अपने जीवनयापन के लिए किए जाने वाले कार्य या आर्थिक आवश्यकताओं की पूर्ति करने के लिए की जाने वाली क्रियाओं से लगाया जाता है।

लेकिन व्यक्ति अपने जीवन यापन करने या प्राथमिक भौतिक आवश्यकताओं की पूर्ति करने के लिए कई तरह के कार्य करते हैं जैसे व्यापार, उद्योग, विभिन्न सेवाएं (चिकित्सक, वकील, शिक्षक, पुलिस, नर्स, इंजीनियर) इत्यादि। अतः यदि वाणिज्य का अर्थ व्यक्ति द्वारा अपनी आर्थिक आवश्यकओं की पूर्ति करने वाली क्रियाओं से लगाया जाता है तो इसका अर्थ है कि वाणिज्य में चिकित्सा, कानून, शिक्षा, सेना, यांत्रिकी इत्यादि सभी क्षेत्रों का ज्ञान शामिल करना चाहिए। चूँकि ये सभी क्षेत्र अलग-अलग हैं और इनके अपने सिद्धांत प्रतिमान व उपागम हैं अतः इन्हें वाणिज्य विषय में शामिल नहीं किया जा सकता है। वाणिज्य में व्यापार, उद्योग व इनसे संबंधित विभिन्न क्रियाओं जैसे उत्पादन, वितरण, विपणन, प्रबंधन, यातायात, बैंकिंग, बीमा, माल का क्रय-विक्रय, भण्डारण, विज्ञापन, विनिमय, राजस्व, वित्तीय व्यवस्था, आर्थिक संगठन, मानय संसाधन, प्रबंधन, कराधान, सम्प्रेषण, सूचना एवं सम्प्रेषण तकनीकी (Information & Communication Technology) आशुलिपि (Shorthand), टंकण कला (Typing) इत्यादि का ज्ञान दिया जाता है। अतः यह कहा जा सकता है कि वाणिज्य वस्तुओं व सेवाओं को उत्पादकों/निर्माताओं से उपभोक्ताओं तक पहुँचाने का माध्यम/कड़ी है।

इनमें वस्तुओं या सेवाओं के निर्माण, वितरण व विपणन से संबंधित क्रियाएँ की जाती हैं। चूँकि वाणिज्य के इस अर्थ में वस्तुओं के साथ सेवाओं को भी शामिल किया गया है। अतः यह जानना आवश्यक है कि प्रत्यक्ष रूप से प्रदान की जाने वाली वे सेवाएँ जो व्यापार से संबंधित नहीं हैं, इसमें शामिल नहीं की जायेगी। अतः चिकित्सक, वकील, शिक्षक, नर्स, इंजीनियर, हवाई जहाज चालक इत्यादि द्वारा प्रत्यक्ष रूप से दी जाने वाली सेवाएँ वाणिज्य के अन्तर्गत नहीं आयेंगी, लेकिन यदि किसी व्यक्ति या संस्था द्वारा इन लोगों से सेवाएँ लेकर अन्यों को प्रदान की जाती हैं तो उसे वाणिज्य के अन्तर्गत शामिल किया जा सकता है। जैसे किसी ट्रस्ट द्वारा विद्यालय/अस्पताल खोलना। इसी के साथ लिपिक, कर सलाहकार, चार्टर्ड एकाउंटेंट, कम्पनी सेक्रेटरी इत्यादि के कार्य को वाणिज्य में शामिल किया जायेगा, क्योंकि इन व्यक्तियों के लिए वाणिज्य विषय का विशिष्ट ज्ञान होना अत्यावश्यक है। वाणिज्य की संकल्पना स्पष्ट करते समय कुछ शब्दों जैसे व्यापार, उद्योग, इत्यादि कई बार प्रयुक्त होते हैं। चूंकि इनका अर्थ वाणिज्य के अर्थ में निहित होता है अतः इनका अर्थ जानना आवश्यक है।

व्यापार (Trade)

व्यापार का अर्थ वस्तुओं के क्रय-विक्रय से लगाया जाता है। जब कोई व्यक्ति किसी वस्तु या सेवा को विक्रय के उद्देश्य से क्रय करता है तो उसके द्वारा किए जाने वाले इस क्रय विक्रय को व्यापार कहते हैं और ऐसा कार्य करने वाले को व्यापारी कहते हैं।

हेनसन के वाणिज्य एवं अर्थशास्त्र शब्दकोष (1977) के अनुसार, "सामान्यतः अब व्यापार का अर्थ वस्तु विनिमय के स्थान पर माल के खरीदने एवं बेचने से लिया जाता है। यह वाणिज्य के दो मुख्य विभागों में से एक है। दूसरा वाणिज्य के सहायक के रूप में शामिल है। जैसे यातायात, बैंकिंग एवं बीमा। प्रायः व्यापार को देशी (होलसेल एवं खुदरा)

और विदेशी (आयात निर्यात और गोदाम) के रूप में वर्गीकृत किया जाता है। श्रम के बढ़ते विभाजन और विशिष्टिकरण से व्यापार की मात्रा बहुत बढ़ी है।''

उद्योग (Industry)

उद्योग का अर्थ ऐसी क्रिया से लगाया जाता है जिसमें किसी वस्तु का उत्पादन किया जाता है। तथा ऐसे स्थान को कारखाना/मिल (फेक्ट्री) व ऐसा कार्य करने वाले व्यक्ति (जिसका स्वामित्व हो) को उद्योगपति (Industrialist) कहा जाता है। जैसे हमारे देश में रतन टाटा, बिड़ला, मुकेश अम्बानी इत्यादि प्रसिद्ध उद्योगपति हैं।

हेनसन के वाणिज्य एवं अर्थशास्त्र शब्दकोश (1977) के अनुसार, ''उद्योग को फर्मों के समूह जो एक दूसरे से प्रतिस्पर्धा करते हैं, के रूप में परिभाषित किया जाता है। किन्तु एकाधिकार (Monopoly) एवं राष्ट्रीयकृत उद्योग में फर्म एवं उद्योग एक है। एक फर्म अनेक उत्पाद बना सकती है, जो कि अलग-अलग उद्योग से संबंधित हों, उद्योग को भी उत्पादन की एक शाखा, जो कि एक उत्पाद बनाती है, के रूप परिभाषित किया जा सकता है। उदाहरणार्थ जहाज निर्माण।''

वाणिज्य में व्यापार व उद्योग दोनों को शामिल किया जाता है। इसमें वस्तुओं का क्रय-विक्रय भी किया जाता है और उत्पादन भी। इसके अतिरिक्त सभी सहायक सेवाएं (Ancillary Services) जैसे बैंकिंग, बीमा, मालगोदाम, यातायात (Transport) इत्यादि शामिल है।

वाणिज्य शिक्षा (Commerce Education)

समय के साथ-साथ वाणिज्य शिक्षा की परिभाषा में परिवर्तन होता रहा है। विभिन्न विद्वानों ने विभिन्न पहलुओं को ध्यान में रखते हुए वाणिज्य शिक्षा की विभिन्न परिभाषाएँ दी हैं, जो इस प्रकार हैं–

हेरिक (1904) के अनुसार, ''वाणिज्य शिक्षा अनुदेशन का वह रूप है जो प्रत्यक्ष व परोक्ष रूप से व्यापारी को उसके कार्यों के लिए तैयार करें।''

लॉन (1922) के अनुसार, ''वह शिक्षा, जो एक व्यापारी के पास है या जो उसे एक बेहतर व्यापारी बनाती है, उसके लिए वाणिज्य शिक्षा है, चाहे वह विद्यालय की चहारदीवारी में प्राप्त की गई हो अथवा नहीं।''

उपर्युक्त परिभाषाओं में से हेरिक (1904) की परिभाषा के अनुसार वाणिज्य शिक्षा केवल व्यापारी वर्ग के लिए ही होती है। उन्होंने इसमें अन्य वर्गों एवं सेवाओं को शामिल नहीं किया है, दूसरे इसमें अनुदेशन के उसी रूप को सम्मिलित किया गया है जो एक व्यापारी को उसके कार्यों में मदद करें। इसी तरह लॉन ने भी व्यापारी को मदद करने वाली शिक्षा को ही वाणिज्य शिक्षा माना है। इसके साथ ही उन्होंने यह भी माना है कि यह शिक्षा विद्यालय या विद्यालय के बाहर भी प्राप्त की जा सकती है, अर्थात, उन्होंने व्यापारी के लिए व्यावहारिक ज्ञान पर बल दिया है। लेकिन उन्होंने यह नहीं बताया कि विद्यालय में यह शिक्षा कैसे दी जाए? अतः ये परिभाषाएँ संकुचित हैं।

लोमेक्स (1928) के अनुसार, ''वाणिज्य शिक्षा आर्थिक शिक्षा का वह आवश्यक कार्यक्रम है जो कि धन की आवश्यकता पूर्ति (Requirement), संरक्षण (Conservation), एवं व्यय (Spending) के लिए किया जाता है।''

टोने (1955) के अनुसार, ''यदि शिक्षा व्यक्ति का उसके वातावरण के साथ समायोजन का विचार है, तो व्यावसायिक शिक्षा व्यक्ति का उसके व्यावसायिक वातावरण के साथ समायोजन का विचार है।''

इन परिभाषाओं में वाणिज्यिक शिक्षा को वित्त से जोड़ा गया है, तथा व्यक्ति का उसके व्यावसायिक वातावरण से समायोजित होने का विचार माना गया है। अत: ये परिभाषाएँ नए पहलू की ओर संकेत करती हैं लेकिन इनसे भी यह स्पष्ट नहीं होता है कि विद्यार्थियों को धन की व्यवस्था करने के लिए किस प्रकार की शिक्षा दी जाए या उसे व्यावसायिक वातावरण से किस प्रकार समायोजित किया जाए?

उपर्युक्त परिभाषाओं की कमियों व अस्पष्टता को ध्यान में रखते हुए विभिन्न राष्ट्रीय समितियों, कार्यशालाओं व शब्द कोषों में वाणिज्य शिक्षा के सभी पहलूओं को दृष्टिगत रखकर कुछ परिभाषाएं दी हैं जो इस प्रकार हैं–

दिल्ली विश्वविद्यालय के शिक्षा विभाग द्वारा व्यवसाय शिक्षा पर आयोजित की गई राष्ट्रीय कार्यशाला (Workshop) में विचार विमर्श के फलस्वरूप दो परिभाषाएँ स्वीकार की गई थीं, जो हैं–

1. व्यावसायिक शिक्षा व्यवसाय और उससे सम्बन्धित क्षेत्रों की शिक्षा है जिससे इसके उपयोगकर्ताओं की आवश्यकताएँ पूर्ण होती हैं।
2. यह वह कार्यक्रम है जो किसी संस्था में कार्य करने वाले व्यक्तियों को व्यवसायिक विषयों तथा सम्बन्धित क्रियाओं के विभिन्न क्षेत्रों तथा स्तरों के लिए तैयार करता है।

संयुक्त राज्य अमेरिका (U.S.A.) के अनुभवी वाणिज्य शिक्षकों की एक राष्ट्रीय समिति ने वाणिज्य शिक्षा की परिभाषा इस प्रकार दी है–

''वाणिज्य शिक्षा शिक्षा–प्रक्रिया का वह पक्ष है जो एक और व्यापारिक धन्धों की व्यावसायिक तैयारी से सम्बन्धित है या वाणिज्य-शिक्षण से संबंधित धन्धों के लिए तैयार करती है तथा दूसरी ओर ऐसी वाणिज्य संबंधी सूचनाओं से संबंधित है जो प्रत्येक नागरिक और उपभोक्ता के लिए आर्थिक और वाणिज्यिक वातावरण को ठीक प्रकार से समझने हेतु महत्वपूर्ण है।''

व्यवसाय एवं आर्थिक शिक्षा पर नीति आयोग के कथन (1977) में–

''व्यावसायिक शिक्षा एक विस्तृत एवं विविध (Diverse) अनुशासन प्रदर्शित करती है जिसमें सभी प्रकार की शिक्षा पद्धति (Educational System)–प्रारंभिक और माध्यमिक विद्यालयों, एक एवं दो वर्षीय विद्यालयों और महाविद्यालयों, एवं पाँच वर्षीय महाविद्यालयों एवं विश्वविद्यालयों को शामिल किया जाता है। व्यवसाय शिक्षा को किसी भी स्तर पर प्रारंभ किया जा सकता है, इसे समय के विभिन्न कालों के लिए निर्वचित (Interprete) किया जा सकता है, एवं इसे एक व्यक्ति के सम्पूर्ण जीवनकाल तक जारी रखा जा सकता है।

व्यवसाय शिक्षा में विपणन व्यवसाय एवं वितरण, कार्यालय व्यवसाय, व्यवसाय शिक्षण, व्यवसाय प्रशासन एवं आर्थिक-उत्तरदायित्व के लिए शिक्षा शामिल है।''

हिल्स के शिक्षा शब्दकोष (1982) के अनुसार, ''व्यावसायिक अध्ययन पद शिक्षा एवं प्रशिक्षण में गतिविधियों के एक विस्तृत विस्तार (Range) को पूर्ण (Cover) करता है। इसका अर्थ है वे सभी गतिविधियां जो संगठन में कार्य करने वाले सभी स्तर के व्यक्तियों को शिक्षित व प्रशिक्षित करती हैं, ताकि वे वस्तुओं एवं सेवाओं का क्रय-विक्रय कर सकें।''

गुड के अनुसार, ''व्यावसायिक शिक्षा : शिक्षा का वह क्षेत्र है जिसमें व्यवसाय सम्बन्धों के सफलतापूर्वक निर्देशन के लिए आवश्यक समझ, कौशल व अभिवृत्ति विकसित की जाती है।

2. भारत में वाणिज्य शिक्षा का विकास एवं महत्व (Development and Importance of Commerce Education in India)

भारत में वाणिज्य शिक्षा का इतिहास बहुत पुराना नहीं है। मद्रास, बम्बई एवं कलकत्ता नगरों के औद्योगिक विकास के साथ-साथ वहाँ पर वाणिज्य–शिक्षा की आवश्यकता का अनुभव किया गया। सर्वप्रथम वाणिज्य का अध्यापन मद्रास राज्य में 1886 में हुआ। धीरे-धीरे सारे देश में वाणिज्य शिक्षा की आवश्यकता का अनुभव किया जाने लगा और फरवरी 1895 में भारत सरकार ने वाणिज्य का पहला विद्यालय खोला। केरल में वाणिज्य संस्थान की स्थापना की गयी। इसके पश्चात् सन् 1903 में कलकत्ता के प्रेसीडेन्सी कालेज में वाणिज्य का अध्यापन प्ररम्भ हुआ। इसी समय दिल्ली में भी वाणिज्य का अध्यापन प्रारम्भ हुआ। कलकत्ता में वाणिज्य-शिक्षा की सफलता को देखते हुए वहीं पर राजकीय वाणिज्य संस्थान की स्थापना की गई, जिसमें वाणिज्य शिक्षा के लिए व्यापक तथा उच्च स्तरीय पाठ्यक्रम प्रारम्भ किए गए। बाम्बे में सन 1912 में सैयदना कॉलेज की स्थापना हुई जहाँ स्नातक स्तर पर वाणिज्य-शिक्षा प्रारम्भ की गई और तब इसे शैक्षणिक शिक्षा का नाम दिया गया। प्रारम्भ में हमारे देश में वाणिज्य शिक्षा में केवल पुस्तपालन का अध्ययन किया जाता था, लेकिन कालान्तर में लेखा का अध्ययन भी प्रारम्भ किया गया।

सन् 1920 में प्रथम वित्त आयोग गठित हुआ जिसने महत्वपूर्ण अनुशंसाएँ (1921-22) दीं, जिसके परिप्रेक्ष्य में लोहा, इस्पात, कपास, जूट, शक्कर एवं चाय के उद्योग में कुछ मुख्य सुधार हुए। इन्हें ध्यान में रखकर निजी संस्थाओं ने भी वैज्ञानिक रूप से वाणिज्य-शिक्षा देना प्रारम्भ कर दिया अर्थात् इन संस्थाओं में वाणिज्य के उन विषयों की ट्रेनिंग पर बल दिया गया जिसकी बाजार में अधिक आवश्यकता थी। इन संस्थाओं में मुख्यतः टंकण, शीघ्रलेखन, सचिवीय व्यवहार और बहीखाता जैसे विषयों की शिक्षा दी जाती थी। सन् 1936 में केन्द्रीय शिक्षा सलाहकार बोर्ड ने वाणिज्य संस्थाओं को वाणिज्य के स्नातकों को रोजगार देने का सुझाव दिया और 1938 में व्यावसायिक शिक्षा को लागू करने के लिए अन्तर-विश्वविद्यालय बोर्ड की स्थापना का प्रस्ताव दिया।

सन् 1920 से 1940 तक वाणिज्य शिक्षा का द्रुत गति से विकास हुआ। वृत्तिक स्तर पर सन् 1926 में इंडियन इन्स्टीटयूट ऑफ बैंकर्स एवं सन् 1934 में चार्टर्ड एकाउन्टेण्ट्स इन्स्टीटयूट ऑफ इंडिया तथा सन् 1944 में कॉस्ट एण्ड वर्क्स एकाउण्टेण्ट्स इन्स्टीटयूट की स्थापना हुई। कालांतर में सन् 1945 में भारतीय सरकार ने भारतीय व्यावसायिक एवं तकनीकी

परिषद् की स्थापना की और इसी वर्ष दिल्ली पोलीटेक्निक में वाणिज्य शिक्षा प्रारम्भ हुई, जिसमें पुस्तपालन एवं लेखा विषय शामिल थे।

स्वतंत्रता प्राप्ति के पश्चात् वाणिज्य-शिक्षा (Commerce Education after Independence)

स्वतंत्रता प्राप्ति के पश्चात् देश में शीघ्रता से औद्योगिक विकास होने के कारण वाणिज्य-शिक्षा की आवश्यकता विभिन्न स्तरों पर अनुभव की गई।

इस युग में प्रारंभ में उच्च माध्यमिक स्तर पर अधिकांश विद्यालयों में वाणिज्य को एक ऐच्छिक विषय के रूप में रखा गया। लेकिन 1952-53 में गठित माध्यमिक शिक्षा आयोग ने पाठ्यचर्या के अनेकीकरण की अनुशसाएँ की, जिसे केन्द्रीय शिक्षा सलाहकार संस्थाओं ने मान लिया इस प्रकार 1952-53 में पुस्तपालन एवं लेखा को प्रमुख स्थान मिला, जबकि वाणिज्य शिक्षा को माध्यमिक स्तर पर पाठ्यचर्या में शामिल किया गया। इसमें वाणिज्य अभ्यास, पुस्तपालन, वाणिज्य भूगोल अथवा अर्थशास्त्र एवं बैंकिंग एवं वाणिज्य के मूल तत्व एवं शीघ्रलेखन एवं टंकण शामिल थे। माध्यमिक स्तर की पाठ्यचर्या की समीक्षा के लिए केन्द्रीय सरकार द्वारा समय-समय पर गठित की गई समितियों ने वाणिज्य को सामान्य एवं व्यावसायिक शिक्षा में रखने की अनुशंसाएँ की थीं जिसके फलस्वरूप आज शिक्षा के नवीन ढाँचे 10 + 2 + 3 में वाणिज्य को +2 स्तर पर सामान्य शिक्षा कोर्स और व्यावसायिक शिक्षा कोर्स, दोनों में उचित स्थान दिया गया है। विश्वविद्यालय स्तर पर वाणिज्य शिक्षा का जन्म अर्थशास्त्र से हुआ है। विश्वविद्यालयों में वाणिज्य का अलग संकाय नहीं था। यह कला संकाय का एक अंग था, और इसे अर्थशास्त्र के पूरक के रूप में ही माना गया था। अर्थशास्त्र विभाग के ही एक शिक्षक द्वारा वाणिज्य विभाग के संस्था प्रमुख के रूप में उसका प्रबंधन किया गया जाता था और विश्वविद्यालय के विधि व अर्थशास्त्र विभागों एवं चार्टर्ड एकाउन्टेन्सी फर्म एवं व्यावसायिक गृहों में से अधिकांश शिक्षक अंशकालिक शिक्षक के रूप में वहाँ अपनी सेवाएँ देते थे। प्रारम्भ में वाणिज्य की पाठ्यचर्या में भी आर्थिक सिद्धांत के विभिन्न व्यावहारिक पक्ष एवं आर्थिक विचार विशेषत: उद्यमिता (उद्योग की प्रक्रिया एवं संरचना, उत्पादन व वितरण, कीमत व लाभ इत्यादि) को शामिल किया गया था। कालांतर में धीरे-धीरे वाणिज्य पाठ्यक्रम में लेखांकन एवं अन्य व्यावसायिक विषय शामिल किए गए। स्नातक स्तर की पाठ्यचर्या में अर्थशास्त्र विषय का भाग अधिक होने से वाणिज्य पाठ्यचर्या को व्यापार व वाणिज्य के लिए विशेष उपयोगी नहीं माना गया। इस पाठ्यक्रम के बारे में अधिकांश विद्वानों की राय थी कि यह पाठ्यक्रम व्यावहारिक दृष्टि से उपयोगी नहीं है। अत: वाणिज्य पाठ्यक्रम के उद्देश्यों के अस्पष्ट होने व उनकी प्राप्ति न होने से केन्द्र सरकार (Union Government) द्वारा डॉ. वी.के.आर.वी. राव की अध्यक्षता में वाणिज्य सम्बन्धी महाविद्यालयीन शिक्षा का प्रासंगिकता के सन्दर्भ में एक कमेटी (1958) का गठन किया गया। इस कमेटी ने वाणिज्य शिक्षा के उद्देश्यों के लिए गहन विचार कर तीन बिन्दु बताए थे-

1. विश्वविद्यालयों के वाणिज्य पाठ्यक्रम न केवल लेखांकन एवं लागत लेखांकन में व्यावसायिक शिक्षा में मूलभूत संरचना (infrastructure) प्रदान करते थे बल्कि पाठ्यक्रम में शामिल विभिन्न क्षेत्रों/अनुशासन में विशिष्टीकरण के लिए रास्ता भी सुलभ कराते थे।
2. विश्वविद्यालयों की वाणिज्य शिक्षा व्यावसायिक पाठ्यक्रमों की एक प्रतियोगी नहीं थी, उसकी भूमिका पूरक की थी।
3. वाणिज्य शिक्षा एवं प्रबंध शिक्षा (Management Education) अलग योजनाओं पर शामिल किए जाने चाहिए।

राव कमेटी ने वाणिज्य के स्नातक पाठ्यक्रम को उपयोगी बनाने के लिए निम्न दोषों को दूर करने के सुझाव दिए:

1. वाणिज्य पाठ्यक्रम में उदार/व्यापक विषयवस्तु बहुत कम है।
2. वाणिज्य पाठ्यक्रम में विद्यार्थियों को रटने पर अधिक बल दिया गया है।
3. वाणिज्य पाठ्यक्रम में भाषा और भाव-सम्प्रेषण की दक्षता का अत्यधिक अभाव है।

सन् 1963 में इलाहाबाद विश्वविद्यालय ने विश्वविद्यालय अनुदान आयोग के सहयोग से एक वाणिज्य संगोष्ठी का आयोजन किया जिसने वाणिज्य के उद्देश्यों पर विचार कर अपने प्रतिवेदन में कहा कि वाणिज्य पाठ्यचर्चा को उदार बनाया जाना चाहिए। जिससे भाषा और चिन्तन शक्ति का विकास किया जा सके तथा वाणिज्य-शिक्षण में अन्तर-विषयात्मक दृष्टिकोण का विचार किया जाना चाहिए। वाणिज्य पाठ्यक्रम द्वारा माध्यमिक स्तर पर निम्न स्तर के दक्ष कर्मचारी, स्नातक स्तर पर पर्यवेक्षक अधिकारी व स्नातकोत्तर स्तर पर व्यावहारिक अधिकारी तैयार किये जाने चाहिए।

उपर्युक्त सिफारिशों को ध्यान में रखते हुए एवं व्यापार एवं वाणिज्य, बैंकिंग एवं अन्य वित्तीय संस्थानों का विस्तार होने, वाणिज्यिक गतिविधियों में विभिन्न नियमनों (Regulations) व कराधान कानूनों के लागू होने व व्यावसायिक उद्योगों की विभिन्न फर्मों का उदय होने से वर्तमान में सभी विश्वविद्यालयों में, वाणिज्य शिक्षा में प्रायोगिक / अनुप्रयुक्त एवं प्रबंधकीय अर्थशास्त्र (Applied and Mangerial Economics), संसाधन अर्थशास्त्र (Resource Economics), लेखांकन एवं अंकेक्षण (Accountancy & Auditing), वाणिज्यिक विधि (Commercial Law), लागत लेखांकन (Cost Accountancy), मुद्रा एवं बैंकिंग (Money & Banking), आयकर एवं अन्य वाणिज्यिक करों (Income Tax and Other Commercial Taxes), श्रम विधि (Labour Laws) इत्यादि को शामिल किया गया है। फिर भी विभिन्न विश्वविद्यालयों के अनिवार्य (Core) एवं विशिष्ट पाठ्यक्रमों (Specialised Courses) के मध्य एकरूपता (Uniformity) नहीं है। यद्यपि प्रत्येक स्तर पर विशिष्टिकरण का अपना महत्व है, फिर भी कुछ व्यापक सिद्धान्तों को अपनाकर वाणिज्य शिक्षा को व्यावसायिक फर्मों, बैंकों, औद्योगिक संस्थाओं, सार्वजनिक संगठनों इत्यादि के लिए अधिक उपयोगी बनाया जा सकता है।

डिप्लोमा स्तर पर कई निजी संस्थाओं ने भी वाणिज्य की शिक्षा प्रारंभ की। इन संस्थाओं में आवश्यक उपकरणों, सामग्रियों एवं प्रशिक्षित अध्यापकों की कमी थी। सन् 1945 में दिल्ली पोलिटेक्निक ने वाणिज्य में त्रिवर्षीय राष्ट्रीय डिप्लोमा कोर्स प्रारंभ किया जिसमें माध्यमिक कक्षा में उत्तीर्ण छात्रों को प्रवेश दिया जाता था। इस कोर्स का पुनरावलोकन करने के लिए अखिल भारतीय तकनीकी शिक्षा परिषद ने 'राव समिति' का गठन किया। इस समिति ने अपने प्रतिवेदन में कहा कि यह कोर्स छात्रों को वाणिज्य से संबंधित व्यवसायों के लिए तैयार करने में असफल रहा है। उन्होंने इसके कारण बताए तथा इन्हें दूर करने के लिए सुझाव भी दिए। इनके द्वारा दिए गए सुझावों के आधार पर दो वर्ष का राष्ट्रीय डिप्लोमा कोर्स क्षेत्रीय शिक्षा महाविद्यालयों में संलग्न प्रायोगिक विद्यालयों तथा कई पोलिटेक्निक विद्यालयों में प्रारंभ किया गया।

सन 1949 में अखिल भारतीय तकनीकी शिक्षा परिषद ने भारत में प्रबंध-कार्यों के महत्व पर बल दिया और सन् 1954 में व्यावसायिक प्रबंध के पाठ्यक्रम को सात संस्थाओं में प्रारंभ किया गया। आज हमारे देश में इस प्रकार का पाठयक्रम कई विश्वविद्यालयों में पढ़ाया जा रहा है।

शिक्षक-प्रशिक्षण स्तर पर वाणिज्य-शिक्षण की स्थिति अत्यन्त दयनीय थी। प्रशिक्षण महाविद्यालयों में वाणिज्य विषय को कोई स्थान नहीं दिया गया था। वाणिज्य की उपाधियों वाले छात्रों को दूसरे विषय लेकर प्रशिक्षण पूरा करना होता था। वाणिज्य विषय में स्नातक उपाधि प्राप्त विद्यार्थियों को शिक्षक-प्रशिक्षण कोर्स में प्रवेश ही नहीं दिया जाता था, उन्हें इस पाठ्यक्रम में प्रवेश के लिए स्नातकोत्तर उपाधि प्राप्त करना होती थी, जबकि अन्य अनुशासन के विद्यार्थियों को शिक्षक-प्रशिक्षण कार्यक्रम में प्रवेश लेने के निए न्यूनतम योग्यता स्नातक होती थी।

सन् 1957 में केन्द्रीय शिक्षा सलाहकार बोर्ड की सिफारिश के आधार पर वाणिज्य विषय को प्रशिक्षण महाविद्यालयों में प्रारम्भ किया गया। सन् 1961 में राष्ट्रीय शैक्षिक अनुसंधान एवं प्रशिक्षण परिषद् की स्थापना के साथ ही देश में चार क्षेत्रीय शिक्षा महाविद्यालयों की स्थापना हुई, जिसमें वाणिज्य-शिक्षण का कार्य प्रारम्भ किया गया। इन महाविद्यालयों में वाणिज्य-शिक्षण के क्षेत्र में विशेष कार्य किए गए हैं। ये समय-समय पर वाणिज्य गोष्ठियों का आयोजन भी करते हैं जिससे सेवारत अध्यापकों को अपनी योग्यता का विकास करने का अवसर मिलता है।

राष्ट्रीय शैक्षिक अनुसंधान एवं प्रशिक्षण परिषद् ने क्षेत्रीय महाविद्यालयों में वाणिज्य में चार वर्षीय पाठ्यक्रम भी प्रारम्भ किया था। इस पाठ्यक्रम में वाणिज्य के विषयों के साथ शिक्षा के विषयों का उचित समन्वय किया गया था। कुछ समय के पश्चात् यह पाठ्यक्रम बंद कर दिया गया।

वर्तमान में शिक्षक-प्रशिक्षण महाविद्यालयों में संचालित किए जा रहे शिक्षक-प्रशिक्षण पाठ्यक्रम माध्यमिक विद्यालयों के शिक्षकों को तैयार करते हैं। आज उच्च माध्यमिक शिक्षा के शिक्षण के लिए उपयुक्त प्रशिक्षित शिक्षकों की अत्यन्त कमी है। उच्च माध्यमिक स्तर

पर अकादमिक समूह और व्यावसायिक समूह, दोनों के लिए शिक्षकों की आवश्यकता है। चूंकि वाणिज्य विषय दोनों ही समूहों में रखा गया है इसलिए वाणिज्य से सम्बन्धित दोनों तरह के विषयों को शिक्षक-प्रशिक्षण पाठ्यक्रम में शामिल करना चाहिए।

आज, जबकि हमारे देश के आर्थिक विकास के साथ वाणिज्य और उद्योग का विकास भी तीव्र गति से हो रहा है तब वाणिज्य-शिक्षा की आवश्यकता भी बढ़ती जा रही है। आज हमें ऐसी वाणिज्य-शिक्षा की आवश्यकता है जिसे प्राप्त कर विद्यार्थी न केवल आने वाले व्यवसाय का सफलतापूर्वक संचालन कर सके बल्कि वे एक कुशल प्रशासक एवं संगठनकर्ता बन सके, कुशल अधिकारी बन सके। अतः प्रचलित वाणिज्य-शिक्षा की पाठ्यचर्या में संशोधन कर वाणिज्य-शिक्षा के व्यावसायिक पक्ष पर बल देने की आवश्यकता का अनुभव कर सन् 2003 में विश्वविद्यालय अनुदान आयोग ने वाणिज्य की आदर्श पाठ्यचर्या प्रस्तुत की जिसमें स्नातक एवं स्नातकोत्तर स्तर पर नई पाठ्यचर्या प्रस्तावित की है।

वाणिज्य का महत्व (Importance of Commerce)

मनुष्य एक सामाजिक प्राणी है। वह समाज में अन्य व्यक्तियों के साथ मिलकर रहता है। समाज में रहने के लिए, एवं अपनी दैनिक दिनचर्या से लगाकर जीवनयापन करने तक उसकी अनेक आवश्यकताएँ होती हैं। अपनी आवश्यकताओं की पूर्ति के लिए उसे विभिन्न व्यक्तियों व संस्थाओं से अन्तर्क्रिया करनी होती है। दूध, दही, अनाज, किराना, वस्त्र, आवास, आवागमन के साधन, मनोरंजन, शिक्षा, करियर, व्यापार, नौकरी विभिन्न करों के भुगतान, नियमों के निर्वाहन, धर्म, रीति-रिवाज, अपने कर्तव्यों के पालन एवं अधिकारों के उपयोग के लिए वह आज अनेक व्यक्तियों के सम्पर्क में आता है। वर्तमान युग में विज्ञान एवं तकनीकी के विकास के साथ ही साथ मनुष्य की आवश्यकताएँ भी अनिवार्य से आरामदायक व विलासिता की आवश्यकताओं तक बढ़ गयी हैं। कल तक जो विलासिता की आवश्यकताएँ मानी जाती थीं, आज वही अनिवार्य आवश्यकताओं की श्रेणी में आकर खड़ी हो गयी हैं। जीवनयापन करने और अपनी आवश्यकताओं की पूर्ति के लिए प्रत्येक मनुष्य को न केवल नौकरी एवं व्यापार करना होता है, बल्कि अपने द्वारा कमाये गए धन एवं बचत को बाजार में सही रूप में विनियोजित करने की आवश्यकता भी होती है। तभी वह अपना जीवन-स्तर उच्च कर सकता है और इसके लिए उसे वाणिज्य विषय का ज्ञान होना आवश्यक है। वर्तमान में मानव का जीवन प्रातः काल से लेकर सोने जाने तक वाणिज्य से अभिन्न रूप से जुड़ा हुआ है। वाणिज्य की शिक्षा प्राप्त कर व्यक्ति स्वयं की व समाज की उन्नति कर सकते हैं, जिसपर कि राष्ट्र की उन्नति निर्भर करती है। अतः वाणिज्य-शिक्षा व्यक्ति, समाज, राष्ट्र व विश्व सभी के लिए महत्वपूर्ण है। यहाँ वाणिज्य का महत्व निम्न बिन्दुओं के अंतर्गत दिया गया है।

1. प्रगत/उन्नतिशील व्यापारी के रूप में (As an Advanced/Progressive Businessman)–एक कुशल व्यापारी ही अपने व्यापार को उन्नति के शिखर पर पहुँचा सकता है। व्यापार को उन्नति के शिखर पर पहुँचाने के लिए नवीनतम तकनीकियों जैसे

कम्प्यूटर, अन्तरजाल (Internet) का उपयोग करना, माल खरीदने-बेचने के लिए बैंकिंग सुविधाओं जैसे क्रेडिट कार्ड, डेबिट कार्ड, स्मार्ट कार्ड, ए.टी.एम. के माध्यम से इलैक्ट्रॉनिक फंड्स ट्रांसफर का प्रयोग व्यापारिक लेनदेनों को सरलतम रूप प्रदान कर अत्यन्त उपयोगी सिद्ध होता है। ई कामर्स के साथ आज एम-कामर्स की संकल्पना आ गई है, जिसके द्वारा अन्तरजाल का उपयोग कर व्यापार किया जा सकता है। इन सबका ज्ञान व्यापारी को एक प्रगत व्यापारी बनाता है। और यह ज्ञान वाणिज्य विषय में प्रदान किया जाता है, जिसे पढ़कर व्यापारी में निर्णय क्षमता विकसित होती है। वह आधुनिकतम तकनीकियों का उपयोग कर अपने व्यापार को प्रगत कर सकता है।

2. जागरूक उपभोक्ता के रूप में (As an Aware Consumer)–कोई भी व्यक्ति अपनी सभी आवश्यकताओं की पूर्ति स्वयं नहीं कर सकता है, इसके लिए उसे अन्य व्यक्तियों पर निर्भर रहना होता है। अत: प्रत्येक व्यक्ति एक समय विक्रेता होता है तो एक समय क्रेता। आज के व्यापारिक युग में प्रतिस्पर्धा बढ़ने के कारण विक्रेताओं द्वारा क्रेताओं को आकर्षक विज्ञापन दिखाकर वस्तुएँ खरीदने के लिए तैयार किया जाता है। वे अपने विज्ञापन में उत्पाद की विशेषताओं को इस कदर बढ़ा-चढ़ाकर बताते हैं कि उनकी कमियाँ कहीं दृष्टिगोचर ही नहीं होती हैं। कई विक्रेता उत्पाद की कीमत से अधिक कीमत क्रेताओं से वसूल करते हैं, और उत्पादन की खरीद का बिल भी नहीं देते हैं। कई बार वस्तुओं को वापस करने में आनाकानी करते हैं, गारण्टी व वारण्टी समय में भी मरम्मत करने से मना करते हैं। नकली ब्राण्ड की वस्तुएँ बेचते हैं और उपभोक्ता केवल ठगे जाने के अलावा कुछ नहीं कर पाते हैं। ऐसी परिस्थितियों में उपभोक्ताओं की सहायता के लिए हमारे देश में उपभोक्ता फोरम संस्थाएं स्थापित की गई हैं जो उत्पाद या सेवाओं में कमी पाए जाने की स्थिति में उपभोक्ता को उसके अधिकारों की प्राप्ति कराती है व शोषण से बचाती है। उपभोक्ता फोरम संस्थाओं की अपनी कार्यप्रणाली होती है जिसका ज्ञान वाणिज्य विषय को पढ़ने के पश्चात् ही होता है। अत: जागरूक उपभोक्ता बनाने के लिए वाणिज्य शिक्षा आवश्यक होती है।

3. कुशल उत्पादक के रूप में (As a Skilled Producer)–एक उत्पादक को कई सारे आर्थिक तथा अन्य संसाधन जुटाने होते हैं। किसी भी व्यावसायिक उपक्रम की स्थापना के लिए भूमि, पूंजी, श्रम, संगठन तथा साहस इन पाँच उत्पादन के साधनों की आवश्यकता होती है। तथा इनका उचित अनुपात में संगठन करना होता है। इनका उचित समन्वय ही किसी वस्तु का उत्पादन करा सकता है तथा उचित प्रतिफल दिला सकता हैं किसी उपक्रम की स्थापना करने तथा वस्तु के उत्पादन के लिए उचित स्थान, जलवायु, वहाँ उपलब्ध श्रम, उसमें लगने वाली पूँजी, बाजार से उस स्थान की दूरी, उसके उपभोक्ता इत्यादि सभी पर विचार करना आवश्यक होता है और इन सब के लिए वाणिज्य शिक्षा आवश्यक होती है जो एक उत्पादक को उत्पादन के साधन, क्षेत्र तथा आधुनिकतम तकनीकियों का ज्ञान कराती है तथा उत्पादकों को संसाधनों का अधिकतम प्रयोग का ज्ञान प्राप्त करवाते हुए कम लागत पर अधिकतम लाभ प्रदान कराती है। इस प्रकार वाणिज्य शिक्षा एक कुशल उत्पादक का निर्माण करती है।

4. आर्थिक व वित्तीय जानकारी की समझ (Understanding of Economic & Financial Information)–मनुष्य दो प्रकार की क्रियाएं करता है, आर्थिक क्रियाएँ तथा अनार्थिक क्रियाएँ। आर्थिक क्रियाएँ अर्थ से संबंधित होती हैं जो कि वाणिज्य का एक महत्वपूर्ण पहलू है। मनुष्य द्वारा की जाने वाली आर्थिक क्रियाओं पर न केवल उसकी स्वयं की, बल्कि समाज, देश तथा सम्पूर्ण मानव सभ्यता की उन्नति निर्भर करती है। और इसके लिए मानव को आर्थिक तथा वित्तीय जानकारियों को प्राप्त करना तथा उन्हें समझना अत्यन्त आवश्यक होता है। उसे आर्थिक क्रियाओं का संचालन, नियोजन तथा नियंत्रण करना आना चाहिए। किस क्षेत्र में धन विनियोजित किया जाए, वहाँ विनियोजन करने से क्या लाभ प्राप्त होगा, उसके लिए कौन-सी क्रियाएँ करनी होंगी? इत्यादि का ज्ञान वाणिज्य शिक्षा से ही प्राप्त होता है।

5. एक कुशल सम्प्रेषणकर्ता के रूप में (As a Skilled Communicator)–सम्प्रेषण मनुष्य की एक अनिवार्य आवश्यकता है। व्यवसायियों एवं प्रबंधकों का तो अधिकांश समय सम्प्रेषण में ही खर्च होता है। उन्हें न केवल अपने कर्मचारियों व अधिकारियों बल्कि अन्य व्यवसायियों, व्यक्तियों, समूहों एवं संगठनों से सूचनाओं का आदान-प्रदान करना होता है। वे मौखिक व लिखित, दोनों प्रकार के सम्प्रेषण करते हैं जैसे–मीडिया को जवाब देना, साक्षात्कार देना व लेना, अपने कार्यों का प्रतिवेदन तैयार करना, वाचन, कर्मचारियों की शिकायतें सुनना, प्रस्ताव तैयार करना तथा विभिन्न प्रकार से पत्र व्यवहार करना। सम्प्रेषण व्यवसायियों को निर्णय लेने व समस्या - समाधान में सहायता करता है। यह एक सामान्य मनुष्य को भी समाज में समायोजित होने व अन्य व्यक्तियों के साथ अन्तर्क्रिया कर अन्र्तसम्बन्ध दृढ़ करने में मदद करता है। वाणिज्य का विद्यार्थी व्यावसायिक सम्प्रेषण के तरीकों, मूलभूत तत्वों, सम्प्रेषण सिद्धांत, व पत्र व्यवहार का ज्ञान प्राप्त करता है। वह साक्षात्कार, सम्मेलन, वक्तव्य इत्यादि को आयोजित करना सीखता है जो उसे एक कुशल सम्प्रेषण कर्ता बनाता है।

6. विज्ञापन की आधुनिकतम तकनीकियों का ज्ञान (Knowledge of Modern Advertising Technologies)–आज का युग प्रतिस्पर्धी युग है। वर्तमान में व्यवसाय के क्षेत्र में कड़ी प्रतिस्पर्धा है। एक उत्पाद को उत्पादित करने वाली कई कम्पनियाँ व सैकड़ों ब्रांड बाजार में उपलब्ध हैं। अतः अपने उत्पाद का प्रचार प्रसार करना तथा उसे ग्राहकों तक पहुँचाना प्रत्येक व्यवसायी के लिए एक चुनौती है। और इसके लिए व्यवसायी को अपने उत्पाद का विज्ञापन करना होता है। यह विज्ञापन इस तरह का होना चाहिए कि वह उपभोक्ता के मस्तिष्क-पटल पर अंकित हो जाए तथा वह उत्पाद को खरीदने के लिए लालायित हो जाए। अतः व्यवसायियों द्वारा होर्डिंग्स पर व्यंग्य-चित्र, पेम्पलेट, बुलेटिन बोर्ड द्वारा आकर्षक विज्ञापनों का उपयोग किया जाना चाहिए। उन्हें विज्ञापन की नवीनतम तकनीकों जैसे टी.वी., अन्तरजाल, मोबाइल के द्वारा लघु संदेश सेवा (SMS) इत्यादि का ज्ञान होना चाहिए, तभी वे अपने उत्पादों के लिए बाजार निर्मित कर सकते हैं और उन्हें उपभोक्ताओं तक पहुँचा सकते हैं। विज्ञापन निर्मित करते समय कुछ ऐसे वाक्यों, शब्दाशों का उपयोग किया जाना चाहिए जो सामान्य जनता की जुबान पर चढ़ जाए। इन सब का ज्ञान वाणिज्य शिक्षा के द्वारा ही होता है।

7. बाजार का अन्तर्राष्ट्रीय सीमाओं तक फैलाव (Expansion of Market upto International Boundaries)–वाणिज्य शिक्षा का ज्ञान प्राप्त कर व्यापारी अपने व्यापार का विकास व विस्तार कर सकते हैं। वे बाजार की स्थिति व उपभोक्ताओं की आवश्यकताओं का अध्ययन कर यह ज्ञात करते हैं कि किन क्षेत्रों में किस समय कौनसी वस्तुओं की मांग रहेगी, कौन से स्थानों पर कौन सी वस्तुओं का उत्पादन या निर्माण सम्भव नहीं है, वहाँ रहने वाले व्यक्तियों की रुचियाँ क्या हैं, वे कौन-सी वस्तुएँ पसंद या नापसंद करते हैं? इन सब सूचनाओं का ज्ञान प्राप्त कर व्यापारी अपना माल दूसरे शहरों व देशों में भेजते हैं तथा वहाँ की वस्तुओं को यहाँ मंगवाते हैं। इस प्रकार देश-विदेश में आयात-निर्यात होने से बाजार का एक राष्ट्र से दूसरे राष्ट्र तक विस्तार होता है जिससे हमारे देश में विदेशी मुद्रा का आगमन होता है, जो देश की वित्तीय स्थिति व अर्थप्रणाली को सुदृढ़ बनाती है।

8. व्यापारिक नीति-नियमों तथा कराधान का ज्ञान (Knowledge of Business Policy Rules & Taxation)–आज प्रत्येक व्यक्ति को विभिन्न तरह के करों जैसे संपत्ति कर, बिक्री कर, जल कर, स्वच्छता कर, आय कर, चुंगी कर इत्यादि का भुगतान करना होता है। इसमें से कुछ कर वह प्रत्यक्ष रूप से जमा करता है और कुछ अप्रत्यक्ष रूप से। लेकिन इन सब की कार्यविधि अत्यन्त जटिल होती है। इसी तरह व्यापार से संबंधित भी कई तरह के कर होते हैं, विभिन्न नीति-नियम होते हैं, प्रत्येक व्यापारी को अपने व्यापार का पंजीयन कराना होता है। कुछ वस्तुएँ ऐसी होती हैं जिनका व्यापार प्रतिबंधित होता है। ऐसे व्यापार के लिए प्रतिबन्धात्मक नियम होते हैं। विदेशों से व्यापार करने के लिए भी अन्तर्राष्ट्रीय संस्थाओं द्वारा फेमा (FEMA) विदेशी विनिमय प्रबंधन कानून, (FERA) विदेशी विनिमय नियमन कानून) जैसे कानून बनाए गए हैं। व्यापारिक संस्थाओं को वित्तीय सहायता देने के लिए भी कई सारी राष्ट्रीय व अन्तर्राष्ट्रीय संस्थाओं की स्थापना की गई है। अत: एक व्यापारी को ये सभी जानकारी देना परमावश्यक है और इन सब का ज्ञान वाणिज्य-शिक्षा के द्वारा ही होता है।

9. बैंकिंग व लिपिकीय ज्ञान (Banking and Clerical Knowledge)–वर्तमान में बैंक हमारे जीवन का आधार बन चुकी है। इनके बिना सामान्य व्यक्ति भी अपनी दैनिक दिनचर्या को सुचारू रूप से सम्पन्न नहीं कर सकता है। किसी को रूपया देना हो या बचत के रूप में धन जमा करना हो, अपने आभूषणों या मूल्यवान धरोहरों को सुरक्षित रखना हो, विद्युत, जल, दूरभाष, मोबाइल के बिल जमा करना, अपने बच्चों का शिक्षण-शुल्क जमा करना, जीवन बीमा पॉलिसी लेना या उनकी किशत भुगतान करना, क्रेडिट कार्ड व डेबिट कार्ड के माध्यम से खरीदी करना, अंशों की खरीदी-बिक्री करना, यात्रा करने पर अधिक रूपया साथ में न ले जाना हो, तो यात्री चेक जारी करना, इत्यादि के रूप में बैंकों ने इन सभी जिम्मेदारियों को अपने ऊपर ले लिया है। लेकिन बैंको से ये सभी कार्य करवाने के लिए हमें बैंकिंग व्यवस्था का ज्ञान होना अत्यावश्यक है। वाणिज्य में बैंकिंग एवं मुद्रा प्रणाली विषय में ये सभी ज्ञान प्रदान किया जाता है।

इसी तरह वाणिज्य शिक्षा लिपिकीय ज्ञान भी प्रदान करती है। प्रारम्भ में वाणिज्य-शिक्षा को 'लिपिकों को तैयार करने वाली शिक्षा' ही कहा जाता था। व्यवसाय व व्यापार में लिपिक

का कार्य अत्यन्त महत्वपूर्ण होता है। वही समूचे व्यापार का हिसाब-किताब तैयार करता है, ड्राफ्टिंग करता है, पेपर तैयार करता है, सम्पूर्ण आय तथा व्यय का ब्यौरा रखता है। किसी भी व्यापारिक संस्था, शिक्षण संस्था, चिकित्सा संस्था, ट्रस्ट इत्यादि सभी के लिए कार्यालय (Office) प्रबंधन अत्यधिक आवश्यक होता है। समय व श्रम बचाने के लिए रोजमर्रा के कामों में कार्यालय में पृष्ठों पर तारीख डालने, छिद्र करने, संख्या डालने, कागज मोड़ने, मुहर लगाने, पता लिखने, चैक पर रकम डालने, रेजगारी गिनने, गणना करने, टाइप करने इत्यादि के लिए विभिन्न मशीनों व यंत्रों का उपयोग किया जाता है। इन यंत्रों का उपयोग करने के लिए इनका ज्ञान होना आवश्यक है जो वाणिज्य शिक्षा से प्राप्त होता है।

10. सांख्यिकी संबंधी ज्ञान (Knowledge Related to Statistics)–व्यवसाय में व्यवसायी को कई तरह के विश्लेषण करने होते हैं। बाजार की आर्थिक स्थिति, उपभोक्ताओं द्वारा किसी वस्तु की मांग व उन्हें उसकी पूर्ति होना, उस वस्तु से उन्हें मिलने वाली संतुष्टि, इत्यादि को ज्ञात करने के लिए आँकड़ों संबंधी गणना करना होती है। माध्य, मध्यिका व बहुलक ज्ञात करना होते हैं। मांग व पूर्ति के चक्र को वक्र एवं ग्राफ द्वारा समझा जाता है। अत: इन सभी के लिए सांख्यिकी का ज्ञान होना आवश्यक होता है। चूँकि वाणिज्य में सांख्यिकी विषय का भी अध्ययन कराया जाता है अत: वाणिज्य शिक्षा एक व्यापारी व सामान्य व्यक्ति के लिए आवश्यक है।

3. वाणिज्य के अभिप्राय, लक्ष्य एवं उद्देश्य
(Aims, Goals and Objectives of Commerce)

हम जो भी कार्य करते हैं उसके पीछे हमारा कोई लक्ष्य या उद्देश्य अवश्य रहता है। निरुद्देश्य कार्य कभी भी सफल नहीं होते हैं। उद्देश्य व्यक्ति को कार्य करने की प्रेरणा तथा दिशा प्रदान करते हैं। यह वह अपेक्षित परिणाम होते हैं जिसे प्राप्त करने के लिए मनुष्य प्रयत्न करता है। शिक्षा एक उद्देश्यपूर्ण प्रक्रिया है। शिक्षा प्राप्त कर बालक समाज में रहने योग्य बनता है। उसे समाज के नीति-नियमों से परिचित करवाने तथा समाज में अन्य लोगों के साथ सामंजस्यपूर्ण संबंध स्थापित करने के लिए यह आवश्यक है कि उसे दी जाने वाली शिक्षा के लक्ष्य समाज की आवश्यकताओं एवं आकांक्षाओं के अनुरूप हों। शिक्षण-अधिगम प्रक्रिया में अभिप्राय, लक्ष्य एवं उद्देश्य तीनों शब्दों का उपयोग किया जाता है। ये तीनों शब्द समानार्थी नहीं हैं। इनमें अन्तर होता है।

अभिप्राय (Aim)

अभिप्राय अन्तरिम रूप में ऐसे सामान्य कथन होते हैं, जो भविष्य के लिए विस्तारित किए गए निश्चयों के समूह को आकार एवं दिशा प्रदान करते हैं। ये आदर्श रूप में होते हैं, व अवास्तविक होते हैं। इन्हें प्राप्त करना तथा आकलित करना संभव नहीं होता है। ये काल्पनिक प्रकृति के होते हैं। ये दर्शन से लिए जाते हैं। किसी व्यक्ति/वस्तु का दर्शन जैसा होता है उसके वैसे ही अभिप्राय होते हैं। ये खुले कथन होते हैं।

अभिप्रायों को विभाजित करने पर लक्ष्य प्राप्त होते हैं। जैसे शिक्षा का अभिप्राय है-'बालक का सर्वांगीण विकास करना।' जब इस अभिप्राय को कई भागों में विभाजित किया जाता है तो लक्ष्य प्राप्त होते हैं।

अभिप्राय एक ऐसा दिशा-निर्देश होता है जिसके अभाव में किसी कार्य या क्रिया को सुचारू रूप से संचालित नहीं किया जा सकता है।

शिक्षा परिभाषा कोश में गुड (1957) द्वारा दी गयी परिभाषा के अनुसार, ''अभिप्राय पूर्व निश्चित साध्य होता है, जो किसी क्रिया का दिशा-निर्देशन करता है।''

लक्ष्य (Goals)

अभिप्राय को विभाजित करने पर लक्ष्य प्राप्त होते हैं। लक्ष्य शिक्षा के अंतिम बिन्दु या परिणामों के कथन होते हैं। ये किसी कार्यक्रम के वे विशिष्ट लिखित कथन होते हैं, जिनका विश्लेषण करने पर संबंधित संपूर्ण कार्यक्रम के क्षेत्र को ज्ञात किया जा सकता है। इनका उपयोग उद्देश्यों/प्रयोजनों को प्राप्त करने के लिए मार्गदर्शिका के रूप में किया जा सकता है। जैसे 'बालक का सर्वांगीण विकास करना' अभिप्राय को छोटे-छोटे भागों में विभाजित किया जाए तो 'शारीरिक विकास', 'मानसिक विकास', 'नैतिक विकास', 'सामाजिक विकास', 'संवेगात्मक विकास', 'संज्ञानात्मक विकास' इत्यादि लक्ष्य प्राप्त होते हैं। लक्ष्यों को भी पूर्ण रूप में प्राप्त नहीं किया जा सकता है। ये अभिप्राय द्वारा बताई गई दिशा में वास्तविक गंतव्य का बोध कराते हैं।

फाय डेल्टा एवं कामा समाज केलिफोर्निया (1976) ने लक्ष्यों की एक सूची दी है, जिनमें से कुछ लक्ष्य निम्न हैं–

1. अच्छा नागरिक बनना सीखना।
2. संसार में होने वाले परिवर्तनों के बारे में सीखना एवं समझने का प्रयास करना।
3. पठन, लेखन, भाषण एवं श्रवण कौशलों का विकास करना।
4. सूचनाओं का परीक्षण एवं उपयोग करना सीखना।
5. प्रजातांत्रिक विचारों एवं आदर्शों को समझना एवं अपनाना।
6. स्वास्थ्य एवं सुरक्षा के विचारों को समझना एवं अपनाना।
7. संसार में संस्कृति एवं सुन्दरता की प्रशंसा करना।

उद्देश्य (Objectives)

उद्देश्य निर्धारित कर किए गए कार्य में सफलता की अधिकतम संभावना होती है और ऐसा कार्य कभी भी अर्थहीन नहीं होता है। विद्यार्थियों को शिक्षा प्रदान करने के भी पूर्व निर्धारित उद्देश्य होते हैं। शिक्षा एक उद्देश्यपूर्ण क्रिया है तथा व्यक्ति और समाज के विकास का एक साधन है। उद्देश्यहीन शिक्षा व्यक्ति और समाज दोनों के लिए अनुपयोगी होती हैं। शिक्षा के उद्देश्यों को दो भागों में विभाजित किया जा सकता है–

- सामान्य उद्देश्य
- विशिष्ट उद्देश्य

सामान्यत: सामान्य उद्देश्य का अर्थ लक्ष्य से ही लगाया जाता है। ये सार्वभौमिक होते हैं। इनकी उपयोगिता प्रत्येक समय व प्रत्येक स्थान पर एक समान होती है। शिक्षा में सामान्य उद्देश्य विभिन्न विषयों से संबंधित होते हैं। किसी विषय का अध्ययन विद्यार्थियों को क्यों कराया जाए, उसे पढ़ने के पश्चात् विद्यार्थी किस योग्य हो जाएँगे, इसका निर्धारण सामान्य उद्देश्यों द्वारा किया जाता है।

वाणिज्य शिक्षा के लक्ष्य या सामान्य उद्देश्य
(Aims/General Objectives of Commerce Education)

चूँकि वाणिज्य शिक्षा को अकादमिक शिक्षा और व्यावसायिक शिक्षा दोनों ही समूह में रखा गया है, अतः इसके लक्ष्य भी सामान्य व्यापारिक शिक्षा और व्यवसाय कौशलों दोनों से संबंधित हैं। इनका वर्णन इस प्रकार है–

1. **व्यावहारिक उपयोगिता का उद्देश्य**–विद्यार्थियों को विभिन्न स्तरों पर दी जाने वाली वाणिज्य शिक्षा का मुख्य उद्देश्य प्राप्त ज्ञान व कौशल का दैनिक जीवन में उपयोग करने योग्य बनाना है। शिक्षा प्राप्त करने के पश्चात् व्यक्ति को सैद्धांतिक ज्ञान तो प्राप्त हो जाता है, लेकिन वह उस ज्ञान का व्यावहारिक उपयोग नहीं कर पाता है। अतः विद्यार्थियों को वाणिज्य शिक्षा द्वारा विभिन्न बैंकों, बीमा कंपनियों, कार्यालयों, व्यापारिक संगठनों, कारखानों, सहकारी समितियों में ले जाकर उनके क्रियाकलापों से परिचित करवाकर तथा व्यावहारिक पक्ष की आवश्यक जानकारियाँ प्रदान की जानी चाहिए, ताकि वे भविष्य में उस ज्ञान का व्यावहारिक रूप में उपयोग कर सके।

2. **जीविकोपार्जन का उद्देश्य**–वाणिज्य-शिक्षा प्राप्त कर व्यक्ति अपनी जीविका निर्वाह करने योग्य बनता है। शिक्षा व्यक्ति के जीवन-स्तर को ऊँचा उठाती है। जीवनयापन करने के लिए धन की अहम् भूमिका होती है और वाणिज्य-शिक्षा व्यक्ति को यह सिखाती है कि वह किन-किन कार्यों से धन अर्जित कर सकता है, कौन सा व्यापार किस प्रकार से कर वह आत्मनिर्भर बन सकता है व अपने परिवार का पालन-पोषण कर सकता है। वाणिज्य-शिक्षा प्राप्त कर मनुष्य न केवल जीविकोपार्जन करने योग्य बनता है, बल्कि उसे विभिन्न व्यवसायों का, उनमें किए जाने वाले उत्पादन का भी ज्ञान होता है। नए-नए व्यवसाय व उत्पादन स्रोत बढ़ाकर वह स्वयं और समाज दोनों को आर्थिक दृष्टि से सम्पन्न बनाता है।

3. **साधारण चातुर्य का विकास**–जिन परिवारों में पीढ़ी-दर-पीढ़ी एक ही व्यवसाय होते रहते हैं, उनके बालक भी बाल्यावस्था से ही उन व्यवसायों में हाथ बँटाना प्रारंभ कर देते हैं और शीघ्र ही व्यापारिक कार्यों में निपुण हो जाते हैं। वे बैंक, बीमा, सहकारी समितियों इत्यादि के कार्यों, बाजार की स्थिति का अनुमान लगाने, आवक-जावक का हिसाब रखने, पूँजी का लेन-देन करने जैसे कार्य अत्यन्त सरलता व कुशलता से कर लेते हैं। इस प्रकार वाणिज्य शिक्षा उनमें आवश्यक साधारण चातुर्य का विकास करती है।

4. **व्यवसाय में अनुकूलन करने योग्य बनाना**–आज का युग परिवर्तन व तकनीकी का युग है। आज व्यापार में नित नए परिवर्तन हो रहे हैं, नई-नई मशीनों का आविष्कार हो रहा है। व्यापारिक प्रतिस्पर्धा तथा सरकारी नीति-नियमों में परिवर्तन होने से व्यापारी को कई बार अपने व्यापार में परिवर्तन करना होता है, व्यापार का विस्तार करना होता है, या नए व्यापार को अपनाना होता है। अतः उसे यथार्थवादी व विस्तृत दृष्टिकोण रखना चाहिए। ताकि वह व्यावसायिक क्षेत्र में अनुकूलन कर सके तथा समायोजित जीवन जी सके। और वाणिज्य शिक्षा द्वारा विभिन्न व्यवसायों का ज्ञान करा कर विद्यार्थियों को इस योग्य बनाया जा सकता है।

5. वाणिज्यिक कुशलताओं का विकास–वित्त, व्यापार व वाणिज्य की आधारशिला है। वित्त के बिना व्यापार संभव ही नहीं है। व्यापार में अनेक वित्तीय कार्य करना होते हैं, जैसे बैंक से व्यवहार करते समय चेक, ड्राफ्ट, ए.टी.एम., केश कार्ड, बचत पत्र, हुंडी, विनिमय-विपत्र इत्यादि का संचालन करना होता है। वाणिज्य विषय में इन सभी का ज्ञान प्रदान किया जाना है। अतः वाणिज्य शिक्षा विद्यार्थियों में इन वाणिज्यिक कुशलताओं का विकास कराती है तथा इसके साथ ही सरकार द्वारा बनाई गई वित्त संबंधी नीतियों का भी ज्ञान होता है।

6. राष्ट्र की आर्थिक स्थिति व समस्याओं की जानकारी प्राप्त कराना–किसी भी राष्ट्र को ऊँचा उठने तथा आर्थिक स्वतंत्रता तथा आर्थिक लोकतंत्र को प्राप्त करने के लिए यह आवश्यक है कि उसके नागरिक राष्ट्र की वास्तविक आर्थिक स्थिति व आर्थिक समस्याओं तथा सरकार की वाणिज्यिक नीतियों से अवगत हों। वाणिज्य-शिक्षा विद्यार्थियों को उद्योग, उत्पादन, व्यापार, आयात-निर्यात, श्रम व पूँजी इत्यादि की नीतियों व समस्याओं से परिचित करवाती है, तथा उनके समाधान के लिए उचित दृष्टिकोण व जागरूकता प्रदान करती है तथा राष्ट्र को शक्तिशाली व समृद्धशाली बनाने में सहायता करती है।

7. तर्क एवं निर्णय शक्ति का विकास–व्यापार की आर्थिक समस्याओं के समाधान के लिए विद्यार्थियों को सही-गलत, उचित व अनुचित इत्यादि का ज्ञान होना आवश्यक है। व्यापार में वस्तुओं की मांग व पूर्ति के आधार पर व्यापारी को भविष्य में उत्पन्न होने वाली मांग का अनुमान लगाना होता है, बाजार की स्थिति का अनुमान लगाना होता है, वस्तुओं के भाव निर्धारित करना होते हैं, किसी वस्तु को कब विक्रय या क्रय करें, इसके लिए निर्णय लेने होते हैं। अतः विद्यार्थियों में तर्क व निर्णय-शक्ति का विकास होता है। वाणिज्य शिक्षा विद्यार्थियों को आलोचनात्मक चिंतन व मनन करने के अवसर देती है।

8. अन्तर्राष्ट्रीय दृष्टिकोण का विकास–विभिन्न राष्ट्रों के मध्य वाणिज्य व व्यापार होने से उनमें परस्पर अन्तर्निर्भरता स्थापित हो गयी है। जलवायु संबंधी विशेषताओं एवं अन्य आवश्यक तकनीकियों व योग्यताओं के कारण एक राष्ट्र जो उत्पादन अधिक मात्रा में करता है, वह उसका निर्यात दूसरे राष्ट्रों को कर देता है तथा उनसे अपनी आवश्यकता की अन्य वस्तुएँ, जो कि वह उत्पादित नहीं कर सकता है, आयात कर लेता है। इस तरह परस्पर अन्तर्निर्भरता से राष्ट्रों के मध्य सौहाद्रपूर्ण संबंध स्थापित होते हैं। वहाँ के नागरिकों में अन्तर्राष्ट्रीय दृष्टिकोण विकसित होता है, जो कि मानव जाति के उत्थान व कल्याण के लिए आवश्यक है।

9. अन्य गुणों का विकास–वाणिज्य-शिक्षा विद्यार्थियों में अन्य कई गुणों जैसे ईमानदारी, नैतिकता, सेवा भावना, धैर्य व नम्रता इत्यादि का विकास करती है। एक व्यापारी में इन गुणों का होना अत्यन्त आवश्यक है। व्यापार में हमेशा उतार-चढ़ाव बना रहता है, कभी लाभ होता है तो कभी हानि, अतः एक अच्छा व्यापारी विकट परिस्थितियों में विचलित नहीं होता है और धैर्यपूर्वक संकट का सामना करता है। इसी तरह ग्राहकों से बात करने के लिए उसमें नम्रता का होना आवश्यक है। कई बार ग्राहक संतुष्ट नहीं होते हैं। अतः नम्रतापूर्वक उन्हें नियंत्रित करना व उत्पाद खरीदने के लिए तैयार करने का गुण

व्यापारी में विद्यमान होना चाहिए। व्यापार की कुछ नैतिकताएँ होती हैं जिनका पालन कर ईमानदारी पूर्वक व्यापार करने वाला व्यापारी न केवल सफल होता है, बल्कि कम समय में ही साख अर्जित कर लेता है। और वाणिज्य-शिक्षा द्वारा विद्यार्थियों में इन गुणों का विकास किया जा सकता है।

10. वैज्ञानिक दृष्टिकोण का विकास करना—वाणिज्य शिक्षा का एक मुख्य उद्देश्य विद्यार्थियों में वैज्ञानिक दृष्टिकोण का विकास करना भी है। विद्यार्थी विभिन्न आर्थिक आँकड़ों एवं तथ्यों की समीक्षा कर निष्कर्ष निकालते हैं, जिससे उनमें स्वतंत्र चिंतन एवं निर्णय शक्ति का विकास होता है और वैज्ञानिक दृष्टिकोण उत्पन्न होता है।

सीनियर माध्यमिक स्तर पर वाणिज्य-शिक्षा के सामान्य उद्देश्य/लक्ष्य

सीनियर माध्यमिक स्तर पर वाणिज्य-शिक्षा को अकादमिक और व्यावसायिक दोनों समूह में शामिल करने से इनके उद्देश्य/लक्ष्य भी अलग-अलग हैं।

अकादमिक वाणिज्य शिक्षा के उद्देश्य

राष्ट्रीय शैक्षिक अनुसंधान और प्रशिक्षण परिषद् द्वारा वाणिज्य शिक्षा के लिए स्थापित एक सलाहकार बोर्ड ने अकादमिक समूह की वाणिज्य शिक्षा के निम्नलिखित उद्देश्य बताए हैं–

1. विद्यार्थियों को वाणिज्य से संबंधित रोजगारों के लिए साहसी, नियोक्ता और कर्मचारियों के रूप में तैयार करना।
2. विद्यार्थियों को उच्च शिक्षा और वृत्तिक पाठ्यक्रमों के लिए तैयार करना।
3. विद्यार्थियों में वाणिज्यिक व्यवहारों और उनके प्रभावों के द्वारा वाणिज्यिक सिद्धान्तों की अवधारणाओं का विकास करना।
4. विद्यार्थियों को एक व्यावसायिक इकाई के प्रबन्ध और संगठन के सैद्धान्तिक और व्यावहारिक पक्षों से परिचित कराना।
5. विद्यार्थियों की मानसिक योग्यताओं का विकास करना जिससे वे विश्लेषणात्मक और तार्किक तरीकों से स्वतंत्र चिंतन कर सकें।
6. विद्यार्थियों को ऐसी उपयोगी तकनीकों की जानकारी देना जिसके द्वारा वे वाणिज्यिक अभिलेखों का रख-रखाव कर सकें और वाणिज्य संबंधी विवरणों और प्रतिवेदनों का विश्लेषण और व्याख्या कर सकें।
7. विद्यार्थियों को ऐसी अभिवृत्तियों और मूल्यों से परिचित कराना जो सामाजिक ढाँचे के अन्तरंग भाग के रूप में वाणिज्य की सफलता को शासित करते हैं।

व्यावसायिक वाणिज्य शिक्षा के निम्न सामान्य उद्देश्य हो सकते हैं :

1. विद्यार्थी को वाणिज्य से संबंधित कार्य के संसार में प्रवेश करने और उपयुक्त स्थान प्राप्त करने में सहायता करना।
2. विद्यार्थी को आर्थिक और सामाजिक क्षेत्रों में अग्रसर करने में सहायता करना।

3. विद्यार्थी में सृजनात्मकता का विकास करना जिससे वह निरन्तर कार्य कर आत्म-संतोष की भावना का विकास कर सके।
4. वाणिज्य संबंधी कार्य के संसार में असंतुलन पर अंकुश लगाना।
5. स्थानीय, राज्यीय और राष्ट्रीय आर्थिक व्यवस्था के विकास को स्थायित्व प्रदान करना।
6. राष्ट्रीय प्रगति और राष्ट्रीय संपत्ति में वृद्धि करना।

इसके अतिरिक्त वाणिज्य शिक्षण के लक्ष्य/सामान्य उद्देश्य निम्नलिखित हो सकते हैं–

1. विद्यार्थियों में वाणिज्य के प्रति रुचि विकसित करना।
2. विद्यार्थियों में सामाजिक प्रणाली के साथ व्यवसाय में सम्मिलित होने की योग्यता विकसित करना।
3. विद्यार्थियों को वाणिज्यिक समस्याओं का समाधान करने योग्य बनाना।
4. विद्यार्थियों को वाणिज्य की नवीन सूचनाओं से परिचित कराना।
5. विद्यार्थियों में स्व की समझ विकसित करना।
6. विद्यार्थियों में बौद्धिक दृष्टिकोण विकसित करना।
7. विद्यार्थियों को भविष्यदृष्टा बनने के लिए प्रोत्साहित करना।
8. विद्यार्थियों को तकनीकी पेशों जैसे वाणिज्य शिक्षक, बैंक कर्मचारी, रोकड़िया (Cashier) लेखापाल बनने के लिए तैयार करना।
9. उच्च वाणिज्य शिक्षा प्राप्त करने के लिए तैयार करना।

विशिष्ट उद्देश्य

शिक्षा में विशिष्ट उद्देश्य से तात्पर्य शैक्षिक उद्देश्यों/ अनुदेशनात्मक उद्देश्यों से होता है। किसी भी शैक्षिक योजना के निर्धारण एवं कार्यान्वियन के लिए हमें शैक्षिक उद्देश्य का निर्धारण करना होता है। इन उद्देश्यों के द्वारा व्यक्तियों को अपनी दिशा प्राप्त होती है जिससे वे अपने वांछित लक्ष्य पर पहुँच पाते हैं। शैक्षिक उद्देश्य/अनुदेशनात्मक उद्देश्य शिक्षक द्वारा कक्षा में पढ़ाई जाने वाली विषयवस्तु से संबंधित होते हैं। इनसे हमें यह ज्ञात होता है कि किसी विशेष विषयवस्तु को पढ़ाने के पश्चात् विद्यार्थियों के व्यवहार में क्या परिवर्तन होंगे? ये व्यावहारिक रूप में होते हैं तथा मापनीय होते हैं। जैसे शारीरिक विकास के अन्तर्गत विद्यार्थी चल सकेंगे, बोल सकेंगे, लिख सकेंगे या मानसिक विकास के अन्तर्गत विद्यार्थी परिभाषित कर सकेंगे, वर्णन कर सकेंगे इत्यादि।

उद्देश्यों द्वारा पाठ्यचर्या के परिणाम प्रदर्शित होने से शैक्षिक अभिप्रायों एवं लक्ष्यों के सन्दर्भ में उद्देश्यों का प्रतिपादन आवश्यक होता है।

अभिप्रायों को लक्ष्यों में विभाजित किया जा सकता है एवं लक्ष्यों से उद्देश्य प्राप्त होते हैं। अभिप्राय, लक्ष्य एवं उद्देश्यों का क्रम निम्न प्रकार से स्पष्ट किया जा सकता है -

दर्शन $\rightarrow$ अभिप्राय $\rightarrow$ लक्ष्य $\rightarrow$ उदेश्य

शैक्षिक उद्देश्य के निर्माण के लिए मार्गदर्शिका

अपेक्षित अधिगम परिणामों को उद्देश्यों द्वारा दर्शाया जाता है। पाठ्यचर्या की सफलता उसके

उद्देश्यों पर निर्भर करती है। आन्स्टिन एवं हन्किन्स (1988) ने उद्देश्य निर्माण की निम्न मार्गदर्शिका दी है–

1. मिलान (Matching)–उद्देश्य अभिप्रायों एवं लक्ष्यों, जिनसे वह उत्पन्न हुआ है, से संबंधित होना चाहिए। बहुधा पाठ्यचर्या निर्देशिका में जो उद्देश्य दिए होते हैं, वे लक्ष्यों से संबंधित नहीं होते हैं।

2. योग्य/लायक (Worth)–प्राय: शैक्षिक उद्देश्यों के बारे में विवाद रहता है कि कौन से उद्देश्य योग्य हैं एवं कौन से उद्देश्य योग्य नहीं है। अत: उद्देश्य योग्य होने चाहिए।

3. वाक्य रचना (Wording)–उद्देश्य प्रभावी हों, इसके लिए आवश्यक है कि जो व्यक्ति पाठ्यचर्या निर्देशिका का उपयोग करें, वे उसको उसी रूप में समझे, जिसकी लेखकों को अपेक्षा हो। संक्षिप्त एवं शब्दाम्बडर रहित उद्देश्य समझने में आसान होते हैं। किसी उद्देश्य की वाक्य रचना की उपयुक्तता उसके स्तर पर निर्भर करती है। उद्देश्य सामान्य विषय, इकाई एवं प्रकरण के हो सकते हैं।

4. उपयुक्तता (Appropriateness)–उद्देश्य निर्माण करते समय उनकी उपयुक्तता पर विशेष ध्यान दिया जाना चाहिए। क्योंकि सभी उद्देश्य सभी विद्यार्थियों द्वारा प्राप्त नहीं किए जा सकते हैं। साथ ही सभी पक्ष व स्तरों के उद्देश्य सभी प्रकार की विषयवस्तु के लिए उपयुक्त नहीं होते हैं। अत: पाठ्यचर्या विशेषज्ञों को यह प्रश्न करना चाहिए कि विद्यार्थियों की आवश्यकताएँ क्या हैं? किस प्रकार के अधिगम परिणामों को उन्हें प्राप्त करना चाहिए। उपयुक्तता ज्ञात करने के लिए शिक्षा शास्त्रियों को अनुदेशन प्राप्त करने वाले विद्यार्थियों एवं पाठ्यचर्या प्रेषित करने वाली विषयवस्तु ज्ञात की जाना चाहिए। ऐसे उद्देश्य अनुपयुक्त होते हैं–

1. जो विद्यार्थियों की रुचियों की पूर्ति नहीं कर सकते हैं।
2. जिनमें ऐसे कार्यों का उल्लेख हैं, जिन्हें विद्यार्थी नहीं कर सकते हैं।
3. ऐसे परिणामों को प्रदर्शित करते हैं, जिन्हें विद्यार्थियों ने पूर्व में ही प्राप्त कर लिया है।

5. तार्किक समूहन (Logical Grouping)–उद्देश्यों को तार्किक रूप से समूह में रखना चाहिए। प्राय: उद्देश्यों में संगठनात्मक सम्बद्धता की कमी रहती है। विचारों को समानता के आधार पर समूह में रखा जाना चाहिए। इन समान विचारों को कुछ विद्वानों ने प्रभाव क्षेत्र (Domain) कहा है, जैसे संज्ञानात्मक, भावात्मक, मनोगामक।

6. नियतकालिक संशोधन (Periodic Revision)–कोई भी उद्देश्य हमेशा के लिए नहीं होना चाहिए। उद्देश्यों के नियतकालिक संशोधन की आवश्यकता होती है। यह इसलिए आवश्यक है, क्योंकि ज्ञान के क्षेत्र में परिवर्तन हो रहे हैं, विद्यार्थी में परिवर्तन हो रहे हैं तथा अनुदेशन व्यूह रचनाओं में परिवर्तन हो रहे हैं। शिक्षाशास्त्री कभी-कभार ही उद्देश्यों का विश्लेषण कर यह जानने का प्रयास करते हैं कि उनके उद्देश्यों का कार्यक्रम के लिए मूल्य है अथवा नहीं।

प्रेट (1980) ने पाठ्यचर्या उद्देश्यों के अग्र सात निकष दिये हैं–

1. उद्देश्यों को अधिगम परिणामों की पहचान करना चाहिए।

2. उद्देश्यों को पाठ्यचर्या अभिप्राय के समनुरूप (Consistent) होना चाहिए।
3. उद्देश्य सुस्पष्ट होने चाहिए।
4. उद्देश्य साध्य (Feasible) होने चाहिए।
5. उद्देश्य कार्यात्मक (Functional) होने चाहिए।
6. उद्देश्य सार्थक होने चाहिए।
7. उद्देश्य उपयुक्त होने चाहिए।

उद्देश्य विद्यार्थियों के व्यवहार में होने वाले परिवर्तनों के सूचक हैं। बी.एस. ब्लूम तथा उनके साथियों ने शैक्षिक उद्देश्यों का वर्गीकरण प्रस्तुत किया। उनके अनुसार विद्यार्थियों के व्यवहार में होने वाले परिवर्तन तीन क्षेत्रों में होते हैं–

अ. संज्ञानात्मक (Cognitive)
ब. भावात्मक (Affective)
स. मनोगामक (Psychomotor)

संज्ञानात्मक क्षेत्र के उद्देश्यों का वर्गीकरण (Classification of Objectives of Cognitive Domain)

संज्ञानात्मक क्षेत्र में वे उद्देश्य शामिल किये जाते हैं, जो व्यक्ति के चिन्तन, ज्ञान तथा समस्या समाधान से संबंधित होते हैं। ब्लूम (1956) के अनुसार ज्ञानात्मक क्षेत्र में वे उद्देश्य होते हैं, जो ज्ञान के पुनः स्मरण या पहचान तथा बौद्धिक योग्यताओं व कौशलों के विकास से संबंधित होते हैं।

ब्लूम के संज्ञानात्मक क्षेत्र के वर्ग एवं सम्बद्ध कार्य क्रियाएँ निम्नलिखित हैं -

ब्लूम : उद्देश्य वर्गीकरण के मुख्य वर्ग

वर्ग (Categories)	सम्बद्धकार्य क्रियाएँ (Associated Action Verbs)
1. ज्ञान उत्पादन के रूप में ज्ञान (Knowledge) –ज्ञान में प्राथमिक पठन कौशल अथवा विशिष्ट सूचनाओं या अनुभवों का पुनः स्मरण शामिल होता है। ज्ञान के उच्च स्तर में सूचनाओं के साथ व्यवहार करने के तरीके एवं माध्यम को जानना शामिल है। इसमें परिवर्तन के साथ ही साथ प्रवृत्ति और क्रम, वर्गीकरण निष्कर्ष एवं रीति-विधान सभी के उच्च स्तर में सार्वभौमिकताओं एवं अमूर्तताओं का ज्ञान शामिल है। इसके अन्तर्गत नियमों एवं सामान्यीकरण तथा साथ ही साथ सिद्धान्तों एवं संरचनाओं का ज्ञान आते हैं।	वर्णन करना, प्रत्ययीकरण करना, परिभाषित करना, पहचानना, नाम बताना, सूची बनाना, पुनरुत्पादन करना, मापना, नामांकित करना, लिखना, अर्जित करना।
2. बोध (Comprehension)–इसमें प्रत्यक्षण शामिल है। बोध सूचनाओं की प्रक्रिया को बाध्य करता है, जो	समझना, भविष्यवाणी करना, निर्वचन करना, सोदाहरण समझना, अनुवाद

सूचनाओं को शिक्षार्थी के लिए अधिक अर्थपूर्ण बनाती है।	करना, चित्र बनाना, अन्तर्वेशन करना, बर्हिवेशन करना।
3. अनुप्रयोग (Application)–अनुप्रयोग के अन्तर्गत किसी वस्तु का विशिष्ट प्रकार से उपयोग करना आता है।	अनुप्रयुक्त करना, दिखाना, प्रदर्शित करना, उपयोग करना, सम्बन्ध बताना, विकास करना, स्थानान्तर करना, निर्माण करना, व्याख्या करना।
4. विश्लेषण (Analysis) – विश्लेषण के अन्तर्गत विभाजित करना अथवा पूर्ण का इसके घटक भागों में अलग करना आता है। यह एक तर्क अथवा चिन्तन की प्रक्रिया है। सरलतम रूप में विश्लेषण के अन्तर्गत इसके तत्वों की सूची बनाना आता है।	विश्लेषण करना, अलग करना, भेद करना, वर्गीकृत करना, भंग करना, पता लगाना, भेद दिखलाना।
5. संश्लेषण (Synthesis)–संश्लेषण में अनेक तत्वों को आपस में जोड़कर पूर्ण प्राप्त किया जाता है। इस प्रक्रिया से तार्किक परिणाम निकाला जाता है। इस अर्थ में यह चिन्तन एवं सृजनात्मकता से सम्बन्धित है। संश्लेषण में तत्वों को मौलिक रूप से जोड़ा जाता है।	जोड़ना, संक्षिप्त करना, सामान्यीकरण करना, निष्कर्ष निकालना, संगठित करना, स्पष्ट करना, निर्माण करना, प्रस्तावित करना, परिणाम निकालना।
6. मूल्यांकन (Evaluation)–यह वर्गीकरण का उच्चतम स्तर है, इसमें पिछले पाँच वर्गों का योग होता है। मूल्यांकन का सम्बन्ध मूल्यों के बारे में निर्णय लेने से होता है। मूल्यांकन मात्रात्मक एवं गुणवत्तात्मक, प्रत्यक्ष अथवा परोक्ष, विषयनिष्ठ अथवा वस्तुनिष्ठ हो सकता है। प्राय: निर्णय आन्तरिक साक्ष्यों के आधार पर लिये जाते हैं। निर्णय साक्ष्यों के आधार पर लिये जाते हैं। निर्णय बाह्य निकष के आधार पर लेना मूल्यांकन गतिविधि का उच्चतम स्तर माना गया है।	मूल्यांकन करना निश्चय करना, चुनना, निर्णय करना, आलोचना करना, चयन करना, समर्थन देना, आक्रमण करना, बचाव करना, वैषम्य दिखलाना।

भावात्मक क्षेत्र के उद्देश्यों का वर्गीकरण
(Classification of the Objectives of Affective Domain)

क्रथवाल एवं साथियों (1964) ने बताया कि भावात्मक क्षेत्र में वे उद्देश्य शामिल हैं, जिनका सम्बन्ध रुचियों, अभिवृत्तियों तथा मूल्यों में परिवर्तन से एवं प्रशंसा तथा समायोजन के विकास से है। इसके वर्गीकरण के मुख्य वर्ग अग्रलिखित है–

क्रथवाल : भावात्मक पक्ष वर्गीकरण के मुख्य वर्ग

मुख्य वर्ग **(Major Categories)**	सम्बद्ध कार्य क्रियाएँ **(Associated Action Verbs)**
1. प्राप्त करना (Receiving)–इस वर्गीकरण का यह निम्नतम वर्ग है। इससे तात्पर्य है कि केवल सम्प्रेषण सुना जाएगा। प्रक्रिया में शामिल व्यक्ति सन्देश अथवा उद्दीपक के प्रति सजग है।	सूचना प्राप्त करना, नियंत्रित करना, चयन करना, जागरूक होना, प्रत्यक्षण करना, पक्ष लेना, स्वीकार करना, संग्रह करना।

2. अनुक्रिया करना (Responding)–किसी प्रकार का उत्तर प्राप्त होता है, इससे तात्पर्य है कि, रुचि एवं अभिप्रेरण के स्तर स्रोत के रूप में कार्य करते हैं। समर्पण का स्तर निम्न है, किन्तु जिज्ञासा का अंश हुआ। अनुक्रिया में तत्परता एवं खुशी शामिल है।	उत्तर देना, पूर्ण करना, चयन करना, अंकित करना, सूची बनाना, विकसित करना, अनुसरण करना।
3. मूल्य निर्धारित करना (Valuing) इसमें संबंधित व्यक्ति की योग्यता अथवा आन्तरिक योग्यता को ध्यान में रखकर अभिवृत्ति बनती है। मूल्य निर्धारण का यह उद्देश्य पुनः मूल्य स्वीकृति, मूल्य वरीयता तथा किसी दृष्टिकोण के प्रति समर्पण में विभाजित किया जा सकता है।	स्वीकार करना, पहचानना, भाग लेना, बढ़ावा देना, विकसित करना, प्राप्त करना, निश्चय करना, प्रभावित करना, समर्थन देना, तर्क करना, प्रशंसा करना।
4. संगठन (Organization)–जब ऐसी स्थिति का सामना करना पड़े जहाँ एक से अधिक अभिवृत्ति एवं मूल्य हों, तब संगठन का उपयोग किया जाता है। अन्यथा व्यवहार असंगत हो जाता है। मूल्य पद्धति का प्रारंभ संगठन में निहित होता है। दोनों ही स्थितियों में मूल्य को शब्दों में व्यक्त करने के लिए योग्यता से अधिक किसी चीज की आवश्यकता होती है तथा किसी प्रकार की योग्यता अपने मूल्यों के बचाव के लिए निहित होती है। मूल्य का संकल्पन एवं मूल्य पद्धति का संगठन में दो उपवर्ग संगठन में शामिल हैं।	सम्बन्ध बताना, सह-संबंध बताना, संतुलन करना, परिभाषा देना।
5. मूल्य में चारित्रीकरण अथवा मूल्य संकुल (Characterization by Value or Value Complex)–मूल्य संकुलन का सम्बन्ध व्यक्ति के चरित्र एवं उसके एक व्यक्ति के रूप में अनोखेपन से होता है। विश्वास, विचार एवं अभिवृत्ति आपस में मिलकर जीवन को सम्पूर्ण दृष्टि प्रदान करते हैं। चरित्र चित्रण एवं सामान्यीकरण इसके दो उपवर्ग हैं।	बदलना, सामना करना, स्वीकार करना, विकसित करना, निर्णय करना, अस्वीकार करना, माँगना।

मनोगामक क्षेत्र के उद्देश्यों का वर्गीकरण (Classification of the Objectives of Pshychomotor Domain)

मनोगामक क्षेत्र का सम्बन्ध माँसपेशियों के विकास तथा प्रयोग एवं शारीरिक क्रियाओं के समन्वय की योग्यता से होता है। हेरो (1972) के मनोगामक क्षेत्र के वर्ग एवं सम्बद्ध कार्य क्रियाएँ निम्नलिखित हैं–

मुख्य वर्ग	सम्बद्ध कार्य क्रियाएँ
1. सहजगतियाँ (Reflex Movements) इन्हें उद्दीपकों के प्रति गामक अनुक्रियाओं के रूप में परिभाषित किया गया हैं। ये किसी भी प्रकार की गति वाले व्यवहार के आधार होते हैं। इनमें एक या अधिक सुषुम्ना खण्ड शामिल होते हैं।	मोड़ना, तानना, खींचना, शक्ति प्रदान करना, फैलना, रोकना, लम्बा करना, छोटा करना, सख्त करना, कसना, शिथिल करना।

2. बुनियादी मूलभूत गतियाँ (Basic Fundamental Movements)–वे जन्मजात शारीरिक गतियों के तरीके जो कि, सहज गतियों की बुनियाद से बनते हैं, बुनियादी मूलभूत गतियाँ कहलाती हैं। वे प्रायः जीवन के पहले वर्ष में स्वतः आती है। इस वर्ग की गतियाँ सभी सामान्य मानव दैनिक गतिविधियों की मूल आधार होती है तथा इनकी न्यूनता बहुत गम्भीर होती है।	रेंगना, फिसलना, चलना, दौड़ना, कूदना, सरकना, ग्रहण करना, पहुँचना, सहारा देना, चलाना, सही करना।
3. प्रत्यक्षणात्मक योग्यताएँ (Perceptual Abilities)–इन्हें गामक योग्यताओं से अलग करना मुश्किल है। ये योग्यताएँ शिक्षार्थी को उद्दीपकों के निर्वचन में सहायता करती हैं, जिससे वह पर्यावरण के साथ समायोजन कर सकता है। श्रेष्ठ गामक गतिविधियाँ प्रत्यक्षण के विकास पर निर्भर होती है। ये संवेदना भेद, दृष्यिक भेद, श्रवण भेद, इसके अन्तर्गत आते हैं, तथा ये आँख, हाथ तथा पैर की योग्यताओं में समन्वय करती है।	झेलना, खाना, लिखना, सन्तुलन करना, झुकाना, स्मृति से प्राप्त करना, स्पर्श से भेद करना, उछालना, खोजबीन करना।
4. शारीरिक योग्यताएँ (Physical Abilities)–गामक क्रियाओं के लिए शारीरिक योग्यताएँ अनिवार्य होती हैं। ये व्यक्ति की ताकत से सम्बन्धित होती है, जिनके द्वारा व्यक्ति अपने पर्यावरणीय मांगों की पूर्ति करता है, कौशल युक्त गतियों के विकास के लिए शारीरिक योग्यताएँ आवश्यक बुनियादी होती हैं। शारीरिक योग्यताओं में मुख्य है–गति।	सख्त क्रियाओं को सहना, लम्बे समय तक सहन करना, सुधार करना, बढ़ाना, प्रारंभ एवं रोकना, सुस्पष्ट घूमना, पैर की ऊँगलियाँ छूना।
5. कौशलयुक्त गतियाँ (Skilled Movements)–सफलतापूर्वक किये गये किसी जटिल कार्य की गति को कौशलयुक्त गति कहते हैं। ये सुगमता से निष्पादित किये जाते हैं।	कलाबाजी करना, नाचना, देखना, टाइप करना, पियानो बजाना, तार (बागड.) लगाना, बदलना, समतल करना, आग लगाना, फाइल करना, नाव खेना।

4. वाणिज्य की पाठ्यचर्या निर्माण के सिद्धान्त एवं शिक्षण सूत्र
(Principles of Curriculum Construction of Commerce and Maxims of Teaching)

उच्चतर माध्यमिक स्तर पर वाणिज्य की पाठ्यचर्या का निर्माण निम्नलिखित सिद्धान्तों के आधार पर किया जाना चाहिए :

1. वाणिज्य की पाठ्यचर्या का निर्माण करते समय उसके क्षेत्र को ध्यान में रखा जाना चाहिए। सेलर (1966) के अनुसार क्षेत्र का अर्थ विस्तार, विविधता एवं विद्यार्थी को प्रदान किए जाने वाले शैक्षिक अनुभव के प्रकार से है। अर्थात् पाठ्यचर्या में कौन सी विषयवस्तु शामिल की जानी है, उसकी गहराई एवं विस्तार क्या होगा, इस पर ध्यान दिया जाना चाहिए।
2. पाठ्यचर्या निर्माण का दूसरा सिद्धान्त एकीकरण का सिद्धान्त है। अर्थात् पाठ्यचर्या में शामिल विभिन्न विषयों की विषयवस्तु एक-दूसरे से अर्थपूर्ण रूप से सम्बन्धित होना चाहिए। यह एकीकरण विषयों में क्षैतिज सम्बन्ध को दर्शाता है। पाठ्यचर्या निर्माता भी प्रभावी अधिगम के लिए क्षैतिज संबंध को स्वीकार करते हैं।
3. पाठ्यचर्या निर्माण का तीसरा सिद्धान्त सततता का सिद्धान्त हैं। यह सततता ऊर्ध्वाकार व क्षैतिज दोनों रूपों में होनी चाहिए। ऊर्ध्वाकार सततता अर्थात् एक विषय की

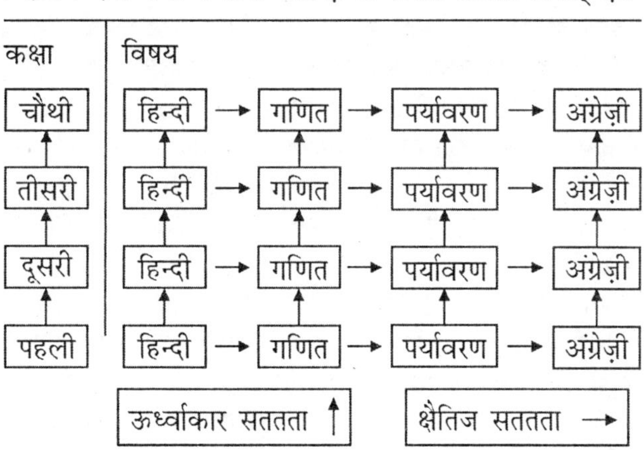

विषयवस्तु एक कक्षा से दूसरी कक्षा व उससे अगली कक्षा में उसी विषय की विषयवस्तु से जुड़ी होना चाहिए। इसके लिए पाठ्यचर्या के तत्वों को उचित क्रम में रखना चाहिए, जबकि क्षैतिज सततता एक कक्षा में ही विभिन्न विषयों में जुड़ाव को दर्शाती है।

4. पाठ्यचर्या निर्माण करते समय किसी विषय की विषयवस्तु का वर्गीकरण एवं संगठन उस विषय में हुई शोध के अनुसार किया जाना चाहिए। वैज्ञानिक शोध विशेषज्ञ अपनी पसंद के विषयों में शोध कर तथ्यों एवं सिद्धान्तों का क्रम निर्धारित करते हैं। किसी भी विषयवस्तु का संगठन चार प्रकार से किया जा सकता है :
   (अ) सरल से जटिल के आधार पर
   (ब) पूर्व आवश्यक अधिगम के आधार पर
   (स) पूर्ण से अंश के आधार पर, और
   (द) समयक्रम के आधार पर

   सरल से जटिल के अन्तर्गत किसी भी विषयवस्तु का पहले सरल रूप प्रस्तुत किया जाता है उसके पश्चात् जटिल। जैसे बहीखाता एवं लेखाकर्म विषय में प्रारंभ में प्रविष्टियों के नियमों के आधार पर सामान्य प्रविष्टियाँ करना बताई जाती है, तत्पश्चात् रोजनामचा एवं खाताबही बनाना सिखाया जाता है।

   पूर्व आवश्यक अधिगम के आधार पर विषयवस्तु का संगठन करते समय नई विषयवस्तु के लिए आवश्यक पूर्व अधिगम कराया जाता है, तत्पश्चात् नई विषयवस्तु प्रस्तुत की जाती है। जैसे:-ज्यामितीय के सवालों को हल करना सिखाने के पहले रेखागणित की सामान्य संकल्पनाएँ बिंदु, कोण, त्रिभुज, वृत, इत्यादि का अधिगम कराया जाना चाहिए।

   पूर्ण से अंश के आधार पर विषयवस्तु का संगठन करते समय पहले संपूर्ण विषयवस्तु को प्रस्तुत किया जाता है, तत्पश्चात् अलग-अलग भागों को। जैसे साझेदारी व्यापार में प्रारंभ में कंपनी के संपूर्ण व्यापार को दर्शाने के लिए कंपनी खाता बनाया जाता है, उसके पश्चात् प्रत्येक साझेदार का खाता बनाया जाता है।

   समयक्रम के आधार पर विषयवस्तु का संगठन समयानुसार घटित होने वाली घटनाओं के क्रम में किया जाता है। जैसे व्यापार में होने वाले सौदों को तारीखवार लिखा जाता है।

   उपरोक्त में से किसी भी एक/और अधिक प्रकार से विषयवस्तु का संगठन किया जा सकता है।

5. पाठ्यचर्या निर्माण करते समय विविधता के सिद्धान्त को ध्यान में रखा जाना चाहिए। विविधता का सिद्धान्त पाठ्यचर्या में कुल विषयों की संख्या तथा अनिवार्य व ऐच्छिक विषयों की संख्या एवं विषयों में शामिल किए जाने वाले उदाहरण तथा अनुभव इत्यादि सभी पर लागू किया जाना चाहिए। कुछ विषय ऐसे होते हैं जो सभी विद्यार्थियों के लिए आवश्यक होते हैं, जबकि अन्य विषय विशिष्ट विद्यार्थियों के अथवा समूहों

के लिए होते हैं अथवा उनके द्वारा चुने जाते हैं। अतः पाठ्यचर्या में कुछ ऐच्छिक विषय रखे जाने चाहिए जिन्हें कि विद्यार्थी अपनी रुचि एवं योग्यता के अनुसार चयन कर सके तथा अनिवार्य विषय ऐसे होना चाहिए जो सभी विद्यार्थियों के लिए समान रूप से उपयोगी हों। साथ ही इनकी कुल संख्या पर भी ध्यान दिया जाना चाहिए। अनिवार्य व ऐच्छिक विषयों में सभी विद्यार्थियों को उनकी आवश्यकतानुसार विभिन्न उदाहरण तथा अनुभव प्रदान किए जाने चाहिए।

6. पाठ्यचर्या का निर्माण करते समय विद्यार्थियों की उम्र, बौद्धिक स्तर एवं क्षमताओं को ध्यान में रखना चाहिए। पाठ्यचर्या विद्यार्थियों के लिए न तो बहुत कठिन और न बहुत सरल होनी चाहिए। वह उनके उम्र स्तर व क्षमताओं के अनुसार निर्धारित की जानी चाहिए ताकि वे उसे सीख सकें।
7. वाणिज्य की पाठ्यचर्या निर्माण करते समय वाणिज्य में आने वाली नई प्रवृत्तियों को भी ध्यान में रखा जाना चाहिए और आवश्यकतानुसार उन्हें पाठ्यचर्या में शामिल भी किया जाना चाहिए। जैसे पहले आशुलिपि एवं टंकण को वाणिज्य में अत्यधिक महत्वपूर्ण विषय माना जाता था, लेकिन अब कम्प्यूटर, इन्टरनेट और ई-कामर्स जैसी नवीन प्रवृत्तियाँ आने से उसका महत्व कम हो गया है। इसी तरह पहले सम्प्रेषण कौशल वाणिज्य के विद्यार्थियों को नहीं सिखाया जाता था, लेकिन वर्तमान के व्यापारिक प्रतिस्पर्धा युग में व्यापारियों को सम्प्रेषण कौशल में निपुण होना आवश्यक हो गया है। अतः विश्वविद्यालय अनुदान आयोग ने वर्ष 2004 की एकीकृत पाठ्यचर्या में वाणिज्य प्रथम वर्ष में व्यावसायिक सम्प्रेषण विषय को अनिवार्य विषय के रूप में शामिल कर दिया है।
8. पाठ्यचर्या निर्माण करते समय पाठ्यक्रमों एवं कार्यक्रम की योजना अग्रिम रूप में बनाई जानी चाहिए। अर्थात् कौन से पाठ्यक्रम प्रस्तावित हैं? प्रत्येक की कितनी कक्षाएँ होगीं? कौन उन्हें पढ़ाएगा? तथा कौन से विद्यार्थी उन्हें पढ़ेंगे? एवं कौन सी कक्षा में वे पाठ्यक्रम पढ़ाए जावेंगे? इत्यादि का निर्धारण अग्रिम रूप में करना चाहिए।
9. पाठ्यचर्या का निर्माण 'शिक्षार्थी केन्द्रित अभिकल्प' के आधार पर किया जाना चाहिए। शिक्षार्थी केन्द्रित अभिकल्प विद्यार्थियों के लिए मूल्यवान होता है। इस अभिकल्प के अनुसार सभी विद्यालयीन गतिविधियाँ बालक की अनुभूत आवश्यकताओं एवं रुचियों पर केन्द्रित होनी चाहिए। बालक करके सीखते हैं, अतः पाठ्यचर्या में गतिविधियों को प्रमुख स्थान दिया जाना चाहिए।
10. पाठ्यचर्या को निरन्तर पुर्नगठित किया जाना चाहिए। अर्थात् उसमें आवश्यकतानुसार विषयवस्तु के संगठन में परिवर्तन करना चाहिए तथा नयी संकल्पनाओं को स्थान दिया जाना चाहिए।
11. पाठ्यचर्या में नम्यता होना चाहिए। अर्थात् वह समय, परिस्थितियों एवं आवश्यकताओं के अनुरूप परिवर्तनशील होना चाहिए।

12. पाठ्यचर्या निर्माण करते समय समुदाय की सहभागिता का ध्यान रखना चाहिए। उसमें सामुदायिक जीवन सम्बन्धी कार्यों का समावेश होना चाहिए। विद्यार्थी को समुदाय के सम्पर्क में लाने के लिए पाठ्यचर्या में समाजोपयोगी उत्पादक कार्यों, समाज-सेवा, सहकारिता इत्यादि को उचित व पर्याप्त स्थान देना चाहिए।
13. पाठ्यचर्या सार्थक व आवश्यकता आधारित होनी चाहिए। अर्थात् उसे पूरा करने के पश्चात् विद्यार्थियों की आवश्यकताओं की पूर्ति होनी चाहिए तथा अर्थपूर्ण होनी चाहिए तभी वह बालकों के लिए उपयोगी होगी।
14. पाठ्यचर्या भविष्योन्मुख होनी चाहिए। यह दो दृष्टिकोण से भविष्योन्मुख होनी चाहिए। एक तो बालकों के जीवन में भविष्य में काम आने वाली तथा दूसरी नयी कक्षा या पाठ्यचर्या को पूर्ण करने के लिए उपयोग में आने वाली।
15. पाठ्यचर्या राष्ट्रीय लक्ष्यों की पूर्ति करने वाली होना चाहिए। हमारे राष्ट्रीय लक्ष्य है – अनेकता में एकता, सहिष्णुता, राष्ट्रीय आय में वृद्धि, जीवन-स्तर में सुधार, वैज्ञानिक दृष्टिकोण का विकास इत्यादि। अत: पाठ्यचर्या में इन तत्वों को सम्मिलित करने वाली विषयवस्तु को शामिल किया जाना चाहिए।
16. पाठ्यचर्या सामाजिक कुरीतियों को दूर करने वाली होना चाहिए। इसे पूर्ण करने के पश्चात् विद्यार्थियों में दहेज-प्रथा, बेकारी, अशिक्षा, जनसंख्या-वृद्धि, अंधविश्वास इत्यादि को समाप्त करने के लिए जागरूकता उत्पन्न होनी चाहिए।
17. पाठ्यचर्या अन्तर्राष्ट्रीय समस्याओं जैसे आतंकवाद, पर्यावरण प्रदूषण, तापमान में अधिकता (ग्लोबल वार्मिंग) इत्यादि के प्रति विद्यार्थियों में जागरूकता उत्पन्न करने वाली तथा इन समस्याओं का समाधान करने वाली होना चाहिए। किसी भी देश को अपने आर्थिक विकास के लिए विभिन्न राष्ट्रों तथा अन्तर्राष्ट्रीय संस्थाओं से सौहाद्रपूर्वक संबंध स्थापित करना होते हैं। एक राष्ट्र के हित दूसरे राष्ट्रों के साथ सम्बन्धों पर निर्भर करते हैं। अत: ऐसी पाठ्यचर्या का निर्माण किया जाना चाहिए जिससे विद्यार्थियों के दृष्टिकोण को राष्ट्रीय तथा अन्तर्राष्ट्रीय बनाया जा सके।

शिक्षण के सूत्र (Maxims of Teaching)

बाल-केन्द्रित शिक्षा प्रणाली को ध्यान में रखते हुए शैक्षिक मनोविज्ञान के शोधों एवं शिक्षण के लम्बे अनुभव के परिणामों के आधार पर शिक्षण के कुछ सूत्र दिए गए हैं, जिसके अनुसार पाठ्यवस्तु का संगठन एवं प्रस्तुतीकरण करने से शिक्षण न केवल प्रभावी एवं रुचिकर हो जाता है, बल्कि वह अधिगमकों के लिए बोधगम्य भी हो जाता है। ये शिक्षण सूत्र इस प्रकार है :

1. ज्ञात से अज्ञात की ओर (From Known to the Unknown)–प्रस्तुत शिक्षण सूत्र के अनुसार अध्यापक को विद्यार्थियों को नवीन ज्ञान देने के लिए उनके पूर्व ज्ञान को आधार बनाना चाहिए अर्थात् जो उन्हें ज्ञात है उससे जो उन्हें ज्ञात नहीं है उस ओर बढ़ना चाहिए। एक उक्ति भी है कि आप विद्यार्थियों के खाली मस्तिष्क में कुछ नहीं भर सकते

हैं। उन्हें नया ज्ञान देने के लिए यह आवश्यक है कि वे उसके लिए पहले से कुछ जानते हों। उनके द्वारा पहले से जाना गया ज्ञान ही उनका पूर्व ज्ञान होता है, जिससे सम्बन्धित कर उन्हें नया ज्ञान प्रदान करने से वह उनके लिए बोधगम्य करना आसान होता है। जैसे- विद्यार्थियों को खाता बही में खतौनी करना सिखाने के लिए यह आवश्यक है कि वे रोजनामचा प्रविष्टियाँ करना जानते हों, उसके ज्ञान के बिना वे खाताबही नहीं बना सकते हैं।

2. सरल से कठिन की ओर (From Easy to the Difficult)–शिक्षक को शिक्षण करते समय सरल से कठिन के क्रम में बढ़ना चाहिए। अर्थात् पहले सरलतम विषयवस्तु और उसके पश्चात् क्रमशः कठिन विषयवस्तु को पढ़ाना चाहिए। इससे वे विद्यार्थियों की रुचि व अभिप्रेरणा को शिक्षण के अन्त तक बनाए रख सकने में सफल हो सकते हैं। यदि शिक्षक पहले कठिन विषयवस्तु को पढ़ाते हैं तब ऐसी स्थिति में विद्यार्थी विषयवस्तु को सीख न पाने से हतोत्साहित होते हैं और उनकी रुचि भी समाप्त हो जाती है। कौन सी विषयवस्तु सरल है और कौन सी जटिल, इसका निर्धारण अध्यापक को स्वयं के आधार पर न करते हुए विद्यार्थियों की मनोवैज्ञानिक विशेषताओं जैसे उम्र, परिपक्वता, बुद्धि, कक्षा का स्तर, रुचि, अभिवृत्ति इत्यादि को ध्यान में रखकर करना चाहिए।

3. सरल से जटिल की ओर (From Simple to the Complex)–शिक्षक को विद्यार्थियों को सरल से जटिल के क्रम में विषयवस्तु को पढ़ाना चाहिए। पहले प्रकरण का आसान भाग तत्पश्चात् जटिल भाग प्रस्तुत करना चाहिए। सरल व जटिल विषयवस्तु का निर्धारण उसे बालकों के दृष्टिकोण से करना चाहिए, क्योंकि कई बार जो विषयवस्तु शिक्षक के लिए आसान होती है, वह विद्यार्थियों के लिए जटिल होती है। और जिसे शिक्षक कठिन समझते हैं विद्यार्थी रुचि होने से उसे आसान समझते हैं। जैसे लाभ-हानि खाता व चिट्ठा बनाने से पहले विद्यार्थियों को पूर्वार्जित लाभ व आय व्यय का समायोजन करना सिखाना चाहिए, तत्पश्चात् लाभ-हानि खाता व चिट्ठा बनाना सिखाना चाहिए।

4. मूर्त्त से अमूर्त्त की ओर (From Concreate to the Abstract)–शिक्षक को शिक्षण करते समय पहले मूर्त्त वस्तुओं के बारे में बताना चाहिए, तत्पश्चात् उनकी सहायता से अमूर्त्त संकल्पनाओं, विचारों को समझाना चाहिए। मूर्त्त सामग्री वह होती है जिसे हम छू सकते हैं, देख सकते हैं, अनुभव कर सकते हैं तथा परिचालित कर सकते हैं, जबकि अमूर्त्त विचार वे होते हैं जिन्हें परिचालित किए बिना सोचा जाता है। अतः शिक्षक को पहले बालक को उन वस्तुओं या विचारों के बारे में बताना चाहिए जो उसे दिखाई दे। जिसे वह परिचालित कर सके जैसे पेड़, आम, मकान। तत्पश्चात अमूर्त्त वस्तुओं के बारे में पढ़ाना चाहिए, क्योंकि बालक की कल्पना-शक्ति इतनी दृढ़ नहीं होती है। जब तक वह किसी वस्तु/संकल्पना के बारे में जानता नहीं है तब तक उसके बारे में उसकी विचारधारा स्पष्ट नहीं होती है। वह उसकी पूर्णरूपेण कल्पना भी नहीं कर सकता है। जैसे वाणिज्य के अध्यापक को बैंक की कार्य-पद्धति के बारे में बताने के लिए विद्यार्थियों को पहले बैंक का भ्रमण कराना चाहिए।

5. साधारण से विशिष्ट की ओर (From General to the Specific)–प्रस्तुत शिक्षण

सूत्र के अनुसार शिक्षक को पहले बालक के समक्ष विशिष्ट तथ्य, उदाहरण, दृष्टांत इत्यादि प्रस्तुत करने चाहिए। और उन्हें स्वयं उनसे नियम निकलवाना चाहिए व सामान्यीकरण करवाना चाहिए। यदि शिक्षक विद्यार्थियों को सीधे नियम व सूत्र बता देते हैं तो फिर उन्हें उसे आत्मसात करने में मुश्किल होती है। लेकिन यदि उदाहरणों, दृष्टांतों इत्यादि के आधार पर विद्यार्थी नियमों को प्रतिपादित करते हैं तो उन्हें न केवल उसकी संकल्पना स्पष्ट रहती है, बल्कि उनमें आत्मविश्वास भी उत्पन्न होता है। यह शिक्षण सूत्र आगमन पद्धति पर आधारित है। वाणिज्य के शिक्षक सांख्यिकी, लागत लेखे, कर के नियम, भूगोल, अर्थशास्त्र, व्यावसायिक अध्ययन इत्यादि विषय पढ़ाते समय इस शिक्षण सूत्र का बहुतायत से उपयोग कर सकते हैं।

6. विश्लेषण से संश्लेषण की ओर (From Analysis to the Synthesis)–कठिन व जटिल विषयवस्तु को पढ़ाने के लिए शिक्षक को पहले उसका विश्लेषण करना चाहिए, अर्थात् उसे विभिन्न छोटे-छोटे घटकों में तोड़ना चाहिए, तत्पश्चात् उन घटकों को एक-दूसरे से संबंधित करते हुए एक संपूर्ण संकल्पना प्रस्तुत करना चाहिए, अर्थात् उसका संश्लेषण करना चाहिए। इससे जटिल संकल्पना भी आसानी से सीखी जा सकती है। जैसे किसी व्यक्ति द्वारा देय आय कर की गणना के लिए पहले विभिन्न संपत्तियों से प्राप्त आय जैसे मकान से प्राप्त आय, पूंजी से प्राप्त आय, अन्य साधनों से कर योग्य आय इत्यादि की गणना करना सिखाया जाए, तत्पश्चात् उसके द्वारा देय कुल आय कर की गणना करना सिखाया जाए।

7. संपूर्ण से अंश की ओर (From Whole to the Part)–गेस्टाल्ट मनोवैज्ञानिक विचारधारा के अनुसार व्यक्ति पहले संपूर्ण को देखता है, तत्पश्चात उसका ध्यान उस वस्तु के विभिन्न भागों की ओर जाता है। अतः शिक्षक को पढ़ाते समय पहले विद्यार्थियों के समक्ष संपूर्ण विषयवस्तु को प्रस्तुत करना चाहिए, फिर उसके एक-एक भाग का वर्णन करना चाहिए।

8. मनोवैज्ञानिक से तार्किक की ओर (From Psychological to the Logical)–शिक्षक को शिक्षण के लिए दो बातों को ध्यान में रखना आवश्यक होता है–1. बालक की प्रकृति अर्थात् उसकी आवश्यकताएँ रुचि, अभिवृत्ति, क्षमता इत्यादि और 2. विषयवस्तु का उपयुक्त व व्यवस्थित चयन व संगठन। अर्थात् उसे बालक की मनोवैज्ञानिक आवश्यकताओं को ध्यान में रखते हुए तार्किक क्रम में शिक्षण करना चाहिए। इससे वह बालकों को उनके स्तर तथा रुचि के अनुकूल तार्किक शिक्षण कराने में सफल हो सकते हैं।

9. अनुभवीय ज्ञान से विवेकीकृत ज्ञान की ओर (From Empirical to the Rational)–अध्यापक को बालक को अनुभवीय ज्ञान से विवेकीकृत ज्ञान की ओर ले जाना चाहिए। अनुभवीय ज्ञान का आधार निरीक्षण और विद्यार्थी के स्वयं के अनुभव होते हैं, जबकि विवेकीकृत ज्ञान का आधार तर्क व वैज्ञानिक रूप से किए गए प्रयोग होते हैं। बालक के स्वयं के द्वारा किए गए अनुभव व निरीक्षण से जो ज्ञान प्राप्त होता है, वह स्थायी व बेहतर होता है अतः पहले उसे निरीक्षण व अनुभव के द्वारा सीखने देना चाहिए, तत्पश्चात् उस ज्ञान का वैज्ञानिक आधार स्पष्ट करना चाहिए।

10. अनिश्चित से निश्चित की ओर (From Indefinite to the Definite)– प्रारंभिक स्तर पर बालक का ज्ञान अस्पष्ट, असम्बद्ध व अनिश्चित होता है। शिक्षक को इस ज्ञान को ज्ञात कर उसे बालकों की रुचिनुसार बनाकर तथा उनकी सहभागिता प्राप्त कर उसे निश्चित, स्पष्ट व सम्बन्धित करना चाहिए। जैसें विद्यार्थियों को हमारी आर्थिक समस्याएँ गरीबी, बेकारी, आतंकवाद इत्यादि की जानकारी होती है। अतः अध्यापक इसे ज्ञात कर उस जानकारी को स्पष्ट व विस्तृत कर सकते हैं।

11. निकट से दूर की ओर (From Near to the Far)–शिक्षक को विद्यार्थियों के आसपास के वातावरण से प्रारंभ कर उसके आगे के संसार के बारे में बताना चाहिए। जो पाठ्यक्रम में पहले दिया है, उसकी अपेक्षा उसे वहाँ से अपना शिक्षण शुरू करना चाहिए जो बालक जानता है, जो उसके आसपास के वातावरण में स्थित है। जैसे यदि बालक 'अ' से अनार को नहीं जानता है तो उसे अमिया (आम) से प्रारंभ कर पढ़ाना चाहिए। उसने यदि गमला नहीं देखा है, 'गधा' देखा है तो उसे 'ग' गधे से प्रारंभ करना चाहिए। ताकि बालक सरलतापूर्वक सीख सके।

12. वास्तविक से प्रतिनिधित्व की ओर (From Actual to the Representative)–अध्यापक को बालकों के समक्ष पहले वास्तविक वस्तुएँ (जहाँ तक संभव हो) प्रस्तुत करना चाहिए, ताकि वे उसे देखकर समझ सकें, उसे अपनी स्मृति में धाारण कर सके, उसके पश्चात् उनके चित्र, प्रतिरूप इत्यादि प्रस्तुत कर समझाना चाहिए।

इस प्रकार उपर्युक्त शिक्षण सूत्रों का प्रयोग कर शिक्षक अपने शिक्षण को तो प्रभावी बना ही सकते हैं, बालकों के लिए भी पाठ्यवस्तु को सरल व रुचिकर बना कर प्रस्तुत कर सकते हैं। लेकिन शिक्षक को इनका उपयोग करते समय यह ध्यान में रखना चाहिए कि ये केवल 'साध्य है', 'साधन' नहीं। इनका उपयोग शिक्षक को पाठ्यवस्तु की प्रकृति व कक्षा की परिस्थिति अनुसार ही करना चाहिए।

5. वाणिज्य का अन्य विषयों से सम्बन्ध
(Relationship of Commerce with other Subjects)

जिस तरह मानव का मस्तिष्क एक सम्पूर्ण इकाई है। उसमें स्मृति, निरीक्षण, तर्क, कल्पना इत्यादि अलग-अलग संकाय होते हैं, लेकिन इन संकायों को अलग-अलग नहीं किया जा सकता है, उसी तरह ज्ञान भी एक संपूर्ण इकाई है। इन्हें भी पृथक नहीं किया जा सकता है। लेकिन ज्ञान का विस्तार असीमित होता है, इसे पूर्ण रूप से प्राप्त नहीं किया जा सकता है। कोई भी व्यक्ति ऐसा नहीं है, जिसके लिए यह कहा जा सके कि उसने सम्पूर्ण ज्ञान प्राप्त कर लिया है। जिस तरह एक वृक्ष की कई शाखाएँ होती हैं और वे सभी वृक्ष के साथ-साथ एक दूसरे से भी जुड़ी होती है, जिन्हें उसके अध्ययन का क्षेत्र कहा जा सकता है। इसी तरह ज्ञान की भी कई शाखाएँ हैं।

अध्ययन के क्षेत्रों को विभिन्न वर्गों में विभाजित किया गया है, और इन वर्गों को अनुशासन (Discipline) कहा गया है।'' अनुशासन अध्ययन के उस क्षेत्र को कहते हैं, जिसके अपने सिद्धांत होते हैं, ज्ञान एवं कौशलों का निकाय (Body) होता है, जिसके अपने सिद्धान्ती एवं अभ्यासकर्ता (Theoretician and Practitioners) अर्थात् नियोजक, परामर्शक, समन्वयक, निदेशक होते हैं। उस अध्ययन क्षेत्र की स्वयं की एक पाठ्यचर्या और उसके विशेषज्ञ होते हैं।'' प्रत्येक अनुशासन में कई विषय होते हैं: जैसे वाणिज्य एक अनुशासन है और उसमें व्यावसायिक अध्ययन (Business Studies) पुस्तपालन एवं लेखाकर्म (Book-Keeping and Accountancy), अनुप्रयुक्त अर्थशास्त्र (Applied Economics), व्यावसायिक सम्प्रेषण (Business Communication), व्यावसायिक गणित (Business Mathematics) वाणिज्यिक विधि (Commercial Law) इत्यादि कई विषय होते हैं।

इसी तरह से विज्ञान, गणित, सूचना एवं सम्प्रेषण तकनीकी, सम्प्रेषण, कला, शिक्षा इत्यादि कई अनुशासन हैं। एक अनुशासन के विभिन्न विषय तो एक-दूसरे से संबंधित होते हैं, विभिन्न अनुशासन भी एक दूसरे से स्वतंत्र रूप से पृथक नहीं होते हैं। अतः बालक को एक अनुशासन या विषय को स्वतंत्र रूप से सिखाया नहीं जा सकता है। चूँकि उसका मस्तिष्क विभिन्न संकायों का एक समन्वित (Integrated) भाग होता है। अतः हम उसे अलग-अलग खण्डों में विभाजित नहीं कर सकते हैं। यदि हमें बालक को स्थायी अधिगम कराना है तो उसे विभिन्न विषयों से सम्बन्धित विचारों, संकल्पनाओं, घटनाओं एवं तथ्यों को समन्वित व संगठित करके बताना होगा। यदि ऐसा किया जाता है तो बालक को अधिगम में सरलता होती है। वह शीघ्रता व आसानी से सीख जाता है और इस तरह विभिन्न विषयों

को सम्बन्धित करना ही विषयों का सह-सम्बन्ध कहलाता है। शिक्षा में विभिन्न विषयों के मध्य सहसम्बन्ध स्थापित करने का विचार हरबर्ट ने दिया था। उनके अनुसार विभिन्न विषयों को इस प्रकार सम्बन्धित करना चाहिए जिससे एक विषय के ज्ञान में दूसरे विषय का ज्ञान सहायक हो, यह 'सहसम्बन्ध का सिद्धांत' कहलाता है। अर्थात एक विषय में कोई विषयवस्तु ऐसी है जो अन्य विषय/विषयों में भी शामिल होती है, तब अध्यापक को उसे पढ़ाते समय विद्यार्थियों को स्पष्ट करना चाहिए कि अन्य विषयों में उस संकल्पना या नियम का किस सन्दर्भ में उल्लेख किया गया है। इससे विद्यार्थियों को न केवल संकल्पना स्पष्ट होगी बल्कि अध्यापक को भी शिक्षण में आसानी होगी, एक विषय में पढ़ाने के पश्चात् दूसरे विषय पढ़ाते वक्त उस विषयवस्तु को विस्तार से समझाने की आवश्यकता नहीं होगी, इससे समय तथा ऊर्जा दोनों की बचत होगी। विषयों में सम्बन्ध स्थापित करने के लिए शिक्षक ऐसे उदाहरण दे सकते हैं, जिससे शिक्षण आकर्षक तथा रोचक बन जाए तथा विद्यार्थी स्वाभाविक रूप से सीख सकें।

वाणिज्य का अन्य विषयों से सम्बन्ध
(Relationship of Commerce with other Subjects)

वाणिज्य सैद्धांतिक के साथ ही एक व्यावहारिक विषय है। इसमें नियमों के सैद्धांतिक ज्ञान के साथ उनका अनुप्रयोग भी किया जाता है। यह एक कौशलपूर्ण विषय है और कौशल (Skill) सीखने के लिए बार-बार अभ्यास करने की आवश्यकता होती है। अत: वाणिज्य की संकल्पनाओं व उसमें आने वाले नियमों को सिखाने के लिए, अन्य विषयों को पढ़ाते समय उन्हें यथास्थान सम्बन्धित करने से उनकी पुनरावृत्ति होगी, जिससे विद्यार्थियों को उनका अभ्यास होगा और वे उसमें कुशलता प्राप्त कर सकेंगे। अत: वाणिज्य का निम्न विषयों के साथ सम्बन्ध होता है।

वाणिज्य का :

1. मनोविज्ञान के साथ सम्बन्ध।
2. अर्थशास्त्र के साथ सम्बन्ध।
3. गणित के साथ सम्बन्ध।
4. समाजशास्त्र के साथ सम्बन्ध।
5. विधि शास्त्र के साथ सम्बन्ध।
6. सूचना एवं सम्प्रेषण तकनीकी के साथ सम्बन्ध।
7. विज्ञान के साथ सम्बन्ध।

वाणिज्य का मनोविज्ञान के साथ सम्बन्ध
(Relationship of Commerce with Psychology)

मनोविज्ञान में मानव के व्यवहार का अध्ययन किया जाता है। प्रत्येक व्यक्ति की बुद्धि, रुचि, अभिक्षमता, सृजनात्मकता, पसंद-नापसंद व्यक्तित्व, अभिवृत्ति इत्यादि अलग-अलग होते हैं।

व्यक्तियों में व्यक्तिगत भिन्नताएँ होती हैं और इनके कारण उसके व्यवहार में भिन्नता होती हैं। एक परिस्थिति में एक व्यक्ति जो अनुक्रिया करता है, दूसरा व्यक्ति उससे विपरीत अनुक्रिया कर सकता है। यहाँ तक कि समान परिस्थिति में एक ही व्यक्ति के व्यवहार का ढंग भी अलग-अलग होता है। एक व्यक्ति किसी वस्तु/घटना से अत्यन्त अभिप्रेरित होता है, तो दूसरा उसी से निराशा से भर जाता है। मनुष्य के शारीरिक विकास, संवेगात्मक विकास, नैतिक विकास में भी अंतर होता है। यह अन्तर विकास की विभिन्न अवस्थाओं (शैशवावस्था, बाल्यावस्था, किशोरावस्था, प्रौढ़ावस्था) के साथ-साथ व्यक्तिगत रूप से भी होता है, और इन सब के कारण उसके व्यवहार में अंतर होता है।

चूँकि वाणिज्य में व्यावसायिक क्रियाओं का अध्ययन किया जाता है। वस्तुओं व सेवाओं के उत्पादन से लेकर वितरण तक की क्रियाएँ इसमें शामिल की जाती है। इन सभी क्रियाओं में मानव सम्मिलित होता है और मानव का व्यवहार प्रतिक्षण परिवर्तित होता रहता है। अतः एक व्यापारी या उद्योगपति के लिए मानव-व्यवहार का ज्ञान होना अत्यन्त आवश्यक है। चूँकि व्यापारी को कभी क्रेता की भूमिका अदा करनी होती है और कभी विक्रेता की। उसका सामना क्रेता-विक्रेता के रूप में अन्य व्यक्तियों से होता रहता है। अतः उसे यह ज्ञात होना चाहिए कि मनुष्य की रुचि व अभिवृत्ति को कैसे जाना जाए। वह किस वस्तु को खरीदने में रुचि दिखा रहा है या उसकी पसंद-नापसंद कैसी है? क्या वह वस्तु की कीमत की ओर अधिक ध्यान दे रहा है या उसकी रुचि गुणवत्तायुक्त वस्तु खरीदने की ओर है, भले ही उसकी कीमत अधिक हो। इसी तरह जब किसी उत्पाद की बिक्री बढ़ानी हो या नया उत्पाद होने पर उसका प्रचार-प्रसार करना हो तो मानव-मन की प्रवृत्ति जानकर ही निर्माताओं द्वारा उस उत्पाद के साथ अन्य वस्तु निःशुल्क (Free) दी जाती है या किसी वस्तु के साथ उस उत्पाद को नमूने के रूप में दिया जाता है। ग्राहक के साथ उसकी भाषा में बात करके उससे भावनात्मक रूप से जुड़ा जा सकता है, विक्रेता का व्यवहार अच्छा होने पर ग्राहक उत्पाद की कीमत के कुछ अधिक होने पर भी उसकी उपेक्षा कर देते हैं, और वस्तु खरीद लेते हैं। विक्रेता अपनी लच्छेदार बातों से क्रेता को वस्तु खरीदने के लिए विवश कर देते हैं। जब कोई महिला साड़ी खरीदने जाती है, तो उसे जो साड़ी पसंद आती है, उसकी कई खूबियों को विक्रेता द्वारा गिनाया जाता है और कीमत अधिक लगने पर भी महिला को साड़ी खरीदने के लिए राजी कर दिया जाता है। यह सब उसी विक्रेता द्वारा किया जा सकता है जिसे मनोविज्ञान का ज्ञान होता है। चूँकि व्यापारी विक्रेता होने के साथ-साथ कभी-कभी स्वयं भी क्रेता होता है, अतः उसे यह ज्ञात होना चाहिए कि विक्रेता द्वारा किस प्रकार क्रेता पर वस्तु खरीदने के लिए मनोवैज्ञानिक दबाव डाला जाता है। इससे वह अनावश्यक व कम उपयोगी वस्तु खरीदने से बच सकता है। इसी तरह एक प्रबंधक/मालिक, जिसके अधीन कई कर्मचारी कार्य करते है, उसके लिए भी मनोविज्ञान का ज्ञान होना अत्यन्त आवश्यक होता है। कई बार कारखाने/कम्पनी में हड़ताल, तालाबंदी, कर्मचारियों द्वारा असहयोग करने की समस्याएँ आती है। उनके द्वारा की जाने वाली मांगे कभी जायज़ होती है तो कभी नाजायज़ भी। अतः उनकी सभी मांगों को पूरा करना मालिक के लिए सम्भव नहीं होता है लेकिन

उन्हें सीधे से इंकार करना या उनकी मांगों को ठुकराना व्यापार के हित में नहीं होता है। इससे उनमें गुटबाजी होती है, अंसतोष उत्पन्न हो सकता है। अत: प्रबंधक द्वारा उनकी आवश्यकताओं व कमजोरियों को जानकर इसका हल निकाला जा सकता है। जैसे फैक्ट्री के मजदूरों द्वारा वेतनवृद्धि की मांग को न मानकर उन्हें चिकित्सा सुविधा प्रदान की जाए या पूरेमाह/छुट्टी न मनाने वाले कर्मचारी को बोनस के तौर पर कुछ नकद राशि दी जाने की घोषणा की जाए या कंपनी द्वारा सहयोग किए जाने वाले किसी विद्यालय में उनके बच्चों के लिए शिक्षा प्रदान की जाए। या फिर उनके वेतन में वृद्धि के साथ उनके सामने उत्पादन का एक लक्ष्य रख दिया जाए या समय में एक-दो घंटे की वृद्धि के साथ उत्पादन में वृद्धि कर ली जाय। इससे उद्योग की उत्पादन की क्षमता बढ़ने से लाभ भी बढ़ेगा और वेतन-वृद्धि का भार नहीं बढ़ेगा। इसी तरह मनोविज्ञान का ज्ञान एक व्यापारी को अपने कर्मचारियों को अभिप्रेरित करने में भी मदद कर सकता है। मेस्लो के आत्मवास्तविकीकरण सिद्धांत के अनुसार मनुष्य की पाँच प्रकार की आवश्यकताएँ होती हैं। ये हैं शारीरिक आवश्यकताएँ, सुरक्षा आवश्यकताएँ, प्यार एवं अपनत्व की आवश्यकताएँ, आत्म सम्मान की आवश्यकताएँ, एवं आत्म वास्तविकीकरण की आवश्यकता। मेस्लो ने बताया कि आवश्यकताएँ एक क्रम में स्थित होती हैं और जब एक आवश्यकता की पूर्ति होती है तब उससे उच्च क्रम की आवश्यकता का प्रादुर्भाव होता है। यदि निचली आवश्यकताओं की पूर्ति नहीं होती है, तब अन्य उच्च आवश्यकताएँ पृष्ठभूमि में चली जाती हैं, अर्थात उनका उदय नहीं होता है। अत: व्यापारी अपने कर्मचारियों की आवश्यकताओं के क्रम को जानकर उन्हें अभिप्रेरित कर सकते हैं। अर्थात् ऐसे कर्मचारी जो अपनी शारीरिक आवश्यकताओं को संतुष्ट करने में सक्षम है, उनका आर्थिक स्तर औसत है, तब उन्हें सुरक्षा संबंधी प्रोत्साहन (Incentives) देकर (जीवन बीमा, दुर्घटना बीमा इत्यादि) अधिक कार्य के लिए अभिप्रेरित किया जा सकता है, या अन्य व्यवसाय में जाने से रोका जा सकता है। इसी तरह जब उद्योग में किसी नई तकनीकी का उपयोग किया जाता है तो कई कर्मचारियों द्वारा उसे नकारा जाता है, उसकी आलोचना की जाती है। कई कर्मचारी उससे अनजान होने की बात कहकर कार्य को करने से बचते हैं। मनोवैज्ञानिक टालमैन का कहना है कि व्यवहार पढ़ाने योग्य होता है। प्रत्येक व्यक्ति व्यवहार सीख सकता है, उसे सिखाने की आवश्यकता होती है। अत: एक व्यापारी इस तथ्य से परिचित होने पर कर्मचारियों को नवीन तकनीकी का प्रशिक्षण दिलवा सकते हैं, और जो कर्मचारी उसे करने में योग्य न होने का बहाना बनाते है तो वे यह जान सकते हैं कि वे आलसी व मक्कार है, काम करना नहीं चाहते हैं। इसी तरह व्यापारी नए कर्मचारियों की नियुक्ति के समय प्रत्याक्षियों के बात करने के तरीके, अभिवृत्ति, उनके द्वारा अनुक्रिया में लिए जाने वाले समय, अनुक्रिया के स्तर तथा अभिक्षमताओं को जानकर उनके चयन के लिए सर्वोत्तम निर्णय ले सकते है। व्यक्ति की अभिक्षमता को जानकर उसे कार्य का अनुभव न होने पर भी अपने व्यवसाय की आवश्यकता के अनुसार प्रशिक्षित कर सकते हैं। इससे व्यापारी को एक अनुभवी लेकिन अधिक वेतन की मांग करने वाले कर्मचारी की अपेक्षा कम वेतन वाले समान क्षमता के कर्मचारी की सेवाएँ प्राप्त हो सकेगी। इस प्रकार वाणिज्य के क्षेत्र

में कई स्थानों पर मनोविज्ञान का ज्ञान सहायता करता है। अतः वाणिज्य एवं मनोविज्ञान का गहरा सम्बन्ध है।

वाणिज्य का अर्थशास्त्र के साथ सम्बन्ध
(Relationship of Commerce with Economics)

वाणिज्य विषय को अर्थशास्त्र का पूरक ही माना जाता है। वाणिज्य का जन्म अर्थशास्त्र से ही माना गया है। और वाणिज्य के एक भाग के रूप में अर्थशास्त्र को पढ़ाया जाता है। अतः ये दोनों विषय एक-दूसरे से घनिष्ट रूप से सम्बन्धित हैं। अर्थशास्त्र में मनुष्य की आर्थिक क्रियाओं का अध्ययन किया जाता है। अर्थशास्त्र के शिक्षण का उद्देश्य ही व्यक्ति द्वारा सीमित साधनों से अपनी आवश्यकताओं की पूर्ति करना एवं अधिकतम संतुष्टि प्राप्त करने के योग्य होना है और इसके लिए अर्थशास्त्र में सीमांत तुष्टिगुण नियम, समसीमान्त उपयोगिता हास नियम, मांग एवं पूर्ति, उत्पादन के तत्व, आय व्यय का निर्धारण, मुद्रा, साख-पत्र, व्यापारिक प्रतियोगिता, एकाधिकार, द्विकाधिकार, बाजार एवं बाजार के तत्व, कीमत-निर्धारण, ग्रेशम का नियम इत्यादि का अध्ययन कराया जाता है।

इसी तरह वाणिज्य में व्यावसायिक क्रियाओं का अध्ययन कराया जाता है। जिनके लिए वित्त की आवश्यकता होती है। वित्त व्यवसाय का जीवन-रक्त होता है और वित्त की व्यवस्था के लिए बाजार पर निर्भर रहना होता है। वाणिज्य में भी मुद्रा, साख-पत्र, विनिमय-पत्र, हुण्डी, बैंकिंग इत्यादि शामिल होते है। व्यापार की लाभ-हानि की जानकारी प्राप्त करने के लिए आय-व्यय का हिसाब-किताब रखना होता है। व्यापार में लाभ प्राप्त करने के लिए व उत्पादन की मात्रा व मूल्य निर्धारित करने के लिए बाजार की स्थिति, प्रतियोगिता, उत्पाद की मांग व पूर्ति, उपभोक्ता को मिलने वाली संतुष्टि इत्यादि का ज्ञान होना आवश्यक होता है। व्यापार स्थापित करने के लिए उत्पादन के साधनों यथा भूमि, पूंजी, श्रम, संगठन व साहस को जुटाना होता है और इन सभी का ज्ञान अर्थशास्त्र विषय में कराया जाता है। इसीलिए वाणिज्य अनुशासन में अर्थशास्त्र विषय को महत्वपूर्ण स्थान दिया गया है। अतः इस प्रकार वाणिज्य एवं अर्थशास्त्र सहसम्बन्धित विषय हैं।

वाणिज्य का गणित के साथ सम्बन्ध
(Relationship of Commerce with Mathematics)

गणित अंकों का जादुई खेल है। गणित में अंकों की सहायता से साधारण जोड़-घटाव व गुणा-भाग से लेकर प्रतिशत, अनुपात, ब्याज की गणना, ऐकिक नियम, लाभ-हानि, क्षेत्रफल इत्यादि संकल्पनाओं को सिखाया जाता है। अंकगणित के साथ-साथ रेखागणित में सांख्यिकी का सामान्य अध्ययन कराया जाता है, जिसमें आवृत्ति, बारम्बारता, तालिका, ग्राफ, वृत्त इत्यादि शामिल होते हैं।

वाणिज्य के विद्यार्थी को इन सभी संकल्पनाओं का ज्ञान होना अत्यावश्यक है। क्योंकि व्यापार की आर्थिक स्थिति को ज्ञात करने, उसका विश्लेषण करने, लाभ-हानि को प्रतिशत में ज्ञात करने व पिछले वर्षों से उनकी तुलना करने के लिए उसे गणित की उपर्युक्त संकल्पनाओं

के ज्ञान की आवश्यकता होती है। आय-व्यय के साधारण पत्रक के साथ ही तुलनात्मक विवरण बनाने की आवश्यकता होती है।आगामी वर्षों में व्यापार की क्या स्थिति होगी, किसी उत्पाद का उत्पादन करने पर उसकी लागत कितनी आएगी, उसका बाजार - मूल्य कितना रखें कि लाभ का प्रतिशत उत्पाद की अन्य किस्मों (varieties) पर होने वाले लाभ के समान या अधिक हो? इन सब के निर्धारण के लिए गणितीय ज्ञान प्रयुक्त होता है। व्यापार में विभिन्न प्रकार के कर लगाए जाते हैं, अत: व्यापारी को अपनी आय पर कर-निर्धारण करने के साथ ही उत्पादन, आयात-निर्यात्, विक्रय इत्यादि पर भी कर की गणना की आवश्यकता होती है। वह करों का पूर्वानुमान लगा कर किन्हीं वस्तुओं के उत्पादन या आयात-निर्यात का निर्णय लेता है। उसे स्वयं के वित्तीय खातों जैसे व्यापार एवं लाभ-हानि खाता, चिट्ठा इत्यादि को बनाना होता है। बैंक से सम्बन्धित विभिन्न प्रकार के लेन-देन करने होते है। विभिन्न वर्षों में किए गए उत्पादन व बिक्री की तुलना व विश्लेषण के लिए तालिका, ग्राफ इत्यादि बनाने की आवश्यकता होती है। व्यवसाय में कार्यरत कर्मचारियों, मजदूरों के वेतन, व्यापरिक खर्चे, दलाली, ढुलाई शुल्क, भाड़ा इत्यादि का हिसाब-किताब रखना होता है और इन सब के लिए उसे गणित का ज्ञान होना चाहिए। इस प्रकार वाणिज्य में कई स्थानों पर गणित की संकल्पनाओं का उपयोग किया जाता है।अत: वाणिज्य और गणित में सम्बन्ध स्थापित कर उनका शिक्षण कराया जाना चाहिए। जहाँ भी इन संकल्पनाओं को स्पष्ट किया जाय, एक विषय को दूसरे विषय (वाणिज्य व गणित) से सम्बन्धित कर ज्ञान प्रदान किया जाना चाहिए। इस प्रकार वाणिज्य गणित से सम्बन्धित है।

वाणिज्य का समाजशास्त्र के साथ सम्बन्ध
(Relationship of Commarce with Sociology)

समाजशास्त्र में समाज का अध्ययन किया जाता है। मनुष्य एक सामाजिक प्राणी है। वह समाज में रहता है। समाज में रहकर ही अन्य व्यक्तियों के सहयोग से वह अपनी आवश्यकताओं की पूर्ति करता है। समाज सामाजिक सम्बन्धों का जाल है। समाज में रहने वाले व्यक्तियों के आपसी सम्बन्धों, उनके द्वारा मनाए जाने वाले त्यौहारों, उनके रीति-रिवाजों, परम्पराओं, समाज के मानकों, नीति-नियमों इत्यादि का अध्ययन समाजशास्त्र में किया जाता है। समाजशास्त्र में सामाजिक प्रक्रियाएँ, सामाजिक नियंत्रण, सामाजिक परिवर्तन, समूह गतिशीलता, संस्कृति, सामाजिक अन्तर्क्रिया इत्यादि का अध्ययन किया जाता है। चूँकि व्यक्ति और समूह समाज के अंग हैं। अत: समाजशास्त्र व्यक्ति और समूह दोनों का अध्ययन करता है। व्यक्ति और समूह के पारस्परिक सम्बन्ध समाज का आधार होते हैं, जिन पर विभिन्न प्रकार की भौतिक, भौगोलिक, नैतिक, राजनैतिक, आर्थिक, धार्मिक, सांस्कृतिक, सामूहिक एवं पारिवारिक समस्याओं का प्रभाव पड़ता है। अत: यह उन सभी परिस्थितियों का अध्ययन करता है जो उनके पारस्परिक सम्बन्धों को प्रभावित करती हैं। ये परिस्थितियाँ बालक के व्यक्तित्व पर क्या और किस प्रकार प्रभाव डालती है, इन सभी का अध्ययन समाजशास्त्र में किया जाता है।

वाणिज्य व्यापार से सम्बन्धित होता है, जिसमें कई व्यक्ति शामिल होते है। व्यापार में व्यक्ति, राज्य, देश तथा विदेश एक-दूसरे से जुड़े होते है। व्यापार में आर्थिक क्रियाओं के

द्वारा ही सभी कार्य किये जाते हैं। अतः वाणिज्य में व्यक्ति और वित्त दो महत्वपूर्ण तत्व होते हैं और व्यक्तियों की रुचि, आवश्यकता, विचारों पर उस समाज का अत्यधिक प्रभाव पड़ता है, जिसमें वे रहते है। अतः व्यापारी/उद्योगपति को किसी वस्तु का उत्पादन करने के पूर्व समाज में रहने वाले व्यक्तियों की आवश्यकता, रुचि, उनके सामाजिक-आर्थिक स्तर, आदत इत्यादि को जानना आवश्यक होता है। किसी वस्तु या सेवा का उपभोग समाज के किस स्तर के व्यक्तियों द्वारा किया जाता है, समाज में उस स्तर के व्यक्तियों की स्थिति क्या है, वह वस्तु उनके लिए कितनी आवश्यक है, उसके लिए वे कितना मूल्य देने को तैयार हो सकते हैं? इत्यादि सभी बातों का अध्ययन एक निर्माता को उत्पादन करने के पूर्व करना आवश्यक होता है। यहाँ तक कि उत्पाद के प्रचार-प्रसार करने के लिए भी उसका उपभोग करने वाले व्यक्तियों का स्तर जानना आवश्यक होता है। जैसे यदि उत्पाद सभी के लिए समान उपयोगी है तो समाचार-पत्रों, द्वार-द्वार सर्वेक्षण (Door-to-Door Survey), रेडियों, दूरदर्शन इत्यादि के द्वारा उसे विज्ञापित किया जाता है। लेकिन यदि वह निम्न जीवन स्तर के व्यक्तियों के लिए ही उपयोगी है तो समाचार पत्र, रेडियो, घर-घर सर्वेक्षण इत्यादि पर्याप्त होते हैं। यदि उच्च स्तर के व्यक्तियों के उपयोग में आने वाला उत्पाद है तो दूरदर्शन, समाचार-पत्र, अन्तरजाल, रेलवे स्टेशन व हवाई-जहाज यात्रा में उसे विज्ञापित किया जा सकता है। इसी तरह समाज में प्रचलित फैशन, नई प्रवृत्ति, विचार इत्यादि भी ग्राहकों की संख्या घटा- बढ़ा देते हैं। इसके साथ ही एक व्यापारी के लिए यह भी जानना आवश्यक है कि समाज का कल्याण किसमें है? कई बार कुछ ऐसी वस्तुएँ होती हैं। जिनके व्यापार/उत्पादन से व्यापारी को बहुत लाभ होता है, लेकिन वह समाज के हित में नहीं होती है, उससे मनुष्य जाति का कल्याण नहीं होता है। अतः एक व्यापारी का यह नैतिक दायित्व होता है कि वह उस वस्तु का उत्पादन न करें, उसे समाज को न परोसे। अतः वाणिज्य के साथ समाजशास्त्र का उचित समन्वय किया जाना चाहिए तथा दोनों विषय को सम्बन्धित कर पढ़ाना चाहिए।

वाणिज्य का विज्ञान के साथ सम्बन्ध
(Relationship of Commerce with Science)

विज्ञान एक सुव्यवस्थित (Systematic) और क्रमबद्ध ज्ञान है। विज्ञान से हमें विभिन्न सूचनाओं तथा जानकारी से सम्बन्धित तथ्य (Fact), संकल्पनाएँ (Concepts), नियम (Laws), सिद्धांत (Theories), सामान्यीकरण (Generalisation) इत्यादि का ज्ञान होता है। यह हमें किसी समस्या को वैज्ञानिक विधि से हल करना सिखाता है। इसके द्वारा निकाले गए परिणाम वैध (Valid), तर्कसम्मत (Logical), विश्वसनीय (Reliable), निष्पक्ष (Impartial) एवं वस्तुनिष्ठ (Objective) होते हैं। यह कारण-प्रभाव सम्बन्ध (Cause-effect relationship) ढूँढता है। विज्ञान अनुभवों पर आधारित निरीक्षणों की एक कभी न खत्म होने वाली श्रृंखला है जो कि संकल्पनाओं तथा सिद्धांतों के निर्माण करने का कार्य करती है। विज्ञान के अध्ययन से विद्यार्थियों में नियमों को सीखने व उनका अनुप्रयोग करने की योग्यता विकसित होती

है। वाणिज्य मनुष्य के आर्थिक जीवन के व्यावहारिक पक्ष से सम्बन्धित है। वाणिज्य में आर्थिक नियमों एवं सिद्धांतों का उपयोग किया जाता है। इसमें वाणिज्यिक क्रियाओं से सम्बन्धित विभिन्न नियमों को सिखाया जाता है। वाणिज्य में पुस्तपालन एवं लेखाकर्म, आयकर, विक्रय-कर, कराधान इत्यादि के मूलाधार नियम ही होते हैं। वाणिज्य के विद्यार्थी का प्रारम्भिक परिचय जमा-नामे (Credit-Debit) के नियमों से ही कराया जाता है, तत्पश्चात् उसे इन नियमों का अनुप्रयोग सिखाया जाता है। वाणिज्य में बनाए जाने वाले विभिन्न व्यापारिक खातों, वित्तीय विवरणों के निश्चित प्रारूप होते हैं। अत: वाणिज्य विषय में सैद्धांतिक व व्यावहारिक ज्ञान, दोनों प्रदान किए जाते हैं। इस प्रकार वाणिज्य विषय भी वैज्ञानिक प्रकृति का है। इसमें भी विद्यार्थियों को क्रमबद्ध व सुव्यवस्थित ज्ञान प्रदान किया जाता है। अत: वाणिज्य विषय को विषय के साथ सम्बन्धित किया जा सकता है, और विद्यार्थियों को वाणिज्य विषय का ज्ञान प्रदान करते समय विज्ञान विषय की तरह नियमों, सिद्धान्तों के अनुप्रयोग करने की संकल्पना से परस्पर सम्बन्धित किया जाता है। इस प्रकार वाणिज्य विज्ञान से सम्बन्धित है।

वाणिज्य का विधिशास्त्र के साथ सम्बन्ध
(Relationship of Commerce with Law)

मानव के जीवन पर कानून का अत्यधिक प्रभाव होता है। क्योंकि कानून मानव के जीवन की सुरक्षा के लिए ही बनाए जाते हैं। देश में व्यवस्था बनाए रखने की दृष्टि से कानून द्वारा सीमांकन आवश्यक होता है। जिस देश में कानून का पालन सही ढंग से किया जाता है, वहाँ व्यापार, उद्योग एवं कृषि सभी प्रगति करते हैं। वाणिज्य के क्षेत्र में भी कई कानूनी नियमों का अनुपालन किया जाता है। वाणिज्य के विद्यार्थियों को यह जानना आवश्यक है कि कौन सा व्यापार वैद्य है और कौन सा अवैद्य? किस व्यापार के लिए लाइसेंस व अनुज्ञा पत्र प्राप्त करना होता है? व्यापार में लागू होने वाले साझेदारी अधिनियम, कम्पनी अधिनियम, आयकर, विक्रय-कर, चुँगी-कर, आयात-निर्यात नीति, अपनी आय विवरणी दाखिल करना, विभिन्न तरह के फार्म भरना, संविदा (Contract) समझौते इत्यादि का ज्ञान वाणिज्य के विद्यार्थी के लिए आवश्यक होता है। अत: वाणिज्य एवं विधि का घनिष्ठ सम्बन्ध होता है।

वाणिज्य का सूचना एवं सम्प्रेषण तकनीकी के साथ सम्बन्ध
(Relationship of Commerce with Information & Communication Technology)

सूचनाएँ विश्व का आधार है। सम्पूर्ण विश्व सूचनाओं के आसपास ही मंडराता है। विश्व में प्रति पल नयी-नयी घटनाएँ घटती हैं, कई तरह के भौगोलिक, आर्थिक, राजनैतिक, व्यापारिक, धार्मिक, वैज्ञानिक परिवर्तन होते रहते हैं। अत: सूचनाओं का अपना एक विस्तृत क्षेत्र है। सूचनाओं की कोई सीमा नहीं है। हमारे दैनिक जीवन में सूचनाओं का अत्यन्त महत्वपूर्ण स्थान है। सूचनाओं को एक स्थान से दूसरे स्थान पर भेजने के लिये नए-नए प्रयोग और प्रयत्न होते रहते हैं। इन प्रयत्नों के परिणामस्वरूप ही हमारे सामने रेडियों, दूरदर्शन, दूरसंचार, मोबाइल, पेजर, कम्प्यूटर,

रडार, उपग्रह संचार प्रणाली (Satellite) अन्तरजाल आदि आए हैं। ये सभी सूचनाएँ सम्प्रेषण का माध्यम हैं। सूचनाओं के सम्प्रेषण के लिए ही प्रयोग की जाने वाली तकनीक को सूचना एवं सम्प्रेषण तकनीकी कहा जाता है। सूचना एवं सम्प्रेषण तकनीकी के दो अंग है–पहला मानव और दूसरा मशीन। मानव द्वारा सूचनाओं के आदान-प्रदान के लिए सम्प्रेषण किया जाता है। यह सम्प्रेषण वह मौखिक, लिखित, शाब्दिक, अशाब्दिक इत्यादि कई तरह से करता है। किसी व्यावसायिक संगठन में, जहाँ कई व्यक्ति कार्य करते हैं और उनके अपने पद होते है, वहाँ ऊर्ध्वमुखी, अधोमुखी, कर्णीय, क्षैतिज इत्यादि प्रकार के सम्प्रेषण होते हैं। व्यवसाय में सम्प्रेषण का अत्यधिक महत्व है। प्रबंधक द्वारा सम्प्रेषण में की गई थोड़ी सी भी लापरवाही/कमी व्यवसाय की उन्नति के बढ़ते लेखाचित्र (Graph) को नीचे की ओर ला सकती है। प्रबंधकों व व्यवसायियों को न केवल अपने अधीनस्थों से, बल्कि बाहरी व्यक्तियों से भी निरंतर सम्प्रेषण करना होता है। वे अपने कर्मचारियों को न केवल आदेश व निर्देश देते हैं, बल्कि कार्य करने के लिए अभिप्रेरित भी करते है, उनकी समस्याओं व शिकायतों को सुनते व समाधान करते है, कर्मचारियों में आपसी सहयोग व समन्वय स्थापित करते है, तुरन्त निर्णय लेकर कार्य-सम्पादन करते हैं, अपने कर्मचारियों के कार्य का पर्यवेक्षण (Supervision) व मूल्यांकन करते है तथा बाह्य जगत के भी निरन्तर सम्पर्क में रहते है। इसके लिए वे मशीनी तकनीक अर्थात् दूरभाष, (Telephone) मोबाइल, कम्प्यूटर, अन्तरजाल इत्यादि का उपयोग करते है। व्यावसायिक क्षेत्र में लगातार परिवर्तन होते रहते है। अंशों-ॠणपत्रों, कीमती धातुओं जैसे सोना-चाँदी, ताँबा, लोहा, क्रूड तेल इत्यादि के मूल्यों में उतार-चढ़ाव बना रहता है। अतः व्यापारियों के इनके भावों पर लगातार नजर रखनी होती है। आज व्यवसायी का व्यापार केवल एक क्षेत्र तक ही सीमित नहीं होता है। व्यापार की सीमा शहर से लेकर देश विदेश तक फैल गयी है। जिसके परिणामस्वरूप एक व्यापार के सभी अंशधारी (Shareholders) या सदस्य भी अलग-अलग स्थानों पर होते हैं। अतः व्यापार में किसी मसले पर तुरन्त निर्णय लेने के लिए वे एक स्थान पर एकत्रित नहीं हो सकते हैं। लेकिन सूचना एवं सम्प्रेषण तकनीकी के उदय के कारण वे सभी अन्तरजाल द्वारा संचार कर निर्णय ले सकते हैं। देश की वित्तीय अर्थव्यवस्था में होने वाला किचिंत मात्र परिवर्तन भी उन्हें अत्यधिक नुकसान/नफा करा सकता है। अतः उन्हें सूचना तकनीकी का ज्ञान होना आवश्यक होता है। प्रभावी सम्प्रेषण के कुछ सिद्धांत होते हैं जैसे स्पष्टता, पूर्णता, संक्षिप्तता, सहीपन, शिष्टता, निष्पक्षता, व मूर्तता। सम्प्रेषण करने में आने वाली समस्याओं को जानने व उन्हें दूर करने में मदद के लिए सम्प्रेषण प्रतिमान होते हैं। इनका ज्ञान प्राप्त कर एक प्रभावी सम्प्रेषक बना जा सकता है, जो वाणिज्यिक क्षेत्र के लिए अत्यावश्यक है। अतः वाणिज्य और सूचना एवं सम्प्रेषण तकनीकी का घनिष्ट सम्बन्ध हैं। वाणिज्य के शिक्षक को इन दोनों विषयों को सम्बन्धित कर पढ़ाना चाहिए जिससे विद्यार्थियों को सूचना एवं सम्प्रेषण तकनीकी का वाणिज्य के क्षेत्र में महत्व का ज्ञान हो सके और वे उसका अनुप्रयोग कर सके।

6. वाणिज्य अध्यापन की विधियाँ
(Methods of Teaching Commerce)

पाठ्यचर्या, अध्यापक एवं अध्यापन विधियाँ शैक्षिक प्रक्रिया के महत्वपूर्ण घटक हैं। बालक जैसे-जैसे प्राथमिक से माध्यमिक एवं उच्च कक्षाओं में जाता है, वह पाठ्यचर्या में विस्तार के साथ-साथ अध्यापन विधियों में भी विस्तार का अनुभव करता है। प्रत्येक विषय की तरह वाणिज्य विषय की भी अपनी अध्यापन विधियाँ होती हैं। यहाँ वाणिज्य विषय की प्रमुख अध्यापन विधियों का वर्णन प्रस्तुत है–

व्याख्यान विधि (Lecture Method)

व्याख्यान विधि अध्यापन की एक प्राचीन व परम्परागत किन्तु सर्वाधिक उपयोग में लाई जाने वाली विधि है। इसके द्वारा शिक्षक विद्यार्थियों को ज्ञान प्रदान करते हैं। इस विधि का उपयोग करते हुए शिक्षक विद्यार्थियों के एक बड़े समूह को सरलतम से जटिलतम विषयवस्तु का स्पष्टीकरण कम समय में कर देते हैं। इस विधि में अधयापक की मुख्य भूमिका होती है। यह वास्तव में एक तरह का लोक सम्प्रेषण है। इसमें एक व्यक्ति अर्थात् अध्यापक सम्प्रेषण करते हैं एवं कई व्यक्ति अर्थात् विद्यार्थी सुनते हैं।

वाणिज्य के शिक्षण में जहाँ विद्यार्थियों की संख्या अत्यधिक रहती है व्याख्यान विधि का महत्वपूर्ण स्थान है। इस विधि के द्वारा एक शिक्षक अपनी योग्यता एवं सामर्थ्य के अनुसार सैद्धान्तिक के साथ-साथ प्रायोगिक विषयों की भी गहन एवं सूक्ष्म विषयवस्तु को दृश्य-श्रव्य सामग्रियों की सहायता से सरल तथा प्रभावी रूप में प्रस्तुत कर सकते हैं। वाणिज्य शिक्षण में व्याख्यान के निम्न उद्देश्य हैं–

1. विद्यार्थियों की किसी विषय के प्रति रुचि जागृत करना।
2. विद्यार्थियों की अभिरुचि में परिवर्तन करना।
3. कर, कानून एवं प्रबंधन जैसे विस्तृत रूप से पढ़े जाने वाले विषयों की विषयवस्तु के बारे में जानकारी प्रदान करना।
4. किसी विषय का सार प्रस्तुत करना।

व्याख्यान विधि का प्रयोग

व्याख्यान विधि का प्रयोग करते समय उसके घटकों को ध्यान में रखा जाना आवश्यक है, जो इस प्रकार हैं–

1. व्याख्यान की योजना बनाना (Planning of Lecture)–एक अध्यापक को

अपने व्याख्यान को प्रभावी बनाने के लिये उसकी योजना बना लेनी चाहिए। व्याख्यान देने के लिये उसे यह निश्चित कर लेना चाहिए कि उसका व्याख्यान देने का उद्देश्य क्या है? अर्थात् वह व्याख्यान क्यों दे रहा है? उसका व्याख्यान सुनने के पश्चात् विद्यार्थियों में कौन से व्यावहारिक परिवर्तन एवं कौशल विकसित होंगे? तथा वे उन कौशलों का उपयोग अपनी दैनिक परिस्थितियों में किस प्रकार करेंगे? उद्देश्य निर्धारित करने के पश्चात् अध्यापक को यह ध्यान में रखना चाहिए कि उसके श्रोता कौन हैं? अर्थात् विद्यार्थियों का शारीरिक एवं मानसिक स्तर क्या है? उनकी उम्र, रुचियों, अभिक्षमताओं, सामाजिक आवश्यकताओं तथा उनके प्रारम्भिक ज्ञान को जानने के पश्चात् ही व्याख्यान को तैयार किया जाना चाहिए। व्याख्यान की योजना बनाते समय शिक्षक को व्याख्यान देने के समय को भी ध्यान में रखना चाहिए क्योंकि विद्यालयों, महाविद्यालयों व विश्वविद्यालयों में कालांश की समयावधि अलग- अलग होती है। अतः व्याख्यान समयानुसार होना चाहिए। यदि व्याख्यान समय से पूर्व समाप्त हो जाता है तो ऐसी स्थिति में शिक्षक अपना आत्मविश्वास खोने लगते हैं और प्रस्तुत की जा चुकी विषयवस्तु को दोहराने लगते हैं और यदि व्याख्यान निश्चित समय में समाप्त नहीं होता है तो शिक्षक तेज गति से बोलने लगते हैं और हड़बड़ाहट में निरंतरता खो देते हैं। इस प्रकार उनके व्याख्यान प्रभावहीन हो जाते हैं। योजना बनाते समय अध्यापक को व्याख्यान देने वाली विषयवस्तु को पर्याप्त एवं उपयुक्त रूप में एकत्र कर लेना चाहिए। इसके लिए अध्यापक शोध पत्रिकाओं, संदर्भ पुस्तकों, विश्वकोषों, इन्टरनेट, जर्नल, सामयिक पत्र-पत्रिकाओं इत्यादि की सहायता ले सकते हैं। उन्हें विषयवस्तु को बिन्दुवार शीर्षकों में बाँट लेना चाहिए तथा आवश्यकतानुसार उदाहरण, दृष्टांत, तथ्य, उक्तियाँ, दृश्य-श्रव्य साधनों तथा विद्यार्थियों से पूछे जाने वाले प्रश्नों तथा उन्हें दिए जाने वाले अभ्यास इत्यादि का नियोजन कर लेना चाहिए। अध्यापक व्याख्यान की विषयवस्तु को सामान्यतः तीन भागों में विभाजित कर सकते है:

अ. परिचय

ब. मुख्य भाग

स. निष्कर्ष

अ. व्याख्यान का परिचय : व्याख्यान का परिचय अत्यधिक महत्वपूर्ण होता है। यह ऐसा भाग है जो विद्यार्थियों को व्याख्यान सुनने के लिए प्रोत्साहित कर सकता है। अतः इसे रुचिकर होना ही चाहिए। अध्यापक व्याख्यान का परिचय कहानी सुनाकर, गीत या कविता सुनाकर, चार्ट दिखाकर, चित्र दिखाकर, पहेली द्वारा या किसी घटना का वर्णन कर दे सकते हैं। विद्यार्थी व्याख्यान की ओर अपना ध्यान केन्द्रित करें, इसके लिए यह जरूरी है कि नवीन ज्ञान को विद्यार्थियों के पूर्वज्ञान से जोड़ते हुए परिचय दिया जाए। परिचय का समय कितना हो, इसका निर्धारण विषयवस्तु की जटिलता तथा मात्रा को ध्यान में रखकर किया जाना चाहिए। फिर भी परिचय के लिए अधिक समय नहीं दिया जाना चाहिए। यद्यपि अध्यापक को व्याख्यान की योजना पूर्व में ही तैयार कर लेनी चाहिए फिर भी उसे व्याख्यान देते समय

परिस्थिति का ध्यान रखना चाहिए जैसे उसने अपने व्याख्यान का परिचय महिला श्रोताओं को ध्यान में रखकर तैयार किया हो और जब वह व्याख्यान दे रहा है तब पुरुष विद्यार्थी ही उपस्थित हों ओर वह कह रहा हो 'प्रिय छात्राओं हमारे शहर में इस समय अत्यधिक गर्मी पड़ रही है।' जबकि उस समय लोग छाते व रेनकोट पहनकर भाषण सुन रहे हों, तो ऐसी स्थिति में वह उपहास का पात्र बन सकता है।

ब. मुख्य भाग : व्याख्यान के मुख्य भाग में मूल विषयवस्तु प्रस्तुत की जाती है। इसमें एक केन्द्रित विचार अथवा कई विचार हो सकते हैं। एक से अधिक विचार होने की स्थिति में अध्यापक को निरन्तरता व सरल से जटिल के आधार पर उदाहरणों एवं उपयुक्त दृश्य-श्रव्य साधनों के द्वारा विचारों को विकसित करने की रूपरेखा तैयार कर लेनी चाहिए।

स. निष्कर्ष : जिस तरह परिचय व्याख्यान का महत्त्वपूर्ण भाग होता है उसी प्रकार निष्कर्ष भी महत्त्वपूर्ण होता है। इसके द्वारा विद्यार्थियों को संपूर्ण व्याख्यान का सार प्रस्तुत किया जा सकता है। मानव मन की यह विशेषता होती है कि वह स्थिर नहीं होता है। अत: यदि विद्यार्थियों द्वारा व्याख्यान का कोई बिन्दु सुनने से बच गया हो, तब निष्कर्ष को सुन कर वे संपूर्ण विषयवस्तु का सार ग्रहण कर सकते हैं। परिचय की तरह व्याख्यान के निष्कर्ष को भी कहानी, कविता, गीत इत्यादि द्वारा प्रस्तुत किया जा सकता है। अध्यापक को व्याख्यान देते समय परिचय, मुख्य भाग व निष्कर्ष के अन्तर्गत विषयवस्तु को किस प्रकार प्रस्तुत करना है इसकी भी योजना बना लेनी चाहिए।

2. व्याख्यान तैयार करना—योजना बनाकर अध्यापक को अपना व्याख्यान पूर्व में ही तैयार कर लेना चाहिए तथा उसे स्पष्ट रूप से कोरे कागज पर लिख लेना चाहिए। उसे अपना व्याख्यान बिन्दुवार लिखना चाहिए तथा एक से अधिक पृष्ठ होने पर उन पर पृष्ठ क्रमांक भी डाल देना चाहिए ताकि व्याख्यान देते समय वह भ्रमित न हो और अगला-पिछला ढूँढ़ना न पड़े। यदि संभव हो तो उसे अपना व्याख्यान लिखित सामग्री की सहायता के बिना देने की तैयारी करनी चाहिए। यद्यपि वह आवश्यक बिन्दुओं को लिखकर अपने पास रख सकता है। व्याख्यान तैयार करते समय उसे यह जाँच लेना चाहिए कि उसका व्याख्यान निर्धारित समय में समाप्त हो जाए।

3. दृश्य-श्रव्य सामग्री तैयार करना—व्याख्यान का तीसरा घटक दृश्य-श्रव्य सामग्री तैयार करना है। विभिन्न दृश्य-श्रव्य सामग्रियों जैसे ओवर हेड प्रोजेक्टर, फिल्म स्ट्रिप प्रोजेक्टर, एपीडायस्कोप, एल.सी.डी. प्रोजेक्टर, टेप रिकार्डर, वीडियो इत्यादि का उपयोग कर व्याख्यान को प्रभावी एवं रोचक बनाया जा सकता है। अत: यदि व्याख्यान में इनका उपयोग करना हो तो इन्हें पूर्व में ही तैयार कर लेना चाहिए, जिससे इन्हें संचालित करने में आने वाली कठिनाइयाँ विद्युत प्रवाह अवरुद्ध होना, स्लाइड आदि तैयार करना, इत्यादि में समय नष्ट न हो।

4. प्रस्तुतीकरण—व्याख्यान प्रस्तुत करते समय अध्यापक अपने विचारों, भावनाओं, सूचनाओं एवं तथ्यों को विद्यार्थियों को प्रदान करते हैं। अत: जिस अध्यापक को सम्प्रेषण कौशल का ज्ञान होता है, उसका व्याख्यान उतना ही प्रभावी होता है। एक अध्यापक

को प्रस्तुतीकरण में सूचनाओं को संगठित कर स्पष्ट रूप में प्रस्तुत करना चाहिए। उसे व्याख्या कौशल, उद्दीपन परिवर्तन कौशल व सम्प्रेषण कौशल का प्रभावपूर्ण उपयोग करना आना चाहिए। वह अपने बोलने की गति, आवाज़, विश्रान्ति (Pause), स्वरमान (Pitch Variatioin), मुखाभिव्यक्ति, संकेतन (Gesture), उच्चारण इत्यादि का प्रभावी उपयोग एवं आवश्यकतानुसार दृश्य-श्रव्य साधनों का उपयोग कर अपने प्रस्तुतीकरण को बेहतर बना सकता है।

5. प्रश्न पूछना–व्याख्यान विधि को एक निष्क्रिय एवं अध्यापक प्रभुत्व विधि कहा जाता है क्योंकि इसमें अध्यापक भाषण देते हैं और विद्यार्थी सुनते हैं, अतः विद्यार्थी निष्क्रिय श्रोता मात्र होते हैं। लेकिन यह आलोचना करने वाले संभवतः व्याख्यान के प्रस्तुत घटक के बारे में नहीं जानते हैं। अध्यापक को अपने विद्यार्थियों को सक्रिय बनाए रखने तथा प्रतिपोष प्राप्त करने के लिए व्याख्यान के मध्य में एवं अन्त में उनसे प्रश्न पूछते रहना चाहिए। इससे विद्यार्थी व्याख्यान को न केवल ध्यानपूर्वक सुनते हैं बल्कि उनके उत्तरों से अध्यापक को भी यह ज्ञात होता है कि विद्यार्थियों को क्या समझ में आया और क्या नहीं? इस प्रकार प्रतिपोष प्राप्त कर अध्यापक आवश्यकतानुसार अपने व्याख्यान को अतिरिक्त उदाहरणों व दृष्टांतों की सहायता से और अधिक स्पष्ट व प्रभावी बना सकते हैं। अध्यापक को सरल सूचनाओं को प्राप्त करने के लिए विद्यार्थियों से क्या?, कहाँ? व कब? प्रश्नों का प्रयोग करना चाहिए। ये प्रश्न उसे व्याख्यान के प्रारंभिक चरण में पूछना चाहिए तथा जैसे-जैसे व्याख्यान प्रगति करता जाए, उसे विद्यार्थियों की अनुप्रयोग, विश्लेषण एवं मूल्यांकन करने की योग्यता ज्ञात करने के लिए क्यों एवं कैसे प्रश्नों का उपयोग करना चाहिए। अध्यापक विद्यार्थियों से मौखिक व लिखित दोनों तरह से प्रश्न पूछ सकते हैं। उत्तर प्राप्त करते समय उन्हें विद्यार्थियों से अशाब्दिक सम्प्रेषण करते हुए पुनर्बलन देना चाहिए। इससे विद्यार्थियों में वांछित व्यवहार विकसित करने में मदद मिलती है। अध्यापक को प्रश्न संपूर्ण कक्षा से पूछना चाहिए तथा नकारात्मक शब्दों व वाक्यों (गलत, नहीं, मूर्ख हो) इत्यादि से बचना चाहिए।

व्याख्यान विधि के गुण

व्याख्यान विधि के निम्न गुणों के कारण यह सर्वाधिक प्रचलित है–

1. व्याख्यान विधि में अध्यापक बड़े समूह को केवल बोलकर अधिक विषयवस्तु कम समय में स्पष्ट कर देते हैं, अतः यह मितव्ययी है।
2. वाणिज्य जैसे तथ्यात्मक विषयों के लिए जहाँ जानकारी जैसे परिभाषाएँ, नियम, प्रावधान इत्यादि अधिक मात्रा में प्रदान करनी होती है, वहाँ यह एक उपयुक्त विधि है।
3. किसी भी विषयवस्तु को पढ़ाना हो, परिचय एवं पुनरावृत्ति करने हो, तब व्याख्यान विधि का ही सर्वाधिक उपयोग किया जाता है।
4. अध्यापक के व्याख्यान को सुनते रहने से विद्यार्थी एक अच्छे वक्ता बनने के लिए प्रेरित होते हैं। लगातार सुनने से उनमें भी व्याख्या करने के गुणों का विकास होता है।
5. व्याख्यान देने के लिए अध्यापक विभिन्न स्रोतों से जानकारी प्राप्त करते हैं, अतः

विद्यार्थियों को एक ही संकल्पना से सम्बन्धित विभिन्न जानकारी एक साथ प्राप्त हो जाती है।

6. व्याख्यान देते समय अध्यापक एवं विद्यार्थियों के मध्य ज्ञान का प्रत्यक्ष आदान-प्रदान होता है तथा उनमें व्यक्तिगत सम्बन्ध स्थापित होते हैं।
7. अध्यापक विद्यार्थियों के चेहरे व हावभाव से प्रतिपोष प्राप्त करते हैं। अतः विद्यार्थियों को विषयवस्तु स्पष्ट न होने या भ्रम होने पर अध्यापक आवश्यकतानुसार व्याख्या में विस्तार कर सकते हैं, अतिरिक्त उदाहरण दे सकते हैं। अतः इस दृष्टि से व्याख्यान विधि लचीली है।
8. व्याख्यान विधि के द्वारा विद्यार्थियों के पूर्व ज्ञान व नवीन ज्ञान में सम्बन्ध स्थापित किया जा सकता है।
9. एक अच्छे श्रोता बनने के लिए कुछ गुणों का होना आवश्यक है जैसे ध्यान से सुनना, शरारत न करना, एकाग्रचित होना इत्यादि। व्याख्या सुनने से उनमें इन गुणों का विकास होता है।
10. उच्च कक्षाओं में जहाँ गतिविधि कराना संभव न हो, यह एक उपयुक्त विधि है।

व्याख्यान विधि के दोष/सीमाएँ

व्याख्यान विधि के निम्न दोष हैं–

1. व्याख्यान विधि की सरलता पूर्णतः व्याख्यान के प्रस्तुतीकरण पर निर्भर होती है। यदि वक्ता प्रस्तुतीकरण में कुशल हो तथा विषयवस्तु में पारंगत हो तभी यह प्रभावी होती है। अतः इसके लिए कुशल एवं विद्वान शिक्षकों की आवश्यकता होती है। यह विधि विद्यार्थियों में तर्कशक्ति का अधिक विकास नहीं कर पाती है तथा कौतुहल प्रवृत्ति के विद्यार्थियों की संतुष्टि नहीं करती है।
2. इसमें अध्यापक की मुख्य भूमिका होने से विद्यार्थी केवल सुनते रहते हैं, अतः वे निष्क्रिय श्रोता मात्र रहते हैं।
3. मानव मस्तिष्क की अपनी सीमाएं होती हैं। विद्यार्थी बहुत ज़्यादा समय तक एकाग्र नहीं रह पाते हैं तथा सुनी गई विषयवस्तु का आधा भाग भी याद नहीं रख पाते हैं।
4. प्रत्येक अध्यापक की व्याख्यान देने की गति अलग-अलग होती है, जो विद्यार्थियों के समझने में बाधक होती है।
5. यह विधि कम उम्र के विद्यार्थियों तथा औसत से कम एवं अधिक बुद्धि वाले विद्यार्थियों के लिए अनुपयुक्त है।
6. इस पद्धति में विद्यार्थियों की व्यक्तिगत भिन्नता पर कोई ध्यान नहीं दिया जाता है जो कि अधिगम का महत्त्वपूर्ण कारक है।
7. अधिकांश अध्यापक कक्षा में एक पुस्तक को ले जाकर उसे पढ़कर या विद्यार्थियों को लिखवाकर औपचारिकता पूर्ण करते हैं और उसे व्याख्यान नाम दे देते हैं। यह इस विधि का सबसे विकृत रूप है।
8. यह पद्धति मनोवैज्ञानिक विचारधारा के विपरीत है, जो कि 'करके सीखना', 'अभ्यास का नियम' इत्यादि को प्रतिपादित करती है।

9. इसमें विषयवस्तु पर अधिक बल दिया जाता है।
10. विद्यार्थियों को तैयार सामग्री मिल जाती है, अत: वे सन्दर्भों, पत्रिकाओं, अन्य पुस्तकों, सामयिकी, विश्वकोषों, जर्नल इत्यादि के बारे में जानते ही नहीं हैं।
11. यह विधि विद्यार्थियों को सैद्धांतिक ज्ञान तो प्रदान करती है, लेकिन वे व्यावहारिक जीवन में इसका उपयोग करने में असमर्थ होते हैं। कई शिक्षक व्याख्यान रटते हैं, अत: मध्य में कुछ भूल जाने की स्थिति में वे मूल विषयवस्तु से भटक जाते हैं।

व्याख्यान विधि को प्रभावी बनाने के सुझाव

व्याख्यान विधि के उपर्युक्त दोषों के बावजूद आज इसका सर्वाधिक उपयोग किया जाता है, क्योंकि इसके गुण अत्यधिक है। इसके दोषों को निम्न उपाय कर दूर किया जा सकता है और इसे प्रभावी बनाया जा सकता है–

1. अध्यापक को व्याख्यान देने के पूर्व उसकी पूर्ण तैयारी कर लेनी चाहिए। उसे विभिन्न सन्दर्भ पुस्तकों, पत्रिकाओं, स्तरीय पुस्तकों की सहायता से अपना व्याख्यान लिखित रूप में तैयार कर लेना चाहिए तथा उसकी अच्छी तरह से तैयारी कर लेना चाहिए।
2. अध्यापक को व्याख्यान देते समय अपनी गति उचित रखना चाहिए। यहाँ 'उचित' का निर्धारण उसे विद्यार्थियों के उम्र स्तर व मानसिक स्तर को ध्यान में रखकर करना चाहिए।
3. अध्यापक की आवाज़ व उच्चारण स्पष्ट होना चाहिए, उसे आवश्यकतानुसार आवाज़ में उतार-चढ़ाव, उचित स्वरमान तथा विश्रांति का उपयोग करना चाहिए।
4. व्याख्यान के अंत में निष्कर्ष देना चाहिए जिसमें मुख्य बिन्दुओं का सार प्रस्तुत करना चाहिए।
5. व्याख्यान में एक साथ कई विषयवस्तु को शामिल नहीं करना चाहिए, उससे अध्यापक स्वयं तथा विद्यार्थी भी भ्रमित होते हैं तथा व्याख्यान भी अप्रभावी होता है।
6. व्याख्यान देते समय, समय का ध्यान रखना चाहिए। व्याख्यान न तो बहुत अधिक लंबा और न ही बहुत अधिक संक्षिप्त होना चाहिए।
7. विद्यार्थियों से प्रश्न करते हुए व्याख्यान में सक्रिय सहभागिता प्राप्त करनी चाहिए। प्रश्न पूछते समय सरल प्रश्नों के साथ उन प्रश्नों को भी शामिल करना चाहिए, जिससे विद्यार्थियों में विश्लेषणात्मक व आलोचनात्मक दृष्टिकोण विकसित हो सके।
8. व्याख्यान को रोचक एवं प्रभावी बनाने के लिए आवश्यकतानुसार उदाहरणों, कहावतों, लोकोक्तियों के साथ-साथ दृश्य-श्रव्य सामग्रियों का भी उपयोग करना चाहिए।
9. व्याख्यान की भाषा शैली अत्यधिक अलंकृत तथा कृत्रिमता धारण किए हुए नहीं होना चाहिए। इसका निर्धारण विद्यार्थियों के स्तर एवं विषयवस्तु को ध्यान में रखकर करना चाहिए।
10. अध्यापक को अपने विषय में पारंगत होना चाहिए। उसे निरंतर अध्ययन करते रहना चाहिए तभी वह अपने व्याख्यान को सरल व रोचक बना सकता है।

समस्या विधि (Problem Method)

समस्या विधि किसी समस्या को मानसिक क्रियाओं के आधार पर सुव्यवस्थित तरीके से हल करने की एक विधि है। इस पद्धति के अन्तर्गत अध्यापक विद्यार्थियों के सम्मुख एक ऐसा वातावरण उपस्थित करते हैं, जिसमें विद्यार्थी समस्या की अनुभूति करते हैं और उसके समाधान के लिए विचारपूर्ण चिंतन करते हैं। इसमें कभी अध्यापक विद्यार्थियों को समस्या प्रस्तुत करते हैं अथवा विद्यार्थी अपनी ओर से समस्या प्रस्तुत करते हैं। वाणिज्य शिक्षण में इस विधि के द्वारा विद्यार्थियों को जीवन की वास्तविक स्थितियों से परिचित कराया जाता है, और समस्या के निराकरण के लिए चिंतन हेतु प्रोत्साहित किया जाता है। प्रस्तुत विधि में समस्या के हल के लिए मानसिक क्रियाओं पर ही बल दिया जाता है, जबकि परियोजना विधि में मानसिक व शारीरिक दोनों ही क्रियाओं को सम्मिलित किया जाता है। इसके अतिरिक्त समस्या विधि व परियोजना विधि समान हैं। वाणिज्य शिक्षण में मांग व पूर्ति में असंतुलन की समस्या, उत्पादन के साधनों की अनुपलब्धता, कालाबाज़ारी व भ्रष्टाचार की समस्या, मुद्रा प्रसार/मुद्रा संकुचन, व्यावसाय में कर्मचारियों में उत्पन्न असंतुष्टि, कर चोरी के रोकथाम के उपाय इत्यादि जैसे कई प्रकरणों के अध्ययन के लिए समस्या समाधान विधि का उपयोग किया जा सकता है।

समस्या विधि की कुछ प्रमुख परिभाषाएँ इस प्रकार हैं–

1. गुड (1959) के अनुसार, "समस्या विधि निर्देश की वह विधि है, जिसके द्वारा सीखने की प्रक्रिया आवश्यक है।"
2. थॉमस एम. रिस्क के अनुसार, "समस्या पद्धति शिक्षण कार्यविधि की एक ऐसी प्रक्रिया है, जिसमें विद्यार्थियों के मस्तिष्कों में जटिल परिस्थिति, कठिनाई अथवा समस्या को इस प्रकार उत्पन्न किया जाता है, ताकि वे इनके निराकरण के लिए उद्देश्यपूर्ण विमर्शक (Reflective) चिंतन करने के लिए उत्तेजित हो सकें।"
3. ली (1973) के अनुसार, "समस्या समाधान एक शैक्षिक प्रणाली है, जिसके द्वारा अध्यापक तथा विद्यार्थी किसी महत्त्वपूर्ण शैक्षिक कठिनाई के समाधान अथवा स्पष्टीकरण हेतु सचेत होकर पूर्ण संलग्नता के साथ प्रयास करते हैं। समस्या विधि विद्यार्थियों को स्वयं सीखने हेतु तत्पर बनाती है, ऐसा वे स्वयं की शक्तियों का प्रयोग कर, कर सकते हैं।"

समस्या पद्धति के सोपान

समस्या पद्धति निम्नलिखित सोपानों के द्वारा उपयोग में लाई जाती है–

1. समस्या की उत्पत्ति व चयन
2. समस्या का परिभाषीकरण
3. परिकल्पनाओं का निर्माण
4. आवश्यक प्रदत्त का संकलन
5. प्रदत्त विश्लेषण

6. सामान्यीकरण
7. निष्कर्षों की सत्यता का मूल्यांकन

इनका क्रमानुसार वर्णन निम्न है:

1. **समस्या की उत्पत्ति व चयन**–प्रस्तुत सोपान में अध्यापक द्वारा विद्यार्थियों के सामने ऐसी स्थिति निर्मित की जाती है, जिसमें समस्या निहित रहती है। विद्यार्थी उसमें से समस्या का चयन करते हैं। यह कार्य अध्यापक स्वयं भी कर सकते हैं या अध्यापक व विद्यार्थी मिलकर भी समस्या का चयन कर सकते हैं।
2. **समस्या का परिभाषीकरण**–चयनित समस्या का सूक्ष्म विश्लेषण किया जाता है और उसे स्पष्टता से परिभाषित किया जाता है।
3. **परिकल्पनाओं का निर्माण**–समस्या को परिभाषित करने के पश्चात् उसके कई संभावित समाधानों का अनुमान लगाया जाता है। समस्या के संभावित समाधानों का अनुमान विद्यार्थी सिद्धांतों, पूर्व शोध एवं अनुभव के आधार पर लगाते हैं। ये बुद्धिमत्तापूर्ण अनुमान परिकल्पनाएँ कहलाते हैं।
4. **आवश्यक प्रदत्त का संकलन**–परिकल्पनाओं के आधार पर विद्यार्थी आवश्यक प्रदत्त का संकलन करते हैं। प्रदत्त संकलन में अध्यापक उनकी मदद करते हैं तथा आवश्यक स्रोत जैसे उपकरण, पुस्तकें इत्यादि उपलब्ध कराते हैं।
5. **प्रदत्त विश्लेषण**–संकलित प्रदत्त का विश्लेषण किया जाता है और उनके आधार पर परिकल्पनाओं का परीक्षण किया जाता है, जिससे यह ज्ञात होता है कि परिकल्पना के अपेक्षित परिणाम घटित होते हैं अथवा नहीं। इस प्रकार परिकल्पना की सत्यता अथवा असत्यता की जाँच कर निष्कर्ष पर पहुँचा जाता है।
6. **सामान्यीकरण**–समान परिस्थितियों में विभिन्न घटनाओं के एक से परिणाम आने पर उनका सामान्यीकरण किया जाता है।
7. **निष्कर्षों की सत्यता का मूल्यांकन**–अंतिम सोपान में प्राप्त निष्कर्षों की सत्यता का मूल्यांकन किया जाता है।

अच्छी समस्या के आवश्यक तत्व

एक अच्छी समस्या के निम्न आवश्यक तत्व होते हैं–

1. समस्या का चयन करते समय यह ध्यान रखा जाना चाहिए कि वह विद्यार्थियों की आवश्यकताओं की पूर्ति करने वाली हो, अर्थात् जिसका समाधान कर वे कुछ सीख सकें तथा वास्तविक जीवन में उसका उपयोग कर सकें।
2. समस्या विद्यार्थियों की रुचियों एवं सामर्थ्य के अनुसार होनी चाहिए तभी विद्यार्थी उसका समाधान करने के लिए प्रेरित होंगे।
3. समस्या स्पष्ट होनी चाहिए, तभी विद्यार्थी उसे समझ सकेंगे और समाधान करने के उपयुक्त उपाय कर सकेंगे।
4. समस्या के समाधान व निष्कर्ष स्पष्ट होने चाहिए, ताकि उनका लाभ उठाया जा सके।
5. समस्या ऐसी होनी चाहिए जिसका समाधान कर विद्यार्थियों के ज्ञान में वृद्धि हो।

समस्या विधि के गुण

समस्या विधि के निम्न गुण हैं–

1. समस्या विधि में समस्या को सुव्यवस्थित सोपानों के आधार पर हल किया जाता है, अतः यह विद्यार्थियों में वैज्ञानिक दृष्टिकोण विकसित करती है।
2. इसमें विद्यार्थी किसी समस्या का समाधान करना सीखते हैं, अतः वास्तविक जीवन में समस्या उत्पन्न होने पर वे आसानी से उसे हल कर लेते हैं।
3. इस विधि में विद्यार्थी सक्रिय होते हैं। वे स्वयं करके सीखते हैं। अतः यह मनोवैज्ञानिक विधि है।
4. विद्यार्थी स्वयं समस्या का चयन करते हैं, अतः उसमें उनकी रुचि रहती है।
5. विद्यार्थियों में निर्णय व तर्कशक्ति का विकास होता है।
6. इस पद्धति में विद्यार्थी परिकल्पना निर्माण, प्रदत्त संकलन एवं उनका विश्लेषण करना सीखते हैं।
7. यह पद्धति विद्यार्थियों को वास्तविक जीवन की परिस्थितियों को समझने व उनसे सम्बन्धित समस्या का समाधान करने के योग्य बनाती है।
8. प्रस्तुत विधि के उपयोग से अनुशासनहीनता की समस्या नहीं होती है।
9. यह पद्धति विद्यार्थियों की व्यक्तिगत भिन्नताओं की पूर्ति करती है।
10. इस विधि के प्रयोग से विद्यार्थी विभिन्न पुस्तकों, पत्रिकाओं, जर्नल इत्यादि को पढ़ते हैं। अतः उनकी एक ही पुस्तक पर निर्भर रहने और रटने की प्रवृत्ति समाप्त होती है।

समस्या विधि के दोष

1. यह विधि बड़ी कक्षाओं के लिए उपयोगी है। छोटे बालकों में परिपक्वता न होने से इस विधि का उपयोग नहीं किया जा सकता है।
2. प्रस्तुत विधि के उपयोग के लिए कुशल व दक्ष अध्यापक की आवश्यकता होती है। विद्यार्थियों को समस्या के चयन से लेकर निष्कर्ष निकालने तक अधयापक की सहायता की आवश्यकता होती है। अतः सामान्य अध्यापक इस विधि का प्रभावी प्रयोग नहीं कर सकते हैं। अध्यापक को समस्या से सम्बन्धित जानकारी के लिए स्रोत बताना होते हैं। अतः उसे विस्तृत ज्ञान होना चाहिए।
3. यह विधि समय व ऊर्जा की दृष्टि से खर्चीली है।
4. सैद्धांतिक व प्रायोगिक विषयों की बहुत सी विषयवस्तु ऐसी होती है, जो समस्या विधि द्वारा नहीं पढ़ाई जा सकती है।
5. इस विधि के प्रयोग हेतु सन्दर्भ के लिए स्तरीय पुस्तकों, पत्रिकाओं की आवश्यकता होती है, जबकि विद्यालयों में इनका अभाव रहता है।

सुझाव

समस्या विधि के उपयोग के लिए निम्नांकित सुझाव दिए जा सकते हैं–

1. समस्या का चयन विद्यार्थियों के मानसिक स्तर के अनुरूप होना चाहिए।

2. समस्या का चुनाव अध्यापक और विद्यार्थी के सहयोग से करना चाहिए।
3. समस्या विद्यार्थियों के जीवन से सम्बन्धित तथा व्यावहारिक होनी चाहिए।
4. समस्या के समाधान के लिए एकत्रित किए जाने वाले प्रदत्त तथा उनके स्रोत अध्यापक द्वारा बताए जाने चाहिए।
5. अध्यापक को आवश्यकतानुसार विद्यार्थियों को उपयुक्त सहायता व मार्गदर्शन प्रदान किया जाना चाहिए।
6. समस्या विद्यार्थियों की रुचि अनुसार और प्रोत्साहित करने वाली होना चाहिए।

परियोजना विधि (Project Method)

परियोजना शब्द अंग्रेज़ी भाषा के 'प्रोजेक्ट' का हिन्दी पर्याय है। प्रारम्भ में इसका उपयोग संयुक्त राज्यों में किया जाता था। यह विधि दर्शन की प्रयोजनवादी विचारकों की देन है। इसके विशिष्ट उपयोग का उल्लेख 1908 में मिलता है, जहाँ प्रयोजनवादी विचारक जॉन डिवी 'समस्या समाधान' विधियों पर कार्य कर रहे थे तथा उनके शिष्य विलियम एच. किलपेट्रिक ने सन् 1918 में अपने शोधपत्र में परियोजना विधि का उल्लेख किया। हालांकि उन्होंने स्वयं कभी भी इसकी खोज का दावा नहीं किया, लेकिन उनके शोधपत्र में उल्लेख होने से उन्हें परियोजना विधि का जन्मदाता माना जाता है।

परियोजना का शाब्दिक अर्थ योजना अभिकल्प प्रयुक्ति से होता है, जो भविष्य में घटने वाली ऐसी घटना है जिसको वर्तमान में क्रियान्वित नहीं किया गया है। शिक्षण विधि के रूप में यह एक बाल-केन्द्रित पद्धति है। यह विधि शैक्षिक सन्दर्भ में क्रियाओं की एक सार्थक प्रायोगिक इकाई है, जिसके कुछ शैक्षिक लक्ष्य होते हैं। इसके द्वारा भौतिक सामग्री के उपयोग एवं परिचालन द्वारा समस्याओं की खोज एवं उनका समाधान किया जाता है। अध्यापक के सहयोग एवं मार्गदर्शन से विद्यार्थियों द्वारा इसका चयन किया जाता है तथा वास्तविक जीवन की स्वाभाविक परिस्थितियों में सम्पादित किया जाता है।

विद्वानों द्वारा इसकी निम्न परिभाषाएँ दी गई हैं–

1. किलपेट्रिक (1918) के अनुसार, "परियोजना एक ऐसी उद्देश्यपूर्ण क्रिया है, जो सामाजिक वातावरण में पूर्ण मन से सम्पन्न की जाती है।"
2. थॉमस एवं लैंग (1983) के अनुसार, "परियोजना एक ऐच्छिक तथा रचनात्मक कार्य का विचार है जो निश्चित परिणामों को प्राप्त होता है।"
3. स्टीवेंसन के अनुसार, "परियोजना एक ऐसा समस्यामूलक कार्य है, जो प्राकृतिक विन्यास में पूर्णता के साथ सम्पन्न किया जाता है।"
4. विल्सन (1987) ने परियोजना की एक व्यापक परिभाषा दी है, जिसमें परियोजना का पूर्ण अर्थ स्पष्ट हो जाता है। यह इस प्रकार है–"परियोजना एक जाँच पड़ताल है, जो एक प्रशिक्षणार्थी द्वारा व्यक्तिगत रूप से संचालित की जाती है, जिसमें परियोजनाकर्त्ता विभिन्न प्रकार की विधियों (विश्लेषण, निर्वचन, नियोजन) का उपयोग किसी कार्य अथवा विषय के अधययन (ज्ञान, कौशल, अभिवृत्ति) के लिए करता

है और प्रतिवेदन लिखता है अथवा किसी उत्पादन का अभिकल्प कर उसे तैयार करता है अथवा प्रक्रिया का संगठन या समस्या समाधान इत्यादि परियोजना के उद्देश्य के परिप्रेक्ष्य में करता है।''

परियोजना के लक्ष्य

प्रत्येक परियोजना कुछ विशिष्ट लक्ष्यों की पूर्ति के लिए की जाती है। रज़ा एवं अन्य (1986) ने परियोजना के निम्न लक्ष्य बताए हैं–

1. सहभागिता–चूँकि परियोजना का चयन एवं सम्पादन विद्यार्थियों द्वारा किया जाता है, अतः इसमें उनकी पूर्ण सहभागिता रहती है। वे स्वयं निर्णय लेते हैं, चुनौतियों को स्वीकार करते हैं और पूर्ण समर्पण की भावना से कार्य करते हैं।

2. व्यक्तिगत कार्य का कौशल–परियोजना विधि में विद्यार्थी स्वयं परियोजना का चयन करते हैं, उसके लिए योजना बनाते हैं, समस्या समाधान के कारकों का विश्लेषण करते हैं तथा प्रदत्त संकलन एवं विश्लेषण कर निष्कर्ष पर पहुँचते हैं। अतः उनमें स्वतंत्र रूप से कार्य करने की योग्यता का विकास होता है।

3. ज्ञान में वृद्धि–परियोजना पर कार्य करने के लिए विद्यार्थियों को सम्बन्धित साहित्य का अध्ययन करना होता है, जिसमें वे विभिन्न परियोजनाओं के बारे में जानते हैं, उन्हें उनमें उपयोग में लाई गई प्रविधि, उपकरणों, प्रदत्त विश्लेषण की विधियों का ज्ञान होता है, और वे स्वयं की परियोजना में लगने वाली सामग्री व समय का उचित निर्णय ले पाते हैं।

4. सम्प्रेषण कौशल का विकास–परियोजना को पूर्ण करने के लिए विद्यार्थियों को विभिन्न गतिविधियाँ करनी होती हैं। उन्हें प्रदत्त संकलन के लिए व्यक्तियों से सम्पर्क कर जानकारी प्राप्त करनी होती है। परियोजना के अंतिम चरण में उसका लिखित प्रतिवेदन भी तैयार करना होता है। इससे उनमें सम्प्रेषण कौशलों का विकास होता है। वे पहले छोटे समूह में बोलते हैं और धीरे-धीरे प्रभावी सम्प्रेषण करना सीख जाते हैं।

5. समूह में कार्य करने के कौशलों का विकास–परियोजना एक सामूहिक गतिविधि है, जो कई गतिविधियों के सहयोग से की जाती है। अतः विद्यार्थियों में सहयोग एवं सहकारिता की भावना का विकास होता है तथा समूह में कार्य करने के कौशलों का विकास होता है। वे एक-दूसरे की सहायता करते हैं, तथा उनमें से जो जिस कार्य में निपुण होता है, वह अन्य को बताता है।

6. व्यक्तित्व-विकास–परियोजना के द्वारा विद्यार्थियों में आत्मविश्वास, दूसरों के साथ सहयोगपूर्वक कार्य करने की योग्यता, चिंतन, निर्णय लेने की क्षमता इत्यादि गुण विकसित होते हैं और उनके व्यक्तित्व का विकास होता है।

परियोजनाओं के प्रकार

परियोजनाएँ मुख्यतः चार प्रकार की होती है–

1. पुस्तकालय परियोजनाएँ–ऐसी परियोजनाएँ, जिनमें पुस्तकालय का स्रोत के रूप में उपयोग कर सार्थक एवं उपयोगी जानकारी एकत्रित की जाती है, पुस्तकालय परियोजनाएँ

कहलाती हैं। जैसे किसी विचार, दृष्टिकोण अथवा संकल्पना को किसी सन्दर्भ में ज्ञात करना। इसका मूल उद्देश्य विद्यार्थी को पुस्तकालय की वर्गीकरण पद्धति एवं संदर्भ पद्धति का उपयोग करना सिखाना होता है। एकेडेमिक स्टॉफ कॉलेज में भी प्रशिक्षणार्थियों को उनके विषय में सम्बन्धित शोध की जानकारी हेतु पुस्तकालय परियोजना दी जाती है।

2. प्रयोगशाला परियोजनाएँ–प्रयोगशाला परियोजनाएँ प्रयोगशाला में ही पूर्ण की जाती हैं। ये प्राय: विज्ञान विषय से सम्बन्धित होती हैं। इनमें विद्यार्थी प्रयोगशाला में प्रयोग कर निष्कर्ष निकालते हैं। कम्प्यूटर से सम्बन्धित परियोजनाएँ वाणिज्य में प्रयोगशाला में ही पूर्ण होंगी।

3. मैदानी कार्य की परियोजनाएँ–इन परियोजनाओं में विद्यार्थियों को अपने आस-पास के कई व्यक्तियों से मिलकर जानकारी प्राप्त करना होती है तथा एकत्रित किए गए प्रदत्त का विश्लेषण कर निष्कर्ष निकालना होता है। सर्वेक्षण जैसी परियोजनाएँ मैदानी परियोजनाएँ ही होती हैं। वाणिज्य में अधिकांशत: इसी तरह परियोजनाएँ की जाती हैं। जैसे "बैंकिंग व बीमा व्यवसाय में महिलाओं की भागीदारी का अध्ययन: इन्दौर जिले के संदर्भ में"।

4. प्रदत्त कार्य–विद्यार्थियों को व्यक्तिगत और/या सामूहिक रूप से प्रदत्त कार्य को परियोजनाओं के रूप में दिया जा सकता है। उच्च शिक्षा के विभिन्न पाठ्यक्रमों में प्रदत्त कार्य को अनिवार्य रूप से शामिल किया गया है। वाणिज्य शिक्षण में किसी कंपनी के खाते तैयार करना, अंकेक्षण सम्बन्धी प्रतिवेदन तैयार करना, वाणिज्यिक संस्थाओं का सर्वेक्षण करना इत्यादि हो सकते हैं। प्रदत्त कार्य देते समय अध्यापक को यह ध्यान में रखना चाहिए कि वे अपने विद्यार्थियों से कौन से वांछनीय परिवर्तन चाहते हैं। प्रदत्त कार्य इस तरह के होने चाहिए, जिन्हें पूर्ण करने से विद्यार्थियों में अनुप्रयोग, विश्लेषण, संश्लेषण एवं मूल्यांकन कौशलों का विकास हो सके।

विल्सन (1987) ने परियोजना विधि की तैयारी एवं क्रियान्वयन का विस्तार से वर्णन किया है:

परियोजना विधि की तैयारी

परियोजना विधि का उपयोग करने के पहले अध्यापक और विद्यार्थियों दोनों को कुछ तैयारी करना होती है। इसके निम्न सोपान हैं :

सोपान 1 : विद्यार्थियों के लिए कुछ प्रारंभिक प्रश्न
सोपान 2 : विषय अथवा कार्य का चयन
सोपान 3 : परियोजना के उद्देश्य लिखना
सोपान 4 : परियोजना की एक झलक लिखना
सोपान 5 : स्रोतों की सूची तैयार करना
सोपान 6 : कार्य का क्रम निर्धारण
सोपान 7 : परियोजना की समय तालिका
सोपान 8 : अभिलेख पद्धति का संगठन
सोपान 9 : निर्धारण अनुसूची का संगठन
सोपान 10: परियोजना के आपके मूल्यांकन को ध्यान में रखना

इनका वर्णन इस प्रकार हैं :

सोपान 1 : विद्यार्थी के लिए कुछ प्रारंभिक प्रश्न–प्रस्तुत सोपान में अध्यापक को अपने आपसे कुछ प्रश्न करने चाहिए, जैसे–

1. क्या परियोजना पाठ्यक्रम के निश्चित उद्देश्यों की प्राप्ति के लिए बनाई गई है?
2. क्या परियोजना उच्च महत्त्व की है या निम्न महत्त्व की है?
3. परियोजना व्यक्तिगत रूप से पूर्ण की जा सकती है या सामूहिक रूप से?
4. परियोजना विद्यार्थी की आवश्यकताओं की पूर्ति करती है या नहीं?
5. क्या परियोजना विद्यार्थियों के ज्ञान, कौशल एवं परिपक्वता के स्तर को ध्यान में रखकर बनाई गई है?
6. क्या परियोजना के संचालन के लिए पर्याप्त मानव एवं भौतिक संसाधन उपलब्ध हैं?
7. क्या परियोजना के लिए उपयुक्त विषयवस्तु का चयन किया गया है?
8. क्या विद्यार्थियों को प्रकरण, कार्य अथवा विषय दिया गया है? अथवा क्या वे स्वयं प्रकरण अथवा विषय का चयन कर सकते हैं?

सोपान 2: विषय अथवा कार्य चयन–विषय अथवा कार्य का चयन निम्न निष्कर्ष पर किया जाना चाहिए–

1. पाठ्यविवरण के अंश की पूर्ति
2. परम्परागत शिक्षण पद्धतियों में परिवर्तन
3. किसी प्रकरण पर शोध करना
4. विद्यार्थियों को प्रयोग कर अपनी सृजनात्मकता प्रदर्शित करने का अवसर देना
5. दी गई समस्या का समाधान निकालना
6. संकीर्ण तकनीकी, व्यावसायिक अथवा यांत्रिक प्रशिक्षण का संवर्धन करना
7. अनुप्रयोग, विश्लेषण एवं संश्लेषण के कौशलों का अभ्यास करना

सोपान 3: परियोजना के उद्देश्य लिखना–परियोजना के द्वारा शिक्षक अपने विद्यार्थियों से किस प्रकार की उपलब्धि की अपेक्षा रखते हैं, इसके आधार पर परियोजना के उद्देश्य स्पष्ट रूप से लिखे जाने चाहिए।

सोपान 4: परियोजना की एक झलक लिखना–प्रस्तुत सोपान में, परियोजना किस प्रकार पूर्ण की जाएगी, इसका अत्यंत संक्षिप्त विवरण लिखा जाता है इसमें विद्यार्थी को परियोजना के उद्देश्य, औचित्य, विकसित होने वाले ज्ञान एवं कौशल इत्यादि का वर्णन किया जाता है तथा उन्हें चिंतन प्रविधि एवं समस्या को स्पष्ट रूप से परिभाषित करने के लिए विचार प्रदान करना है।

सोपान 5: स्रोतों की सूची तैयार करना–विद्यार्थियों को संस्था में उपलब्ध उपकरण एवं सामग्रियों, तकनीकी एवं व्यावसायिक सहायता एवं अन्य सुविधाओं की जानकारी देने के लिए सभी स्रोतों की सूची तैयार करना चाहिए।

सोपान 6: कार्य का क्रम निर्धारण–परियोजना में किए जाने वाले कार्यों का क्रमानुसार निर्धारण किया जाना चाहिए।

सोपान 7: परियोजना की समय तालिका–परियोजना को विद्यार्थियों से समय पर व्यवस्थित रूप में पूर्ण कराने के लिए उसकी समय तालिका बना लेनी चाहिए तथा उन्हें पूर्व में ही उसके पूर्ण करने की अंतिम तिथि बता देनी चाहिए। परियोजना को समय पर पूर्ण करने के लिए विद्यार्थियों पर दबाव डाला जाना चाहिए। इसके लिए देरी से परियोजना पूर्ण करने वालों के अंक भी काटे जा सकते हैं।

सोपान 8: अभिलेख पद्धति का संगठन–परियोजना सफल रही या नहीं, यह ज्ञात करने के लिए परियोजना का समय-समय पर सावधानीपूर्वक अनुश्रवण (Monitoring) करने के लिए आवश्यक तैयारी की जाती है। इससे यह ज्ञात हो जाता है कि किस विद्यार्थी या समूह को सहायता की आवश्यकता है।

सोपान 9: निर्धारण अनुसूची का संगठन–निर्धारण अनुसूची का संगठन यह जानने के लिए किया जाता है कि:

(अ) अंतिम एवं अन्य सोपानों का मूल्यांकन कब किया जाना है।

(ब) अंकन योजना किस प्रकार की है?

(स) परियोजना के विभिन्न अंशों के अधिभार।

(द) अंकन के लिए व्यवस्थाएँ।

(इ) परिणामों का अभिलेख एवं वितरण।

सोपान 10: परियोजना के आपके मूल्यांकन को ध्यान में रखना–परियोजना का केवल अनुश्रवण एवं मूल्यांकन करना ही पर्याप्त नहीं है बल्कि मूल्यांकन कर चर्चा की जानी चाहिए तथा यह जानना चाहिए कि परियोजना से विद्यार्थियों ने क्या सीखा तथा उन्हें उससे क्या लाभ होंगे?

परियोजना विधि का क्रियान्वयन दो व्यक्तियों पर निर्भर करता है–

(अ) अध्यापक /प्रशिक्षक पर तथा

(ब) प्रशिक्षणार्थी/विद्यार्थी पर

(अ) अध्यापक/प्रशिक्षक की भूमिका–परियोजना का चयन विद्यार्थी स्वयं करते हैं, लेकिन अध्यापक एक पथप्रदर्शक व सलाहकार के रूप में उनकी मदद करते हैं। अध्यापक या प्रशिक्षक अनुभवी होते हैं, उन्हें विषय का विस्तृत ज्ञान होता है, अत: वे परियोजना के प्रारम्भ से लेकर अंत तक अर्थात् परियोजना के प्रकरण एवं चुनाव से लेकर उपलब्ध स्रोतों, संसाधन एवं समय के आधार पर समस्या का समाधान करने व निष्कर्ष निकालने तक में विद्यार्थियों की मदद करते हैं। वे प्रशिक्षणार्थी मार्गदर्शिका का निर्माण करते हैं, परियोजना हेतु आवश्यकतानुसार पुस्तकालय, प्रयोगशाला, कार्यशाला, उपकरणों एवं अन्य तकनीकी सुविधाएँ उपलब्ध कराते हैं। विद्यार्थियों को प्राप्त प्रदत्त के लिए विभिन्न संस्थाओं के प्रमुख से संपर्क कर अनुमति व सुविधा प्रदान करते हैं तथा परियोजना पूर्ण होने पर आलोचनात्मक मूल्यांकन करने में भी विद्यार्थियों की मदद करते हैं।

(ब) प्रशिक्षणार्थी/विद्यार्थी की भूमिका–परियोजना की प्रकृति अनुसार प्रशिक्षणार्थी की भूमिका अलग-अलग होती है। सामान्यत: एक प्रशिक्षणार्थी को निम्न कार्य करने होते हैं:

परियोजना के प्रारंभ में विद्यार्थी अध्यापक के सहयोग से प्रकरण का चुनाव करता है और समस्या को परिभाषित करता है। उसे सुव्यवस्थित रूप से परियोजना को पूर्ण करने के लिए कार्य-विश्लेषण करना चाहिए। वह परियोजना के लिए उपयोग में लाई जाने वाली विधि को बताता है और सोपान दर सोपान आगे बढ़ता है। वह उपलब्ध उपकरणों एवं सामग्रियों का उपयोग कर सूचनाएँ एकत्र करता है। इसके लिए उसे विशेषज्ञों की मदद की भी आवश्यकता होती है। वह प्रदत्त को एकत्रित करने के पश्चात् उनका विश्लेषण व संश्लेषण करता है यह एक अत्यंत महत्त्वपूर्ण कार्य होता है। परियोजना की सफलता/असफलता इसी पर निर्भर करती है, अत: प्रशिक्षणार्थी/विद्यार्थी को इस विकासात्मक सोपान का विस्तृत एवं सही अभिलेख सावधानीपूर्वक करना चाहिए। परियोजना के अंतिम चरण में विद्यार्थी विश्लेषित सामग्री के आधार पर मूल्यांकन एवं व्याख्या करते हैं तथा निष्कर्ष निकालते हैं। इस प्रकार परियोजना पूर्ण होती है। परियोजना के पूर्ण होने पर विद्यार्थियों को उसका एक लिखित प्रतिवेदन भी तैयार करना होता है।

पाल एवं शाहीन (1994) ने परियोजना के बारे में शिक्षक प्रशिक्षणार्थियों की राय ज्ञात की एवं पाया कि–

(अ) परियोजना से–

(i) प्रत्यक्ष अनुभव मिलता है।
(ii) समस्या को गहराई से जाना जाता है।
(iii) किसी विषय का संपूर्ण ज्ञान होता है।
(iv) स्वयं कार्य करने की क्षमता विकसित होती है।
(v) वैज्ञानिक दृष्टिकोण का विकास होता है। एवं

(ब) परियोजना निर्देशक में निम्न विशेषताएँ होनी चाहिए–

(i) अनुभवी हो।
(ii) शिक्षा के सभी क्षेत्रों से परिचित हो।
(iii) विषयवस्तु का ज्ञाता हो।
(iv) परियोजना विधि का ज्ञाता हो।
(v) व्यवहार कुशल हो।
(vi) सहयोगी हो।

परियोजना विधि के लाभ

1. परियोजना विधि 'करके सीखने' के सिद्धांत पर आधारित है, अत: विद्यार्थी सतत सक्रिय रहते हैं।
2. यह विधि क्रियाशीलता, उपयोगिता, स्वतंत्रता तथा वास्तविकता के सिद्धांत पर आधारित है।
3. इसमें विद्यार्थी चिंतन, तर्क तथा निर्णय के आधार पर समस्या को हल करते हैं, अत: उनमें स्वाध्याय की आदत तथा सृजनात्मकता का विकास होता है।

4. विद्यार्थी मिलकर परियोजना पर कार्य करते हैं, उन्हें समस्या के समाधान के लिए एक-दूसरे के सहयोग की आवश्यकता होती है। अतः उनमें सहयोग, सहानुभूति, सहिष्णुता इत्यादि प्रजातांत्रिक गुणों का विकास होता है।
5. परियोजना में शारीरिक और मानसिक दोनों तरह की क्रियाओं को सम्मिलित किया जाता है। यह थार्नडाइक के अधिगम के सिद्धांत के तीनों नियमों 'तत्परता का नियम', 'अभ्यास का नियम', एवं 'प्रभाव का नियम' पर आधारित होने से एक मनोवैज्ञानिक विधि है।
6. परियोजना उद्देश्यपूर्ण होती है, अतः विद्यार्थियों को आगे बढ़ने की दिशा ज्ञात होती है और वे अनावश्यक कार्यों में अपनी ऊर्जा खर्च नहीं करते हैं।
7. यह विधि व्याख्यान विधि का प्रयोग करने से उत्पन्न एकरसता को दूर करके शिक्षण प्रक्रिया को रोचक एवं आकर्षक बनाती है।
8. प्रस्तुत विधि का उपयोग कर विद्यार्थियों को शारीरिक श्रम की महत्ता समझायी जा सकती है।
9. यह विधि वैयक्तिक विभिन्नता के सिद्धांतों पर आधारित है। विद्यार्थियों को उनकी रुचि, क्षमता एवं योग्यताओं के आधार पर कार्य दिए जा सकते हैं।
10. परियोजना का पूर्ण विवरण विद्यार्थियों को लिखित रूप में देना होता है, अतः उनमें प्रतिवेदन, लेखन कौशल का विकास होता है।
11. समय-समय पर विद्यार्थियों की प्रगति का मूल्यांकन होने से उन्हें प्रतिपोष मिलता रहता है और वे अपने लक्ष्य से भटकते नहीं हैं।
12. विद्यार्थियों में स्व अनुशासन एवं समर्पण की भावना की आवश्यकता होती है।

परियोजना विधि के दोष या सीमाएँ

परियोजना विधि के निम्नांकित दोष हैं–

1. परियोजना विधि के प्रयोग के लिए कुशल एवं प्रशिक्षित शिक्षकों की आवश्यकता होती है।
2. यह विधि समय, धन व ऊर्जा तीनों ही दृष्टि से खर्चीली है। सभी विद्यार्थियों के एक साथ परियोजना पर कार्य करने से उपलब्ध विशेषज्ञों एवं उपकरणों की सेवाएँ सभी को समान रूप से उपलब्ध नहीं कराई जा सकती हैं।
3. विद्यार्थियों को विद्यालय एवं विद्यालय के बाहर भी परियोजना पर कार्य करना होता है, अतः उनकी प्रगति का सतत अनुश्रवण संभव नहीं है।
4. वाणिज्य जैसे प्रायोगिक विषय, जिसमें आंकिक गणनाएँ अधिक होती हैं, संपूर्ण विषयों को इस विधि से पढ़ाना अत्यन्त मुश्किल है।
5. सामान्य व निम्न उपलब्धि वाले विद्यार्थियों को प्रस्तुत विधि से ज्ञान प्रदान नहीं किया जा सकता है।

6. परियोजना के लिए अध्यापक /प्रशिक्षक को विद्यार्थियों /प्रशिक्षणार्थियों को निर्देशन देने के लिए पूर्व में ही बहुत सी तैयारी करनी होती है। अतः अनेक अध्यापक इसके लिए तैयार नहीं होते हैं।
7. एक परियोजना के लिए प्रदत्त संकलन हेतु विद्यार्थियों को विभिन्न क्षेत्रों में एक ही समय जाने की आवश्यकता होती है, अतः वह क्षेत्रानुसार कार्य करता है। ऐसे में निश्चित समयसीमा में उसका कार्य पूर्ण नहीं होता है।
8. प्रदत्त संकलन करते समय उसे स्रोत व्यक्तियों के नकारात्मक दृष्टिकोण तथा असहयोग का सामना करना पड़ता है।
9. विद्यार्थी/प्रशिक्षणार्थी की प्रगति के मूल्यांकन का कोई निकष नहीं होता है। अतः अध्यापक/प्रशिक्षक इसमें भेदभाव कर सकते हैं।

समाजीकृत अभिव्यक्ति विधि (Socialized Recitation Method)

समाजीकृत अभिव्यक्ति विधि सामाजिक विज्ञान के विषयों के शिक्षण के लिए एक महत्त्वपूर्ण पद्धति है। यह विधि समाजीकरण के सिद्धांत पर आधारित है। इसका प्रमुख लक्ष्य विद्यार्थियों में सामाजिकता के गुणों का विकास करना है। इस विधि के द्वारा कक्षा में अनौपचारिक एवं स्वभाविक वातावरण उत्पन्न कर छात्र-अन्तर्क्रिया को बढ़ावा दिया जाता है, जिससे छात्र अपनी रुचियों, योग्यताओं एवं क्षमताओं को संतुष्ट कर सहयोग एवं सद्भाव के साथ ज्ञान अर्जित करते हैं।

विद्वानों ने इस पद्धति को निम्नानुसार परिभाषित किया है–

1. बाइनिंग एवं बाइनिंग (1952) के अनुसार, "कोई कक्षा सत्र जो सामूहिक चेतना तथा वैयक्तिक उत्तरदायित्व की भावना प्रदर्शित करता है, सामाजिक अभिव्यक्ति कहलाता है।"

2. स्कारलिंग के अनुसार, "समाजीकृत अभिव्यक्ति का मुख्य उद्देश्य समूह कार्य के लिए उपयोगी तकनीक विकसित करना, विमर्शक चिंतन को उद्दीप्त करना, पूर्व ज्ञान को आगे बढ़ाना, सृजनात्मक अभिव्यक्ति को प्रोत्साहित करना, विविध प्रकार की सामाजिक स्थितियाँ प्रदान कर सामाजिक अभिव्यक्ति का विकास करना तथा इन सबसे परे सहकारिता के चिंतन का अभ्यास करना है।"

3. मोफत के अनुसार, "यह एक सामान्य सामूहिक चर्चा विधि है, जिसमें सभी विद्यार्थी अपना योगदान कर प्रश्न पूछकर तथा समस्याओं के समाधान के लिए प्रयास कर सहयोगी रूप से भाग लेते हैं। यह पद्धति किसी प्रकरण की प्रस्तावना, किसी महत्त्वपूर्ण घटना पर बातचीत करने तथा किसी समस्या के अध्ययन में प्रस्तुत की जाती है।"

समाजीकृत अभिव्यक्ति विधि के प्रकार

बाइनिंग एवं बाइनिंग तथा अन्य विद्वानों ने समाजीकृत अभिव्यक्ति विधि के निम्न रूप बताए हैं–

1. अनौपचारिक समूह योजना (Informal Group Plan)–प्रस्तुत परियोजना के अंतर्गत अध्यापक एवं विद्यार्थी अनौपचारिक रूप से अपने अनुभवों या किसी प्रकरण, घटना, समस्या

पर विचार विमर्श करते हैं। इसमें समूह के प्रत्येक सदस्य को प्रश्न करने, स्पष्टीकरण माँगने की स्वतंत्रता होती है।

2. औपचारिक समूह योजना (Formal Group Plan)–इसके अंतर्गत निर्धारित नियमों एवं पूर्व निश्चित व्यवस्थित योजना अनुसार समस्याओं पर चर्चा की जाती है। इस योजना का संगठन क्लब, समिति अथवा सभा के प्रकार से किया जाता है। इसमें विद्यार्थियों में से ही किसी एक को अध्यक्ष चुना जाता है, जिसकी आज्ञा से अन्य छात्र अपने प्रस्ताव, विचार तथा सुझाव रखते हैं। औपचारिक समूह योजना कई प्रकार की होती है। जैसे–

1. पेनल चर्चा
2. परिसंवाद
3. संगोष्ठी योजना
4. कार्यशाला

1. पेनल चर्चा–पेनल चर्चा में एक बड़ा समूह होता है, जिसमें एक सभापति/अध्यक्ष, चार से आठ सदस्य तथा श्रोता होते हैं। पेनल चर्चा का अभिप्राय (Aims) लघु समूह के लक्षणों द्वारा बड़े समूह के लिए फायदा पहुँचाना है। इसमें प्रारंभ में सभापति समस्या की व्याख्या करता है, तत्पश्चात् सभी सदस्य उस पर अपनी राय या विचार प्रस्तुत करते हैं और चर्चा करते हैं। सभापति उस चर्चा का समन्वयन करते हैं तथा अंत में चर्चा कर सार प्रस्तुत करते हैं। पेनल चर्चा में विस्तृत प्रकरण या समस्या को शामिल नहीं किया जाता है।

2. परिसंवाद–परिसंवाद में दो या दो से अधिक व्यक्ति होते हैं, जो किसी समस्या के अलग-अलग पहलुओं पर अपना आलेख/भाषण तैयार कर श्रोताओं के समक्ष अपने विचार प्रस्तुत करते हैं। भाषणों के समाप्त होने के पश्चात् श्रोतागण उन पर अपने विचार/सुझाव अभिव्यक्त करते हैं और प्रश्न पूछते हैं।

3. संगोष्ठी–यह योजना बड़े विद्यार्थियों के लिए उपयोगी होती है। इसमें अध्यापक और विद्यार्थी मिलकर कार्य करते हैं, अध्यापक संगोष्ठी का नेतृत्व करते हैं और विद्यार्थी अकेले या समूह में कार्य करते हुए समस्या की जाँच-पड़ताल कर परिणामों को प्रस्तुत करते हैं। प्राप्त परिणामों के प्रतिवेदनों का समूह में आलोचनात्मक मूल्यांकन किया जाता है।

4. कार्यशाला–कार्यशाला में पहले अध्यापक किसी कार्य को करने के बारे में बताते हैं तथा उसके प्रायोगिक कार्य को सभी विद्यार्थियों से करवाया जाता है। इसमें सभी विद्यार्थी सक्रिय रूप से कार्य करते हैं।

समाजीकृत अभिव्यक्ति विधि के उद्देश्य

समाजीकृत अभिव्यक्ति विधि के निम्न उद्देश्य हैं–

1. विद्यार्थियों में सामाजिक चेतना विकसित करने के लिए मित्रतापूर्ण एवं सहकारिता के वातावरण में कार्य करना।
2. विद्यार्थियों को सामाजिक उत्तरदायित्व वहन करने का प्रशिक्षण देना।
3. करके सीखने की तकनीक का उपयोग करना।
4. अध्यापन को स्वाभाविक, रुचिकर बनाना।
5. शर्मीले छात्रों को ऐसे अवसर प्रदान करना, ताकि उनमें आत्मविश्वास की वृद्धि हो सके।

6. विद्यार्थियों को अभिव्यक्ति का अवसर प्रदान करना।

समाजीकृत अभिव्यक्ति विधि के गुण (Merits of Socialised Recitation)

समाजीकृत अभिव्यक्ति पद्धति के निम्नलिखित गुण हैं–

1. इस विधि के उपयोग से विद्यार्थी परस्पर सहयोग एवं सद्भावना के साथ कार्य करना सीख जाते हैं।
2. यह पद्धति छात्रों में नेतृत्व गुणों का विकास करती है। कक्षा कार्य संचालन विद्यार्थियों में से ही किसी एक विद्यार्थी द्वारा किया जाता है, इससे उनमें दिए गए कार्य को संचालित करने की योग्यता का विकास होता है।
3. इस पद्धति से विद्यार्थियों में उत्तरदायित्व की भावना का विकास हो जाता है।
4. इस विधि के उपयोग से विद्यार्थी अपने विचारों तथा निर्णयों को संगठित करना एवं उन्हें लिखित में प्रस्तुत करना सीखते हैं।
5. इस विधि में विद्यार्थियों द्वारा समस्याओं का समाधान किया जाता है। अतः उनमें चिंतन करने एवं निर्णय लेने की क्षमता का विकास होता है।
6. अध्यापक एवं विद्यार्थियों के मध्य मधुर सम्बन्ध स्थापित होते हैं।
7. सहयोग से कार्य करने से विद्यार्थियों में एक-दूसरे के लिए आदर की भावना का विकास होता है।
8. अधिगम के लिए अभिप्रेरण अधिकतम होता है।
9. विद्यार्थियों में आत्मविश्वास उत्पन्न होता है।
10. इस विधि के उपयोग से विद्यार्थी आर्थिक समस्याओं के समाधान हेतु अपना महत्वपूर्ण योगदान दे सकते हैं।

समाजीकृत अभिव्यक्ति विधि के दोष व सीमाएँ (Demerits and Limitations of Socialised Recitation Method)

समाजीकृत अभिव्यक्ति विधि के दोष व सीमाएँ निम्न हैं–

1. इस विधि के अन्तर्गत कक्षा के सभी विद्यार्थी सक्रिय नहीं हो पाते हैं।
2. कभी-कभी विद्यार्थियों में व्यर्थ का वाद-विवाद उत्पन्न हो जाता है।
3. इस विधि द्वारा विषय का पर्याप्त एवं क्रमबद्ध ज्ञान प्राप्त करना संभव नहीं है।
4. इस विधि में व्यक्तिगत भिन्नताओं पर ध्यान नहीं दिया जाता।
5. इस विधि के द्वारा पाठ्यक्रम को पूरा करने में अधिक समय लगता है। विद्यालय के कालांशों में इसे पूर्ण करना संभव नहीं है।
6. यह वाणिज्य के सभी विषयों के लिए उपयुक्त नहीं है।

सुझाव

समाजीकृत अभिव्यक्ति विधि को वाणिज्य विषय के अध्यापक निम्नांकित उपाय कर दोष रहित तथा उपयोगी बना सकते हैं–

1. अध्यापक को विद्यार्थियों के समूह तथा कार्य का निर्धारण उनके मानसिक स्तर, उनकी आर्थिक व सामाजिक स्थिति तथा व्यक्तिगत विभिन्नताओं को ध्यान में रखते हुए करना चाहिए।
2. अध्यापक को सभी विद्यार्थियों को कक्षा के कार्य में सहभागी बना कर सक्रिय रखना चाहिए।
3. अध्यापक को कार्य संचालन पर नियंत्रण रखना चाहिए। विद्यार्थी व्यर्थ के वाद-विवाद और बहस में न पड़े, इसका ध्यान रखना चाहिए।
4. इस विधि के अन्तर्गत पाठ्यवस्तु की व्यवस्था तथा क्रमबद्धता पर विशेष धयान दिया जाना चाहिए।

आगमन विधि (Inductive Method)

आगमन विधि निगमनात्मक तर्क के विपरीत प्रक्रिया है। यह विधि महान दार्शनिक एवं विचारक फांसिस बेकन (1561-1626) की देन है। उनके अनुसार हम सीधे निरीक्षण द्वारा एकत्रित तथ्यों से निष्कर्ष निकाल सकते हैं। उन्होंने बताया कि यदि आप ज्ञान प्राप्त करना चाहते हैं, तब प्रकृति को निहार कर विशिष्ट तथ्य एकत्रित कीजिए तथा उनसे सामान्यीकरण कीजिए। इसे आगमनात्मक तर्क कहते हैं। इसकी कुछ परिभाषाएँ इस प्रकार हैं:

वैज्ञानिक तथा तकनीकी शब्दावली आयोग के दर्शन परिभाषा कोष के अनुसार, "आगमन विधि अनुमान का वह प्रकार है, जिसमें विशेष तथ्यों से सामान्य निष्कर्ष निकाला जाता है।"

जे.एन. कीन्स के अनुसार, "आगमन विधि में हम अनेक उदाहरणों के आधार पर एक सामान्य नियम की स्थापना करते हैं।"

प्रो. जे.के. मेहता के अनुसार, "आगमन पद्धति तर्क की वह विधि है, जिसके अन्तर्गत हम विभिन्न विशिष्ट व्यक्तिगत आर्थिक घटनाओं के आधार पर कारणों व परिणामों के बीच सामान्य सम्बन्ध स्थापित करते हैं।"

प्रस्तुत विधि में हम 'विशिष्ट से सामान्य' की ओर जाते हैं। चूँकि विद्यार्थी स्वयं सिद्धांत/नियम पर पहुँचते हैं, अतः इसे सामान्यानुमान विधि भी कहते हैं। इसमें विशिष्ट घटनाओं, तथ्यों एवं उदाहरणों के आधार पर सामान्य नियमों का निर्माण किया जाता है। शिक्षण में इस विधि का प्रयोग करते समय अध्यापक विद्यार्थियों के सामने कुछ उदाहरण प्रस्तुत करते हैं। विद्यार्थी उन उदाहरणों में समान तत्वों की खोज करते हैं, तत्पश्चात् वे स्वयं या अध्यापक के सहयोग से नियम प्रतिपादित करते हैं। वाणिज्य अनुशासन में विभिन्न विषयों जैसे गणित, सांख्यिकी, अर्थशास्त्र, वाणिज्य एवं बैंकिंग के मूल तत्व इत्यादि के लिए आगमन विधि का प्रभावी प्रयोग किया जा सकता है। जैसे-'बैंक में रुपया जमा करना लाभप्रद है।' इस संकल्पना को पढ़ाने के लिए अध्यापक विद्यार्थियों से इस प्रकार अन्तर्क्रिया कर सकते हैं:

अध्यापक : बच्चो, बैंक में आपकी बचत को जमा करने से आपको क्या मिलेगा?

एक विद्यार्थी : सर, हमें अपने जमा रुपये पर ब्याज मिलेगा।

दूसरा विद्यार्थी : सर, इससे हमारा रुपया बढ़ेगा।

अध्यापक : यदि आपने रुपया घर में रखा तो क्या खतरे हो सकते हैं?

विद्यार्थी : सर, हमारा रुपया चोरी हो जाने का डर रहता है।

दूसरा विद्यार्थी : सर, रुपये गुम हो जाने का डर रहता है।

अन्य विद्यार्थी : सर, घर में रुपये रखने से वह जमा के रूप में नहीं रह पाते हैं, व्यक्ति उन्हें खर्च कर देता है।

विद्यार्थी : सर, बैंक में रुपया चोरी या गुम होने का डर नहीं रहता है।

अध्यापक : बच्चों, इससे क्या निष्कर्ष निकलता है ?

विद्यार्थी : बैंक में रुपया जमा करना लाभप्रद है।

आगमन विधि के गुण

1. आगमन विधि के द्वारा मूर्त उदाहरणों की सहायता से नियम अथवा सिद्धांत की खोज की जाती है। अत: विद्यार्थी पाठ में रुचि लेते हैं।
2. अध्यापक-विद्यार्थी अन्तर्क्रिया अधिक होती है। अत: विद्यार्थी सक्रिय रहते हैं।
3. प्रस्तुत विधि में विद्यार्थियों द्वारा स्वयं निरीक्षण करके निष्कर्ष निकालने से उनमें चिंतन शक्ति का विकास होता है।
4. इस पद्धति द्वारा ज्ञान स्थायी होता है।
5. प्रस्तुत विधि द्वारा अर्जित ज्ञान को विद्यार्थी अपने व्यावहारिक जीवन में प्रयुक्त कर सकते हैं।
6. विद्यार्थियों द्वारा स्वयं सिद्धांत या नियम का प्रतिपादन करने से उनमें आत्मविश्वास विकसित होता है।
7. निगमन विधि द्वारा निकाले गए निष्कर्षों की सत्यता का परीक्षण आगमन विधि द्वारा किया जा सकता है।

आगमन विधि के दोष या सीमाएँ

आगमन विधि के निम्नांकित दोष या सीमाएँ हैं:

1. प्रस्तुत विधि के द्वारा गलत एवं पक्षपातपूर्ण निष्कर्ष निकालने की भी संभावना रहती है।
2. यह विधि संकल्पनात्मक प्रकृति वाले विषयों के लिए ही उपयोगी है। वर्णनात्मक विषयों जैसे इतिहास, भाषा इत्यादि में इसका विशेष उपयोग नहीं किया जा सकता है।
3. यह विधि समय व धन के सन्दर्भ में खर्चीली है।
4. इस विधि के उपयोग के लिए विशेष योग्यता वाले शिक्षकों की आवश्यकता होती है।
5. यह विधि उस समय पूर्ण होती है, जबकि इस विधि से प्राप्त सामान्यीकरण को निगमनात्मक विधि द्वारा सत्यापित किया जाए।

निगमन विधि (Deductive Method)

निगमन पद्धति में हम 'सामान्य से विशिष्ट की ओर' (From General to the Particular) जाते हैं। इस विधि का प्रतिपादन अरस्तु ने किया था। इस विधि में तथ्यों का विश्लेषण

स्थापित सूत्रों के उपयोग अथवा प्रयोग द्वारा किया जाता है। निगमन में शोधक यह तर्क करता है कि एक समूह अथवा श्रेणी में सभी घटनाओं के लिए जो सत्य है, वह इसके प्रभाव क्षेत्र की एक घटना के लिए भी अवश्य सत्य होना चाहिए। (टर्नी एवं राब, 1971) निगमनात्मक तर्क में न्याय वाक्य का उपयोग कर विशेष निष्कर्ष की वैधता का पता लगाया जाता है। इसमें साधय आधार वाक्य से एक पक्ष आधार वाक्य को मध्य में रखकर निष्कर्ष निकालते हैं। इसे तार्किक तर्क भी कहते हैं।

जैसे– मनुष्य मरणशील है। (साध्य आधार वाक्य)
मीनू मनुष्य है। (पक्ष आधार वाक्य)
मीनू मरणशील है। (निष्कर्ष)

इस विधि में आगमन विधि के विपरीत अध्यापक विद्यार्थियों के समक्ष प्रकरण की घोषणा कर सम्बन्धित सूत्र/नियम/सिद्धांत दे देते हैं। और फिर उदाहरणों की सहायता से प्रस्तुत नियम या सिद्धांत की व्याख्या करते हैं, ताकि विद्यार्थियों को सम्बन्धित सिद्धांत या नियम का उपयोग समझ में आ जाए।

इसकी कुछ परिभाषाएँ इस प्रकार हैं–

1. भारतीय वैज्ञानिक एवं तकनीकी शब्दावली आयोग के शिक्षा परिभाषा कोश के अनुसार, ''निगमन प्रणाली अध्ययन, अनुसंधान और तर्क की ऐसी प्रणाली है, जिसमें स्थापित तथा प्रमाणित सामान्य नियमों को विशेष तथ्यों और स्थितियों पर लागू किया जाता है।''

2. प्रो. जे.के. मेहता के शब्दों में, ''निगमन पद्धति तर्क का वह क्रम है, जिसमें हम दो तथ्यों के बीच कारण-परिणाम सम्बन्ध से आरंभ करते हैं और उस तर्क की सहायता से उस कारण का परिणाम जानने का प्रयास करते हैं, जबकि यह कारण परिणाम व्यक्त करने में अन्य बहुत से कारणों से मिला रहता है।''

निगमन विधि का उदाहरण–

अध्यापक विद्यार्थियों को लेखांकन विषय में व्यक्तिगत खाता की संकल्पना को इस प्रकार पढ़ा सकते हैं–

अध्यापक: बच्चों, व्यक्तिगत खाता के अनुसार जो व्यक्ति पाता है उसके खाते को नामे करते हैं, और जो व्यक्ति देता है उसके खाते को जमा करते हैं। जैसे–

1. राम ने मोहन से माल खरीदा। तो इसकी प्रविष्टि होगी–

   Ram Dr.
   To Mohan

2. 'श्याम ने सुधा से माल खरीदा'–इसकी प्रविष्टि क्या होगी?

   विद्यार्थी: Shyam Dr
   To Sudha

   अधयापक: बिल्कुल ठीक! 'सीता को राधा ने माल बेचा' इसकी प्रविष्टि क्या होगी?

   विद्यार्थी: Sita Dr
   To Radha

अध्यापक : यहाँ सीता को नामे क्यों किया गया है?

विद्यार्थी : क्योंकि सीता ने माल पाया है।

अध्यापक : उदाहरण दो में सुधा के खाते को जमा क्यों किया गया है?

विद्यार्थी : क्योंकि सुधा ने माल दिया है।

अध्यापक : इससे क्या निष्कर्ष निकलता है?

विद्यार्थी : इससे यह निष्कर्ष निकलता है कि पाने वाले व्यक्ति के खाते को नामे तथा देने वाले व्यक्ति के खाते को जमा करते हैं।

निगमन विधि के गुण

1. इस विधि से निकाले गए निष्कर्षों के गलत व पक्षपातपूर्ण होने की संभावना नहीं होती है, क्योंकि वे अध्यापक द्वारा पूर्व में ही प्रतिपादित किए जाते हैं।
2. इस विधि से अभ्यास व पुनरावृत्ति आसानी से करायी जा सकती है।
3. यह संक्षिप्त एवं कम समय में पूर्ण होने वाली विधि है।
4. इस विधि में विद्यार्थी अपनी गति एवं दक्षता से कार्य कर सकते हैं।
5. यह आगमन विधि की पूरक विधि है।

निगमन विधि के दोष/सीमाएँ

निगमन विधि के निम्नांकित दोष/सीमाएँ हैं–

1. यह विधि वैज्ञानिक विधि नहीं है। इसमें अमूर्त को वास्तविक मानकर निष्कर्ष निकाले जाते हैं, जो तर्क के आधार पर सही हो सकते हैं परंतु व्यावहारिक रूप में उनकी सत्यता नहीं होती है।
2. यह एक मनोवैज्ञानिक विधि है, क्योंकि इसमें नियम या तथ्य विद्यार्थियों द्वारा प्राप्त नहीं किए जाते हैं।
3. इस विधि द्वारा विद्यार्थियों में चिंतन, तर्क एवं खोज शक्ति का विकास नहीं हो पाता है।
4. इसमें विद्यार्थी सक्रिय नहीं रहते हैं।
5. यह विधि रटने पर बल देती है। विद्यार्थी बिना समझे सूत्रों, नियमों एवं सिद्धांतों को रट लेते हैं।

विश्लेषण विधि (Analytic Method)

विश्लेषण विधि में विषयवस्तु को विभिन्न सरलतम अंशों में विभाजित किया जाता है अर्थात् किसी वस्तु को इसके संघटक त्तवों में तोड़ा जाता है ताकि उसको आसानी से समझा जा सके। यह एक खोजपूर्ण विधि है, जिसमें विद्यार्थी एक अन्वेषक के रूप में कार्य करता है। इस विधि में 'संपूर्ण से अंशों की ओर' (From whole to the part) तथा 'अज्ञात से ज्ञात की ओर' (From unknown to the known) नामक शिक्षण सूत्रों का उपयोग किया जाता है।

विश्लेषण विधि के गुण

1. यह विधि विद्यार्थियों में रटने की प्रवृत्ति को हतोत्साहित करती है।
2. इसमें विद्यार्थी स्वयं करके सीखते हैं, अतः यह एक मनोवैज्ञानिक विधि है।
3. यह पद्धति विद्यार्थियों तर्क, चिंतन, निर्णय, खोज इत्यादि शक्तियों का विकास करती है।
4. इस विधि का उपयोग कर अधयापक विद्यार्थियों की अधिकतम सहभागिता प्राप्त कर सकते हैं।
5. इससे विद्यार्थियों में विषय की स्पष्ट समझ विकसित होती है।
6. इस विधि से प्राप्त ज्ञान स्थायी रहता है।
7. इस विधि के प्रयोग से जटिल एवं कठिन विषयवस्तु को भी सरल एवं बोधगम्य बनाकर प्रस्तुत किया जा सकता है।

विश्लेषण पद्धति के दोष

1. यह विधि वाणिज्य के सभी प्रकरणों के लिए उपयुक्त नहीं है।
2. इसके द्वारा प्राप्त ज्ञान व्यवस्थित और संगठित नहीं होता है।
3. इस विधि का प्रयोग केवल औसत या औसत से उच्च बुद्धि वाले बालकों के लिए ही उपयोगी है।
4. इस विधि से पाठ्यक्रम पूरा करने में अधिक समय लगता है।

संश्लेषण विधि (Synthetic Method)

संश्लेषण विधि विश्लेषण विधि के विपरीत है। संश्लेषण का अर्थ होता है, विभिन्न तत्वों को आपस में मिलाना/योग करना। इस विधि में 'ज्ञात से अज्ञात की ओर' (From known to the unknown) 'अंशों से संपूर्ण की ओर' (From Parts to the whole) शिक्षण सूत्रों का उपयोग किया जाता है। प्रस्तुत विधि में ज्ञात सूचनाओं की सहायता से ऐसे बिन्दु पर पहुँचा जाता है, जहाँ अज्ञात सूचनाएँ स्पष्ट एवं सत्य हो जाती हैं।

संश्लेषण विधि के गुण

1. इसमें विश्लेषित तथ्यों को सुव्यवस्थित रूप में प्रस्तुत किया जाता है।
2. यह विधि अधिकांश विद्यार्थियों के लिए उपयोगी है।
3. इसमें समय एवं श्रम की बचत होती है।

संश्लेषण विधि के दोष

1. यह विधि विद्यार्थियों में रटन्त प्रवृत्ति को बढ़ावा देती है।
2. इससे विद्यार्थियों में आत्मविश्वास विकसित नहीं हो पाता है।
3. इसके द्वारा प्राप्त ज्ञान स्थायी नहीं रहता है।

प्रदत्त कार्य (Assignment)

जब एक विद्यार्थी को या विद्यार्थियों के एक समूह को अथवा संपूर्ण कक्षा को उनके पाठ्यक्रम के आधार पर कोई कार्य करने को दिया जाता है तो वह प्रदत्त कार्य कहलाता है। यह किसी भी विषय/अध्याय या एक प्रकरण पर दिया जा सकता हैं। यह प्रकरण या पाठ प्रारंभ करने के पूर्व या मध्य में या समाप्त होने पर दिया जा सकता है। यह कार्य सरल अथवा कठिन, संक्षिप्त अथवा विस्तृत अथवा विशिष्ट हो सकता है। प्रदत्त कार्य के कुछ निश्चित उद्देश्य होते हैं। यह परियोजना का एक प्रकार होता है, लेकिन परियोजना की तुलना में इसका क्षेत्र सीमित होता है तथा कम समय में पूर्ण किया जाता है। इसके पूर्ण होते ही विद्यार्थी को प्रतिपोष प्रदान किया जाता है।

एक अध्यापक को अपने विद्यार्थियों से अपेक्षित व्यावहारिक परिवर्तनों को ध्यान में रखते हुए प्रदत्त कार्य प्रदान करना चाहिए। उसे विद्यार्थियों के लिए उपयोगी अनुभवों को ध्यान में रखकर प्रदत्त कार्य का चुनाव करना चाहिए। विद्यार्थियों में व्यक्तिगत विभिन्नताएँ होती है। प्रत्येक विद्यार्थी रुचि, अभिक्षमता, व्यक्तित्व एवं योग्यता में दूसरे से भिन्न होता है।, अत: अध्यापक को विद्यार्थियों की मनोवैज्ञानिक विशेषताओं के आधार पर प्रदत्त कार्य प्रदान करना चाहिए। उच्च शिक्षा के पाठ्यक्रमों में कई प्रदत्त कार्य निर्धारित रहते हैं। साथ ही विषय अध्यापक को स्वयं की इच्छानुसार व आवश्यकतानुसार प्रदत्त कार्य प्रदान करने का विकल्प रहता है। अत: अध्यापक को विद्यार्थियों के अनुसार जैसे–उच्च उपलब्धि वालों को समस्या समाधान वाले अथवा चुनौतीपूर्ण कार्य तथा निम्न उपलब्धि वालों को प्रायोगिक कार्य, ड्रिल एवं अभ्यास वाले कार्य प्रदान करना चाहिए। उसे कुछ प्रदत्त कार्य, जो कि एक कठिनाई स्तर के हो, सभी विद्यार्थियों को देने चाहिए ताकि किन्हीं भी विद्यार्थियों को श्रेष्ठ भावना या हीन भावना का एहसास न हो। अध्यापक को प्रदत्त कार्य प्रदान करने से पहले यह भी निर्धारित कर लेना चाहिए कि प्रदत्त कार्य का वितरण व्यक्तिगत/सामूहिक रूप में से किस प्रकार किया जाएगा। वाणिज्य में व्यक्तिगत प्रदत्त कार्य के उदाहरण हैं: वाणिज्य में विभिन्न क्षेत्रों में नौकरी के अवसर, वाणिज्य में ई–कामर्स/इन्टरनेट की भूमिका, किसी प्रकरण पर शिक्षण–अधिगम सामग्री का विकास, व्यापार में कैश कार्ड/ए.टी.एम. की भूमिका, चिट्ठा बनाना, किसी व्यक्ति/व्यापार/फर्म के लिए कर का निर्धारण करना, बजट बनाना, पत्र–लेखन, टंकण व आशुलिपि कार्य, विज्ञापन तैयार करना इत्यादि। इसी प्रकार से वाणिज्य में निम्न प्रदत्त कार्य सामूहिक रूप से दिए जा सकते हैं: बैंक/व्यवसायिक संस्था/कंपनी/फैक्टरी का सर्वेक्षण, बाज़ार का सर्वेक्षण, निजी कंपनियों में महिलाओं के लिए रोजगार के अवसर, वाणिज्य प्रयोगशाला तैयार करना, अंश बाज़ार (Share Market) का अध्ययन तथा भविष्य में अंशों की मांग में उतार–चढ़ाव का पूर्वानुमान लगाना इत्यादि।

प्रदत्त कार्यों के प्रकार–

प्रकृति के अनुसार प्रदत्त कार्यों के निम्न प्रकार हैं:

1. **सामग्री संकलन**–विद्यार्थियों को विभिन्न प्रकार की सामग्री एकत्रित करने का प्रदत्त कार्य दिया जा सकता है। जैसे किसी प्रकरण पर ग्रंथालय में उपलब्ध पुस्तकों की सूची बनाना, किसी उत्पाद की बाज़ार में उपलब्ध विभिन्न किस्में एकत्रित करना या सूची बनाना, विभिन्न विज्ञापन संस्थाओं की सूची एकत्रित करना।

2. **किसी कौशल का अभ्यास**–विद्यार्थियों को किसी कौशल में निपुण होने के लिए प्रदत्त कार्य दिया जा सकता है। जैसे खाते तैयार करना, ग्राफ बनाना, सम्प्रेषण कौशल का अभ्यास करना इत्यादि।
3. **लिखित कार्य**–विद्यार्थियों को लिखित कार्य के रूप में प्रदत्त कार्य दिया जा सकता है, जैसे किसी पुस्तक की समीक्षा करना, अनुदेशनात्मक उद्देश्य बनाना, एक अच्छा प्रबंधक कैसे बनें? इत्यादि।
4. **हस्त गतिविधियाँ**–हाथों से करने वाले कार्य भी प्रदत्त कार्य के रूप में दिए जा सकते हैं, जैसे अपने घर की आंतरिक साज-सज्जा करना, चैक तैयार करना, ड्राफ्ट बनाना इत्यादि।
5. **सर्वेक्षण**–वाणिज्य में अधिकांश परियोजना एवं प्रदत्त कार्य सर्वेक्षण प्रकार के होते हैं। इस तरह के प्रदत्त कार्यों में विद्यार्थी को पर्यावरण के विभिन्न पहलुओं का निरीक्षण कर अभिलेख तैयार करने को कहा जाता है। जैसे बैंकों में विभिन्न पदों पर कार्य करने वाले कर्मचारियों के वेतन भत्ते ज्ञात करना, बढ़ती मुद्रा स्फीति के कारणों का पता लगाना। विभिन्न संस्थानों में सुरक्षा प्रबन्ध ज्ञात करना।
6. **समस्या समाधान**–विद्यार्थियों के सम्मुख समस्याएँ प्रस्तुत कर उनका समाधान करने के लिए भी प्रदत्त कार्य दिए जा सकते हैं। जैसे चिट्ठे या तलपट के दोनों पक्षों का मिलान नहीं होने पर लेखे सम्बन्धी त्रुटियों का पता कैसे लगाएँ, सम्प्रेषण बाधाओं को ज्ञात करना, श्रवण को प्रभावित करने वाले कारकों का पता लगाना इत्यादि।

प्रदत्त कार्य के सोपान

प्रदत्त कार्य की प्रकृति परियोजना के समान होने से इनके सोपान भी समान होते हैं। केवल परियोजना की तुलना में इसका क्षेत्र एवं समयावधि अल्प होती है।

परियोजना एवं प्रदत्त कार्य में अन्तर

परियोजना एवं प्रदत्त कार्य में समानता होने पर भी इनमें कुछ अन्तर होते हैं, जो इस प्रकार हैं:

परियोजना	प्रदत्त कार्य
1. परियोजना अपेक्षाकृत एक विस्तृत विषय/प्रकरण/कार्य के लिए होती है। तथा उसकी पूर्ण समाप्ति पर ही उसका मूल्यांकन किया जाता है।	1. प्रदत्त कार्य एक सीमित विषयवस्तु/प्रकरण या कार्य के लिए दिए जाते हैं। तथा उसका रचनात्मक मूल्यांकन किया जाता है।
2. परियोजना संरचित होती है तथा अंतर अनुशासिक भी हो सकती है।	2. प्रदत्त कार्य एक अनुशासन में भी एक विषय से सम्बन्धित होते हैं।
3. योगात्मक मूल्यांकन होने से विद्यार्थी को उसकी प्रगति के बारे में प्रतिपोष (Feed-back) प्राप्त होता है।	3. विद्यार्थी को सोपान दर सोपान प्रतिपोष (Feedback) दिया जाता है, जिससे उसकी प्रगति में संशोधन किया जा सकता है।

परियोजना	प्रदत्त कार्य
4. बड़ी एवं जटिल परियोजनाएँ समूह द्वारा पूर्ण की जाती हैं।	4. प्रदत्त कार्य प्राय: एक व्यक्ति द्वारा ही पूर्ण किया जाता है।
5. परियोजना की संख्या अधिकतर पाठ्यक्रमों में एक ही होती है।	5. एक पाठ्यक्रम में प्रदत्त कार्य की संख्या कई होती है।
6. परियोजना को पूर्ण करने में अधिक समय लगता है।	6. प्रदत्त कार्य को अल्प समय में पूर्ण कर लिया जाता है।
7. परियोजना के कई उद्देश्य होते हैं।	7. प्रदत्त कार्य के उद्देश्यों की संख्या सीमित होती है।
8. परियोजना के लिए अधिक स्रोतों से सूचनाएँ एकत्रित करनी होती हैं।	8. प्रदत्त कार्य के लिए कुछ स्त्रोतों से ही सूचनाएँ, एकत्रित करनी होती है।
9. परियोजना का क्षेत्र विस्तृत होता है।	9. प्रदत्त कार्य का क्षेत्र सीमित होता है।
10. परियोजना को पूर्ण करने में अधिक धन की आवश्यकता होती है।	10. प्रदत्त कार्य को पूर्ण करने में कम धन की आवश्यकता होती है।
11. परियोजना के लिए प्रशिक्षणार्थी मार्गदर्शिका प्रदान की जाती है।	11. प्रदत्त कार्य के लिए मार्गदर्शिका हमेशा प्रदान करना आवश्यक नहीं है।
12. प्रशिक्षणार्थी रोजनामचा रखता है।	12. इसमें रोजनामचा रखने की आवश्यकता नहीं होती है।

प्रदत्त कार्य के सिद्धांत

प्रदत्त कार्य निम्नलिखित सिद्धांतों के आधार पर प्रदान किए जाने चाहिए:

1. **अभ्यास का सिद्धांत**–विद्यार्थियों को इस प्रकार के प्रदत्त कार्य प्रदान किए जाने चाहिए, जिसमें उन्हें अधिक से अधिक अभ्यास करना पड़े क्योंकि अधिगम का प्रयास एवं त्रुटि का सिद्धांत यह बताता है कि व्यक्ति जितना अभ्यास करता है, उसका अधिगम उतना स्थायी रहता है। कौशल विकसित करने के लिए दिए जाने वाले प्रदत्त कार्य अभ्यास वाले ही होते हैं।
2. **रुचि का सिद्धांत**–प्रत्येक विद्यार्थी की रुचि अलग-अलग क्षेत्रों में होती है। अत: प्रदत्त कार्य विद्यार्थियों की रुचि अनुसार अलग-अलग प्रकरण पर दिए जाने चाहिए, ताकि सभी विद्यार्थी उसे पूर्ण मनोयोग से कर सकें।
3. **करके सीखने का सिद्धांत**–यह एक मनोवैज्ञानिक तथ्य है कि बालक की जितनी ज्ञानेन्द्रियाँ सक्रिय होंगी, अधिगम उतना बेहतर होगा। अत: प्रदत्त कार्य इस प्रकार के होने चाहिए कि विद्यार्थी क्रियाशील रहें और करके सीखें।
4. **व्यक्गित विभिन्नताओं का सिद्धांत**–प्रत्येक विद्यार्थी दूसरे विद्यार्थियों से रुचि, क्षमताओं, बुद्धि, व्यक्तित्व, अभिक्षमता इत्यादि में भिन्न होता है। अत: प्रत्येक विद्यार्थी की आवश्यकताएँ अलग-अलग होती हैं। इसलिए अध्यापक को भी प्रदत्त कार्यों

में विविधता रखनी चाहिए और प्रत्येक बालक को उसकी आवश्यकतानुसार प्रदत्त कार्य देना चाहिए।

5. **आत्मसात्करण का सिद्धांत**–प्रदत्त कार्य ऐसे होने चाहिए, जिन्हें करने के पश्चात् विद्यार्थी उस कार्य को आत्मसात् कर लें, उसे अच्छी तरह कर सकें। अतः प्रदत्त कार्य में उपयोगिता का गुण होना चाहिए।

अच्छे प्रदत्त कार्य की विशेषताएँ

वेदनायगम (1989) एवं अन्य ने एक अच्छे प्रदत्त कार्य की निम्न विशेषताएँ बताई हैं:-

1. प्रदत्त कार्य का उद्देश्य स्पष्ट होना चाहिए ताकि अध्यापक को यह स्पष्ट हो कि वह विद्यार्थियों से क्या अपेक्षा रखें तथा विद्यार्थियों को भी यह ज्ञात हो कि उन्हें क्या करना है।
2. प्रदत्त कार्य प्रदान करते समय अध्यापक को पूर्व में ही विद्यार्थियों को यह बता देना चाहिए कि उन्हें कौनसा कार्य करना है? व कैसे करना है? उसके करने का उद्देश्य क्या है? प्रदत्त कार्य के लिए आवश्यक साधन तथा उनके स्रोत भी अध्यापक द्वारा विद्यार्थियों को स्पष्ट कर देना चाहिए। तभी विद्यार्थी उसे सुगमता व रुचिपूर्वक कर पायेंगे।
3. एक अच्छे प्रदत्त कार्य की समय सीमा निर्धारित होती है। अध्यापक द्वारा विद्यार्थियों को प्रदत्त कार्य के प्रारंभ से लेकर अंत तक की समय सीमा स्पष्ट कर देना चाहिए तथा प्रत्येक सोपान निर्धारित समय सीमा में पूर्ण हो रहा है या नहीं, इसका भी ज्ञान रखना चाहिए।
4. एक अच्छे प्रदत्त कार्य का मूल्यांकन सुगमतापूर्वक होना चाहिए।
5. बिन्दुवार एवं उद्देश्यवार प्रदत्त कार्य का मूल्यांकन करने के लिए पूर्व में ही अध्यापक द्वारा मार्गदशिका तैयार करनी चाहिए।
6. केवल वे ही कार्य विद्यार्थियों को दिए जाने चाहिए, जिन्हें करने में वे समर्थ हों।
7. विद्यार्थियों द्वारा कार्य करने के दौरान अध्यापक को उनका निरीक्षण करना चाहिए तथा आने वाली कठिनाइयों को दूर करने में उनकी मदद करनी चाहिए।
8. मूल्यांकन के पश्चात् अध्यापक द्वारा विद्यार्थियों को पुनर्बलन (Reinforcement) एवं प्रतिपोष (Feedback) प्रदान करना चाहिए ताकि वे अपने कार्य को अच्छी तरह से कर सकें।

प्रदत्त कार्य के लाभ

1. कई विषय प्रकरण ऐसे होते हैं, जिन्हें एक बार में विद्यार्थी सीख नहीं पाते हैं, अतः उन्हें प्रदत्त कार्य के रूप में देने से विद्यार्थी अभ्यास करके सीख सकते हैं।

2. वाणिज्य अनुशासन में कुछ कौशलात्मक विषयों जैसे लेखाशास्त्र, आशुलिपि, टंकण, इत्यादि के लिए प्रदत्त कार्य देकर विद्यार्थियों को कुशल बनाया जा सकता है।
3. प्रदत्त कार्य प्रदान कर विद्यार्थियों को सक्रिय बनाए रखा जा सकता है।

इकाई योजना (Unit Plan)

सफल शिक्षण के लिए शिक्षण की योजना बनाना आवश्यक होता है। और योजनाबद्ध शिक्षण करने के लिए इकाई योजना बनाना आवश्यक होता है। इकाई योजना शिकागो विश्वविद्यालय के प्रो. मॉरिसन द्वारा विकसित की गई थी, जिसे इकाई उपागम के नाम से भी जाना जाता है। यह विधि गेस्टाल्ट मनोवैज्ञानिक विचारधारा पर आधारित है, जिसका अर्थ समग्राकृति (Configuration) या एक पूर्ण संगठन (an organized whole) होता है। इस विचारधारा के अनुसार हम किसी भी वस्तु या विचार को उसके विभिन्न भागों/खण्डों या टुकड़ों में नहीं समझते हैं, संपूर्ण रूप में समझते हैं तत्पश्चात् उसके अलग-अलग भागों का अध्ययन करते हैं। इकाई विधि के द्वारा विषयवस्तु को संगठित किया जाता है। इसमें ऐसे परस्पर सम्बन्धित ज्ञान, अनुभव एवं क्रियाओं को संगठित किया जाता है जो अपने आप में पूर्ण होते हैं तथा अनुदेशनात्मक उद्देश्यों की प्राप्ति में मदद करते हैं। इकाई विधि में पाठ्यक्रम को विभिन्न इकाइयों व उनके अन्तर्गत विभिन्न पाठों में विभक्त कर प्रकरणानुसार पाठ योजनाएँ बनाई जाती हैं। इकाई बनाते समय ऐसे प्रकरण जो समान अनुभव प्रदान करते हैं, उन्हें एक इकाई में रखा जाता है।

इकाई की परिभाषाएँ

समफोर्ड के अनुसार, ''इकाई सावधानीपूर्वक चयनित विषयवस्तु की रूपरेखा है, जो कि विद्यार्थियों की आवश्यकताओं एवं रुचियों से सम्बन्धित होने के कारण अपने-आप में अलग सी दिखाई देती है।''

हैरम के अनुसार, ''किसी विषय का एक बड़ा उपभाग, जिसमें कोई मूलभूत सिद्धांत होता है, इकाई कहलाता है। इस सिद्धांत या प्रकरण के अनुसार ही छात्र क्रियाओं का इस प्रकार नियोजन किया जाता है कि उन्हें महत्त्वपूर्ण अनुभव प्राप्त हो सकें।''

मोरिसन के अनुसार, ''इकाई संगठन विज्ञान एवं कला के वातावरण का एक व्यापक एवं महत्त्वपूर्ण पहलू है।''

बासिंग के अनुसार, ''इकाई में संबंध तथा अर्थपूर्ण क्रियाओं की व्यापक सूची निहित है, और इसका विकास विद्यार्थियों के प्रयोजनों (Purpose) को प्राप्त करने तथा उपयुक्त व्यवहारगत परिवर्तन लाने के लिए किया जाता है।''

रिस्क के अनुसार, ''इकाई किसी योजनात्मक समस्या से सम्बन्धित अधिगम की संपूर्णता का प्रतीक है।''

इकाई की विशेषताएँ

विद्वानों ने इकाई की निम्न विशेषताएँ बताई हैं–

1. इकाई उपागम 'पूर्ण से अंश' शिक्षण सूत्र पर आधारित है।
2. इकाई में विषयवस्तु को तार्किक आधार पर शामिल किया जाता है।
3. यह संपूर्ण पाठ्यक्रम को एक सुसंगठित आधार प्रदान करती है।
4. इकाई में शामिल विषयवस्तुओं पर पाठयोजना निर्माण कर विद्यार्थियों को क्रमबद्ध ज्ञान प्रदान किया जा सकता है।
5. इकाई में पाठ्यचर्या का संगठन विद्यार्थियों की रुचियों एवं आवश्यकताओं के आधार पर किया जाता है।
6. इकाई शिक्षण के द्वारा विभिन्न उद्देश्य जैसे संज्ञानात्मक, भावात्मक तथा मनोगामक उद्देश्यों को प्राप्त किया जा सकता है।
7. एक इकाई में शामिल विभिन्न प्रकरणों के लिए विभिन्न शिक्षण विधियों का उपयोग किया जा सकता है।

इकाई का विकास कैसे करें?

इकाई में समग्रता होने के पश्चात् भी स्तर एवं विषयों में एक आकार की इकाई विकसित नहीं की जा सकती है, क्योंकि प्रत्येक विषय की अपनी प्रकृति होती है। कोई विषय सरल होता है और कोई कठिन। इसी तरह किसी विषय का विस्तार अधिक होता है और किसी का कम। अतः इकाई का विकास करते समय विषय की प्रकृति का विशेष ध्यान रखना चाहिएँ। इसी तरह प्रत्येक स्तर पर विषयीं में शामिल पाठ्यवस्तु भी कम/अधिक होती है। साथ ही प्रत्येक स्तर के बालकों के शारीरिक व बौद्धिक विकास में अंतर होता है। अतः इकाई विकसित करते समय विषयों की प्रकृति के साथ-साथ बालकों के स्तर को भी ध्यान में रखना चाहिए। जैसे हायर सेकेण्डरी स्तर पर बहीखाता एवं लेखाकर्म विषय में इकाइयों की संख्या व विस्तार, स्नातक स्तर पर लेखांकन विषय में विकसित की गई इकाइयों की संख्या व विस्तार से भिन्न होगी। हायरसेकेण्डरी स्तर पर जहाँ इकाइयों की संख्या कम होगी, वहीं उसी विषय में स्नातक स्तर पर इकाइयों की संख्या तो बढ़ेगी ही, साथ ही इकाइयों में समाहित विषयवस्तु की मात्रा भी बढ़ जाएगी। जब इकाइयों में समाहित विषयवस्तु की मात्रा अधिक होती है तो ऐसी स्थिति में उसे सुसंगठित अंशों में विभाजित कर देना चाहिए, ताकि इकाई की बोधगम्यता व स्पष्टता बनी रहे।

इकाई योजना का अर्थ (Meaning of Unit Plan)

इकाई योजना एक मनोवैज्ञानिक प्रक्रिया है, जिसके द्वारा शिक्षक शिक्षण-अधिगम परिस्थितियों का व्यवस्थित आयोजन करते हैं। यह शिक्षण उद्देश्यों को प्राप्त करने के लिए अध्यापक द्वारा किए जाने वाले शिक्षण-कार्यों की पूर्वनियोजित रूपरेखा है। इसके अन्तर्गत इकाइयों को इस प्रकार संगठित किया जाता है कि प्रत्येक इकाई अपने आप में पूर्ण होती है तथा अन्य इकाइयों से भी सम्बन्धित होती है।

वाल्टर पियर्स तथा लोर्बर के अनुसार–"इकाई योजना अध्यापक द्वारा पूर्व चिंतन कि शिक्षार्थी शिक्षण के एक अन्तराल में (सामान्य: 3 से 6 सप्ताह) क्या प्राप्त करेंगे, तथा कैसे सफलतापूर्वक प्राप्त करेंगे, को प्रदर्शित करती है।"

इकाई उपागम के मुख्य तत्व

इकाई उपागम के लाभ (Advantages of Unit Approach)

1. इकाई योजना गेस्टाल्ट मनोवैज्ञानिक विचारधारा पर आधारित है जो अधिगम की संपूर्णता पर बल देती है।
2. विषयवस्तु को छोटे-छोटे खण्डों में बाँटने से वह विद्यार्थियों के लिए बोधगम्य हो जाती है।
3. इकाई योजना विद्यार्थियों में समझ विकसित करती है। यह केवल स्मृति पर आधारित नहीं है।
4. अधिगम सामग्री को छोटी-छोटी इकाइयों एवं उपइकाइयों में बाँट देने से जहाँ शिक्षक का कार्य आसान हो जाता है, वहीं विद्यार्थियों के लिए भी शिक्षण-अधिगम कार्य सरल व रुचिकर हो जाता है।
5. इकाई उपागम के द्वारा शिक्षण कर पारंगतता के उच्च स्तर तक पहुँचा जा सकता है।
6. इससे विद्यार्थी स्वतंत्र रूप से स्व-अध्ययन कर सकते हैं।
7. इसके द्वारा पाठ्यवस्तु को खण्डों में बाँटकर अधिगम प्रक्रिया को संगठित, व्यवस्थित एवं क्रमबद्ध किया जा सकता है।
8. इकाई उपागम के उपयोग से शिक्षक और विद्यार्थियों की अन्तर्क्रिया अधिक होती है, जिससे विद्यार्थी निष्क्रिय श्रोता मात्र नहीं होते हैं, बल्कि सक्रिय बने रहते हैं।

इकाई योजना की सीमाएँ

1. इकाई योजना बनाना एक मुश्किल कार्य है। इसके द्वारा पढ़ाने के लिए कुशल व प्रशिक्षित शिक्षकों की आवश्यकता होती है।
2. इकाई उपागम से शिक्षण करने में समय अधिक लगता है।
3. सभी विषयों व विषयवस्तु के लिए यह विधि उपयुक्त नहीं है।
4. औसत से कम बुद्धिवाले विद्यार्थियों के लिए यह उपागम उपयुक्त नहीं है।
5. इस उपागम से शिक्षण सत्र में निर्दिष्ट समय में पाठ्यक्रम पूरा करना मुश्किल होता है।

7. शिक्षण प्रतिमान
(Models of Teaching)

शिक्षा के द्वारा बालक के व्यवहार में वांछित परिवर्तन किया जाता है। शिक्षा के प्रतिमान मुख्यतः दो प्रकार होते हैं--औपचारिक शिक्षा व अनौपचारिक शिक्षा। कक्षा-शिक्षण औपचारिक शिक्षा का ही रूप है जिसमें कक्षा में निर्धारित उद्देश्यों की प्राप्ति के लिए शिक्षक द्वारा अपने विद्यार्थियों को एक निश्चित समय में निश्चित विषयवस्तु पढ़ाई जाती है। शिक्षण के पूर्व शिक्षक यह अपेक्षा करते हैं कि अध्यापन के पश्चात् उनके विद्यार्थियों में व्यवहारगत परिवर्तन होंगे। अपने विद्यार्थियों को संकल्पना स्पष्ट करने और विषयवस्तु को प्रस्तुत करने के लिए अध्यापकों द्वारा कई शिक्षण-विधियों का उपयोग किया जाता है। लेकिन यह देखा गया है कि शिक्षण-विधियों के द्वारा सभी उद्देश्यों की प्राप्ति नहीं होती तथा शिक्षण-विधियाँ कक्षा में अधिगम के लिए प्रभावी वातावरण उत्पन्न करने में समर्थ नहीं होती हैं। अधिकांश शिक्षण-विधियाँ अध्यापक-केन्द्रित होती हैं। उनमें विद्यार्थियों की कोई भूमिका नहीं होती, जिससे कक्षा में विद्यार्थी निष्क्रिय बने रहते हैं। शिक्षण-विधियों के कोई निश्चित सोपान नहीं होते हैं जिससे विभिन्न शिक्षण-विधियों को विभिन्न अध्यापकों द्वारा अपनाए जाने पर उनमें अन्तर होता है। यहाँ तक कि एक ही अध्यापक द्वारा एक ही विषयवस्तु को एक शिक्षण-विधि द्वारा दो बार शिक्षण कराने पर भी उनके व्यवहार में अन्तर होता है।

अतः अधिगम प्रक्रिया को प्रभावशाली बनाने के लिए अनेक शिक्षाविदों, मनोवैज्ञानिकों, मनोचिकित्सकों, समाजशास्त्रियों, नीति-विश्लेषकों ने अधिगम व शिक्षण के कुछ सिद्धान्तों का विकास किया जिनसे शिक्षण प्रतिमानों का उदय हुआ। शिक्षण प्रतिमानों का विकास तो बहुत पहले ही हो गया था, लेकिन ब्रुस जायस व मार्शावेल ने विभिन्न स्रोतों से सन् 1972 में अपनी पुस्तक 'मॉडल्स ऑफ टीचिंग' में इन प्रतिमानों को व्यावहारिक रूप में संकलित किया।

शिक्षण प्रतिमान

एक शिक्षक की बहुआयामी भूमिका होती है। उसे अध्यापन के साथ-साथ अपने विद्यार्थियों को दिशा-निर्देशन भी देना होता है, उनकी उपलब्धि का मूल्यांकन भी करना होता है, सलाह भी देनी होती है, पाठ्यचर्या व विद्यालय प्रशासन के साथ विद्यार्थियों को समायोजित कराना होता है। पाठ्यचर्या निर्माण करना होता है, शिक्षा-नीतियों का निर्माण व मूल्यांकन करना होता है। अतः वह एक निर्देशनकर्त्ता, सलाहकार, अनुदेशनात्मक प्रबंधक, पाठ्यचर्या-निर्माता,

शैक्षणिक नियोजक, परामर्शदाता, मूल्यांकन (Evaluator) तथा अनुशासक (Disciplinarians) होता है और इसके लिए उसे विभिन्न शिक्षण व्यूह-रचनाओं की आवश्यकता होती है। शिक्षकों की इस आवश्यकता पूर्ति के लिए शोधकों ने विभिन्न प्रयोगों के आधार पर आधुनिक शिक्षण-विधियों का विकास किया है। इन्हीं शिक्षण विधियों को शिक्षण-प्रतिमान कहा गया है। वास्तव में ये शिक्षण-प्रतिमान अन्य शिक्षण-विधियों से कुछ बातों में भिन्न हैं जैसे ये किसी न किसी सत्यापित सिद्धान्त पर आधारित होते हैं, अत: इनके स्वयं के निश्चित उद्देश्य होते हैं और ये अपना एक विशिष्ट वातावरण निर्माण करते हैं। शिक्षण प्रतिमानों में उचित शैक्षिक क्रियाएँ एवं गतिविधियाँ निर्देशित होती है, अर्थात् क्रमबद्ध सोपान दिए होते हैं, जिससे इनके उपयोग से किसी शिक्षक द्वारा एक ही विषयवस्तु को एक ही तरीके से पढ़ाया जाता है और उनके व्यवहार में कोई अन्तर नहीं होता है। शिक्षण प्रतिमानों में शिक्षक व विद्यार्थियों के कार्य पृथकत: निर्धारित होने से ये विद्यार्थी-केन्द्रित भी होते हैं। अत: शिक्षण-प्रतिमानों को प्रायोगिक व तार्किक रूप से सत्यापित एक ऐसी शिक्षण व्यूह रचना कहा जा सकता है जिसमें अपना एक विशिष्ट वातावरण निर्मित करते हुए निर्धारित उद्देश्यों की प्राप्ति के लिए शैक्षिक गतिविधियाँ निर्देशित की जाती हैं।

जायस एवं वेल (1985) के अनुसार, ''शिक्षण प्रतिमान एक योजना/पद्धति है जिसे पाठ्यचर्या (अध्ययन के दीर्घकालीन पाठ्यक्रम) को आकार देने, अनुदेशनात्मक सामग्रियों के अभिकल्प, एवं कक्षा एवं अन्य स्थितियों में अनुदेशन देने के लिए प्रयुक्त किया जा सकता है।

सनसनवाल एवं सिंह (1991) के अनुसार, ''शिक्षण प्रतिमान विस्तृत रूप से वर्णित एक योजना है, जिसमें सिद्धान्तों पर आधारित, क्रमबद्ध एवं दोहराने योग्य सोपान दिए गए होते हैं जिनका प्रयोग करके शिक्षक, अधिगमकर्त्ता में कुछ निश्चित शिक्षण प्रभावों को उत्पन्न कर सकता है।

शिक्षण प्रतिमानों का वर्गीकरण (Classification of Teaching Models)

चूंकि प्रत्येक शिक्षण प्रतिमान के स्वयं के विशिष्ट उद्देश्य होते हैं, अत: उनके द्वारा प्राप्त किए जाने वाले उद्देश्यों की समानता के आधार पर जॉयस एवं वेल (1978) द्वारा शिक्षण प्रतिमानों को चार समूहों में वर्गीकृत किया गया और इन समूहों को परिवार (Family) कहा गया है। अर्थात् जिस प्रकार परिवार के सदस्य एक-दूसरे से किसी न किसी आधार पर जुड़े रहते हैं, उसी तरह उद्देश्यों के आधार पर एक समूह के शिक्षण प्रतिमान एक-दूसरे से जुड़े हुए होते हैं। ये परिवार व इनके सदस्य शिक्षण-प्रतिमान इस प्रकार हैं–

1. सामाजिक अन्तर्क्रिया प्रतिमान (Social Interaction Models)
2. सूचना प्रक्रियाकरण प्रतिमान (Information Processing Models)
3. वैयक्तिक प्रतिमान (Personal Models)
4. व्यावहारिक प्रतिमान (Behavioural Models)

1. सामाजिक अन्तर्क्रिया प्रतिमान (Social Interaction Model)–इस परिवार में शामिल प्रतिमानों का लक्ष्य व्यक्ति में अपने समाज व अन्य लोगों से अन्तर्क्रिया करते हुए सामाजिक कौशलों का विकास करना है। इसमें शामिल प्रतिमान इस प्रकार है–

प्रतिमान	प्रमुख सिद्धान्तशास्त्री	लक्ष्य
1. समूह अन्वेषण (Group Investigation)	हरबर्ट थीलेन व जॉन डीवी	अंतर्वैयक्तिक क्षमताओं के द्वारा सामाजिक व जनतांत्रिक प्रक्रियाओं में सहभागिता हेतु कौशलों का विकास करना।
2. सामाजिक जांच (Social Inquiry)	बायरन मेसियल्स एवं बैंजामिन कॉक्स	शैक्षिक व तार्किक चिंतन के द्वारा सामाजिक समस्या-समाधान करना।
3. प्रयोगशाला विधि (Laboratory Method)	अमेरिका की राष्ट्रीय प्रशिक्षण प्रयोगशाला, बीथल व मैंनी	अंतर्वैयक्तिक एवं समूह कौशल एवं इनके द्वारा वैयक्तिक जागरूकता एवं नम्यता का विकास करना।
4. न्यायपरक जाँच (Jurisprudential Inquiry)	डोनाल्ड ओलिवर, जेम्स पी. शेवर	सामाजिक मुद्दों को सुलझाने हेतु न्याय परक तरीके से चिन्तन करने की क्षमता का विकास करना।
5. भूमिका निर्वाह (Role Playing)	फैनी शैफटल व जार्ज शैफटल	विद्यार्थियों को स्वयं के व्यवहार एवं मूल्यों से वैयक्तिक एवं सामाजिक मूल्यों की खोज के लिए प्रेरित करना।
6. सामाजिक अभिरूपण (Social Simulation)	सोरोन बूकोक, हैरोल्ड गेजकोव	विद्यार्थियों को विभिन्न सामाजिक प्रक्रियाओं का अनुभव कराने, निर्णय लेने के कौशलों व संकल्पनाओं को प्राप्त करने एवं उनकी स्वयं की प्रक्रियाओं का परीक्षण कराने में मदद करना।

2. सूचना प्रक्रियाकरण प्रतिमान (Information Processing Models)–सूचना प्रक्रियाकरण प्रतिमान परिवार में शामिल प्रतिमानों का लक्ष्य विद्यार्थियों में सूचनाएँ प्राप्त कर उन्हें मस्तिष्क में संगठित व व्यवस्थित करने की प्रक्रिया की क्षमता का विकास करना है। इस वर्ग के प्रमुख प्रतिमान है :

प्रतिमान	प्रमुख सिद्धान्तशास्त्री	लक्ष्य
1. आगमनात्मक चिन्तन (Inductive Thinking)	हिल्डा टाबा	आगमनात्मक बौद्धिक प्रक्रियाओं, शैक्षिक तर्क एवं सिद्धान्त-निर्माण की योग्यताओं का विकास करना।

प्रतिमान	प्रमुख सिद्धान्तशास्त्री	लक्ष्य
		लेकिन ये योग्यताएँ वैयक्तिक व सामाजिक लक्ष्यों के लिए भी उपयोगी है।
2. जाँच प्रशिक्षण (Inquiry Training)	रिचर्ड सचमैन	
3. वैज्ञानिक जाँच (Scientific Inquiry)	जोजफ श्वैब	किसी अनुशासन में शोध पद्धति के शिक्षण के लिए इसका उपयोग होता है लेकिन इससे सामाजिक समस्या-समाधान एवं सामाजिक बोध में भी वृद्धि की जा सकती है।
4. संज्ञानात्मक अभिवृद्धि (Cognitive Growth)	जां प्याजे, इरविंग सीगल, एडमण्ड सलीवेन	सामान्य बौद्धक विकास, विशेषत: तार्किक चिंतन का विकास किया जा सकता है। लेकिन सामाजिक एवं नैतिक विकास के लिए भी अनुप्रयुक्त किया जा सकता है।
5. अग्रवर्ती संगठक (Advanced Organiser)	डेविड आसुबेल	ज्ञान को अर्थपूर्ण रूप से आत्मसात् करने व सम्बन्धित करने की सूचना संसाधन क्षमताओं की दक्षता को बढ़ावा देना।
6. संकल्पना प्राप्ति (Concept Attainment)	जीरोम ब्रूनर	प्राथमिकत: आगमन चिंतन विकसित करने के लिए इसे अभिकल्पित किया गया है। लेकिन इससे संकल्पना विकास व विश्लेषण का भी विकास होता है।
7. स्मृति (Memory)	हैरी लोरेन, जूरी लूकास	स्मरण क्षमता का विकास करना।

3. वैयक्तिक प्रतिमान (Personal Models)—वैयक्तिक प्रतिमान परिवार में शामिल प्रतिमानों का लक्ष्य व्यक्ति को उसकी सामर्थ्य के अनुसार स्वयं का विकास करने में मदद करना है। ये प्रतिमान प्रक्रियाओं पर बल देते हैं जिनके द्वारा व्यक्ति अपनी अद्वितीय वास्तविकता का निर्माण व संगठन करते हैं। ये प्रतिमान है—

प्रतिमान	प्रमुख सिद्धान्तशास्त्री	लक्ष्य
1. अनिर्देशित शिक्षण (Nondirective Teaching)	कार्ल रोजर्स	आत्म जागरूकता के सन्दर्भ में व्यक्तिगत विकास के लिए सामर्थ्य-निर्माण पर बल देना।
2. जागरूकता प्रशिक्षण (Awareness Training)	फिट्ज पर्लस, विलियम शुट्ज	आत्म जागरूकता व आत्म खोज के लिए सामर्थ्य में वृद्धि करना। शारीरिक एवं संवेदना विकास के साथ-साथ अन्त-वैंयक्तिक जागरूकता एवं समझ के विकास पर अधिक बल देना।
3. साइनेक्टिक्स (Synectics)	विलियम गोर्डन	सृजनात्मकता एवं सृजनात्मक समस्या-समाधान का व्यक्तिगत विकास करना।

प्रतिमान	प्रमुख सिद्धान्तशास्त्री	लक्ष्य
4. संकल्पनात्मक पद्धति (Conceptual System)	डेविड हण्ट	व्यक्तिगत जटिलताएँ एवं नम्यता का विस्तार करना।
5. कक्षा बैठक (Classroom Meeting)	विलियम ग्लैसर	स्वयं और सामाजिक समूह के प्रति उत्तर-दायित्व और आत्म-समझ का विकास करना।

4. व्यावहारिक प्रतिमान (Behavioural Models)–व्यवहार प्रतिमान उद्दीपन नियंत्रण एवं पुनर्बलन के सिद्धान्त पर आधारित होते हैं। इस परिवार में शामिल प्रतिमानों का लक्ष्य व्यक्ति के स्पष्ट व्यवहारों में संशोधन करना होता है। इसमें शामिल प्रतिमान हैं–

प्रतिमान	प्रमुख सिद्धान्तशास्त्री	लक्ष्य
1. आकस्मिता प्रबंधन (Contingency Management)	बी.एफ. स्किनर	तथ्यों, संकल्पनाओं एवं कौशलों का विकास करना।
2. आत्म नियन्त्रण (Self-Control)	बी.एफ. स्किनर	सामाजिक व्यवहार एवं कौशलों का विकास करना।
3. शिथिलन (Relaxation)	रीम, मास्टर्स, वोल्पे	वैयक्तिक लक्ष्य (तनाव व चिन्ता से मुक्ति पाने में सहायता करना।)
4. तनाव मुक्ति (Stress Reduction)	रीम, मास्टर्स, वोल्पे	सामाजिक स्थिति में चिंता के लिए परि-वर्तित करना। शिथिलन का विकल्प देना।
5. आग्रहिता प्रशिक्षण (Assertiveness Training)	वोल्पे, लाजरस, साल्टर	सामाजिक स्थिति में अपने भावों की प्रत्यक्ष व सतत् अभिव्यक्ति करना।
6. प्रत्यक्ष प्रशिक्षण (Direct Training)	गेने, स्मिथ एवं स्मिथ	व्यवहार प्रतिरूप व कौशलों का विकास करना।

इस तरह उपर्युक्त चार परिवारों/वर्गीकरण के अन्तर्गत अनेक शिक्षण-प्रतिमान आते हैं। वाणिज्य जैसे संकल्पनात्मक व तार्किक विषय में संकल्पना प्राप्ति प्रतिमान व जाँच प्रशिक्षण प्रतिमान का अत्यधिक व प्रभावशाली उपयोग किया जा सकता है। अतः यहाँ इन्हीं दोनों शैक्षिक प्रतिमानों का वर्णन किया गया है। लेकिन किसी भी शैक्षिक प्रतिमान को समझने से पहले शिक्षण-प्रतिमानों से सम्बन्धित शब्दावलियों को समझना आवश्यक है। अतः यहाँ पहले उनका वर्णन किया गया है।

शिक्षण-प्रतिमान से सम्बन्धित शब्दावलियाँ
(Terms Related with Models of Teaching)

किसी भी प्रतिमान का वर्णन करने के लिए उसे चार भागों में विभाजित किया गया है। ये चार भाग हैं–

(अ) प्रतिमान का उन्मुखीकरण,
(ब) शिक्षण प्रतिमान,
(स) अनुप्रयोग, एवं
(द) अनुदेशनात्मक एवं पोषक प्रभाव।

प्रतिमान के उन्मुखीकरण में प्रतिमान के लक्ष्य, सैद्धान्तिक अवधारणाएँ, सिद्धान्त एवं मुख्य संकल्पनाओं का वर्णन किया गया है। प्रतिमान के द्वितीय भाग में प्रत्येक प्रतिमान का वर्णन चार संकल्पनाओं : संरचना, सामाजिक पद्धति, प्रतिक्रिया का सिद्धान्त एवं सहायक पद्धति के अन्तर्गत किया गया है। प्रतिमान के तीसरे भाग अनुप्रयोग में कक्षा में प्रतिमान का उपयोग करने के लिए सूचनाएँ प्रदान की जाती हैं एवं चतुर्थ भाग में प्रतिमान के अनुदेशनात्मक व शैक्षिक प्रभावों का वर्णन किया जाता है।

इन सभी भागों के अन्तर्गत शामिल विशिष्ट शब्दावलियाँ अनुदेशनात्मक प्रभाव, पोषक प्रभाव, संरचना, सोपान, प्रतिक्रिया का सिद्धान्त, सामाजिक पद्धति, सहायक पद्धति, सिद्धान्त-जाँच, पाठ योजना निर्देशिका, पाठ योजना प्रारूप, कार्यपत्र एवं अध्यापन विश्लेषण निर्देशिका इत्यादि हैं। इनका वर्णन इस प्रकार है–

1. अनुदेशनात्मक एवं पोषक प्रभाव (Instructional and Nurturant Effects)–प्रत्येक शिक्षण-प्रतिमान के अनुदेशनात्मक प्रभाव एवं पोषक प्रभाव होते हैं। अनुदेशनात्मक प्रभाव शिक्षण-प्रतिमान के प्रत्यक्ष प्रभाव होते हैं, जिन्हें विद्यार्थियों द्वारा प्राप्त किए जाने के लिए प्रतिमान को प्रयुक्त किया जाता है। ये उस विषयवस्तु व कौशलों से आते हैं जिन पर गतिविधियाँ आधारित होती हैं। सरल शब्दों में अधिगमक द्वारा निश्चित दिशाओं में आगे बढ़ने से प्रत्यक्षत: प्राप्त किए जाने वाले प्रभाव अनुदेशनात्मक प्रभाव कहलाते हैं। जैसे संकल्पना प्राप्ति प्रतिमान का अनुदेशनात्मक प्रभाव विद्यार्थियों में आगमनात्मक चिंतन का विकास करना होता है।

किसी भी शिक्षण-प्रतिमान को प्रयुक्त किए जाने पर अधिगम वातावरण से कुछ अप्रत्यक्ष प्रभाव होते हैं, ये अप्रत्यक्ष प्रभाव ही पोषक प्रभाव कहलाते हैं। सरल शब्दों में प्रतिमान के द्वारा उत्पन्न वातावरण के अनुभव से होने वाले प्रभाव पोषक प्रभाव होते हैं। किसी भी शिक्षण-प्रतिमान को उसके पोषक प्रभाव के कारण प्रयुक्त नहीं किया जाता है, बल्कि उसके अनुदेशनात्मक प्रभावों को ध्यान में रखा जाता है। लेकिन उसके पोषक प्रभाव स्वत: प्राप्त होते हैं। ये पोषक प्रभाव सकारात्मक भी हो सकते हैं, और नकारात्मक भी। जैसे संकल्पना प्राप्ति प्रतिमान के पोषक प्रभाव हैं (1) विद्यार्थियों में विकल्पों के प्रति जागरूकता का विकास होना, एवं (2) भ्रम को सहन करने की क्षमता विकसित होना।

2. संरचना (Syntax)–किसी भी शिक्षण प्रतिमान को प्रयुक्त करने के लिए शिक्षक एवं विद्यार्थियों द्वारा अनेक क्रियाएँ की जाती हैं। अत: विभिन्न क्रियाओं को व्यवस्थित कर क्रमबद्ध करना प्रतिमान की संरचना कहलाती है।

3. सोपान (Phases)–संरचना में शामिल क्रियाओं का क्रमबद्ध समूह सोपान कहलाता है। एक प्रतिमान में कई सोपान होते हैं। और प्रत्येक सोपान में की जाने वाली क्रमबद्ध क्रियाओं का समूह बना दिया जाता है।

4. प्रतिक्रिया का सिद्धान्त (Principle of Reaction)–शिक्षण-प्रतिमान में शिक्षक व अधिगमकों की क्रियाएँ निश्चित होती हैं। अत: प्रतिक्रिया का नियम यह बतलाता है कि शिक्षक को विद्यार्थियों के साथ कैसा व्यवहार करना है? (ताकि विद्यार्थी अपेक्षित अनुक्रियाएँ करें) तथा विद्यार्थियों द्वारा की जाने वाली अनुक्रियाओं के लिए कैसे प्रतिक्रिया करना है? अर्थात् प्रतिक्रिया का सिद्धान्त अध्यापक को कुछ नियम प्रदान करता है।

5. सामाजिक पद्धति (Social System)–सामाजिक पद्धति विद्यार्थियों और अध्यापक की भूमिका एवं संबंधों एवं सभी प्रकार के मानकों जिन्हें प्रोत्साहित किया जाता है, का वर्णन करती है। प्रत्येक प्रतिमान में शिक्षक की भूमिका पृथक-पृथक होती है। जैसे किसी प्रतिमान में शिक्षक परावर्तक (Reflector) होते है। तो कहीं समूह गतिविधियों के सुसाध्यक (Facilitator) होते हैं। वे किन्हीं प्रतिमानों में व्यक्तियों के परामर्शदाता होते हैं तो कहीं कार्य अधिकारी (Taskmaster)। किन्हीं प्रतिमानों में शिक्षक गतिविधियों के केन्द्र होते हैं तो किसी में विद्यार्थी मुख्य केन्द्र होते हैं। अत: विद्यार्थियों और अध्यापकों की भूमिका निर्धारित होना और उसके अनुसार उनके द्वारा कार्य किया जाना ही सामाजिक पद्धति कहलाती है।

6. सहायक पद्धति (Support System)–सहायक पद्धति का अर्थ प्रतिमान का वर्णन करने से सम्बन्धित नहीं है, बल्कि प्रतिमान का उपयोग करने के लिए आवश्यक सहायक परिस्थितियों से हैं। किसी प्रतिमान का उपयोग करने के लिए मानवीय कौशलों एवं क्षमताओं एवं तकनीकी सुविधाओं के अतिरिक्त अन्य सामग्री व सुविधाओं जैसे पुस्तकें, चलचित्र, स्व-अनुदेशन सामग्री, भ्रमण-व्यवस्था इत्यादि में से किन्हीं की आवश्यकता हो सकती है। तब ये सामग्री एवं सुविधाएँ सहायक पद्धति कहलाएंगी।

7. सिद्धान्त-जाँच (Theory-Checkup)–शैक्षिक प्रतिमान की संकल्पना सीखने वाले व्यक्तियों के लिए सिद्धान्त-जाँच का उपयोग किया जाता है। अर्थात् यह शिक्षक-प्रशिक्षणार्थियों का एक तरह का उपलब्धि परीक्षण है। इसमें किसी प्रतिमान के सैद्धान्तिक पक्ष के बारे में प्रश्न दिए जाते हैं, और यह जाना जाता है कि प्रशिक्षणार्थी ने प्रतिमान को कितना समझा है।

8. पाठ योजना निर्देशिका (Lesson-Plan Guide)–किसी भी शिक्षक को शिक्षण-प्रतिमान का प्रभावी उपयोग करने के लिए पाठ योजना बनानी चाहिए। पाठ योजना बनाने के लिए उसे विशिष्ट निर्देशों की आवश्यकता होती है। इन निर्देशों को क्रमबद्ध रूप में प्रस्तुत किया जाता है जिससे शिक्षक को पाठ बनाने में मदद मिलती है। इसी क्रमबद्ध रूप को पाठ योजना निर्देशिका कहते हैं।

9. पाठ योजना प्रारूप (Lesson Plan Format)–शिक्षक को पाठ योजना बनाने के लिए विशेष प्रारूप की आवश्यकता होती है। वह पाठ से संबंधित आवश्यक जानकारी को व्यवस्थित कर पाठ योजना निर्देशिका के निर्देशों का पालन कर जिस प्रारूप के अंतर्गत पाठ योजना तैयार करता है उसे पाठ योजना प्रारूप कहते हैं।

10. कार्यपत्र (Worksheet)–शिक्षण प्रतिमानों के अन्तर्गत विद्यार्थी को सक्रिय बनाए रखने के लिए प्रतिमान के सोपानों के अनुसार निर्धारित गतिविधियाँ करनी होती है तथा उन्हें एक पृष्ठ पर भी लिखना होता है। यह पृष्ठ शिक्षक द्वारा अपने सभी विद्यार्थियों को अलग-अलग दिया जाता है। इसे कार्यपत्र कहते हैं।

11. अध्यापन विश्लेषण निर्देशिका (Teaching Analysis Guide)–अध्यापन विश्लेषण निर्देशिका का उपयोग शिक्षक-प्रशिक्षकों द्वारा शिक्षक-प्रशिक्षणार्थियों के व्यवहार का विश्लेषण करने के लिए किया जाता है। एक शिक्षक/शिक्षक प्रशिक्षणार्थी द्वारा शिक्षण-प्रतिमान का उपयोग कितने प्रभावी व सफल ढंग से किया गया है, इसे ज्ञात करने के लिए एक अवलोकन प्रपत्र का उपयोग किया जाता है जिसमें कि किसी शिक्षण-प्रतिमान के अन्तर्गत शिक्षक द्वारा सोपानानुसार की जाने वाली गतिविधियों का उल्लेख किया जाता है। यही अवलोकन-प्रपत्र अध्यापन विश्लेषण निर्देशिका कहलाता है। इसके द्वारा अध्यापकों को प्रतिपोष (Feedback) प्रदान किया जा सकता है।

इस प्रकार शिक्षण-प्रतिमानों से सम्बन्धित उपयुक्त शब्दावलियों का अर्थ जानने के पश्चात् किसी भी शैक्षिक प्रतिमान को आसानी से समझा जा सकता है।

संकल्पना प्राप्ति प्रतिमान (Concept Attainment Model)

ब्रूनर, गुडनोव एवं आस्टिन ने 'लोग संकल्पना कैसे सीखते हैं?' इस प्रक्रिया के लिए कई वर्षों की शोध के पश्चात् कुछ सिद्धान्तों का प्रतिपादन किया और एक विधि 'संकल्पना प्राप्ति प्रतिमान' का विकास किया। इस विधि के विकास के पूर्व उन्होंने ये ज्ञात किया कि संकल्पना क्या है? लोग संकल्पना कैसे सीखते हैं? संकल्पना निर्माण व संकल्पना प्राप्ति में क्या अंतर है? ब्रूनर के शोध-कार्य के आधार पर जायस व वैल (1985) ने संकल्पना प्राप्ति प्रतिमान का विकास किया। जिसे समझने के पहले संकल्पना शब्द का अर्थ जानना आवश्यक है।

संकल्पना का अर्थ (Meaning of Concept)

संसार में अनेक व्यक्ति व वस्तुएँ हैं तथा सभी के अपने नाम हैं। ये नाम अपनी सुविधा के लिए हमारे द्वारा ही रखे गए हैं। जैसे पुस्तक, कॉपी, मेज, कुर्सी, राज, दीपा, कामिनी, मनु इत्यादि। सोचिए, यदि वस्तुओं व व्यक्तियों के अलग-अलग नाम नहीं रखे जाते तो क्या होता? सम्पूर्ण संसार अव्यवस्थित हो जाता। पर्यावरण में जटिलताएँ बढ़ जाती। हम ऐसे संसार की कल्पना ही नहीं कर सकते हैं। अत: हमने अपनी सुविधा के लिए विभिन्न व्यक्तियों व वस्तुओं, भावों को अलग-अलग नाम दे दिए, ताकि किसी नाम से हम जिस वस्तु का बोध करें, दूसरें भी उस नाम से उसी वस्तु के बारे में सोचे। वातावरण के साथ समायोजित होने के लिए मनुष्य ने समान विशेषताओं की वस्तुओं को एक वर्ग में रख दिया और उसे एक नाम दे दिया। अत: विभिन्न वस्तुओं व संकेतों का वर्गीकरण करने या समूहों में रखने से ही संकल्पना का उदय हुआ। ब्रूनर (1967) के अनुसार समूहों अथवा श्रेणियों का निर्माण करना ही संकल्पना निर्माण कहलाता है। उनके अनुसार वर्गीकरण के द्वारा हम ऐसी वस्तुओं को एक समूह में रख सकते हैं जो कि वास्तव में तो अलग हैं, लेकिन उनमें कुछ समान गुण हैं। वर्गीकरण हमें वातावरण की जटिलताएँ कम करने में सहायता देता है, क्योंकि हम तब तक प्रत्येक उद्दीपक के प्रति अनुक्रिया नहीं कर सकते हैं जब तक कि वह पूर्णत:

अलग न हो। इस प्रकार वर्गीकरण हमें निरन्तर नए अधिगम की अनिवार्यता को भी कम करता है। अर्थात् यदि हम वर्गीकरण नहीं करते तो हमें प्रत्येक वस्तु, भावों के लिए नया अधिगम करना होता। अत: ब्रूनर के विचार में एक श्रेणी में आने वाले विभिन्न उदाहरणों की वे समान विशेषताएँ जो इन उदाहरणों को दूसरी श्रेणियों के उदाहरणों से अलग करती हैं, संकल्पना कहलाती हैं।

सनसनवाल एवं सिंह (1991) के अनुसार, ''ऐसे शब्द अथवा संकेत जिनसे किसी वर्ग अथवा समूह का सम्बोधन होता है, संकल्पना कहलाते हैं।''

जैसे आम, अमरूद, सेब, अंगूर, संतरा इत्यादि सभी में कुछ समान विशेषताएँ हैं जैसे इन्हें बिना पकाए खाया जाता है, ये स्वादिष्ट होते हैं। इनमें बीज हो भी सकते हैं और नहीं भी। जबकि भिण्डी, आलू, करेला इत्यादि को पका कर खाया जाता है। इन्हें स्वादिष्ट बनाने के लिए इनमें मिर्च-मसाले डाले जाते हैं। इनमें भी बीज हो सकते हैं। यहाँ पहले उदाहरण की सामग्री की कुछ समान विशेषताएँ हैं, जो दूसरे उदाहरण की सामग्री की कुछ समान विशेषताओं से अलग हैं। अत: पहले उदाहरण की सामग्री को हम एक वर्ग 'फल' में रखते हैं और दूसरे उदाहरण की सामग्रियों को दूसरे वर्ग 'सब्जी' में रखते हैं। इसलिए 'फल' व 'सब्जी' यहाँ दो संकल्पनाएँ है।

संकल्पना कहलाने के लिए आवश्यक है कि वह वस्तु, सामग्री या भाव अद्वितीय ना हो। क्योंकि ऐसी वस्तु को वर्गीकृत नहीं किया जा सकता है।

गुड (1957) के अनुसार, ''संकल्पना उन समान तत्वों या गुणों का विचार या प्रतिनिधित्व है जिसके द्वारा समूह या वर्गों में भेद किया जा सकता है।''

संकल्पना की विशेषताएँ (Characteristics of Concept)

किसी शब्द अथवा संकेत को संकल्पना कहने के लिए उसमें कुछ विशेषताएँ होनी चाहिए जो ये हैं–

1. प्रत्येक संकल्पना का कोई नाम अथवा संकेत होता है।
2. किसी संकल्पना के एक से अधिक उदाहरण होते हैं। जैसे वृक्ष एक संकल्पना है जिसके कई उदाहरण है : आम का वृक्ष, अमरूद का वृक्ष, कदम्ब का वृक्ष, सेब का वृक्ष इत्यादि।
3. एक संकल्पना के उदाहरणों में कुछ गुण एकदम अलग हो सकते हैं लेकिन कुछ समान गुण सभी उदाहरणों में होना चाहिए।
4. कोई भी संकल्पना या तो जातिवाचक संज्ञा होती है या भाववाचक संज्ञा। जैसे विद्यार्थी, शिक्षक, चिकित्सक, मजदूर या फिर दु:ख, सुख, आनन्द, क्रोध इत्यादि।
5. संकल्पनाओं से सूचनाएँ व ज्ञान प्राप्त होता है।
6. विभिन्न समाजों में एक ही संकल्पना के अलग-अलग नाम हो सकते हैं। जैसे पत्नी को बीबी, घरवाली, खटला, श्रीमती इत्यादि अलग-अलग नाम से जाना जाता है।
7. संकल्पनाओं से समूह का बोध होता है।
8. समय के साथ-साथ नयी संकल्पनाओं का विकास होता जाता है।

संकल्पना के प्रकार (Types of Concept)

ब्रूनर के अनुसार संकल्पनाएँ तीन प्रकार की होती है–

1. संयोजक संकल्पनाएँ (Conjuctive Concepts)
2. वियोजक संकल्पनाएँ (Disjunctive Concepts)
3. संबंधात्मक संकल्पनाएँ (Relational Concepts)

चूंकि संकल्पना प्राप्ति प्रतिमान का उपयोग करते समय हमें किसी संकल्पना के उदाहरण देने होते हैं, और किसी संकल्पना का प्रकार चयन किए जाने वाले उदाहरणों की प्रकृति व कभी-कभी संकल्पना प्राप्ति क्रिया के उद्देश्यों को प्रभावित करता है। अतः संकल्पना का प्रकार जानना आवश्यक होता है।

संयोजक संकल्पना वह होती है जिसमें कई सारे गुण उपस्थित होते हैं। इसमें संकल्पना का वर्णन करने के लिए 'और' शब्द का उपयोग किया जाता है। जैसे–त्रिभुज एक संयोजक संकल्पना है जिसमें तीन भुजाएँ, तीन कोण व कोणों का योग 180^0 होना आवश्यक होता है।

वियोजक संकल्पना के लिए कुछ गुणों की उपस्थिति व अन्य की अनुपस्थिति आवश्यक होती है। इसे 'या तो यह अथवा वह (either-or) के द्वारा परिभाषित किया जा सकता है। जैसे–नागरिक एक वियोजक संकल्पना है जिसे इस प्रकार बताया जा सकता है–कोई व्यक्ति या तो भारत में जन्मा है अथवा उसने भारत की नागरिकता ग्रहण कर ली है।

सापेक्ष संकल्पना, संयोजक संकल्पना की तरह होती है जिसमें कई गुण होते हैं, लेकिन इन गुणों में एक तरह का संबंध होता है। जैसे–माता, भाई, मित्र इत्यादि सापेक्ष संकल्पना है। किसी संकल्पना में केवल कुछ गुणों की उपस्थिति को सापेक्ष संकल्पना नहीं कहते हैं, बल्कि उसके लिए उन गुणों में एक विशेष प्रकार का सम्बन्ध होना चाहिए।

संकल्पना निर्माण एवं संकल्पना प्राप्ति (Concept Formation and Concept Attainment)

संकल्पना निर्माण और संकल्पना प्राप्ति दो अलग-अलग प्रक्रियाएँ हैं। ब्रूनर के अनुसार वर्गीकरण क्रिया के दो घटक होते हैं : संकल्पना निर्माण व संकल्पना प्राप्ति। संकल्पना निर्माण संकल्पना प्राप्ति का प्रथम सोपान है। जब कई सारे उदाहरणों को उनमें उपस्थित समानताओं के आधार पर अलग-अलग समूहों में रखा जाता है तो प्रत्येक समूह एक अलग संकल्पना बताता है और यह संकल्पना निर्माण कहलाता है। जबकि संकल्पना प्राप्ति में एक ही संकल्पना होती है, जो पूर्व-निर्मित होती है। संकल्पना प्राप्ति के लिए विद्यार्थी शिक्षक से कुछ संकेत प्राप्त करते हैं और संकल्पना की पहचान कर उसे परिभाषित करते हैं।

संकल्पना के घटक (Elements of a Concept)

ब्रूनर ने किसी संकल्पना के तीन घटक बताए हैं। ये है–गुण, गुण मूल्य एवं उदाहरण। और इन घटकों को ध्यान में रखते हुए जॉयस एवं वेल (1985) ने संकल्पना के पाँच घटक बताए हैं–

1. नाम
2. उदाहरण (सकारात्मक व नकारात्मक)
3. गुण (आवश्यक व अनावश्यक)
4. गुण-मूल्य, और
5. नियम।

किसी भी संकल्पना को समझने के लिए इन सभी घटकों को समझना आवश्यक है। इनका वर्णन इस प्रकार है :

1. **नाम (Name)**–नाम एक वर्ग (Category) को दिया जाने वाला पद (term) है। जैसे फल, सब्जी, नेता, प्रजातंत्र, मेज इत्यादि सभी नाम प्रक्रियाओं, समग्राकृति (Configurations), वस्तुओं व अनुभवों की श्रेणियों (Class) को दिए गए हैं।
2. **उदाहरण (Examples)**–उदाहरण संकल्पना के दृष्टान्त होते हैं। अर्थात् उदाहरणों के द्वारा किसी संकल्पना को देखा व समझा जा सकता है। किसी संकल्पना के सकारात्मक उदाहरण भी हो सकते हैं और नकारात्मक भी। सकारात्मक उदाहरण वे होते हैं जिनसे संकल्पना परिलक्षित होती है, जबकि नकारात्मक उदाहरण वे होते हैं जो संकल्पना के दृष्टान्त नहीं होते हैं या जिनमें संकल्पना के आवश्यक गुण नहीं होते हैं। जैसे सड़क पर कार, बस, जीप इत्यादि गाड़ियाँ खड़ी हैं अब यदि हमारी संकल्पना कार है तो कार के अलग-अलग माडल (Model) हमारी संकल्पना के सकारात्मक उदाहरण होंगे, जबकि बस व जीप हमारी संकल्पना के नकारात्मक उदाहरण होंगे।
3. **गुण (Attributes)**–गुण वे सामान्य लक्षण या विशेषताएँ होते हैं, जिनके कारण हम उदाहरणों को एकवर्ग में रखते हैं। उदाहरणों में गुण विद्यमान होते हैं। प्रत्येक संकल्पना के कुछ गुण आवश्यक होते हैं, और कुछ अनावश्यक होते हैं। जैसे यदि हमारी संकल्पना 'व्यापार' है तो किसी व्यक्ति द्वारा एक विशेष प्रकार के माल का क्रय-विक्रय करना हमारी संकल्पना का अनिवार्य गुण है। और इसीलिए शक्कर-व्यापारी, कपड़ा व्यापारी, अनाज व्यापारी इत्यादि हमारी संकल्पना के सकारात्मक उदाहरण हैं। लेकिन शिक्षा, चिकित्सा सुविधाओं को क्रय करना या विक्रय करना हमारी संकल्पना का अनावश्यक गुण है। 'व्यापार' संकल्पना को पहचानने में इससे कोई सहायता नहीं मिलती है। अतः चिकित्सक, शिक्षक, इंजीनियर इत्यादि हमारी संकल्पना के नकारात्मक उदाहरण हैं।

   बाधक गुण (Noisy Attribute)–कभी-कभी वस्तुओं के आकार एवं रंग के द्वारा वस्तु के होने का बोध होता है, किन्तु वह वस्तु नहीं होती, इन्हें बाधक गुण कहते हैं जैसे सिगरेट केस से लगे कि वह मोबाइल है, स्क्रू ड्राइवर से लगे कि वह पैन है।

   निकषीय गुण (Criterial attribute)–कोई दो वस्तुएं कुछ गुणों के कारण समान होती है, लेकिन फिर भी वे किसी एक संकल्पना के उदाहरण नहीं हो सकती

है क्योंकि उनमें कोई एक या अधिक गुण या गुणों का विस्तार उन्हें एक दूसरे से अलग करता है। गुणों का यही अन्तर एवं उनका मूल्य विस्तार निकषीय गुण कहलाता है। यदि एक वस्तु में वह गुण नहीं होता तब वह दूसरी संकल्पना का उदाहरण बन जाती है। जैसे बकरी एवं भेड़ दोनों चौपाये हैं, उनकी शारीरिक बनावट एक जैसी होती है दोनों के दो स्तन एवं दो लिंग होते है दोनों शाकाहारी हैं, किन्तु भेड़ के शरीर पर ऊन (बाल) पाया जाता है अत: यही निकषीय गुण है।

4. **गुणमूल्य (Attribute Value)**–किसी संकल्पना के आवश्यक मूल्यों का विस्तार संकल्पना का गुणमूल्य कहलाता है। अर्थात् संकल्पना के लिए आवश्यक गुण किस मात्रा/सीमा तक होंगे, यह हमें उसका गुणमूल्य बताता है। जैसे उपर्युक्त उदाहरण में शक्कर के व्यापारी द्वारा शक्कर को खरीदना-बेचना उसका गुणमूल्य है। लेकिन उस व्यापारी द्वारा अन्य किसी वस्तु को खरीदना या बेचना व्यापार की श्रेणी में नहीं आता है।
5. **नियम (Rule)**–नियम किसी संकल्पना के आवश्यक गुणों को विशेष रूप से उल्लेखित करने वाला कथन या परिभाषा है। जैसे भोजन की संकल्पना के लिए नियम है कि वह खाने योग्य हो और उससे व्यक्ति की भूख का भाव संतुष्ट हो जाए। व्यापार संकल्पना के लिए नियम है कि किसी भौतिक पदार्थ का लाभ के उद्देश्य से क्रय-विक्रय किया जाय।

संकल्पना प्राप्ति हेतु चिंतन व्यूह रचना का विश्लेषण
(Analysis of Thinking Strategies for Attaining Concepts)

संकल्पना प्राप्ति के लिए विद्यार्थी चिंतन कैसे करते हैं, यह जानना भी आवश्यक है। ब्रूनर एवं उनके सहयोगियों ने संकल्पना प्राप्ति के लिए व्यक्तियों द्वारा उपयोग की जा रही व्यूह रचना की पहचान कर दो प्रकार की अधिगम स्थितियों का वर्णन किया है। ये अधिगम स्थितियाँ चयन एवं स्वीकृत स्थिति है। चयन स्थिति में विद्यार्थियों के समक्ष अनामांकित उदाहरण प्रस्तुत किए जाते हैं और विद्यार्थी उनमें से एक-एक उदाहरण के बारे में शिक्षक से, 'सकारात्मक/नकारात्मक उदाहरण है या नहीं' यह पूछता है। जबकि स्वीकृत स्थिति में अध्यापक स्वयं उदाहरणों को एक पूर्वनियोजित क्रम में प्रस्तुत करते हैं तथा उन्हें सकारात्मक व नकारात्मक उदाहरण में नामांकित भी करते हैं।

ब्रूनर एवं उनके सहयोगियों ने विद्यार्थियों की चिंतन प्रक्रिया के लिए छ: प्रकार की व्यूह रचनाएँ बताई हैं। जिनमे से चार चयन व्यूह रचनाएँ है और दो स्वीकृत व्यूह रचनाएँ हैं।

चयन स्थिति में निम्नलिखित चार चिंतन व्यूह रचनाएँ हैं :

1. समकालिक सूक्ष्म परीक्षण (Simultaneous Scanning)
2. क्रमिक सूक्ष्म परीक्षण (Successive Scanning)
3. सनातनी केन्द्रण (Conservative Focusing)
4. केन्द्रीभूत जुआ (Focus Gambling)

समकालिक सूक्ष्म परीक्षण व क्रमिक सूक्ष्म परीक्षण
(Simultaneous Scanning and Successive Scanning)

समकालिक सूक्ष्म परीक्षण व क्रमिक सूक्ष्म परीक्षण एक संकल्पना-परिकल्पना के उपयोग पर आधारित है। जब विद्यार्थी सकारात्मक व नकारात्मक उदाहरणों के आधार पर एक समय में एक से अधिक परिकल्पनाएँ बनाकर उनका परीक्षण करते हैं और एक से अधिक संकल्पनाओं के लिए विचार करते हैं तो यह समकालिक सूक्ष्म परीक्षण चिंतन पद्धति कही जाती है।

लेकिन जब विद्यार्थी एक उदाहरण लेकर एक समय में एक ही परिकल्पना बनाकर उसका परीक्षण करता है और एक संकल्पना के विषय में विचार करता है तथा उस परिकल्पना के असत्य सिद्ध होने पर दूसरी (एक) परिकल्पना बनाता है तो यह चिंतन पद्धति क्रमबद्ध सूक्ष्म परीक्षण कहलाती है।

सनातनी केन्द्रण एवं केन्द्रीभूत जुआ
(Conservative Focusing and Focus Gambling)

जब विद्यार्थी एक समय में किसी उदाहरण के बहुत सारे गुणों के बारे में विचार करते हैं तो यह सनातनी केन्द्रण चिंतन पद्धति कहलाती है। लेकिन जब एक समय में किसी उदाहरण के एक गुण पर ही विचार किया जाता है तो यह केन्द्रीभूत जुआ चिंतन पद्धति कहलाती है।

उपर्युक्त चारों पद्धतियों में मुख्य अंतर संकल्पना की परिकल्पनाओं या गुणों के उपयोग एवं एक समय में उनकी संख्या के संदर्भ में है। इसे तालिका द्वारा स्पष्ट किया जा सकता है।

चिंतन व्यूहरचनाओं में अंतर दर्शाती तालिका

क्र.	चिंतन व्यूहरचना	संकल्पना प्राप्ति का आधार	संख्या
1.	समकालिक सूक्ष्म परीक्षण	संकल्पना-परिकल्पनाएँ	एक समय में कई
2.	क्रमबद्ध सूक्ष्म परीक्षण	संकल्पना-परिकल्पना	एक समय में एक
3.	सनातनी केन्द्रण	एक से अधिक गुण	एक समय में कई
4.	केन्द्रीभूत जुआ	एक गुण	एक समय में एक

स्वीकृत अधिगम स्थिति में चिंतन व्यूहरचनाएँ
(Thinking Strategies in Reception Learning Condition)

स्वीकृत अधिगम स्थिति में पूर्णत:एवं अंशत: चिंतन व्यूहरचनाओं का उपयोग किया जाता है, जिसमें पूर्णत: चिंतन व्यूहरचना केन्द्रण एवं अंशत: चिंतन व्यूहरचना सूक्ष्म परीक्षण के समान है।

पूर्णत: चिंतन व्यूहरचना में विद्यार्थी संकल्पना के पहले सकारात्मक उदाहरण के सभी गुणों की तुलना अन्य सकारात्मक एवं नकारात्मक उदाहरणों से करते हैं। वे प्रथम सकारात्मक उदाहरण के गुणों को अन्य सकारात्मक उदाहरणों में ढूंढते हैं, साथ ही उन गुणों के आधार

पर सकारात्मक व नकारात्मक उदाहरणों का विश्लेषण भी करते हैं और उनके अनुसार परिकल्पनाओं में संशोधन भी करते हैं। इस प्रकार पूर्णत: चिंतन व्यूहरचना में प्रथम सकारात्मक उदाहरण के सभी गुणों को लेकर सभी दिशाओं में चिंतन किया जाता है।

अंशत: सूक्ष्म परीक्षण चिंतन व्यूहरचना में विद्यार्थी संकल्पना के प्रथम उदाहरण के केवल एक गुण के आधार पर परिकल्पना बनाते हैं तथा उसका परीक्षण अन्य सकारात्मक उदाहरणों से करते हैं। यदि उनकी परिकल्पना असत्य सिद्ध होती है तब वे प्रथम सकारात्मक उदाहरण के किसी दूसरे गुण को लेकर परिकल्पना बनाते हैं एवं उसका दुबारा से सभी सकारात्मक उदाहरणों के आधार पर परीक्षण करते हैं। इस प्रकार अंशत: चिंतन पद्धति में विद्यार्थी एक समय में एक उदाहरण के एक अंश के बारे में ही चिंतन करता है। ब्रूनर एवं उनके सहयोगियों के अनुसार स्वीकृत अधिगम स्थिति में अधिकतर पूर्णत: चिंतन पद्धति का उपयोग करते हैं।

सामाजिक पद्धति (Social System)

किसी भी प्रतिमान की सामाजिक पद्धति में अध्यापक तथा विद्यार्थियों द्वारा किये जाने वाले कार्यों का वर्णन किया जाता है। अत: संकल्पना प्राप्ति प्रतिमान में शिक्षक अध्यापन के पूर्व किसी संकल्पना का चयन करते है और उसकी सामग्री को सकारात्मक एवं नकारात्मक उदाहरणों के रूप में संगठित करते हैं तथा उदाहरणों को क्रम में प्रस्तुत करते हैं। शिक्षक पाठ्यपुस्तकों एवं अन्य स्रोतों से सामग्री एवं विचारों का सार ग्रहण कर उदाहरण तैयार करते हैं? और उन्हें इस प्रकार अभिकल्पित करते हैं कि उनके गुण स्पष्ट हो और कुछ एक गुण को छोड़कर वे संकल्पना के सकारात्मक व नकारात्मक, दोनों उदाहरणों में मौजूद हो। शिक्षक द्वारा संकल्पना के चयन और उसके उदाहरण देने के लिए माध्यम के चयन में विद्यार्थियों के मानसिक स्तर को ध्यान में रखा जाता है तथा प्रतिमान द्वारा सफलतापूर्वक शिक्षण करने के लिए वे विद्यार्थियों को उनके द्वारा किये जाने वाले कार्यों के लिए निर्देश भी देते हैं। संकल्पना प्राप्ति प्रतिमान की सामाजिक पद्धति में विद्यार्थियों की भूमिका उदाहरण देने, उदाहरणों को नामांकित करने, उदाहरणों की तुलना करने, संकल्पना को पहचानने, उसके आवश्यक गुण व परिभाषा बताने, अपनी चिंतन प्रक्रिया को स्पष्ट करने व अपनी क्रियाओं को कार्यपत्र में लिखने की होती है।

प्रतिक्रिया का सिद्धान्त (Principles of Reaction)

संकल्पना प्राप्ति प्रतिमान में शिक्षक विद्यार्थियों की प्रतिक्रियाएँ प्राप्त करने के लिए उन्हें आवश्यकतानुसार अधिक उदाहरण देते हैं। विद्यार्थियों को परिकल्पनाएँ बनाने व उनका विश्लेषण करने में सकारात्मक बनते हैं। विद्यार्थियों का ध्यान उनकी संकल्पना के विश्लेषण की ओर आकर्षित करते हैं तथा उनकी चिंतन प्रक्रिया में सहायक होते हैं। प्रतिक्रिया के सिद्धान्त के अनुसार शिक्षक को सभी परिस्थितियों में सभी व्यक्तियों के लिए एक श्रेष्ठ व्यूहरचना खोजने के प्रयास की अपेक्षा विभिन्न व्यूहरचनाओं के गुणों के विश्लेषण को प्रोत्साहित करना चाहिए।

सहायक पद्धति (Support System)

संकल्पना प्राप्ति के पाठों के लिए इस तरह अभिकल्पित की गई सामग्री की आवश्यकता होती है जिसे सकारात्मक व नकारात्मक उदाहरणों के रूप में विद्यार्थियों के समक्ष प्रस्तुत किया जा सके और जिसमें संकल्पना सन्निहित (Embedded) हो। विद्यार्थियों का कार्य नयी संकल्पना का आविष्कार (Invent) करना नहीं होता है, बल्कि उन्हें शिक्षक द्वारा पूर्व में ही चयनित संकल्पना को पहचानना होता है। अत: शिक्षक द्वारा ऐसे प्रदत्त स्रोतों का उपयोग किया जाना चाहिए जिन्हें विद्यार्थी पूर्व में जानते हो तथा उनकी विशेषताओं का वर्णन कर सकते हों।

अनुदेशनात्मक एवं पोषक प्रभाव (Instructional and Nurturent Effects)

संकल्पना प्राप्ति प्रतिमान के द्वारा शिक्षण करने से एक विशेष पाठ के विशिष्ट उद्देश्यों के साथ-साथ प्रतिमान के स्वयं के अनुदेशनात्मक उद्देश्यों की भी प्राप्ति होती है, जिन्हें अनुदेशनात्मक प्रभाव कहा जाता है। ये हैं–

1. संकल्पना की प्रकृति (Nature of Concepts)–संकल्पना प्राप्ति प्रतिमान को इस प्रकार से अभिकल्पित किया गया है कि एक विशिष्ट संकल्पना और संकल्पना की प्रकृति को समझने में सहायता मिलती है।

2. संकल्पना-निर्माण व्यूहरचना का विकास (Improved Concept Building Strategies)–संकल्पना प्राप्ति प्रतिमान में विद्यार्थी सकारात्मक व नकारात्मक उदाहरणों की तुलना कर परिकल्पनाएँ बनाते हैं और उनका विश्लेषण कर परीक्षण करते हैं व संकल्पना की पहचान करते हैं। वे परिकल्पनाओं के विश्लेषण के लिए विभिन्न तरह से चिंतन की व्यूहरचना करते हैं, अत: उनमें संकल्पना-निर्माण के लिए व्यूहरचना का विकास होता है।

3. विशिष्ट संकल्पनाओं का अधिगम (Learning of Specific Concepts)–संकल्पना प्राप्ति प्रतिमान के उपयोग से विद्यार्थी कई विशिष्ट संकल्पनाओं का अधिगम करते हैं।

4. आगमन तर्क का विकास (Development of Inductive Reasoning)–संकल्पना प्राप्ति प्रतिमान में विद्यार्थी उदाहरणों के आधार पर संकल्पना की पहचान करते हैं और उसे परिभाषित करते हैं, अत: उनमें उदाहरणों के आधार पर नियम तक पहुँचने अर्थात् आगमन तर्क का विकास होता है।

उपर्युक्त अनुदेशनात्मक प्रभाव के साथ विद्यार्थियों में निम्न पोषक प्रभाव भी होते हैं:

1. विकल्प परिप्रेक्ष्य की जागरूकता (Awareness of Alternative Perspectives)–संकल्पना की प्राप्ति के लिए विद्यार्थी एक समय में एक या कई परिकल्पनाएँ बनाते हैं और उदाहरणों के विभिन्न गुणों पर एक साथ या एक-एक कर विचार करते हैं। जब उनकी एक परिकल्पना गलत सिद्ध होती है तब वे उदाहरण/उदाहरणों के दूसरे गुण/गुणों पर विचार करते हैं। इस प्रकार उनमें अप्रत्यक्ष रूप से परिप्रेक्ष्य विकल्पों के प्रति जागरूकता विकसित होती है।

2. भ्रम को सहन करने की क्षमता (Tolerance of Ambiguity)–संकल्पना प्राप्ति की प्रक्रिया में विद्यार्थी की कई परिकल्पनाएँ बनती है व टूटती है। कई बार तो एक परिकल्पना प्रारंभ से सत्य सिद्ध होती जाती है ओर अंतिम कुछ एक उदाहरणों के पहले ही टूट जाती है, और वे प्रारंभ से नए सिरे से चिंतन करते हैं। अतः उनमें भ्रम को सहन करने की क्षमता उत्पन्न होती है।

3. सम्प्रेषण में तार्किक चिंतन के प्रति संवेदनशीलता (Sensitivity to Logical Reasoning in Communication)–संकल्पना प्राप्ति प्रतिमान का उपयेाग करने से विद्यार्थियों में सम्प्रेषण के लिए तार्किक चिंतन क्षमता उत्पन्न होती है, अर्थात् वे अपने जो भी विचार उत्पन्न करते है उसके पीछे वे तार्किक चिंतन करते हैं। वे किसी ठोस आधार होने पर ही अपने विचार प्रस्तुत करते हैं।

संकल्पना प्राप्ति प्रतिमान के रूप (Forms of Concept attainment Model)

संकल्पना प्राप्ति प्रतिमान को तीन रूपों में प्रयुक्त किया जा सकता है–

1. स्वीकृत उन्मुखीकृत संकल्पना प्राप्ति प्रतिमान (Reception Oriented Concept Attainment Model)
2. चयन उन्मुखीकृत संकल्पना प्राप्ति प्रतिमान (Selection Oriented Concept Attainment Model)
3. असंगठित सामग्री प्रतिमान (Unorganized Materials Model)

स्वीकृत उन्मुखीकृत संकल्पना प्राप्ति प्रतिमान (Reception Oriented Concept Attainment Model)

स्वीकृत उन्मुखीकृत संकल्पना प्राप्ति प्रतिमान में सर्वप्रथम शिक्षक विद्यार्थियों को नामांकित उदाहरण (सकारात्मक व नकारात्मक) प्रस्तुत करते हैं और विद्यार्थी उन उदाहरणों के गुणों की तुलना कर परिकल्पना बनाते हैं और उनका परीक्षण कर संकल्पना की पहचान करते हैं। इसके पश्चात् पहले विद्यार्थियों से नामांकित उदाहरण पूछे जाते हैं और तत्पश्चात् शिक्षक स्वयं अनामांकित उदाहरण प्रस्तुत कर विद्यार्थियों से नामांकित कराते हैं और उनके द्वारा प्राप्त की गयी संकल्पना की जाँच की जाती है। और तब विद्यार्थियों से उन्हें संकल्पना का नाम, आवश्यक गुण व परिभाषा पूछी जाती है। अन्त में शिक्षक विद्यार्थियों द्वारा संकल्पना प्राप्ति में प्रयुक्त की गई चिंतन व्यूहरचनाओं की जाँच करते हैं।

चयन उन्मुखीकृत संकल्पना प्राप्ति प्रतिमान (Selection Oriented Concept Attainment Model)

चयन उन्मुखीकृत संकल्पना प्राप्ति प्रतिमान में शिक्षक द्वारा विद्यार्थियों को अनामांकित उदाहरण प्रस्तुत किए जाते हैं और विद्यार्थी उन उदाहरणों को नामांकित करते हैं। और तब विद्यार्थी सकारात्मक व नकारात्मक उदाहरणों के गुणों के आधार पर परिकल्पनाएँ बनाकर उनका परीक्षण करते हैं और संकल्पना की पहचान करते हैं। इसके पश्चात् विद्यार्थियों

द्वारा प्राप्त की गई संकल्पना की जाँच के लिए पहले विद्यार्थियों से नामांकित उदाहरण पूछे जाते हैं, तत्पश्चात् शिक्षक स्वयं अनामांकित उदाहरण प्रस्तुत कर विद्यार्थियों से उन्हें नामांकित कराते हैं। इसके पश्चात् विद्यार्थियों से संकल्पना का नाम, आवश्यक गुण व परिभाषा पूछी जाती है। अन्त में शिक्षक विद्यार्थियों द्वारा संकल्पना प्राप्ति में प्रयुक्त की गई चिंतन व्यूहरचनाओं की जाँच करते हैं।

विशेष

स्वीकृत एवं चयन उन्मुखीकृत संकल्पना प्राप्ति प्रतिमान में मुख्य अंतर उदाहरणों के क्रम एवं नामांकित करने में होता है। चयन प्रतिमान में एक उदाहरण तब तक नामांकित नहीं किया जाता है, जब तक कि विद्यार्थी नहीं पूछे, जबकि स्वीकृत प्रतिमान में शिक्षक उदाहरणों को नामांकित कर ही प्रस्तुत करते हैं। दूसरा प्रमुख अंतर यह है कि चयन प्रतिमान में विद्यार्थी संकल्पना की प्राप्ति के क्रम में अपने उदाहरण पूछते हैं। साथ ही वे जिसकी पूछताछ करना चाहते हैं उन्हीं उदाहरणों का चयन कर उदाहरणों के क्रम पर नियंत्रण करते हैं। स्वीकृत प्रतिमान की तरह चयन प्रतिमान में गुणों का लक्षण एवं विश्लेषण औपचारिक नहीं होता, विद्यार्थियों को उनकी परिकल्पनाओं एवं गुणों के लिए नोट्स तैयार करने हेतु प्रोत्साहित किया जा सकता है। सामान्यतः चयन प्रतिमान संकल्पना प्राप्ति एवं उसके गुणों के लक्षण के लिए विद्यार्थियों को उत्तरदायी ठहराता है।

असंगठित सामग्री प्रतिमान (Unorganized Materials Model)

संकल्पना प्राप्ति प्रतिमान के तृतीय रूप असंगठित सामग्री प्रतिमान में विद्यार्थियों को उदाहरण के रूप में असंगठित सामग्री प्रस्तुत की जाती है। यह असंगठित सामग्री ऐसे वाक्यों का समूह या पाठ-अंश होती है जिनमें किसी संकल्पना को उसमें निहित गुणों के आधार पर स्पष्ट किया जाता है। कुछ संकल्पनाएँ ऐसी होती है जिन्हें एक-दो शब्दों या वाक्यों में परिभाषित नहीं किया जा सकता है। सामाजिक विज्ञान, मनोविज्ञान, शिक्षा, वाणिज्य, अर्थशास्त्र इत्यादि अनुशासनों में इसी तरह की संकल्पनाएँ होती हैं, अतः असंगठित सामग्री प्रतिमान के द्वारा इन विषयों की संकल्पनाओं का अध्यापन कराया जा सकता है।

प्रायः सभी संकल्पनाओं के ऐसे पारिभाषिक गुण (Attributes) नहीं होते जिनसे सभी सहमत हों। यह निश्चित रूप से 'आदर्श प्रकार' की संकल्पनओं जैसे कि 'प्रजातंत्र', पूंजीवाद, 'समाजवाद', के साथ ही साथ अमूर्तनों (Abstraction) जैसे प्रजातिवाद (Racism), रूढ़िवादी एवं उदार के लिए सत्य है। इन वस्तुओं से अथवा विचारों को समझने का एक प्रयोजन यह है इसके विभेदात्मक गुणों की पहचान कर लोग इन्हें परिभाषित करने के लिए साहचर्यित करते हैं।

यदि हम संकल्पना प्राप्ति सिद्धांत को लेकर इन विभेदों को परिभाषित समस्याओं के तौर पर देखें तो हमें संकल्पना के अर्थ एवं उनमें अन्तर्निहित (Underlying) मूल्य द्वंद्व अच्छी तरह समझ में आ जायेंगे। 'संकल्पना प्राप्ति खेल' का वास्तविक लाभ तब घटित होता है जब हम इसका उपयोग असंगठित सामग्री पर करते हैं ताकि हम अपनी सहायता उन गुणों

से परिचित होने के लिए कर सकें। लिखित सामग्री के संकल्पनाओं एवं गुणों का विश्लेषण आवश्यक होता है। चूंकि यह विश्लेषण अर्थपूर्ण एवं समालोचनात्मक अध्ययन के लिए आवश्यक होता है। लिखित सामग्री के प्रारंभ से अंत तक वर्णन में संकल्पनाओं के शाब्दिक दावों के लिए जिन गुणों पर वे आश्रित होते हैं उनका उल्लेख या तो नहीं होता है अथवा अत्यंत अल्प होता है।

असंगठित सामग्री में संकल्पनाओं की विश्लेषण प्रक्रिया में निम्न बिन्दु शामिल रहते हैं:

1. संकल्पना की खोज करना।
2. उपयोग में आये गुणों की पहचान करना।
3. गुणों की पर्याप्तता एवं उपयुक्तता पर चर्चा करना, और
4. उदाहरणों की इसी संकल्पना के आधार पर अन्य आलेखों से तुलना करना।

असंगठित सामग्री प्रतिमान की पदयोजना
(Syntax of Unorganised Materials Model)

असंगठित सामग्री प्रतिमान के निम्न तीन सोपान होते हैं जिसमें से प्रथम सोपान जायस एवं वेलन (1985) ने नहीं दिया।

सोपान 1 : असंगठित सामग्री का प्रस्तुतीकरण

सोपान 2 : संकल्पना का वर्णन

सोपान 3 : संकल्पना का मूल्यांकन

स्वीकृत उन्मुखीकृत संकल्पना प्राप्ति प्रतिमान की पदयोजना
(Syntax of Reception Oriented Concept Attainment Model)

स्वीकृत उन्मुखीकृत संकल्पना प्राप्ति प्रतिमान के तीन सोपान होते हैं :

सोपान 1 : प्रदत्त प्रस्तुतीकरण एवं संकल्पना की पहचान (Presentation of Data and Identification of Concept)

सोपान 2 : संकल्पना की प्राप्ति की जाँच (Testing Attainment of the Concept)

सोपान 3 : चिंतन व्यूहरचना का विश्लेषण (Analysis of Thinking Strategy)

इनका वर्णन इस प्रकार है :

सोपान 1 : प्रदत्त का प्रस्तुतीकरण एवं संकल्पना की पहचान

सोपान 1 में सर्वप्रथम शिक्षक अपने विद्यार्थियों को स्वीकृत उन्मुखीकृत संकल्पना प्राप्ति प्रतिमान के विभिन्न सोपानों में सम्पन्न होने वाली गतिविधियों से परिचित कराते हैं। और इसके लिए शिक्षक स्वयं द्वारा की जाने वाली क्रियाएँ और विद्यार्थियों द्वारा की जाने वाली क्रियाओं का स्पष्ट वर्णन करते हैं। सामान्यत: यह कार्य शिक्षक को प्रतिमान का उपयोग करने से पूर्व प्रारंभ की कुछ कक्षाओं में कर देना चाहिए। अत: सोपान 1 में शिक्षक अधिगमकों के समक्ष प्रदत्त (उदाहरण) प्रस्तुत करते हैं। शिक्षक द्वारा प्रदत्त को सकारात्मक व नकारात्मक उदाहरणों के रूप में प्रस्तुत किया जाता है। ये उदाहरण घटनाओं, व्यक्ति, वस्तुओं, कहानियों,

चित्रों या अन्य किसी विभेदीय इकाई के रूप में हो सकते हैं। साथ ही विद्यार्थियों को यह भी बताया जाता है कि एक विचार (Idea) सभी सकारात्मक उदाहरणों में समान (Common) है। विद्यार्थियों को सकारात्मक उदाहरणों में से सामान्य गुण पहचान कर संकल्पना के बारे में परिकल्पना बनानी होती है। शिक्षक द्वारा पूर्व नियोजित क्रम में नामांकित उदाहरण प्रस्तुत किए जाते हैं। इसके पश्चात् विद्यार्थियों को सभी सकारात्मक व नकारात्मक उदाहरणों की तुलना करनी होती है और संकल्पना को पहचानना होता है। विद्यार्थियों द्वारा संकल्पना की पहचान कर उसे अपने मन में रखना होता है। शिक्षक द्वारा उदाहरण देते समय बीच-बीच में यह पूछा जाता है कि किन विद्यार्थियों ने संकल्पना को समझ लिया है, हाथ उठाइये। लेकिन संकल्पना का नाम नहीं पूछा जाता है। शिक्षक उदाहरण प्रस्तुत करने के लिए चार्ट, श्यामपट, वास्तविक वस्तु इत्यादि किसी भी माध्यम का प्रयोग कर सकते हैं। इस प्रकार प्रथम सोपान पूर्ण होता है।

सोपान 2 : संकल्पना की प्राप्ति की जाँच (Testing of Attainment of Concept)

विद्यार्थियों द्वारा प्रथम सोपान में प्राप्त की गई संकल्पना की जाँच प्रस्तुत सोपान में की जाती है। इसके लिए द्वितीय सोपान में सर्वप्रथम शिक्षक विद्यार्थियों को कुछ अनामांकित उदाहरण प्रस्तुत करते हैं और विद्यार्थी उन उदाहरणों को सकारात्मक व नकारात्मक उदाहरण में नामांकित करते हैं। यहाँ शिक्षक विद्यार्थी के कथनों के लिए केवल हाँ या नहीं में अनुक्रिया देते हैं। इसके पश्चात् विद्यार्थियों से संकल्पना के नामांकित उदाहरण पूछे जाते हैं। इस प्रकार जब शिक्षक यह समझ लेते हैं कि विद्यार्थियों ने संकल्पना को ठीक तरह से समझ लिया है तब वे विद्यार्थियों से संकल्पना का नाम पूछते हैं और फिर संकल्पना के आवश्यक गुण पूछकर उसे परिभाषित करने को कहते हैं। इस प्रकार द्वितीय सोपान पूर्ण होता है।

सोपान 3 : चिंतन व्यूहरचना का विश्लेषण (Analysis of Thinking Strategy)

प्रस्तुत सोपान में विद्यार्थी उन व्यूहरचनाओं का विश्लेषण करते हैं जिनके द्वारा उन्होंने संकल्पना की प्राप्ति की है। यहाँ शिक्षक द्वारा विद्यार्थियों से पूछा जाता है कि उन्होंने संकल्पना की प्राप्ति किस तरह की? इसके लिए शिक्षक विद्यार्थियों से कुछ प्रश्न पूछते हैं जैसे - आपने प्रथम सकारात्मक उदाहरण व नकारात्मक उदाहरण से क्या परिकल्पना बनाई थी? आपने सकारात्मक व नकारात्मक उदाहरणों में किन गुणों के आधार पर तुलना की? जब आपकी परिकल्पना असत्य निकली तब आपने क्या विचार किया? आपने अपनी व्यूहरचनाएँ कैसे परिवर्तित की? इत्यादि। इस प्रकार प्रस्तुत सोपान में विद्यार्थी अपनी चिंतन पद्धति के बारे में बताते हैं कि उन्होंने प्रारंभ में संकल्पना के बारे में व्यापक रूप में सोचा, उसके पश्चात् उसके संकीर्ण क्षेत्र को देखा। या उन्होंने संकल्पना के मूर्त्त रूप पर विचार किया। उन्होंने संकल्पना के एक गुण या अधिक गुणों पर विचार किया, या उन्होंने एक समय में एक परिकल्पना बनाई या फिर एक समय में अधिक परिकल्पनाओं पर विचार किया। इस प्रकार स्वीकृत उन्मुखीकृत संकल्पना प्राप्ति प्रतिमान के द्वारा अध्यापन कार्य किया जा सकता है।

स्वीकृत उन्मुखीकृत संकल्पना प्राप्ति प्रतिमान के लिए पाठ योजना प्रारूप (Lesson Plan Format for Reception Oriented Concept Attainment Model)

पाठ योजना क्रमांक ------

छात्राध्यापिका का नाम — दिनांक -
कक्षा — दिन -
विषय — कालांश -
प्रकरण — समय -
विद्यालय का नाम
अनुदेशनात्मक उद्देश्य 1.
2.
3.
4.

संकल्पना का नाम -
संकल्पना का प्रकार -
संकल्पना के आवश्यक गुण -
संकल्पना की परिभाषा -
संकल्पना के सकारात्मक उदाहरण -
संकल्पना के नकारात्मक उदाहरण -
उदाहरणों के प्रस्तुतीकरण का माध्यम -

प्रथम सोपान : प्रदत्त का प्रस्तुतीकरण एवं संकल्पना की पहचान

(अ) स्वीकृत उन्मुखीकृत संकल्पना प्राप्ति प्रतिमान का उन्मुखीकरण
(ब) नामांकित उदाहरण प्रस्तुत करना
(स) संकल्पना की पहचान

द्वितीय सोपान : संकल्पना की प्राप्ति की जाँच

(अ) अतिरिक्त अनामांकित उदाहरणों की विद्यार्थियों से पहचान कराना।
(ब) विद्यार्थियों से उदाहरण पूछना
(स) संकल्पना का नाम पूछना
(द) संकल्पना के आवश्यक गुण पूछना
(इ) संकल्पना की परिभाषा पूछना

तृतीय सोपान : चिंतन व्यूहरचना का विश्लेषण

प्रश्न 1.
2.
3.

4.
5.

स्वीकृत उन्मुखीकृत संकल्पना प्राप्ति प्रतिमान के लिए कार्यपत्र (Worksheet for Reception Oriented Concept Attainment Model)

विद्यार्थी का नाम — दिनांक -
कक्षा — दिन -
विषय — कालांश -
प्रकरण — समय -
विद्यालय का नाम

शिक्षक द्वारा प्रस्तुत उदाहरण		गुण/परिकल्पना
सकारात्मक	नकारात्मक	
1. 2. 3. 4. 5. 6. 7.	1. 2. 3. 4. 5. 6. 7.	

संकल्पना का नाम -
संकल्पना के आवश्यक गुण -
संकल्पना की परिभाषा -

अध्यापक विश्लेषण संदर्शिका (Teaching Analysis Guide)

प्रस्तुत संदर्शिका का निर्माण अध्यापन प्रक्रिया के विश्लेषण के लिए किया जाता है। यह संदर्शिका उन पहलुओं पर केन्द्रित रहती है जो प्रतिमान की संरचना (Syntax), अध्यापक की भूमिका एवं विशिष्ट अध्यापन कौशल के लिए महत्वपूर्ण होते है। संदर्शिका में प्रश्नों/कथनों की एक श्रृंखला होती है जिस प्रकार आप माइक्रोटीचिंग का निरीक्षण निर्धारण मापनी से करते है। इस मापनी के निम्न चार पहलुओं पर अध्ययन का निर्धारण किया जाता है-

1. अच्छी तरह से (Thoroughly)
2. आंशिक रूप से (Partially)
3. अनुपस्थित (Missing)
4. आवश्यक नहीं (Not Needed)

सोपान 1 : प्रदत्त का प्रस्तुतीकरण एवं संकल्पना की पहचान
(Phase one : Presentation of Data and Identification of Concept)

कथन

कथन				
1. क्या अध्यापक ने खेल का प्रयोजन बताया?	1	2	3	4
2. क्या अध्यापक ने खेल की प्रक्रियाओं की व्याख्या की। (हाँ एवं नहीं के कार्य)	1	2	3	4
3. क्या प्रारम्भिक हाँ में आवश्यक गुण शामिल थे?	1	2	3	4
4. क्या संयोजक संकल्पना के अध्यापन के लिए अध्यापक ने हाँ उदाहरणों से प्रारम्भ किया। अथवा क्या वियोजक संकल्पना के लिए अध्यापक ने पहले नहीं एवं बाद में हाँ उदाहरणों का उपयोग किया?	1	2	3	4
5. क्या अध्यापक ने ऐसे प्रश्न पूछे जिनसे विद्यार्थियों के चिन्तन का केन्द्रण आवश्यक गुणों पर था?	1	2	3	4
6. क्या अध्यापक ने विद्यार्थियों को इन उदाहरणों की तुलना करने को कहा?	1	2	3	4
7. क्या अध्यापक ने हाँ गुणों वाले उदाहरणों का वैषम्य नहीं गुणों वाले उदाहरणों से करने को कहा?	1	2	3	4
8. क्या अध्यापक ने नामांकित उदाहरण पेश किए?	1	2	3	4
9. क्या अध्यापक ने संकल्पना की पहचान के लिए विद्यार्थियों से परिकल्पनाएं उत्पन्न करने एवं परीक्षण करने के लिए कहा?	1	2	3	4
10. क्या अध्यापक ने विद्यार्थियों से संकल्पना का नाम बताने को कहा?	1	2	3	4
11. क्या अध्यापक ने विद्यार्थियों से संकल्पना के आवश्यक गुण बताने के लिए कहा?	1	2	3	4

सोपान 2 : संकल्पना प्राप्ति का परीक्षण करना
(Phase Two : Testing of Concept Attainment)

12. संकल्पना के प्रति स्वीकृति हो जाने के पश्चात क्या अध्यापक ने अतिरिवत उदाहरण प्रस्तुत किए एवं विद्यार्थियों से पूछा कि उनमें संकल्पना है अथवा नहीं?	1	2	3	4
13. क्या अध्यापक ने विद्यार्थियों से उनके उत्तर का औचित्य प्रतिपादित करने के लिए पूछा?	1	2	3	4
14. क्या विद्यार्थी संकल्पना के लिए अपने स्वयं के उदाहरण दे सकने योग्य थे?	1	2	3	4

15.	क्या अध्यापक ने विद्यार्थियों को उनके उदाहरणों के आवश्यक गुणों की पहचान के लिए उनके उत्तरों का औचित्य प्रतिपादन करने के लिए कहा?	1	2	3	4

सोपान 3 : चिन्तन व्यूह रचनाओं का विश्लेषण
(Phase Three : Analysis of Thinking Strategies)

16.	क्या अध्यापक ने विद्यार्थियों से संकल्पना प्राप्ति में उनके द्वारा प्रयुक्त चिन्तन व्यूह रचनाओं का वर्णन करने के लिए पूछा?	1	2	3	4
17.	क्या अध्यापक ने विद्यार्थियों से उनकी चिन्तन व्यूह रचनाओं में गुणों और संकल्पनाओं की भूमिका प्रदर्शित करने के लिए पूछा?	1	2	3	4
18.	क्या अध्यापक ने विद्यार्थियों से उनकी चिन्तन व्यूह रचनाओं के मूल्यांकन के लिए पूछा?	1	2	3	4

स्वीकृत उन्मुखीकृत संकल्पना प्राप्ति प्रतिमान
(Reception Oriented Concept Attainment Model)

पाठ योजना क्रमांक - 1

अध्यापिका का नाम	-	मंजुलता शर्मा	दिनांक	-	23.04.09
			कालांश	-	पंचम
कक्षा	-	9वीं.	समय	-	35 मिनिट
विपय	-	अर्थशास्त्र			
प्रकरण	-	वस्तुएँ एवं सेवाएँ			
उपप्रकरण	-	वस्तुएँ			
विद्यालय का नाम	-	श्री वैष्णव कन्या उ.मा. विद्यालय			

अनुदेशनात्मक उद्देश्य

1. विद्यार्थियों में संकल्पना-निर्माण की पद्धतियों का विकास करना।
2. विद्यार्थियों को विशिष्ट संकल्पनाओं का अधिगम कराना।
3. विद्यार्थियों में आगमन तर्क का विकास करना।

संकल्पना का नाम – 'वस्तुएँ'

संकल्पना का प्रकार – वियोजक

संकल्पना के आवश्यक गुण–वस्तुएँ होने के लिए उनमें मनुष्य की आवश्यकताओं की संतुष्टि करने का गुण होना चाहिए।

संकल्पना की परिभाषा–वस्तुएँ भौतिक अथवा अभौतिक होती हैं। वस्तुओं को हम देख सकते हैं, व स्पर्श कर सकते हैं। वस्तुओं से मनुष्य की आवश्यकताओं की संतुष्टि होती है।

सकारात्मक उदाहरण

टेलीफोन	पाइनापल
डाकिये के हाथ में लेटर	सेवफल
जूते	छाता
आम	पंखा
टी.वी.	पतंग
नर्स के हाथ में दवाई	पुलिस का डंडा
मुर्गी के अंडे	इंजेक्शन

नकारात्मक उदाहरण

हाथी	शेर
गाय	खरगोश
जूते बनाने वाला	कपड़े सीने वाला दर्जी
आम का पेड़	नर्स
टी.वी. कार्यक्रम में काम करने वाले कलाकार	डाकिया
मुर्गी	पुलिस

उदाहरणों के प्रस्तुतीकरण का माध्यम–मौखिक तथा दृश्य दोनों रूपों में।

प्रथम सोपान–प्रदत्त का प्रस्तुतीकरण एवं संकल्पना की पहचान।

अ. स्वीकृत उन्मखीकृत प्राप्ति प्रतिमान का उन्मुखीकरण

छात्राओं, आज मैं आपको अर्थशास्त्र एक नई विधि से पढ़ाने जा रही हूँ जिसका नाम स्वीकृति उन्मुखीकृत प्राप्ति प्रतिमान है।

मैंने एक संकल्पना सोच रखी है। लेकिन मैं आपको उस संकल्पना का नाम नहीं बताउँगी। हम स्वीकृत उन्मुखीकृत प्राप्ति प्रतिमान को तीन सोपानों में पूरा करेंगे। इसके पहले सोपान का नाम प्रदत्त का प्रस्तुतीकरण एवं संकल्पना का अभिज्ञान है, जिसके अन्तर्गत मैं आपको अपनी संकल्पना के कुछ सकारात्मक उदाहरण व कुछ नकारात्मक उदाहरण दूँगी। आप इन उदाहरणों का ध्यान पूर्वक विश्लेषण करेंगे। आप को अपनी कॉपी में एक कार्य पत्र बनाना है जिसमें एक स्तम्भ (Column) में सकारात्मक उदाहरण, दूसरे स्तम्भ में नकारात्मक उदाहरण लिखना है। आपको सकारात्मक उदाहरणों में सामान्य गुणों (Common Attributes) को पहचानना है और उनकी तुलना नकारात्मक उदाहरणों से करना है। इस प्रकार सकारात्मक उदाहरणों व नकारात्मक उदाहरणों की तुलना कर

परिकल्पनाएँ बनानी हैं तथा उन परिकल्पनाओं को भी अपने कार्यपत्र में लिखना है। आपको परिकल्पनाओं का परीक्षण कर संकल्पनाओं को पहचानना है। उदाहरणों को प्रस्तुत करते समय मैं मध्य में आपसे पूछूँगी कि आप में से कितनी छात्राओं ने संकल्पना को पहचान लिया है? जो छात्राएँ संकल्पना को पहचान लें उन्हें केवल अपने हाथ ऊँचे करना है, उन्हें संकल्पना का नाम नहीं बताना है। आपने संकल्पना को सही पहचाना है या नहीं, इसका पता हम प्रतिमान के दूसरे सोपान में लगाएँगे, जिसका नाम 'संकल्पना प्राप्ति की जाँच है।' दूसरे सोपान में, मैं आपके सामने कुछ अनाकांकित उदहारण प्रस्तुत करूँगी और आप से उन उदहारणों में से सकारात्मक व नकारात्मक उदाहरणों को अलग करने को कहूँगी। इसके पश्चात् मैं आपसे संकल्पना के कुछ सकारात्मक व नकारात्मक उदाहरण पूछूंगी। आपके द्वारा अनाकांकित उदाहरणों को नामांकित करने व अन्य उदाहरण प्रस्तुत करने पर मैं समझ जाउँगी कि आप में से अधिकांश छात्राओं ने संकल्पना को पहचान लिया है। अतः मैं आपसे संकल्पना का नाम, संकल्पना के आवश्यक गुण व परिभाषा पूछूंगी। इसके पश्चात् हम इस विधि के तीसरे सोपान में प्रवेश करेंगे जिसका नाम 'चिंतन व्यूहरचना का विश्लेषण' है। इस सोपान में उन चिंतन पद्धतियों का विश्लेषण किया जाएगा जिनके आधार पर आपने संकल्पना की प्राप्ति की है। इसके लिए मैं आपसे विभिन्न प्रकार के प्रश्न पूछूंगी जैसे पहले उदाहरण से आपने क्या परिकल्पना बनाई थी? आपकी वो परिकल्पना कौन से उदाहरण से टूटी? आपने संकल्पना को किस उदाहरण से पहचाना? इत्यादि।

ब. प्रदत्त का प्रस्तुतीकरण व गुणों की पहचान

शिक्षिका – छात्राओं, अब मैं आपके सामने उदाहरण प्रस्तुत कर रही हूँ। मेरी संकल्पना का सकारात्मक उदाहरण टेलीफोन (चित्र दिखाते हुए) है तथा संकल्पना का नकारात्मक उदाहरण पाइनापल है। अब आप इन दोनों उदाहरणों को अपने कार्यपत्र में उपयुक्त स्थान पर लिखिए तथा इनके गुणों की तुलना कीजिए।

शिक्षिका – मेरी संकल्पना का दूसरा सकारात्मक उदाहरण आम (चित्र दिखाते हुए) है, तथा आम का पेड़ मेरी संकल्पना का नकारात्मक उदाहरण है। आप इन दोनों उदाहरणों के गुणों की तुलना कीजिए।

शिक्षिका – मेरी संकल्पना का तीसरा सकारात्मक उदाहरण सेवफल है तथा खरगोश मेरी संकल्पना का नकारात्मक उदाहरण है। (चित्र दिखाते हुए)

अब आप सकारात्मक उदाहरणों के गुणों की समानता के आधार पर सोचिए कि संकल्पना क्या है ?

विद्यार्थी – मैडम, हमने सकारात्मक उदाहरणों के समान गुणों को पहचान लिया है।

शिक्षिका – ठीक है। अभी मैं आपको कुछ और उदाहरण दे रही हूँ। आप उन सभी का विश्लेषण कर संकल्पना की पहचान कीजिए।

मेरी संकल्पना का अगला सकारात्मक उदाहरण पंखा है। तथा गाय मेरी संकल्पना का नकारात्मक उदाहरण है।

विद्यार्थी – मैडम, हमने उदाहरणों को कार्यपत्र में लिख लिया है, तथा उनके आधार पर परिकल्पनाएँ भी बनाई हैं।

शिक्षिका – ठीक है। मेरी संकल्पना का अगला सकारात्मक उदाहरण मुर्गी के अण्डे (चित्र दिखाते हुए) है, तथा मुर्गी मेरी संकल्पना का नकारात्मक उदाहरण है।

शिक्षिका - आप में से कितनी छात्राओं ने संकल्पना को पहचान लिया है? अपने हाथ ऊँचे कीजिए।

छात्राएँ – (हाथ ऊँचे करते हुए) मैडम, हमने संकल्पना को पहचान लिया है।

शिक्षिका – अभी बहुत कम छात्राओं ने संकल्पना की पहचान की है। अतः मैं आपको कुछ और उदाहरण देती हूँ। पतंग (चित्र दिखाते हुए) मेरी संकल्पना का सकारात्मक उदाहरण है, जबकि शेर (चित्र दिखाते हुए) मेरी संकल्पना का नकारात्मक उदाहरण है।

शिक्षिका – (चित्र दिखाते हुए) डाकिये के हाथ में झोला व पत्र मेरी संकल्पना का सकारात्मक उदाहरण है, जबकि डाकिया स्वयं मेरी संकल्पना का नकारात्मक उदाहरण है। आप सकारात्मक उदाहरणों में विद्यमान आवश्यक गुणों को पहचानिए तथा उनकी तुलना नकारात्मक उदाहरणों के गुणों से कीजिए।

विद्यार्थी – मैडम, हमने सकारात्मक उदाहारणों में शामिल आवश्यक गुणों को पहचान लिया है।

शिक्षिका – ठीक है। मेरी संकल्पना का अगला सकारात्मक उदाहरण (चित्र दिखाते हुए) इस नर्स के हाथ में दवाई व इंजेक्शन है, जबकि नर्स स्वयं मेरी संकल्पना का नकारात्मक उदाहरण है।

विद्यार्थी – मैडम, हमने संकल्पना को पहचान लिया है। उसका नाम बताएँ क्या?

शिक्षिका – नहीं, आप में से जिन छात्राओं ने संकल्पना को पहचान लिया है, वे उसका नाम अपने मन में रखें। जब मैं पूछूँ तभी संकल्पना का नाम बताएँ। अभी मैं कुछ और उदाहरण दे रही हूँ ताकि आप में से जिन छात्राओं ने संकल्पना की पहचान नहीं की है, वे भी संकल्पना को पहचान जाएँ।

शिक्षिका – (चित्र दिखाते हुए) इस चित्र में यह पुलिस वाले के हाथ में डंडा मेरी संकल्पना का सकारात्मक उदाहरण है, जबकि पुलिसवाला स्वयं मेरी संकल्पना का नकारात्मक उदाहरण है।

शिक्षिका – (चित्र दिखाते हुए) इस चित्र में यह दर्जी की मशीन मेरी संकल्पना का सकारात्मक उदाहरण है जबकि दर्जी स्वयं मेरी संकल्पना का नकारात्मक उदाहरण है। इसी तरह कक्षा में प्रयुक्त श्यामपट मेरी संकल्पना का सकारात्मक उदाहरण है, जबकि अध्यापक मेरी संकल्पना का नकारात्मक उदाहरण है।

शिक्षिका – छात्र मेरी संकल्पना का सकारात्मक उदाहरण है, जबकि पीपल का पेड़ मेरी संकल्पना का नकारात्मक उदाहरण है।

शिक्षिका – आप में से कितनी छात्राओं ने संकल्पना को पहचान लिया है? वे अपने हाथ उठाइये।

श्यामपट सारांश

कक्षा - 9वीं	दिनांक - 23.04.09
विषय - अर्थशास्त्र	दिंन - गुरूवार
प्रकरण -	कालांश - पंचम
	समय - 35 मिनिट
सकारात्मक उदाहरण	**नकारात्मक उदाहरण**
टेलीफोन	हाथी
आम	आम का पेड़
सेवफल	खरगोश
पंखा	गाय
मुर्गी के अंडे	मुर्गी
पतंग	शेर
डाकिये के हाथ में पत्र, झोला	डाकिया स्वयं
जूते	जूते बनाने वाला मोची नर्स के हाथ में दवाई, इंजेक्शन नर्स स्वयं
पुलिस का डण्डा	पुलिस
दर्जी की मशीन	दर्जी
कक्षा में प्रयुक्त श्यामपट	अध्यापक

विद्यार्थी – मैडम, हमने संकल्पना को पहचान लिया है।

शिक्षिका – ठीक है। अब आप में से अधिकांश छात्राओं ने संकल्पना को पहचान लिया है। अतः अब हम दूसरे सोपान में प्रवेश करते हैं।

द्वितीय सोपान : संकल्पना प्राप्ति की जाँच

अ. अनामांकित उदाहरणों को छात्राओं से नामांकित करना

शिक्षिका – अब मैं आपके सामने कुछ अनामांकित उदाहरण प्रस्तुत कर रही हूँ। आप यह बताइए कि उनमें से कौन सा संकल्पना का सकारात्मक उदाहरण है और कौन सा संकल्पना का नकारात्मक उदाहरण है।

शिक्षिका – टी.वी. मेरी संकल्पना का कौन सा उदाहरण है?

विद्यार्थी – टी.वी. आपकी संकल्पना का सकारात्मक उदाहरण है।

शिक्षिका – ठीक है। पुस्तक मेरी संकल्पना का कौन सा उदाहरण है?

विद्यार्थी – पुस्तक आपकी संकल्पना का सकारात्मक उदाहरण है।

शिक्षिका – ठीक है। तोता मेरी संकल्पना का कौन सा उदाहरण है?

विद्यार्थी – तोता आपकी संकल्पना का नकारात्मक उदाहरण है।

शिक्षिका – कूलर मेरी संकल्पना का कौन सा उदाहरण है?
विद्यार्थी – कूलर आपकी संकल्पना का सकारात्मक उदाहरण है।
शिक्षिका – ठीक है। छात्र मेरी संकल्पना का कौन सा उदाहरण है?
विद्यार्थी – छात्र आपकी संकल्पना का नकारात्मक उदाहरण है।
शिक्षिका – ये रोती हुई बच्ची (चित्र में दिखाते हुए) मेरी संकल्पना का कौन सा उदाहरण है?
विद्यार्थी – ये रोती हुई बच्ची आपकी संकल्पना का नकारात्मक उदाहरण है।
शिक्षिका – ठीक है। कलम मेरी संकल्पना का कौन सा उदाहरण है?
विद्यार्थी – कलम आपकी संकल्पना का सकारात्मक उदाहरण है।
शिक्षिका – ठीक है। (चित्र दिखाते हुए) ये खाना बनाती हुई महिला मेरी संकल्पना का कौन सा उदाहरण है?
विद्यार्थी – खाना बनाती हुई महिला आपकी संकल्पना का नकारात्मक उदाहरण है।
शिक्षिका – ठीक है। अब हम द्वितीय सोपान के द्वितीय भाग को प्रारम्भ करते हैं। जिसमें आप मुझे अपनी ओर से, संकल्पना के कुछ सकारात्मक उदाहरण प्रस्तुत करें।

ब. उदाहरणों को छात्राओं से पूछना

विद्यार्थी – पेन्सिल आपकी संकल्पना का सकारात्मक उदाहरण है।
शिक्षिका – ठीक है।
विद्यार्थी – पर्स आपकी संकल्पना का सकारात्मक उदाहरण है।
शिक्षिका – हाँ, ठीक है।
विद्यार्थी – मैडम, बकरी आपकी संकल्पना का नकारात्मक उदाहरण है।
शिक्षिका – हाँ।
विद्यार्थी – कबूतर आपकी संकल्पना का नकारात्मक उदाहरण है।
शिक्षिका – हाँ, कबूतर मेरी संकल्पना का नकारात्मक उदाहरण है।
विद्यार्थी – मेज आपकी संकल्पना का सकारात्मक उदाहरण है।
शिक्षिका – हाँ, ठीक है।
विद्यार्थी – अमरूद का पेड़ आपकी संकल्पना का नकारात्मक उदाहरण है।
शिक्षिका – सही है।
विद्यार्थी – कॉपी आपकी संकल्पना का सकारात्मक उदाहरण है।
शिक्षिका – हाँ, कॉपी मेरी संकल्पना का सकारात्मक उदाहरण है।
विद्यार्थी – चलता हुआ आदमी आपकी संकल्पना का नकारात्मक उदाहरण है।
शिक्षिका – हाँ, चलता हुआ आदमी मेरी संकल्पना का नकारात्मक उदाहरण है।

स. संकल्पना का नाम पूछना

शिक्षिका – अब आप संकल्पना का नाम बताइए।
विद्यार्थी – मैडम, संकल्पना का नाम 'वस्तुएँ' है।
शिक्षिका – ठीक है।

द. *संकल्पना के आवश्यक गुण पूछना*

शिक्षिका – अब आप संकल्पना के आवश्यक गुण बताइए।

विद्यार्थी – मैडम, वस्तुएँ कहलाने के लिए उस सामग्री में मनुष्य की आवश्यकताओं की संतुष्टि करने का गुण होना चाहिए।

शिक्षिका – ठीक है।

इ. *संकल्पना की परिभाषा पूछना*

शिक्षिका – 'वस्तुएँ' शब्द की परिभाषा दीजिए।

विद्यार्थी – 'वस्तुएँ भौतिक अथवा अभौतिक होती हैं। वस्तुओं को हम देख सकते हैं व स्पर्श कर सकते हैं। वस्तुओं से मनुष्य की आवश्यकताओं की संतुष्टि होती है।'

शिक्षिका – ठीक है। अब हम इस प्रतिमान के तीसरे सोपान 'चिंतन व्यूहरचना का विश्लेषण को प्रारंभ करते हैं।

शिक्षिका – पहले उदाहरण से आपने क्या परिकल्पना बनाई थी ?

विद्यार्थी अ.– मैडम, पहले उदाहरण के आधार पर मैंने सोचा था कि संदेश देने की वस्तु संकल्पना होगी।

विद्यार्थी ब. – मैंने सोचा था कि बिजली का यंत्र आपकी संकल्पना है।

शिक्षिका – आपकी वो परिकल्पना कब असत्य सिद्ध हुई ?

विद्यार्थी – जब आपने दूसरा सकारात्मक उदाहरण "आम" कहा, तब मेरी वो परिकल्पना असत्य सिद्ध हो गई।

शिक्षिका – आपने संकल्पना को कौन से उदाहरण से पहचाना ?

विद्यार्थी – जब आपने 'डाकिये के हाथ में पत्र व झोला' का सकारात्मक उदाहरण तथा डाकिये को नकारात्मक उदाहरण कहा, तब मैंने संकल्पना को पहचान लिया था।

विद्यार्थी स. – मैडम, जब आपने 'पंखा' आपकी संकल्पना का सकारात्मक उदाहरण कहा, तब मैंने संकल्पना को पहचान लिया था।

शिक्षिका – प्रथम सोपान में आपने क्या किया ?

विद्याथी – प्रथम सोपान में हमने सकारात्मक व नकारात्मक उदाहरणों के गुणों की तुलना की और उनके आधार पर परिकल्पनाएँ बनाई, तथा संकल्पना की पहचान की।

शिक्षिका – प्रथम सोपान का क्या नाम था ?

विद्यार्थी – प्रथम सोपान का नाम 'प्रदत्त का प्रस्तुतीकरण व संकल्पना की पहचान' था।

शिक्षिका – हाँ, द्वितीय सोपान का क्या नाम था ?

विद्यार्थी – द्वितीय सोपान का नाम 'संकल्पना प्राप्ति की जाँच' था।

शिक्षिका – ठीक है। तो छात्राओं, इस प्रकार आज हमने संकल्पना प्राप्ति प्रतिमान के द्वारा 'वस्तुएँ' संकल्पना का अध्ययन किया।

चयन उन्मुखीकृत संकल्पना प्राप्ति प्रतिमान की पदयोजना (Syntax of Selection Oriented Concept Attainment Model)

इस प्रतिमान के तीन सोपान होते हैं :

सोपान 1 प्रदत्त प्रस्तुतीकरण एवं गुणों की पहचान (Presentation of Data and Identification of Attributes)

सोपान 2 संकल्पना की प्राप्ति की जाँच (Testing Attainment of the Concept)

सोपान 3 चिंतन व्यूहरचना का विश्लेषण (Analysis of Thinking Strategy)

इनका वर्णन इस प्रकार है :

सोपान 1 : प्रदत्त प्रस्तुतीकरण एवं गुणों की पहचान

स्वीकृत उन्मुखीकृत प्रतिमान की तरह सर्वप्रथम शिक्षक को विद्यार्थियों को प्रस्तुत प्रतिमान की पद्धति से परिचित कराना चाहिए। इसके लिए उन्हें विद्यार्थियों को प्रतिमान के तीनों सोपानों के नाम और उनमें की जाने वाली गतिविधियों का वर्णन करना चाहिए। यह कार्य शिक्षक को प्रतिमान द्वारा अध्यापन कराने के पूर्व की कक्षाओं में करना चाहिए या फिर अध्यापन में प्रतिमान का उपयोग करते समय प्रथम सोपान में करना चाहिए। जब विद्यार्थी प्रतिमान के सोपानों में सम्पन्न की जाने वाली गतिविधियों को अच्छी तरह से समझ जाते हैं तो शिक्षक द्वारा प्रतिमान का उन्मुखीकरण कार्य नहीं किया जाना चाहिए।

अत: चयन उन्मुखीकृत संकल्पना प्राप्ति प्रतिमान के प्रथम सोपान में शिक्षक द्वारा विद्यार्थियों के समक्ष कुछ अनामांकित उदाहरण प्रस्तुत किए जाते हैं, और विद्यार्थियों से उन्हें नामांकित करने को कहा जाता है। उदाहरण नामांकित करने के लिए विद्यार्थियों द्वारा शिक्षक से प्रश्न पूछे जाते हैं कि 'क्या यह आपकी संकल्पना का सकारात्मक उदाहरण है', या 'क्या यह आपकी संकल्पना का नकारात्मक उदाहरण है?' शिक्षक इन प्रश्नों के उत्तर केवल 'हाँ' या 'नहीं' में देते हैं। विद्यार्थी प्रथम सकारात्मक उदाहरण में निहित गुणों के आधार पर परिकल्पना बनाते हैं और अन्य उदाहरणों से तुलना कर परिकल्पना का परीक्षण करते हैं। इस प्रकार विद्यार्थियों द्वारा सकारात्मक व नकारात्मक उदाहरणों के एक से अधिक या क्रमश: एक-एक गुण के आधार परिकल्पनाएँ बनाकर उनका परीक्षण किया जाता है और संकल्पना की प्राप्ति की जाती है। शिक्षक मध्य में विद्यार्थियों से पूछते जाते हैं कि 'क्या उन्होंने संकल्पना की पहचान कर ली है? और विद्यार्थी इसका उत्तर केवल हाँ/नहीं में देते हैं। जब कक्षा के अधिकतम विद्यार्थी संकल्पना की पहचान कर लेते हैं तो शिक्षक उदाहरण देना बंद कर देते हैं। इस प्रकार प्रथम सोपान पूर्ण हो जाता है।

सोपान 2 : संकल्पना की प्राप्ति की जाँच (Testing the Attainment of Concept)

विद्यार्थियों द्वारा संकल्पना की प्राप्ति की जाँच द्वितीय सोपान में की जाती है। इसके लिए शिक्षक सर्वप्रथम कुछ अनामांकित उदाहरण प्रस्तुत करते हैं और विद्यार्थियों से प्रश्न पूछते हुए उन्हें नामांकित कराते हैं। जैसे–

शिक्षक : क्या मोहन एक नकारात्मक उदाहरण है?

छात्र : नहीं।

इसके पश्चात् शिक्षक विद्यार्थियों से संकल्पना के कुछ नामांकित उदाहरण प्रस्तुत करने को कहते हैं, तथा विद्यार्थियों द्वारा प्रस्तुत किए गए उदाहरणों की पुष्टि हाँ/नहीं में करते हैं। और अन्त में विद्यार्थियों से संकल्पना का नाम, आवश्यक गुण तथा परिभाषा पूछी जाती है। इस प्रकार द्वितीय सोपान सम्पन्न होता है।

सोपान 3 : चिंतन व्यूहरचना का विश्लेषण (Analysis of Thinking Strategy)

तृतीय सोपान में शिक्षक, विद्यार्थियों द्वारा संकल्पना प्राप्ति के लिए प्रयुक्त की गयी चिंतन व्यूहरचनाओं को जानते एवं विश्लेषण करते हैं। इसके लिए शिक्षक उनसे प्रश्न पूछते हैं। जैसे – आपने प्रथम सकारात्मक उदाहरण के कौन से गुण/गुणों के बारे में विचार किया था, आपने द्वितीय सकारात्मक व नकारात्मक उदाहरण के आधार पर कौन सी परिकल्पना बनाई थी, जब आपकी वह परिकल्पना गलत सिद्ध हुई तब आपने उदाहरणों के किन गुणों के बारे में विचार किया, इत्यादि। इस प्रकार विद्यार्थी सर्वप्रथम अपने विचार स्पष्ट करते हैं, संकल्पना प्रप्ति में सहायक सिद्ध होने वाली परिकल्पनाओं की भूमिका एवं गुणों के बारे में चर्चा करते हैं। तथा अन्त में परिकल्पनाओं की संख्या एवं प्रकार के बारे में चर्चा करते हैं। इस प्रकार चयन उन्मुखीकृत संकल्पना प्राप्ति प्रतिमान के द्वारा प्रभावी अध्यापन कार्य सम्पन्न होता है।

चयन उन्मुखीकृत संकल्पना प्राप्ति प्रतिमान के लिए पाठ योजना प्रारूप (Lesson Plan Format for Selection Oriented Concept Attainment Model)

पाठ योजना क्रमांक 1

छात्राध्यापिका का नाम –	दिनांक –
कक्षा –	दिन –
विषय –	कालांश –
प्रकरण –	समय –

विद्यालय का नाम –

अनुदेशनात्मक उद्देश्य 1.

2.

3.

4.

संकल्पना का नाम –

संकल्पना का प्रकार –

संकल्पना के आवश्यक गुण –

संकल्पना की परिभाषा –

संकल्पना के सकारात्मक उदाहरण –
संकल्पना के नकारात्मक उदाहरण –
उदाहरणों के प्रस्तुतीकरण का माध्यम –

प्रथम सोपान : प्रदत्त का प्रस्तुतीकरण एवं गुणों की पहचान

(अ) चयन उन्मुखीकृत संकल्पना प्राप्ति प्रतिमान का उन्मुखीकरण
(ब) प्रदत्त प्रस्तुतीकरण
(स) गुणों की पहचान

द्वितीय सोपान : संकल्पना की प्राप्ति की जाँच

(अ) अतिरिक्त अनामांकित उदाहरणों को प्रस्तुत कर विद्यार्थियों से पहचान कराना।
(ब) विद्यार्थियों से उदाहरण पूछना
(स) संकल्पना का नाम पूछना
(द) संकल्पना के आवश्यक गुण पूछना
(इ) संकल्पना की परिभाषा पूछना

तृतीय सोपान : चिंतन व्यूहरचना का विश्लेषण

प्रश्न 1.
2.
3.
4.
5.

चयन उन्मुखीकृत संकल्पना प्राप्ति प्रतिमान के लिए कार्यपत्र
(Worksheet for Selection Oriented Concept Attainment Model)

विद्यार्थी का नाम	दिनांक –
कक्षा	दिन –
विषय	कालांश –
प्रकरण	समय –
विद्यालय का नाम	

शिक्षक द्वारा प्रस्तुत अनामांकित उदाहरण	उदाहरणों का नामांकन सकारात्मक/ नकारात्मक	गुण

संकल्पना का नाम –
संकल्पना के आवश्यक गुण –
संकल्पना की परिभाषा –

असंगठित सामग्री प्रतिमान (Unorganized Materials Model)

सभी संकल्पनाओं को उनके लक्षणों के आधार पर एक या दो शब्दों में व्यक्त नहीं किया जा सकता है। आदर्श-प्रकार की संकल्पनाएँ ऐसी ही होती है, जिन्हें व्यक्त करने के लिए उनमें निहित गुणों को समझने व पहचानने की आवश्यकता होती है। अतः ऐसी संकल्पनाओं को बोधगम्य बनाने के लिए असंगठित सामग्री प्रतिमान का उपयोग किया जा सकता है। असंगठित सामग्री कुछ वाक्य या पाठ अंश (Paragraph) होते हैं जिनमें किसी संकल्पना को उसके गुणों या विशेषताओं के आधार पर व्यक्त किया जाता है। अतः असंगठित सामग्री प्रतिमान में शिक्षक द्वारा विद्यार्थियों के समक्ष किसी संकल्पना के लिए असंगठित सामग्री (वाक्यों में) उदाहरणों के रूप में प्रस्तुत की जाती है, और विद्यार्थियों से उस संकल्पना की पहचान कर परिभाषित करने को कहा जाता है। इस प्रतिमान में दो सोपान होते हैं :

असंगठित सामग्री प्रतिमान की पदयोजना
(Syntax of unorganized Materials Model)

असंगठित सामग्री प्रतिमान में निम्न दो सोपान होते हैं –
सोपान 1- संकल्पना का वर्णन
सोपान 2- संकल्पना का मूल्यांकन

सोपान-1 संकल्पना का वर्णन

प्रस्तुत सोपान में सर्वप्रथम संकल्पना का पता लगाया जाता है तथा इसे नामांकित किया जाता है तत्पश्चात इसमें प्रयुक्त गुणों की पहचान की जाती है।

सोपान-2 संकल्पना का मूल्यांकन

प्रस्तुत सोपान में पहले उपयोग में लाई संकल्पना की पर्याप्तता एवं उपयुक्तता की चर्चा की जाती है। तत्पश्चात दूसरे प्रदत्त जो कि वही संकल्पना उपयोग कर रहे हैं, के अध्ययनों से तुलना की जाती है।

संकल्पना प्राप्ति प्रतिमान की सैद्धान्तिक जाँच
(Theory Checkup of Concept Attainment Model)

बी.एड. प्रशिक्षणार्थी ने संकल्पना प्राप्ति प्रतिमान को कितनी अच्छी तरह सीखा है इसका पता हमें संकल्पना प्राप्ति प्रतिमान की सैद्धान्तिक जांच से चलता है। यहाँ संकल्पना प्राप्ति प्रतिमान का सैद्धान्तिक जांच पत्र प्रस्तुत है:

बी.एड. प्रशिक्षणार्थी का नाम-------------------------------

संस्था का नाम -------------------------------------

प्रस्तुत जांच पत्र में 18 बहुविकल्प (Multipal Choice) प्रश्न दिए हैं। प्रत्येक प्रश्न के चार विकल्प हैं। प्रत्येक प्रश्न को ध्यानपूर्वक पढ़कर सही विकल्प के सामने सही (✓) का चिन्ह लगाइये।

1. निम्न में से कौन संकल्पना प्राप्ति प्रतिमान के प्रवर्तक हैं।
   (अ) ब्रूनर (ब) ब्रूनर, गुडनोव एवं आस्टिन
   (स) रिचर्ड सचमैन (द) शेवर
2. संकल्पना प्राप्ति की प्रक्रिया बेहतर रूप से वर्णित की जा सकती है
   (अ) नए वर्गों में प्रदत्त रखना
   (ब) नयी संकल्पना सीखना
   (स) नयी संकल्पना का नाम बताना
   (द) परिभाषित श्रेणियों में प्रदत्त रखने के लिए सार्थक गुण में विभेद करना।
3. स्वीकृत अभिमुखी संकल्पना प्राप्ति प्रतिमान में निम्न में से क्या प्रस्तुत किया जाता है?
   (अ) अनामांकित उदाहरण (ब) नामांकित उदाहरण
   (स) नामांकित एवं अनामांकित उदाहरण (द) उक्त में से कोई भी नहीं
4. नागरिक किस प्रकार की संकल्पना का उदाहरण है
   (अ) संयोजक (ब) वियोजक
   (स) सम्बन्धात्मक (द) उक्त में से कोई नहीं
5. निम्न में से कौन संकल्पना का तत्व नहीं है
   (अ) नाम (ब) सकारात्मक उदाहरण
   (स) नकारात्मक उदाहरण (द) सिद्धान्त
6. निम्न में से किसके अनुसार 'समूहों' अथवा श्रेणियों का निर्माण करना ही संकल्पना है।
   (अ) ब्रूनर (ब) ब्रूस जायस एवं मार्शा वेल
   (स) प्याजे (द) कोह्ल बर्ग
7. निम्न में से कौन संकल्पना का घटक नहीं है
   (अ) नाम (ब) गुण (आवश्यक एवं अनावश्यक)
   (स) कार्यदल (द) नियम
8. निम्न में से कौन सी विशेषता संकल्पना की कठिनाई से संबंधित नहीं है?
   (अ) क्षेत्र
   (ब) सामान्यीकरणों की संख्या जिसमें संकल्पना उपयोग में लायी गयी है।
   (स) संकल्पना का प्रकार
   (द) मूर्तता
9. त्रिभुज निम्न में से किस प्रकार की संकल्पना है
   (अ) संयोजक (ब) वियोजक

(स) संबंधात्मक

10. सिद्धांत जाँच का उपयोग निम्न के लिए किया जाता है।
    (अ) अधिगमक (ब) प्रशिक्षक
    (स) शिक्षक (द) प्रशासक
11. निम्न कथन "बुद्धि अनुवांशिकता एवं पर्यावरण का उत्पाद है" निम्न में से क्या है?
    (अ) संकल्पना (ब) तथ्य
    (स) कौशल (द) सामान्यीकरण
12. संकल्पना प्राप्ति प्रतिमान, प्रतिमानों के निम्न वर्गीकरणों में से किसका उदाहरण है।
    (अ) सामाजिक अन्तर्क्रिया (ब) व्यावहारिक
    (स) सूचना प्रक्रियाकरण (द) वैयक्तिक
13. बहन निम्न में से कौन सी संकल्पना है?
    (अ) संयोजक (ब) वियोजक
    (स) सापेक्ष (द) उक्त सभी
14. विद्यार्थी को सक्रिय बनाए रखने के लिए निम्न का उपयोग किया जाता है?
    (अ) पाठ योजना निर्देशिका (ब) कार्यपत्र
    (स) अध्यापन निरीक्षण (द) पाठ योजना
15. निम्न में से कौन फूल संकल्पना का एक आवश्यक गुण है?
    (अ) लाल (ब) रंग
    (स) सजावट (द) पूंछ
16. असंगठित सामग्री प्रतिमान के कितने सोपान होते हैं?
    (अ) एक (ब) दो
    (स) तीन (द) चार
17. प्रत्येक संकल्पना के कितने उदाहरण होते हैं।
    (अ) एक से अधिक (ब) दो
    (स) एक भी नहीं (द) केवल एक
18. पेड़ एक संकल्पना क्यों है?
    (अ) किसी का नाम (ब) वनस्पति
    (स) संज्ञा (द) समूह

जाँच प्रशिक्षण प्रतिमान (Inquiry Training Model)

विद्यार्थियों को अस्वाभाविक घटनाओं की जाँच व व्याख्या करने की एक प्रक्रिया सिखाने के लिए रिचर्ड सचमैन द्वारा जाँच प्रशिक्षण प्रतिमान का विकास किया गया। यह प्रतिमान सिद्धांतों का निर्माण करने व ज्ञान को संगठित (Organize) करने का प्रशिक्षण देता है। यह विद्यार्थियों को वैज्ञानिक विधि के आधार पर विद्वतापूर्ण जाँच की भाषा एवं कुछ कौशलों

को सिखाने के प्रयास है। भौतिक शास्त्रियों के द्वारा सृजित व विश्लेषण में प्रयुक्त की गई विधियों के द्वारा सचमैन ने प्रस्तुत प्रतिमान का विकास किया, उन्होंने अपनी जाँच प्रक्रिया के घटकों की पहचान कर एक अनुदेशनात्मक प्रतिमान जाँच प्रशिक्षण का निर्माण किया।

सचमैन का यह विचार था कि बच्चों में जिज्ञासा को आगे बढ़ाने की सहज प्रवृति होती है। अत उन्हें ऐसे अवसर दिए जाने चाहिए कि वे अपनी उत्सुकता को प्रश्न पूछ कर व उनके उत्तर खोज कर संतुष्ट कर सकें तथा नए क्षेत्रों को अधिक बलपूर्वक खोज सके। इसके लिए विद्यार्थियों में बौद्धिक क्षमता अनुशासन (Discipline) व कौशलों का विकास करना ही जाँच प्रशिक्षण प्रतिमान का सामान्य लक्ष्य है। सचमैन चाहते थे कि विद्यार्थी स्वतंत्रतापूर्वक, किन्तु एक अनुशासित तरीके से जाँच करें, तथा कोई घटना, जो घटित हो रही है, उसके घटित होने का क्या कारण है? उसके संबंध में प्रश्न करे तथा प्रदत्त एकत्रित कर उनका तार्किक विश्लेषण करें। वे विद्यार्थियों में सामान्य बौद्धिक व्यूहरचना का विकास कराना चाहते थे ताकि विद्यार्थी किसी घटना के घटित होने के कारणों को ढूँढने में उसका उपयोग कर सकें।

सचमैन के अनुसार विद्यार्थियों को अनुशासित जाँच की प्रक्रिया सिखाने के लिए जाँच के सामान्य अवसर दिए जाने चाहिए। उनकी धारणा थी कि व्यक्ति के सामने जब कोई समस्या या रहस्यमय घटना (Puzzling event) आती है, तभी वह उसके समाधान ढूँढने के लिए अभिप्रेरित होता है। अतः जाँच प्रशिक्षण का प्रारंभ विद्यार्थियों को एक रहस्यमय घटना प्रस्तुत करने के साथ होता है।

सचमैन का विचार था कि हमें विद्यार्थियों को यह बताना चाहिए कि संपूर्ण ज्ञान अनंतिम (Tentative) है। विद्वान नए-नए सिद्धान्तों का निर्माण व व्याख्या करते है, कुछ समय पश्चात् ये सिद्धान्त नकार दिए जाते हैं और अन्य नए सिद्धान्तों का निर्माण हो जाता है। अतः हम अपनी व्याख्याओं को और अधिक परिष्कृत (Sophisticated) कर सकते हैं तथा अन्य व्यक्तियों के विचार हमारे चिंतन को समृद्ध कर सकते हैं। अतः हमें अपना ज्ञान बढ़ाने के लिए अपने साथियों के वैकल्पिक विचारों को भी सहन करना चाहिए। सचमैन का जाँच प्रशिक्षण प्रतिमान निम्न सिद्धान्त पर आधारित है :

1. लोग स्वाभाविक रूप से तभी जाँच-पड़ताल करते है जब वे परेशान (Puzzled) होते हैं।
2. वे अपनी चिंतन व्यूहरचना के प्रति जागरूक (Conscious) होते हैं और उसका विश्लेषण करना सीख सकते हैं।
3. नयी व्यूहरचनाओं को प्रत्यक्षतः सिखाया जा सकता है, और उसे विद्यार्थियों की वर्तमान व्यूहरचनाओं से जोड़ा जा सकता है।
4. सहयोगात्मक जाँच चिंतन को समृद्ध करती है, और विद्यार्थियों को ज्ञान की अनंतिम (Tentative) किंतु आपतिक (Emergent) प्रकृति को समझने व वैकल्पिक व्याख्याओं के मूल्यांकन में मदद करती है।

शिक्षण व्यूहरचना का परिदृश्य (Overview of the Teaching Strategy)

सचमैन की उपर्युक्त विचारधारा का जॉयस व वैल (1985) ने शिक्षण में उपयोग कर जाँच प्रशिक्षण प्रतिमान का परिदृश्य इस प्रकार दिया है।

सर्वप्रथम विद्यार्थियों के सामने एक समस्या युक्त स्थिति रखी जाती है। यह स्थिति कोई कहानी, प्रयोग या असंगत घटना हो सकती है। इसे प्रस्तुत करने के लिए श्रव्य सामग्री, दृश्य-श्रव्य सामग्री, श्यामपट, नक्शा, ग्राफ, तालिका या फिर मौखिक कथन का उपयोग किया जा सकता है। इस प्रतिमान का अनंतिम (Ultimate) लक्ष्य विद्यार्थियों को अनुभव द्वारा नए ज्ञान का सृजन कराना है अत: उन्हें खोजपूर्ण विचारों से सामना कराया जाता है, जिससे विद्यार्थी नई संकल्पनाएँ व सिद्धान्तों का प्रतिपादन करते है और इस प्रकार प्राप्त ज्ञान को वे भूल नहीं सकते हैं।

शिक्षक द्वारा असंगत घटना को प्रस्तुत करने के पश्चात् विद्यार्थी शिक्षक से प्रश्न पूछते हैं। ये प्रश्न इस प्रकार के होते हैं जिनके उत्तर शिक्षक केवल हाँ या नहीं में देते हैं। यदि विद्यार्थी ऐसे प्रश्न पूछते है जिनके उत्तर हाँ या नहीं में देना संभव नहीं हो तब शिक्षक विद्यार्थियों को प्रश्न की संरचना में इस तरह परिवर्तन करने को कहते हैं ताकि उनके उत्तर हाँ/नहीं में दिए जा सके। यहाँ शिक्षक घटना का स्पष्टीकरण नहीं देते हैं। इस प्रकार विद्यार्थी प्रश्न करते हुए उनके उत्तर जानते हैं और उनके आधार पर परिकल्पनाएँ बनाते हैं। विद्यार्थियों को यह सिखाया जाता है कि खोज के प्रथम चरण में परिस्थिति के तथ्यों की जाँच की जाती है जिसमें समस्या युक्त घटना की सभी स्थितियों, वस्तुओं की पहचान व प्रकृति इत्यादि को समझा जाता है। अत: विद्यार्थी असंगत घटना से सम्बन्धित पर्याप्त जानकारी प्राप्त करने के पश्चात परिकल्पनाएँ बनाकर उनका परीक्षण करते हैं।

परिकल्पनाओं के परीक्षण के लिए विद्यार्थी उन वस्तुओं के बारे में अपने पूर्व ज्ञान का उपयोग करते हुए उस परिस्थिति में परिवर्तियों के मध्य संबंध स्थापित करते है, और इन आकस्मिक (Casual) संबंधों का परीक्षण शाब्दिक रूप से या फिर वास्तविक प्रयोग द्वारा करते हैं। इसके लिए वे नए प्रदत्त चयन करते है या फिर वर्तमान प्रदत्त को नए तरीके से संगठित करते है। विद्यार्थियों को परिकल्पनाओं का परीक्षण कर उन्हें स्वीकृत या अस्वीकृत करने के लिए घटनाओं व या वस्तुओं के मध्य 'कारण-प्रभाव' सम्बन्ध स्थापित करना आवश्यक होता है और इसलिए उन्हें क्या है? की जाँच करने वाले प्रश्नों एवं 'प्रयोग' के प्रश्नों या गतिविधियों में अंतर ज्ञात होना आवश्यक है। किसी सिद्धान्त के विकास के लिए यह दोनों आवश्यक है और अन्त में विद्यार्थी परिकल्पनाओं के परीक्षग के आधार पर समस्या/असंगत घटना के घटित होने के कई संभावित स्पष्टीकरण देते हैं। किसी असंगत घटना के घटित होने के पीछे कई स्पष्टीकरण हो सकते है, अत: विद्यार्थियों को अभिप्रेरित किया जाता है कि वे प्रथम स्पष्टीकरण से ही संतुष्ट ना हो।

जाँच प्रशिक्षण प्रतिमान की संरचना (Syntax of Inquiry Training Model)

जाँच प्रशिक्षण प्रतिमान के निम्न पाँच सोपान होते हैं :

प्रथम सोपान : समस्या का सामना
द्वितीय सोपान : प्रदत्त एकत्रीकरण - सत्यापन
तृतीय सोपान : प्रदत्त एकत्रीकरण - प्रायोगीकरण
चतुर्थ सोपान : स्पष्टीकरण का निर्माण
पंचम सोपान : जाँच प्रक्रिया का विश्लेषण

इनका वर्णन इस प्रकार है:

प्रथम सोपान : समस्या का सामना (Encounter with the Problem)

प्रथम सोपान में शिक्षक सर्वप्रथम विद्यार्थियों को प्रतिमान की जाँच प्रक्रिया का वर्णन करते है। वे विद्यार्थियों को प्रतिमान के उद्देश्य एवं हाँ - ना प्रश्नों की प्रक्रिया के बारे में बताते हैं। प्रतिमान का प्रभावी उपयोग करने के लिए शिक्षक द्वारा विद्यार्थियों को उनकी भूमिका की स्पष्ट व विस्तृत व्याख्या करने की आवश्यकता होती है, अत: शिक्षक को प्रारम्भ के पाठों में जाँच प्रक्रिया के लिए तकनीकी शब्दावली की बजाय सरल व रोजमर्रा में प्रयुक्त किए जाने वाले शब्दों का उपयोग करना चाहिए।

प्रस्तुत सोपान में जाँच प्रक्रिया की व्याख्या करने के पश्चात् शिक्षक द्वारा विद्यार्थियों के समक्ष एक असंगत घटना प्रस्तुत की जाती है, घटना से तात्पर्य एक ऐसी घटना से है। जिसमें कुछ असामान्य घटित हुआ हो। अत: असंगत घटना कोई उलझन भरी स्थिति, पहेली, कहानी हो सकती है। प्रतिमान का अनुप्रयोग करते समय व असंगत घटना को प्रस्तुत करते समय शिक्षक को निम्न बातों का ध्यान रखना चाहिए, जैसे -

1. एक असंगत घटना में एक से अधिक असंगतता नहीं होनी चाहिए। एक से अधिक समस्या होने पर विद्यार्थी समस्या के समाधान के लिए पूर्ण ध्यान केन्द्रित नहीं कर पाएँगे।
2. असंगत घटना विद्यार्थियों के मानसिक स्तर के अनुरूप होनी चाहिए। अर्थात् यदि विद्यार्थी समस्या को समझ ही नहीं पाएं तो वे उसके लिए प्रदत्त एकत्रित करने व उनकी जाँच करने में असमर्थ रहेंगे।
3. असंगत घटना में कारण-प्रभाव (Cause-effect) संबंध होना चाहिए। अर्थात घटना की अंसगतता के लिए कोई कारण होना चाहिए और उसका प्रभाव दिखाई देना चाहिए।
4. असंगत घटना के घटित होने के सभी कारणों को शिक्षक द्वारा सूचीबद्ध करना चाहिए, लेकिन उसे विद्यार्थियों के समक्ष घटना के कुछ ही कारणों को प्रस्तुत करना चाहिए तथा कुछ को छिपाना चाहिए।
5. चूँकि जाँच प्रशिक्षण प्रतिमान का उद्देश्य विद्यार्थियों में वैज्ञानिक जाँच की प्रवृत्ति विकसित करना होता है न कि समस्या का समाधान करवाना। अत: यदि विद्यार्थी प्रारम्भ में ही समस्या के समाधान पर पहुँचने लगे तो शिक्षक को छिपाए गए कारणों में से मन ही मन दूसरे कारण को समस्या के मुख्य कारण - प्रभाव में बदल लेना चाहिए, और विद्यार्थियों को जाँच का अधिक से अधिक अवसर देना चाहिए।

6. असंगत घटना के प्रति विद्यार्थियों का ध्यान आकर्षित करने के लिए उसे कुछ रोचक व मजेदार बनाना चाहिए। इसके लिए उसे घटना के पात्रों के नाम अजीबों- गरीब रखने चाहिए।
7. विद्यार्थियों के जाँच प्रशिक्षण प्रतिमान के सोपानों व कार्यविधि से परिचित कराने के लिए प्रारम्भिक समस्याएँ सरल व साधारण होनी चाहिए, जैसे पहेली, रहस्य या कोई जादुई घटना, जिसके लिए विद्यार्थियों को पृष्ठभूमि ज्ञान की अधिक आवश्यकता न हो।
8. असंगत घटना के प्रस्तुतीकरण के लिए श्रव्य-दृश्य सामग्री, श्रव्य सामग्री, नक्शे, ग्राफ, चार्ट, प्रतिमान (Model), प्रदर्शन, प्रयोग या मौखिक कथन इत्यादि में से उपयुक्त माध्यम का चयन करना चाहिए।
9. चूँकि विद्यार्थी स्वयं असंगत घटना में निहित समस्या का समाधान जाँच-पड़ताल द्वारा करते हैं। अतः शिक्षक को श्यामपट पर सामान्य जानकारी लिखते समय प्रकरण को पहले से नहीं लिखना चाहिए, न ही विद्यार्थियों को मौखिक रूप में बताना चाहिए। विद्यार्थियों द्वारा समस्या के समाधान पर पहुँचने के पश्चात् (चतुर्थ सोपान के पश्चात्) श्यामपट पर उपयुक्त स्थान पर प्रकरण लिखा जा सकता है।
10. असंगत घटना प्रस्तुत करने के पश्चात् यह निश्चित कर लेना चाहिए कि विद्यार्थियों ने घटना की असंगतता को समझ लिया है अथवा नहीं और इसके लिए विद्यार्थियों से घटना की असंगतता को परिभाषित/स्पष्टीकरण करवाना चाहिए। आवश्यकतानुसार शिक्षक भी इसमें विद्यार्थियों की मदद कर सकते हैं।

द्वितीय सोपान : प्रदत्त एकत्रीकरण: सत्यापन (Data Gathering-Verification)

प्रस्तुत सोपान में असंगत घटना के घटित होने के कारणों की जाँच के लिए सत्यापन द्वारा प्रदत्त एकत्रित किए जाते हैं। सत्यापन वह प्रक्रिया है, जिसके द्वारा विद्यार्थी देखी या अनुभव की गई घटना के बारे में सूचना इकट्ठा करते है। इसमें पहले विद्यार्थी परिस्थितियों एवं वस्तुओं की प्रकृति की जाँच करते हैं, तत्पश्चात् समस्या स्थिति के घटित होने की जाँच करते है, और इसके लिए वे शिक्षक से ऐसे प्रश्न पूछते है जिनके उत्तर शिक्षक हाँ या नहीं में देते है। ये प्रश्न विद्यार्थी घटना की असंगतता का स्पष्टीकरण जानने के लिए करते है। विद्यार्थियों द्वारा पूछे गए प्रश्न वस्तुओं, घटनाओं, गुणधर्म एवं परिस्थितियों से संबंधित होते हैं।

तृतीय सोपान : प्रदत्त एकत्रीकरण-प्रायोगीकरण (Data Gathering-Experimentation)

तृतीय सोपान में विद्यार्थी प्रायोगीकरण के द्वारा तथ्य एकत्रित करते हैं। इसके लिए भी वे प्रश्न करते है, जिनके उत्तर शिक्षक द्वारा हाँ या नहीं में दिये जाते हैं। लेकिन द्वितीय सोपान व तृतीय सोपान में पूछे गए प्रश्नों की संरचना में अंतर होता है। द्वितीय सोपान में पूछे गए प्रश्नों के द्वारा सत्यापन किया जाता है, जबकि तृतीय सोपान में पूछे गए प्रश्नों

के द्वारा प्रायोगीकरण किया जाता है। प्रायोगीकरण में संबंधित परिवर्तियों को पृथक किया जाता है और उसके पश्चात् परिकल्पनाएँ बनाकर उनका परीक्षण किया जाता है और उनमें कारणात्मक संबंध स्थापित किया जाता है। परिकल्पनाओं का परीक्षण प्रश्नों के अतिरिक्त प्रयोगों के द्वारा (यदि संभव हो तो) भी किया जा सकता है।

जाँच प्रक्रिया के दौरान कभी-कभी विद्यार्थी ऐसे तथ्य एकत्रित करते हैं, जिन्हें असंगत घटना के स्पष्टीकरण में कोई मदद न मिले। कभी वे ऐसे प्रश्न करते हैं जिनसे समस्या के समाधान में कोई मदद नहीं मिलती है। ऐसी स्थिति में शिक्षक उन्हें दिशानिर्देश दे सकते है जैसे -'आप वस्तु/गुण/घटना/परिस्थिति से संबंधित प्रश्न पूछिए' या आप 'क' विद्यार्थी के द्वारा पूछे गए प्रश्न की तरह पूछिए।

यदि विद्यार्थी परिकल्पनाओं के परीक्षण करने के पश्चात भी पूर्ण स्पष्टीकरण नहीं दे पा रहे हो तब उन्हें तृतीय सोपान से पुनः द्वितीय सोपान में जाकर प्रदत्त एकत्र करने को कहा जा सकता है। इसके पश्चात् वे पुनः तृतीय सोपान में आकर प्रदत्त के आधार पर परिकल्पनाएँ बना सकते हैं व उनका परीक्षण कर सकते हैं।

चतुर्थ सोपान : स्पष्टीकरण का निर्माण

चतुर्थ सोपान में शिक्षक विद्यार्थियों को स्पष्टीकरण का निर्माण करने को कहते हैं। विद्यार्थी एकत्रित किए गए प्रदत्त से परिकल्पनाओं के निर्माण व परीक्षण के आधार पर समस्या के समाधान के लिए स्पष्टीकरण देते है। कुछ विद्यार्थियों को इसमें कठिनाई आती हैं। वे आवश्यक वर्णन को भूलकर अपर्याप्त स्पष्टीकरण दे सकते हैं। कभी-कभी समान प्रदत्त पर कई सिद्धान्त या स्पष्टीकरण आधारित होते हैं, अतः अलग-अलग विद्यार्थी अलग-अलग स्पष्टीकरण दे सकते हैं। ऐसी स्थिति में शिक्षक को सभी विद्यार्थियों को अपनी व्याख्या करने का अवसर देना चाहिए ताकि समस्या के प्रति उनकी समझ में अंतर स्पष्ट हो। तत्पश्चात् उन्हें समूह के रूप में समस्या का समाधान करने व स्पष्टीकरण देने का अवसर देना चाहिए। सचमैन के अनुसार निम्नलिखित चार स्तरों पर स्पष्टीकरण किया जा सकता है:

1. सरल क्षैतिज कारण-प्रभाव सिद्धान्त (Simple Linear Causation)–सरल क्षैतिज कारण-प्रभाव सिद्धान्त वह होता है जिसमें कारण और प्रभाव में सीधा व स्पष्ट संबंध होता है। अतः इसके लिए दो परिवर्ती कारण व प्रभाव होने चाहिए। कारण व प्रभाव के रूप में अन्य कोई परिवर्ती मध्य में नहीं होता है। जैसे कीमत बढ़ने से वस्तु की मांग में कमी होती है। अतः यहाँ कीमत के बढ़ने (कारण) का सीधा प्रभाव मांग में कमी (प्रभाव) होना है।

2. गुणधर्मों के सिद्धान्त (Theories of Properties)–गुणधर्मों के सिद्धान्त के अंतर्गत उलझन भरी समस्या (Puzzled Situation) में शामिल वस्तुओं के गुणों का सम्बन्ध घटित प्रभावों से स्थापित किया जा सकता है। जैसे वस्तु की कीमत का प्रभाव मांग में कमी या वृद्धि से है। जिसमें वस्तु की कीमत गुण है, जिसके प्रभाव के फलस्वरूप मांग में कमी या वृद्धि हो रही है।

3. समरूपता का सिद्धान्त (Principle of Analogies)–समरूपता के सिद्धान्त के अंतर्गत स्पष्टीकरण देने के लिए असंगत घटना के घटित होने के लिए निकाले गए परिणाम के समान ही अन्य परिणाम दिए जाते हैं और उनकी तुलना की जाती है। जैसे किसी वस्तु की मांग का संबंध उसकी कीमत से है। इसका स्पष्टीकरण समरूपता के सिद्धान्त के अंतर्गत करने के लिए बताया जा सकता है कि सोने-चाँदी की कीमत बढ़ने से उनकी मांग कम हो जाती है।

4. सामान्यीकरण या सिद्धान्त का अनुप्रयोग (Application of a Generalization or Principle)–जब विभिन्न परिस्थितियों में प्रयोग कर समान परिणाम प्राप्त किए जाते है, तो उन परिणामों के आधार पर सामान्यीकरण किया जाता है और फिर वह एक सिद्धान्त बन जाता है। अतः विद्यार्थी असंगत घटना के लिए निकाले गए परिणाम का स्पष्टीकरण सामान्यीकरण के आधार पर भी कर सकते हैं।

उपर्युक्त चारों स्तरों में से किसी भी एक/अधिक स्तरों के आधार पर स्पष्टीकरण का निर्माण किया जा सकता है और इनके लिए स्रोत पुस्तकें व सहायक सामग्री का उपयोग किया जा सकता है।

पंचम सोपान : जाँच प्रक्रिया का विश्लेषण (Analysis of the Inquiry Process)

प्रस्तुत सोपान में विद्यार्थियों से उनकी जाँच के प्रारूप का विश्लेषण करने को कहा जाता है। इसके अंतर्गत विद्यार्थी ऐसे प्रश्नों का निर्धारण करते है जो अधिक प्रभावी थे, जो उत्पादक थे तथा जो अनुपयोगी थे। वे यह भी विश्लेषित करते है कि समस्या के हल तक पहुँचने के लिए कौन सी सूचना आवश्यक थी और जिसे प्राप्त नहीं किया गया। जाँच प्रक्रिया का विश्लेषण करने व प्रश्नों को ज्ञात करने के लिए विद्यार्थी कार्य-पत्र (Work-Sheet) की सहायता ले सकते हैं। जाँच प्रक्रिया के विश्लेषण में उपयोगी व अनुपयोगी प्रश्नों को ढूँढने के साथ ही विद्यार्थियों से जाँच-प्रक्रिया के सोपानों के बारे में भी पूछा जा सकता है।

सामाजिक पद्धति (Social System)

सचमैन के अनुसार जाँच प्रशिक्षण प्रतिमान की सामाजिक पद्धति सहयोगात्मक (Cooperative) व कठोर (Rigorous) होनी चाहिए। यद्यपि शिक्षक के द्वारा सामाजिक पद्धति को व्यापक रूप से नियंत्रित कर जाँच प्रशिक्षण प्रतिमान को उच्च रूप से संरचित किया जाता है। जाँच प्रशिक्षण प्रतिमान का बौद्धिक वातावरण सभी सम्बद्ध (Relevant) विचारों से खुला रहता है, जिसमें शिक्षक एवं विद्यार्थी समान रूप से सहभागिता करते हैं, हालाँकि प्रारम्भ में कक्षा का वातावरण शिक्षक के हाथ में रहता है, लेकिन उन्हें विद्यार्थियों को, जाँच के लिए जहाँ तक संभव हो, प्रोत्साहित करना चाहिए। जब विद्यार्थी जांच के सिद्धान्त सीख लेते है, तब स्रोत सामग्री के उपयोग, अन्य विद्यार्थियों से संवाद, प्रायोगीकरण एवं शिक्षक एवं विद्यार्थियों के मध्य चर्चा के द्वारा इस प्रक्रिया में विस्तार किया जा सकता है। जब विद्यार्थी, शिक्षक संरचित जाँच सत्रों में जांच प्रक्रिया का अभ्यास कर लेते हैं तब

वे खुले वातावरण में स्वयं, या अनौपचारिक समूह रूप में स्वतंत्र रूप से जाँच कर सकते हैं। इस प्रतिमान में शिक्षक की भूमिका विद्यार्थियों के समक्ष असंगत घटना प्रस्तुत करने की होती है। जब विद्यार्थी प्रश्न करते हैं, तब शिक्षक उन प्रश्नों के उत्तर हाँ या नहीं में देते हैं। तथा विद्यार्थियों को जाँच के लिए दिशा निर्देश करते हैं। समस्या के समाधान पर पहुँचने व स्पष्टीकरण का निर्माण करने के लिए विद्यार्थियों, शिक्षक द्वारा प्रस्तुत की गई घटना में असंगतता की पहचान करते हैं। तथा प्रदत्त एकत्रीकरण के लिए हाँ या नहीं में उत्तर दिए जा सकने वाले प्रश्न करते हैं तथा उनके आधार पर परिकल्पनाएँ बनाकर उनका परीक्षण कर समस्या के हल तक पहुँच कर स्पष्टीकरण का निर्माण करते हैं। इन सभी कार्यों के लिए वे आपस में विचार-विमर्श कर सकते हैं, पुस्तकालय से पुस्तकें तथा स्रोत सामग्री ले सकते है, कक्षा के बाहर खुले वातावरण में जा सकते है। और आवश्यकतानुसार शिक्षक की मदद ले सकते है।

प्रतिक्रिया का सिद्धान्त (Principles of Reaction)

प्रस्तुत प्रतिमान में शिक्षक द्वारा की जाने वाली महत्वपूर्ण प्रतिक्रिया द्वितीय व तृतीय सोपान में प्रारम्भ होती है। द्वितीय सोपान में शिक्षक विद्यार्थियों को जाँच में मदद करते हैं, लेकिन स्वयं जाँच नहीं करते हैं। यदि विद्यार्थी, शिक्षक से ऐसे प्रश्न पूछते हैं जिनके उत्तर हाँ या नहीं में नहीं दिए जा सकते हैं तो शिक्षक उन प्रश्नों के उत्तर नहीं देते हैं और उन्हें प्रश्नों को पुनः संरचित करने को कहते हैं, ताकि विद्यार्थी स्वयं के ही प्रयासों से प्रदत्त संकलित करे व उन्हें समस्या परिस्थिति से संबंधित करें। यदि आवश्यक हो तो शिक्षक समूह को नई सूचनाएँ उपलब्ध कराकर एवं विशेष समस्या घटनाओं पर ध्यान केन्द्रित कर जाँच को गतिशील बना सकते हैं। अंतिम सोपान में शिक्षक जाँच को खोज की प्रक्रिया की ओर निर्देशित करते हैं। अर्थात संपूर्ण प्रतिमान का केन्द्र विद्यार्थी व उनकी जाँच प्रक्रिया होती है, जिसमें शिक्षक उन्हें दिशानिर्देश देते हुए जाँच प्रक्रिया में मदद करते हैं।

सहायक तंत्र (Support System)

जाँच प्रशिक्षण प्रतिमान के सहायक तंत्र के अन्तर्गत असंगत परिस्थितियों के निर्माण के लिए विभिन्न विषयों की पुस्तकें पत्र-पत्रिकाएँ, स्रोत सामग्रियाँ, असंगत परिस्थितियों के प्रस्तुतीकरण के लिए आवश्यकतानुसार चार्ट, प्रतिमान (Model) प्रयोग सामग्री, श्यामपट तथा विद्यार्थियों द्वारा किए जाने वाले प्रश्नों व शिक्षक द्वारा उनके लिए दिए गए उत्तरों को सूचीबद्ध करने के लिए कार्यपत्र की आवश्यकता होती है। इसके अतिरिक्त सहायक तंत्र के अन्तर्गत कक्षा का वह खुला वातावरण भी शामिल किया जाता है जो जाँच प्रक्रिया को सम्पन्न करने के लिए विद्यार्थियों को चर्चा करने के लिए प्रदान किया जाता है। सहायक तंत्र के अन्तर्गत जाँच प्रक्रिया के निकष- सहयोग, बौद्धिक स्वतंत्रता और समानता को शामिल किया जा सकता है।

अनुदेशनात्मक एवं पोषक प्रभाव
(Instructional and Nurturant Effects)

प्रस्तुत प्रतिमान जाँच की व्यूहरचनाओं को आगे बढ़ाता (Pramotes) है तथा जाँच के लिए आवश्यक मूल्यों एवं अभिवृत्तियों का विकास करता है। इसके शिक्षण प्रभावों का वर्णन प्रकार है :

1. वैज्ञानिक प्रक्रिया से संबंधित कौशलों का विकास–जाँच प्रशिक्षण प्रतिमान के मुख्य परिणाम के रूप में वैज्ञानिक प्रक्रिया से संबंधित कौशलों जैसे निरीक्षण, प्रदत्त संकलन एवं संगठन, परिवर्तियों की पहचान एवं नियंत्रण, परिकल्पनाओं का निर्माण एवं परीक्षण, स्पष्टीकरणों का निर्माण एवं निष्कर्ष निकालना इत्यादि का विकास होता है।

2. सृजनात्मक जाँच के लिए व्यूहरचनाओं का विकास–जाँच प्रशिक्षण प्रतिमान के द्वारा विद्यार्थियों में सृजनात्मक जाँच के लिए व्यूहरचनाओं का विकास होता है। वे किसी घटना का विश्लेषण कर विभिन्न परिवर्तियों की पहचान करते हैं और उनमें कारण-प्रभाव सम्बन्ध स्थापित करते हैं। इससे उनमें व्याख्या कौशल का भी विकास होता है।

पोषक प्रभाव (Nurturant effects)

जाँच प्रशिक्षण प्रतिमान के उपर्युक्त अनुदेशनात्मक प्रभाव के अतिरिक्त निम्न पोषक प्रभाव उत्पन्न होते हैं–

1. यह प्रतिमान विद्यार्थियों में प्रश्नों के निर्माण एवं विचारों के परीक्षण के रूप में सक्रिय व स्वतंत्र अधिगम को बढ़ावा देता है।
2. विद्यार्थियों में सृजनात्मकता की भावना का विकास होता है।
3. यह प्रतिमान विद्यार्थियों को प्रश्न पूछने के लिए प्रोत्साहित करता है। इससे विद्यार्थियों में अप्रत्यक्ष रूप से जोखिम लेने की क्षमता उत्पन्न होती है। कभी-कभी कई विद्यार्थी अप्रासंगिक प्रश्न पूछते हैं या अनुपयोगी व्याख्या करते हैं। अतः अन्य विद्यार्थियों में इस अस्पष्टता या भ्रम को सहन करने की क्षमता विकसित होती है।
4. ज्ञान की प्रकृति अनिश्चित होती है, विद्यार्थी यह समझने में सक्षम होते हैं।

जाँच के लिए वातावरण का सृजन : कार्यविधियों का एक समूह
(Creating the Climate for Inquiry : a set of Procedures)

जाँच प्रशिक्षण प्रतिमान का मुख्य उद्देश्य विद्यार्थियों को अधिक स्वतंत्र अधिगमक बनाना होता है, और इसके लिए शिक्षकों को ऐसा वातावरण सृजित करने की आवश्यकता होती है, जो कि जाँच में सहायक हो। और इसलिए शिक्षकों को अनुदेशन प्रदान करते समय निर्देशन अल्प मात्रा में देना चाहिए और यह अभिवृत्ति रखनी चाहिए कि संपूर्ण ज्ञान अनिश्चित है जिसका कोई उत्तर नहीं है। जाँच के लिए उपयुक्त वातावरण प्रदान करने के लिए सचमैन ने जाँच सत्र संचालित करने के छः नियम बताए हैं, जो इस प्रकार है–

नियम 1 : प्रश्नों को इस प्रकार संरचित करना चाहिए कि उनके उत्तर हाँ या नहीं में दिए जा सकें। यह नियम दो बातों को बताता है: पहली तो यह कि विद्यार्थियों का चिंतन सुनिश्चित (Precise) होना चाहिए तथा दूसरा, इसमें मुक्त प्रश्नों के उत्तर नहीं देने होते हैं, इससे शिक्षक के सोचने का भार कम होता है।

नियम 2 : एक विद्यार्थी जितने भी प्रश्न पूछना चाहे, पूछ सकता है, क्योंकि सृजनात्मक चिंतन के लिए समय तथा निरन्तरता की आवश्यकता होती है। अत: किसी भी विद्यार्थी को प्रश्न पूछने से रोकना नहीं चाहिए, चाहे अन्य विद्यार्थी प्रश्न पूछना चाहते हों।

नियम 3 : शिक्षक सिद्धान्तों से संबंधित कथनों के उत्तर हाँ या नहीं में नहीं देते हैं। अर्थात् सिद्धान्त केवल जाँच के लिए प्रारम्भिक बिंदु होते हैं। कोई भी सिद्धान्त अंतिम नहीं होता, उसके आगे भी उसके अन्य कई सिद्धान्त परिणाम/उत्तर हो सकते हैं। अत: शिक्षक को विद्यार्थियों को उन सिद्धान्तों से आगे जाने, प्रयोग करने व परीक्षण करने के लिए प्रोत्साहित करना चाहिए।

नियम 4 : कोई भी विद्यार्थी किसी भी समय किसी भी सिद्धान्त का परीक्षण कर सकता है। अत: विद्यार्थियों को एक दूसरे के द्वारा प्रस्तुत सिद्धान्तों के गुणों पर चर्चा करनी चाहिए, एवं वे सभी सिद्धान्तों के परीक्षण के लिए स्वतंत्र होने चाहिए।

नियम 5 : यदि विद्यार्थी शिक्षक की अनुपस्थिति में एक दूसरे के साथ बातचीत करना चाहे तो वे एक सम्मेलन (Conference) बुलाने के लिए स्वतंत्र होने चाहिए। क्योंकि कुछ विद्यार्थी ऐसे होते हैं जो शिक्षक से अपने विचारों का आदान प्रदान नहीं कर पाते हैं, साथ ही वे शिक्षक के सामने अन्य विद्यार्थियों से भी चर्चा नहीं कर पाते हैं। अत: शिक्षक की अनुपस्थिति में विद्यार्थी, यदि चाहे तो सम्मेलन बुलाने के लिए स्वतंत्र होने चाहिए। यह सम्मेलन कम समय का होना चाहिए। (यह एक-दो मिनिट का भी हो सकता है।)

नियम 6 : जाँचकर्ता, यदि अनुभव करता है तो, प्रायोगिक सामान व संदर्भ पुस्तकों का उपयोग करने के योग्य होना चाहिए। अर्थात् विद्यार्थियों को ऐसा वातावरण उपलब्ध कराना चाहिए, कि वे सूचनाएँ एकत्र कर सके। इससे विद्यार्थी अधिक परिष्कृत रूप में अपना स्पष्टीकरण दे सकते हैं। वे सिद्धान्तों के बारे में पढ़ सकते हैं और विभिन्न परिवर्तियों में संबंध स्थापित कर समस्या का समाधान खोज सकते हैं।

अनुप्रयोग (Application)

जाँच प्रशिक्षण प्रतिमान का उपयोग सभी विषयों के शिक्षण के लिए किया जा सकता है। ऐसे प्रकरण, जिन्हें समस्या या उलझन भरी स्थिति के रूप में प्रस्तुत किया जा सकता है, इस प्रतिमान के लिए उपयुक्त होते हैं। ऐसा माना जाता है, कि विज्ञान जैसे विषयों के शिक्षण के लिए यह प्रतिमान अधिक उपयुक्त है। लेकिन सामाजिक विज्ञानों व साहित्य में भी ऐसे कई प्रकरण होते हैं, जिन्हें प्रस्तुत प्रतिमान के द्वारा पढ़ाया जा सकता है। हालाँकि पाठ्चर्या प्रकरणों को समस्या या असंगत घटना के रूप में प्रस्तुत करना एक जटिल कार्य है।

जाँच प्रशिक्षण प्रतिमान को सभी उम्र वर्ग के विद्यार्थियों के लिए उपयोग में लाया जा सकता है, लेकिन प्रत्येक उम्र समूह के लिए उसका अनुकूलन करने की आवश्यकता

होती है, क्योंकि प्रत्येक समूह और प्रत्येक विद्यार्थी अद्वितीय (Unique) होता है। अतः प्रतिमान का उपयोग करते समय उसे विभिन्न तरीकों से सरल करने की आवश्यकता होती है, ताकि विद्यार्थी उसे अच्छी तरह समझ सके और सभी सोपानों में अपनी भूमिका का भली-भाँति निर्वाह कर सके। अतः

(अ) प्रारम्भ में समस्या सरल व दैनिक जीवन से संबंधित होना चाहिए।

(ब) यदि विद्यार्थी पहले से जाँच प्रशिक्षण प्रतिमान से परिचित नहीं हो तो उन्हें प्रारम्भिक पाठों में प्रतिमान से संबंधित तकनीकी शब्दावलियों के बारे में नहीं बताकर सामान्य शब्दों का प्रयोग करना चाहिए तथा धीरे-धीरे अगले पाठों में तकनीकी शब्दावलियों से परिचित कराना चाहिए।

(स) जाँच प्रक्रिया में सहभागिता करने के लिए सभी विद्यार्थियों को प्रेरित करना चाहिए।

(द) यदि विद्यार्थी हाँ या नहीं में उत्तर देने वाले प्रश्नों का निर्माण करने में कठिनाई अनुभव कर रहे हों तो शिक्षक को उनकी मदद करनी चाहिए।

(इ) विद्यार्थियों को प्रदत्त के प्रायोगीकरण (शाब्दिक अथवा वास्तविक) का अवसर दिया जाना चाहिए।

पाठ्योजना प्रारूप (Lesson Plan Format)

जाँच प्रशिक्षण प्रतिमान

सामान्य जानकारी

अध्यापिका का नाम -	दिनांक
कक्षा -	दिन -
विषय -	कालांश -
प्रकरण -	समय -
विद्यालय का नाम -	

अनुदेशनात्मक उद्देश्य 1.
2.
3.
4.

प्रथम सोपानः असंगत घटना का प्रस्तुतीकरण

(क) असंगत घटना का विवरण :

(ख) घटना में निहित समस्या :

(ग) असंगत घटना को प्रस्तुत करने के लिए माध्यम :

द्वितीय सोपान : प्रदत्त एकत्रीकरण - सत्यापन

1. वस्तु संबंधी प्रश्न
2. घटना संबंधी प्रश्न

3. गुण संबंधी प्रश्न
4. परिस्थिति संबंधी प्रश्न

तृतीय सोपान : प्रदत्त एकत्रीकरण - प्रायोगीकरण

1. वस्तु संबंधी प्रश्न/प्रयोग :
2. घटना संबंधी प्रश्न/प्रयोग :
3. गुण संबंधी प्रश्न/प्रयोग :
4. परिस्थिति संबंधी प्रश्न/प्रयोग :

चतुर्थ सोपान: स्पष्टीकरण का निर्माण

1. सरल क्षैतिज कारण प्रभाव सिद्धान्त
2. गुण धर्मों का सिद्धान्त
3. तुल्यरूपता का सिद्धान्त
4. सामान्यीकरण या सिद्धान्त का अनुप्रयोग

पंचम सोपान : जाँच प्रक्रिया का विश्लेषण

1. जाँच प्रक्रिया के सोपानों की पुनरावृत्ति संबंधी प्रश्न
2. विद्यार्थियों द्वारा पूछे गये प्रश्नों पर आधारित प्रश्न

विद्यार्थियों द्वारा उपयोग में लिया जाने वाला कार्यपत्र

जाँच प्रक्रिया के दौरान द्वितीय व तृतीय सोपान में विद्यार्थियों द्वारा कई प्रश्न पूछे जाते हैं। इन सभी प्रश्नों के उत्तर शिक्षक द्वारा हाँ या नहीं में दिए जाते है। जिनके आधार पर ही विद्यार्थी जाँच प्रक्रिया को आगे बढ़ाते हैं। अतः विद्यार्थियों द्वारा किए गए प्रश्नों व शिक्षक द्वारा उनके दिए गए उत्तरों को याद रखने के लिए एक कार्यपत्र का उपयोग किया जाता है, जिसमें सभी प्रश्नों को उनके उत्तरों सहित लिखा जाता है। यह कार्यक्रम शिक्षक द्वारा कक्षा के सभी विद्यार्थियों को दिए जाते हैं। इसका प्रारूप इस प्रकार है।

प्रतिमान का नाम - जाँच प्रशिक्षण प्रतिमान

विद्यार्थी का नाम -	दिनांक -
कक्षा -	दिन -
विषय -	कालांश -
प्रकरण -	समय -
अध्यापक का नाम -	
विद्यालय का नाम -	

प्रदत्त एकत्रीकरण - सत्यापन		प्रदत्त एकत्रीकरण - प्रायोगीकरण	
विद्यार्थियों द्वारा पूछे गए प्रश्न	शिक्षक द्वारा दिए गए उत्तर	विद्यार्थियों द्वारा पूछे गए प्रश्न	शिक्षक द्वारा दिए गए उत्तर

जाँच प्रशिक्षण प्रतिमान (Inquiry Training Model)

पाठ योजना क्र. 1

अध्यापिका का नाम	- मंजुलता शर्मा	दिनांक	-	22/04/09
कक्षा	- 12 वीं	दिन	-	बुधावार
विषय	- बहीखाता एवं लेखाकर्म	कालांश	-	चतुर्थ
प्रकरण	- साझेदारी फर्म के लेखे	समय	-	35 मिनिट

विद्यालय का नाम - श्री क्लॉथ मार्केट कन्या उ.मा. विद्यालय, इन्दौर

अनुदेशनात्मक उद्देश्य -

(1) वैज्ञानिक प्रक्रिया से संबंधित कौशलों का विकास करना।

(2) विद्यार्थियों में सृजनात्मक जाँच के लिए व्यूह रचना का विकास करना।

प्रथम सोपान : असंगत घटना का प्रस्तुतीकरण

(अ) जाँच प्रक्रिया का स्पष्टीकरण/उन्मुखीकरण-विद्यार्थियों, आज मैं आपकों बहीखाता एवं लेखाकर्म विषय एक नई विधि से पढ़ाऊँगी। इस नई विधि का नाम जाँच प्रशिक्षण प्रतिमान है। इस विधि को मैं आपको पाँच सोपानों के अन्तर्गत पढ़ाऊँगी। जिसके पहले सोपान का नाम 'असंगत घटना का प्रस्तुतीकरण' है। इस सोपान में, मैं आपके सामने एक घटना प्रस्तुत करूँगी। आपको उस घटना में समस्या को पहचानना है। घटना प्रस्तुत करते समय मैं आपको कुछ जानकारी दूँगी। ये जानकारी समस्या को हल करने के लिए पर्याप्त नहीं है। अतः आपकों इस प्रतिमान के दूसरे सोपान में समस्या को हल करने के लिए और अधिक जानकारी एकत्रित करनी है। प्रतिमान के दूसरे सोपान का नाम 'प्रदत्त एकत्रीकरण-सत्यापन' है, जिसमें जानकारी एकत्रित करने के लिए आप मुझसे प्रश्न पूछेंगे। आपके ये प्रश्न 'क्या' से प्रारम्भ होना चाहिए और इस प्रकार संरचित होना चाहिए, जिनके उत्तर मैं आपकों हाँ या नहीं में दे सकूँ। मैं आपके प्रश्नों के उत्तर केवल हाँ या नहीं में ही दूँगी। इस प्रकार प्रदत्त एकत्र कर उनके आधार पर आप समस्या के संभावित कारणों

अर्थात् परिकल्पनाओं का निर्माण करेंगे। जब आप पर्याप्त परिकल्पनाओं का निर्माण कर लेंगे तब हम इस प्रतिमान के तीसरे सोपान 'प्रदत्त एकत्रीकरण-प्रायोगीकरण' में प्रवेश करेंगे। द्वितीय सोपान में बनाई गई परिकल्पनाओं का परीक्षण करने के लिए इस सोपान में आप मुझसे पुनः प्रश्न करेंगे। आपके ये प्रश्न 'यदि' से प्रारंभ होने वाले होना चाहिए, जिनके उत्तर मैं आपको हाँ या नहीं में ही दूँगी। इस प्रकार परिकल्पनाओं के परीक्षण से प्राप्त परिणामों के आधार पर आप घटना में दी गई समस्या के लिए 'स्पष्टीकरण का निर्माण करेंगे।' जो इस प्रतिमान का चतुर्थ सोपान है। इसके पश्चात् हम पाँचवे सोपान 'जाँच प्रक्रिया का विश्लेषण' को प्रारम्भ करेंगे, जिसमें मैं आपसे जाँच प्रक्रिया से संबंधित प्रश्न पूछूंगी, जैसे 'आपने यह प्रश्न क्यों पूछा?' इस प्रश्न को पूछते समय आप क्या सोच रहे थे? इत्यादि। इसके अतिरिक्त इस सोपान में, मैं आपसे 'जाँच प्रशिक्षण प्रतिमान' के सोपानों से संबंधित प्रश्न भी पूछ सकती हूँ। तो बच्चों अब मैं आपको एक असंगत घटना सुनाती हूँ।

प्रथम सोपान : असंगत घटना का प्रस्तुतीकरण

(अ) असंगत घटना का विवरणः (शिक्षिका विद्यार्थियों को असंगत घटना सुनाती है।)–अमीरचंद, करोड़पति और लखीराम एक फर्म में साझेदार थे। 1 जनवरी 2006 को उनकी पूँजी क्रमशः 10,000 रु., 8000 रु. और 6000 रु. थी। व्यवसाय से होने वाले लाभ को वितरित करने के लिए वे 3:1:1 के लाभ अनुपात पर सहमत हुए थे। उन्हें पूँजी पर 5 प्रतिशत की दर से ब्याज दिया जाता था तथा अमीरचंद व करोड़पति को फर्म का कार्य देखने के लिए क्रमशः 800 रु. व 600 रु. प्रतिवर्ष वेतन दिया जाता था। प्रत्येक साझेदार प्रतिवर्ष अपने निजी प्रयोग के लिए फर्म के लाभ में से 700 रु. आहरित करता था। वर्ष 2006 को फर्म का लाभ 6,200 रु. वर्ष 2007 को फर्म का लाभ 5,800 रु. तथा वर्ष 2008 को 9,000 रु. था। साझेदारों के पूँजी खाते बनाते समय वर्ष 2006 व वर्ष 2008 में साझेदारों के पूँजी खाते में पूँजी पर ब्याज, आहरण पर ब्याज व वेतन का लेखा किया गया, लेकिन वर्ष 2007 में साझेदारों के पूँजी खाते में पूँजी पर ब्याज, आहरण पर ब्याज व वेतन का लेखा नहीं किया गया। बच्चों अब आप बताइए कि इस घटना में असंगत क्या है?

(ब) असंगतता की पहचान-विद्यार्थी–जब वर्ष 2006 व वर्ष 2008 में साझेदारों के पूँजी खाते में पूँजी व आहरण पर ब्याज तथा वेतन का लेखा किया गया, तो वर्ष 2007 में साझेदारों के पूँजी खाते में इनका लेखा क्यों नही किया गया।

शिक्षिका : ठीक है। अब आप सभी इस असंगतता के समाधान के लिए इस प्रकार के प्रश्न पूछें, जिनका उत्तर मैं आपको 'हाँ' अथवा 'नहीं' में दे सकूँ।

(स) असंगत घटना के प्रस्तुतीकरण का माध्यम – मौखिक

द्वितीय सोपान : प्रदत्त एकत्रीकरण – सत्यापन

विद्यार्थी : क्या वर्ष 2007 में फर्म का व्यवसाय बंद हो गया था?

शिक्षिका : नहीं।

विद्यार्थी : क्या वर्ष 2007 में फर्म के खाते तैयार नहीं किए गए थे?

शिक्षिका : नहीं।

विद्यार्थी : क्या वर्ष 2007 में साझेदारों ने पूँजी पर ब्याज प्राप्त नहीं किया था?

शिक्षिका : नहीं।

विद्यार्थी : क्या वर्ष 2007 में साझेदारों ने आहरण पर ब्याज नहीं दिया था?

शिक्षिका : नहीं।

विद्यार्थी : क्या वर्ष 2007 में अमीरचंद और करोड़पति ने फर्म का कार्य संभाला था?

शिक्षिका : हाँ।

विद्यार्थी : क्या वर्ष 2007 में फर्म के लाभ को किसी अन्य कार्य में उपयोग कर लिया गया था?

शिक्षिका : नहीं।

विद्यार्थी : क्या वर्ष 2007 में साझेदारों में कोई विवाद हो गया था?

शिक्षिका : नहीं।

विद्यार्थी : क्या वर्ष 2007 में फर्म की पिछले किसी वर्ष की हानि को समोयोजित किया गया था?

शिक्षिका : नहीं।

विद्यार्थी : क्या वर्ष 2007 में साझेदारों को पूँजी पर ब्याज व वेतन देने के लिए पर्याप्त धन था?

शिक्षिका : हाँ।

विद्यार्थी : क्या वर्ष 2007 में फर्म में किसी नए साझेदार का प्रवेश हुआ था?

शिक्षिका : नहीं।

विद्यार्थी : क्या वर्ष 2007 में फर्म ने सरकारी नीति अनुसार कोई कर शुल्क इत्यादि के रूप में बड़ी राशि जमा की थी?

शिक्षिका : नहीं।

विद्यार्थी : क्या वर्ष 2007 के लेखे करने के लिए साझेदारों की पूँजी की प्रकृति वर्ष 2006 के समान थी?

शिक्षिका : नहीं।

विद्यार्थी : क्या वर्ष 2007 में साझेदारों को पूँजी पर ब्याज दिया गया था?

शिक्षिका : हाँ।

विद्यार्थी : क्या वर्ष 2007 में साझेदारों से आहरण पर ब्याज लिया गया था?

शिक्षिका : हाँ।

विद्यार्थी : क्या वर्ष 2007 में साझेदारों के पूँजी खाते बनााने के नियम वर्ष 2008 से अलग थे?

शिक्षिका : हाँ।

विद्यार्थी : क्या वर्ष 2006 व वर्ष 2008 में साझेदारों के पूँजी खाते तैयार करने के नियम समान थे?

शिक्षिका : हाँ।

शिक्षिका : बच्चों अब आपने समस्या के समाधान के लिए पर्याप्त आँकड़े अर्थात प्रदत्त इकट्ठा कर लिए हैं। अतः अब आप तीसरे सोपान प्रदत्त एकत्रीकरण-प्रायोगीकरण में इन प्रदत्त के आधार पर बनाई गई परिकल्पना का परीक्षण कीजिए।

तृतीय सोपान : प्रदत्त एकत्रीकरण-प्रायोगीकरण

विद्यार्थी : यदि वर्ष 2006 व वर्ष 2007 में पूँजी खाते तैयार करने के नियम समान होते, तब भी वर्ष 2007 में साझेदारों के पूँजी खाते में पूँजी व आहरण पर ब्याज तथा वेतन के लेखे नहीं किये जाते?

शिक्षिका : नहीं।

विद्यार्थी : यदि पूँजी खाते तैयार करने के नियम वर्ष 2008 में वर्ष 2007 के अनुसार होते तो क्या वर्ष 2008 में साझेदारों के पूँजी खाते में ये लेखे किये जाते?

शिक्षिका : नहीं

विद्यार्थी : क्या वर्ष 2007 में पूँजी खाते के अतिरिक्त अन्य खाते बनाए गए थे?

शिक्षिका : हाँ। (यह प्रश्न द्वितीय सोपान से संबंधित है।)

विद्यार्थी : यदि वर्ष 2006, 2007 व वर्ष 2008 में पूँजी खाते तैयार करने के नियम समान होते, तब भी क्या यह असंगतता होती?

शिक्षिका : नहीं।

चतुर्थ सोपान : स्पष्टीकरण का निर्माण

शिक्षिका : अब आपने अपनी परिकल्पनाओं का परीक्षण कर लिया है। अतः आप समस्या के समाधान के लिए स्पष्टीकरण का निर्माण कीजिए।

विद्यार्थी : वर्ष 2007 में साझेदारों को पूँजी पर दिए गए ब्याज व आहरण पर लिये ब्याज व वेतन का लेखा पूँजी खाते में नहीं किया गया था, क्योंकि वर्ष 2007 में साझेदारों की पूँजी स्थिर मानकर लेखे किए गए थे। अतः इनका लेखा साझेदारों का चालू खाता बनाकर किया गया था। (सरल क्षैतिज कारण प्रभाव)

शिक्षिका : ठीक है।

विद्यार्थी : परिवर्तनशील पूँजी की दशा में साझेदारों का चालू खाता नहीं खोला जाता हैं। और पूँजी पर ब्याज, आहरण पर ब्याज, लाभ/ हानि, वेतन इत्यादि की गणना पूँजी खाते में की जाती है। अतः वर्ष 2006 व वर्ष 2008 में साझदारों के पूँजी खाते में इनका लेखा किया गया।

स्थिर पूँजी की दशा में साझेदारों का चालू खाता बनाया जाता है। और पूँजी पर ब्याज, आहरण पर ब्याज लाभ/हानि, वेतन इत्यादि की गणना चालू खाते

में की जाती है। वर्ष 2007 में साझदारों की पूँजी स्थिर मानी जाने के कारण इनका लेखा साझेदारों के चालू खाते में किया गया। (वस्तु के गुण धर्म का सिद्धांत)

विद्यार्थी : जिस तरह परिवर्तनशील पूँजी होने की स्थिति में केवल साझेदारों के पूँजी खाते बनाकर पूँजी का आहरण पर ब्याज, लाभ, हानि, आहरण, वेतन इत्यादि का लेखा किया जाता है। उसी प्रकार स्थिर पूँजी की स्थिति में साझेदारों के चालू खाते बनाकर उसमें पूँजी व आहरण पर ब्याज, लाभ, हानि, आहरण, वेतन इत्यादि का लेखा किया जाता है। (समरूपता का सिद्धांत)

विद्यार्थी : परिवर्तनशील पूँजी होने पर केवल साझेदारों के पूँजी खाते बनाए जाते हैं। और उसी में साझेदारों की पूँजी व उस पर मिलने वाला ब्याज, लाभ/ हानि, वेतन, आहरण, उस पर दिये जाने वाले ब्याज का लेखा किया जाता हैं। उसी तरह स्थिर पूँजी होने पर साझेदारों के पूँजी खाते व चालू खाते दोनों बनाए जाते है। और पूँजी खाते में केवल पूँजी लिखी जाती है। जबकि चालू खाते में व पूँजी पर मिलने वाला ब्याज, लाभ/हानि, आहरण व उस पर दिये जाने वाले ब्याज का लेखा किया जाता है। (सामान्यीकरण या सिद्धांत का अनुप्रयोग)

शिक्षिका : ठीक है। अब आपने चतुर्थ सोपान को भी पूर्ण कर लिया है। इसलिए अब हम इस प्रतिमान के पाँचवे सोपान जाँच प्रक्रिया का विश्लेषण को प्रारंभ करेंगे।

पंचम सोपान : जाँच प्रक्रिया का विश्लेषण

(जाँच प्रक्रिया की पुनरावृत्ति से संबंधित प्रश्न)

शिक्षिका : प्रस्तुत प्रतिमान के सोपानों के नाम बताइए।

विद्यार्थी : प्रस्तुत प्रतिमान के प्रथम सोपान 'असगत घटना का प्रस्तुतीकरण', द्वितीय सोपान 'प्रदत्त एकत्रीकरण – सत्यपान', तृतीय सोपान – 'प्रदत्त एकत्रीकरण – प्रायोगीकरण', चतुर्थ सोपान, 'स्पष्टीकरण का निर्माण' तथा पाँचवा सोपान – 'जाँच प्रक्रिया का विश्लेषण' है।

शिक्षिका : ठीक है। आप प्रस्तुत प्रतिमान का नाम बताइए।

विद्यार्थी : प्रस्तुत प्रतिमान का नाम जाँच प्रशिक्षण प्रतिमान है।

(विद्यार्थियों द्वारा पूछे गए प्रश्नों के आधार पर प्रश्न)

शिक्षिका : जब आपने यह पूछा कि क्या वर्ष 2007 में फर्म का व्यवसाय बंद हो गया था तब आप क्या सोच रहे थे?

विद्यार्थी : मैं सोच रही थी कि फर्म का व्यववाय ही बंद हो गया होगा तो इसलिए कोई लेखा कार्य नहीं हुआ होगा।

शिक्षिका : जब आपने यह पूछा कि क्या वर्ष 2007 में साझेदारों में कोई विवाद हो गया था, तब आप क्या सोच रहे थे?

विद्यार्थी : मैं सोच रही थी कि साझेदारों में कोई विवाद होने के कारण उस वर्ष उनमें

लाभ/हानि को बाँटने पर स्वीकृति नही बनी होगी और इसलिए उन्हें पूँजी पर ब्याज तथा वेतन की गणना नहीं की गयी होगी।

शिक्षिका : आपने ये प्रश्न कि क्या वर्ष 2007 में पूँजी खाते के अतिरिक्त अन्य खाते बनाए गए थे? क्यों पूछा?

विद्यार्थी : मैं सोच रही थी कि यदि वर्ष 2007 में साझेदारों के पूँजी खाते के अतिरिक्त अन्य खाते बनाए गए थे तो पूँजी व आहरण पर ब्याज तथा वेतन की गणना निश्चित रूप में उसी में की गई होगी।

शिक्षिका : ठीक है। तो बच्चों, आज हमने जाँच प्रशिक्षण प्रतिमान के द्वारा साझेदारी फर्म के लेखे के अन्तर्गत स्थिर पूँजी व परिवर्तनशील पूँजी में तैयार किये जाने वाले खातों के बारे में अध्ययन किया।

8. वाणिज्य में नवाचार
(Innovations in Commerce)

आज का युग सूचना एवं तकनीकी का युग है। प्रत्येक विषय में कुछ न कुछ नवाचार हो रहे हैं, वाणिज्य भी इससे अछूता नहीं है। यहाँ चार प्रमुख नवाचारों का वर्णन प्रस्तुत है :

अ. इलेक्ट्रोनिक वाणिज्य

ब. टैली पैकेज

स. जर्क तकनीक

द. अनुदेशन सामग्री

अ. इलेक्ट्रोनिक वाणिज्य (Electronic Commerce)

वाणिज्य का शाब्दिक अर्थ व्यापार होता है। व्यापार से सम्बन्धित अन्य गतिविधियाँ हैं क्रय, विक्रय, बैंकिंग, बीमा, विपणन, संचार एवं यातायात के साधन। पुराने जमाने में खरीददार एवं विक्रेता एक दूसरे से आमने-सामने के सम्पर्क द्वारा वस्तुएँ खरीदते एवं बेचते थे। गाँवों में किसी दिन हाट लगते थे एवं वहाँ दुकानदार अपनी वस्तुएँ बेचने एवं उपभोक्ता उसे खरीदने आते थे। गाँव के लोग शहरों में वस्तुएँ खरीदने आते हैं, ताकि उन्हें अच्छी गुणवत्ता की वस्तु उचित कीमत में मिल सके। आज व्यापार देश की सीमाओं को लांघकर अंतर्राष्ट्रीय होता जा रहा है। टेली शापिंग नेटवर्क भी दिनोंदिन खुलते जा रहे हैं। मानव के पास समय की कमीं होने से वह आमने सामने के सम्पर्क द्वारा वस्तुएँ नहीं खरीद सकता। ऐसी स्थिति में इलेक्ट्रानिक वाणिज्य का उदय हुआ। जिसे 'ई-वाणिज्य' नाम से जाना जाता है। 'ई वाणिज्य' के अन्तर्गत उत्पादों एवं सेवाओं को इलेक्ट्रानिक जैसे 'इन्टरनेट' अथवा अन्य कम्प्यूटर नेटवर्क के द्वारा खरीदा एवं बेचा जाता है। इन्टरनेट द्वारा व्यापार करना असाधारण रूप से बढ़ा है। वाणिज्य के विस्तृत विविध प्रकार इलेक्ट्रानिक के माध्यम से संचालित किए जाते हैं, जैसे:-इलेक्ट्रानिक राशि (Fund) स्थानान्तरण, पूर्तिश्रृंखला प्रबंधन, इन्टरनेट विपणन, इलेक्ट्रानिक प्रदत्त अंतर्विनियम (Interchange EDI), माल संचय (Inventory) प्रबंधन पद्धति एवं स्वचलित प्रदत्त संकलन पद्धति।

'ई' वाणिज्य में व्यापारिक खरीद-फरोख्त इन्टरनेट के माध्यम से होता है। उपभोक्ता जो वस्तु खरीदना चाहता है उसके विक्रेताओं के बारे में जानकारी इन्टरनेट पर खोजता है। उत्पादक एवं कम्पनियाँ अपनी-अपनी वेबसाइड पर अनेक जानकारियाँ जैसे वस्तु

की गुणवत्ता (Quality), रंग, आकार, मूल्य, पैकिंग व अन्य उत्पादों से तुलना आदि उपलब्ध कराती हैं। उपभोक्ता वस्तु की परखकर अपनी सुविधा से उसका (वस्तु का) आदेश इन्टरनेट से भेज देता है। इन्टरनेट से आदेश कम्पनी को कुछ सैकण्ड्स में ही मिल जाता है जिसका पालन कर वस्तु की डिलीवरी उपभोक्ता को कर दी जाती है। इन वस्तुओं के मूल्य का भुगतान भी इन्टरनेट द्वारा क्रेडिट कार्ड से किया जाता है। इस प्रकार ई वाणिज्य आज के युग की महती आवश्यकता है। अन्तर्राष्ट्रीय इलेक्ट्रो कम्यूनिकेशन संघ (International Electro-Communication Union) के जनरल सेकेट्री श्री याशुओ उत्सुयी ने 'ई' वाणिज्य का निम्न महत्व बताया -

1. निवेशकों को जितनी समझ (Understanding) कच्चे माल, ऊर्जा और श्रम की होती है उतनी ही समझ उसे सूचनातंत्र की भी होनी चाहिए।
2. इलेक्ट्रानिक सूचना पद्धति के द्वारा उपभोक्ता एवं व्यापारी दोनों उत्पाद को उचित कीमत पर खरीदने में सक्षम होंगे।
3. इलेक्ट्रानिक सूचना तकनीकी एवं सेवाओं के बिना लोगों को योग्य होने के बावजूद भी रोजगार मिलने में परेशानी होगी।

इतिहास (History)

पिछले 30 वर्षों में इलेक्ट्रानिक वाणिज्य का अर्थ बदल चुका है। इलेक्ट्रानिक वाणिज्य से तात्पर्य है व्यापारिक कार्य सम्पादन को इलेक्ट्रानिक रूप से आगे बढ़ाना जिसमें इलेक्ट्रानिक प्रदत्त आदान प्रदान (Electronic Data Interchange) एवं इलेक्ट्रानिक राशि स्थानान्तरण (Electronic Funds Transfer) आते हैं। इन दोनों का पहली बार 1970 में उपयोग किया गया जिसके अन्तर्गत व्यवसाय को वाणिज्यिक दस्तावेज जैसे खरीदी आदेश अथवा बीजक (Invoice) को इलेक्ट्रानिक रूप से भेजा जाता था। क्रेडिट कार्ड की स्वीकृति एवं स्वचलित टेलर मशीन के विकास के साथ हवाई जहाज के टिकिट का आरक्षण संयुक्त राज्य अमेरिका एवं इंग्लेण्ड में किया गया। इंग्लेण्ड में 1979 में ऑनलाइन खरीदारी (Shopping) माइकल एल्डरिच द्वारा प्रारंभ हुई तथा 1980 के दौरान इसका उपयोग विशेषकर आटो उत्पादकों द्वारा जैसे फोर्ड, जनरल मोटर्स एवं निसान द्वारा किया जाने लगा। सन् 1990 एवं उसके पश्चात् इलेक्ट्रानिक वाणिज्य में स्रोत नियोजन पद्धति (ERP), प्रदत्त खनन और प्रदत्त भण्डार प्रारंभ हुए। भौतिक माल में अनेक से अनेक इलेक्ट्रानिक वाणिज्य का उदाहरण बोस्टन कम्प्यूटर एक्सचेन्ज है जहाँ उपयोग में लाये गये कम्प्यूटर का विपणन 1982 में प्रारंभ हुआ। ऑनलाइन सूचना का बाजार जिसमें आनलाईन परामर्श (Consulting) शामिल थे, अमेरिका सूचना एक्सचेन्ज था जो 1991 में प्रारंभ हुआ। 1991 तक इन्टरनेट पर वाणिज्यिक आदान-प्रदान पर रोक थी। यद्यपि इन्टरनेट 1994 में सारे संसार में प्रसिद्ध हुआ इसमें सुरक्षा के लिए पाँच वर्ष लगे तथा 2000 के अन्त तक अनेक युरोपीय एवं अमेरिकी व्यवसाय कंपनियों ने वर्ल्डवाइड वेब के जरिए अपनी सेवाएँ देना प्रारंभ किया। तब से लोगों ने ई वाणिज्य का संबंध इन्टरनेट द्वारा माल खरीदने के लिए स्थापित किया।

ई वाणिज्य के उपयोग (Uses of E Commerce)

- ई मेल अर्थात सूचनाओं का शीघ्रता से आदान-प्रदान
- उद्यम विषयवस्तु प्रबन्ध
- तत्काल संदेशन
- ऑनलाइन खरीददारी
- समाचार समूह
- ऑनलाइन बैंकिंग
- घरेलू एवं अन्तर्राष्ट्रीय भुगतान पद्धति
- दूर सम्मेलन (Teleconferencing)
- कर्मचारियों की संख्या में कमी
- सरल वितरण एवं भुगतान

समयरेखा (Timeline)

1990 टी.बी.ली ने प्रथम वेब लिखा

1992 में स्विडर एवं झिपोरन ने भविष्य दुकान प्रकाशित किया।

1994 प्रथम ऑनलाइन बैंक प्रारंभ हुआ। पिज्जा हट की स्थापना वेब पृष्ठ द्वारा आदेशित किया गया।

1995 जेफ़ बेज़ाज़ ने अमेजान कॉम में प्रथम वाणिज्यिक इन्टरनेट सेवा प्रारंभ की।

1998 में इलेक्ट्रानिक डाक टिकट सेवा प्रारंभ की।

1999 साथी से साथी फाइलों का साझा करके साफ्टवेअर प्रारंभ किया गया।

2000 डॉट-कॉम आक्स चित्र

2002 निचे खुदरा कम्पनी ने सीएसएन स्टोर और नेट दुकान की स्थापना की।

2003 अमेज़ान डाट कॉम ने प्रथम वार्षिक लाभ

2007 बिजनेस डाट कॉम डोनालिव द्वारा अर्जित किया गया।

2008 अमेरिका ई वाणिज्य खुदरा विक्रय 204 अरब तक पहुँचा।

इलेक्ट्रानिक वाणिज्य बनाम परम्परागत वाणिज्य (Electronic Commerce Vs Traditional Commerce)

इलेक्ट्रानिक वाणिज्य, वाणिज्य का आधुनिकतम रूप है जो व्यापार को देश की सीमाओं से आगे बढ़कर अंतर्राष्ट्रीय सीमाओं तक ले जाता है। परम्परागत व्यापार जहाँ आमने-सामने के सम्पर्क से किया जाता है वहीं इसे ऑन लाइन अथवा इन्टरनेट के द्वारा किया जा रहा है। इलेक्ट्रानिक वाणिज्य में पारम्परिक आर्थिक प्रक्रिया को अधिक सुगम एवं बेहतर बनाया जा सकता है। उदाहरणार्थ पेरू के किसानों ने इलेक्ट्रानिक वाणिज्य का उपयोग कर अपने उत्पाद को अमेरिका में बेचा एवं अपनी आय पाँच गुना बढ़ा ली। हमारे देश ने इलेक्ट्रानिक वाणिज्य का उपयोग कर वाणिज्य को आगे बढ़ाया। साफटवेअर के क्षेत्र में संपूर्ण विश्व में देश की साख जम चुकी है। दूरसंचार एवं कम्प्यूटर प्रौद्योगिकी का उपयोग कर आज

व्यापार अधिक समृद्ध हो रहा है। इन्टरनेट एवं वर्ल्डवाइड वेब ने अंतर्राष्ट्रीय व्यापार को द्रुत गति से बदला है।

ब. टैली पैकेज (Tally Package)

किसी भी व्यापार में लेखांकन अत्यन्त महत्वपूर्ण होता है। व्यापारिक लेनदेनों का हिसाब-किताब ठीक तरह से रखने से व्यापार की न केवल आर्थिक स्थिति का ज्ञान होता है, बल्कि व्यापार में सफलता भी प्राप्त की जा सकती है। यदि व्यापारी स्वयं हिसाब-किताब रखने में समर्थ नहीं हो तो वह इसमें बाहरी व्यक्ति की सहायता लेता है। प्राचीनकाल से ही व्यापारिक संस्थाओं में मुनीम रखने का चलन रहा है। आज इन मुनीमों को एकाउंटेंट के नाम से जाना जाता है। बड़ी-बड़ी कम्पनियों में तो लेखांकन कार्य के लिए एक पूरा विभाग ही बनाया जाता है जिसमें कई लेखाकार (Accountant) होते हैं।

लेकिन धीरे-धीरे व्यापार के विकास और विस्तार होने से लेखांकन का कार्य अत्यन्त जटिल हो गया है और हस्तलेखन द्वारा इसका अनुरक्षण (Maintain) करना मुश्किल हो गया है। अतः कम्प्यूटर का विकास होने के पश्चात् एकाउंटिंग के कार्य में कम्प्यूटर इस्तेमाल किया जाने लगा है। कम्प्यूटर पर कार्य करने के लिए सॉफ्टवेयरों की जरूरत होती है। सॉफ्टवेयरों को बनाने का कार्य कुछ विशेष भाषाओं में ही किया जाता है, जिन्हें कम्प्यूटर भाषा (Language) कहते हैं। कम्प्यूटर में उपयोग में आने वाली लोगो (LOGO), बेसिक (BASIC), फोरट्रान (FORTRAN), सी (C), सी प्लस प्लस (C ++), विजुअल बेसिक (VISUAL BASIC), जावा (JAVA) इत्यादि भाषाएँ प्रमुख है। इन भाषाओं में विभिन्न सॉफ्टवेयरों का निर्माण किया गया है। सॉफ्टवेयर कम्प्यूटर को दिए जाने वाले निर्देशों के समूह को कहते हैं। कम्प्यूटर में मुख्यतः दो तरह के सॉफ्टवेयरों का उपयोग किया जाता है। ये हैं–

1. सिस्टम सॉफ्टवेयर
2. एप्लीकेशन सॉफ्टवेयर

सिस्टम सॉफ्टवेयर वे होते हैं जिनका उपयोग कम्प्यूटर अपने लिए करता है। इनकी वजह से ही कम्प्यूटर ऑन होकर उस स्थिति में आता है जहाँ हम उस पर अपना कार्य शुरू कर सकते हैं। सरल शब्दों में सिस्टम सॉफ्टवेयर वे सॉफ्टवेयर होते हैं जो कम्प्यूटर को हमारे उपभोग में लाये जाने के लिए बनाए जाते हैं। कुछ प्रमुख सिस्टम सॉफ्टवेयरों के नाम डॉस अर्थात् डिस्क ऑपरेटिंग सिस्टम (DISC OPERATING SYSTEM), विंडोज (WINDOWS), लाइनेक्स (LYNEX), यूनिक्स (UNIX) इत्यादि हैं। कम्प्यूटर सॉफ्टवेयरों का दूसरा प्रकार एप्लीकेशन सॉफ्टवेयर है। एप्लीकेशन सॉफ्टवेयरों के द्वारा ही हम कम्प्यूटर पर अपना कार्य करते हैं, जैसे पत्र लिखना, चित्रकारी करना, गणना करना, तालिका बनाना या ई-मेल करना। एप्लीकेशन सॉफ्टवेयर भी दो प्रकार के होते हैं–पहला तैयार (Readymade) सॉफ्टवेयर और दूसरा कस्टमाइज्ड सॉफ्टवेयर (CUSTOMIZED SOFTWARE)। रेडीमेड सॉफ्टवेयरों का निर्माण किसी विशेष कार्य को करने के लिए किया जाता है, जबकि कस्टमाइज

सॉफ्टवेयरों को प्रोग्रामर (Programmer) द्वारा अपने कार्य की जरूरत के अनुसार बनाया जाता है। माइक्रोसॉफ्ट कॉरपोरेशन के मालिक बिल ग्रेट्स द्वारा बेसिक नामक प्रोग्रामिंग भाषा का विकास करने से कस्टमाइज्ड सॉफ्टवेयर बनाने का चलन प्रारंभ हुआ, जिसके परिणामस्वरूप एकाउन्टिंग सॉफ्टवेयर बनाया गया, और इस प्रकार पर्सनल कम्प्यूटर पर लेखांकन (Accounting) के कार्य की शुरूआत हुई। हमारे देश में लेखांकन कार्य के लिए प्रारंभ में कोबोल (COBOL), फॉक्सप्रो (FOXPRO) एवं इनके समान ही अन्य भाषाओं में प्रोग्रामरों द्वारा सॉफ्टवेयर बनावाए जाते थे, लेकिन कुछ कंपनियों द्वारा अपने रेडीमेड सॉफ्टवेयर भी बाजार में लाए गए।

इसी कड़ी में भारत के कर्नाटक राज्य के बैंगलूरू शहर में स्थित प्यूट्रॉनिक्स नाम की एक कंपनी सन् 1989 में वित्तीय लेखांकन/फाइनेंशियल एकाउन्टिंग (FINANCIAL ACCOUNTING) नाम के 3.01 संस्करण (Version) वाले प्रोग्राम को बाजार में लाई। यह प्रोग्राम डिस्क ऑपरेटिंग सिस्टम (DOS) पर आधारित था, जिसे पीसीएक्सटी (PCXT) में उपयोग किया जा सकता था। इस प्रोग्राम को विकसित कर 4.0 वाले संस्करण को बाजार में लाया गया और उसे टेली नाम दिया गया। इस प्रोग्राम में लेखांकन का कार्य करना अत्यन्त सरल होने से इसे लोगों ने सहजता से अपना लिया। इस संस्करण की कुछ कमियों को दूर कर उसमें छपाई (Printing) इत्यादि की सुविधाओं को सुधार कर कंपनी द्वारा 4.5 संस्करण बाजार में लाया गया। पीसीएक्सटी के पश्चात् 286 व 386 प्रोसेसर बाजार में आए। 386 प्रोसेसर आने के साथ ही विंडोज का चलन बढ़ा और जब 486 प्रोसेसर बाजार में आया तब तक विंडोज ने ऑपरेटिंग सिस्टम का रूप ले लिया। तकनीकी विकास होने से नए सॉफ्टवेयर और नए प्रोसेसर बाजार में आए, और सॉफ्टवेयरों में एक नयी तकनीक डेटाबेस मेनेजमेंट या रिलेशनल डेटाबेस मेनेजमेंट का उदय हुआ। डेटाबेस मेनेजमेंट वह सॉफ्टवेयर है जिसके द्वारा हम अपनी आवश्यकता के अनुसार प्रदत्त (Data)) को विधिवत् व क्रमबद्ध कर सकते हैं। इस तकनीक के कारण व्यापारिक जगत में कम्प्यूटर का अत्यधिक उपयोग किया जाने लगा। इसी समय प्यूट्रॉनिक्स द्वारा टैली का पाँचवाँ संस्करण लाया गया जिसमें लेखांकन के साथ इन्वेंट्री सुविधा भी दी गयी। इन्वेंट्री सुविधा जोड़ने से इस संस्करण को लोगों द्वारा अत्यधिक पसंद किया गया और यह हमारे देश में सबसे अधिक उपयोग होने वाला एकाउन्टिंग और इन्वेंट्री कन्ट्रोल सॉफ्टवेयर बन गया। 5.0 के पश्चात् क्रमशः 5.4 व 6.3 संस्करण भी बाजार में आए। इनके पश्चात् टैली के 7.2 संस्करण को बाजार में लाया गया जिसमें वेट एकाउंन्टिग के साथ-साथ TDS, TCD, ST, EXCISE इत्यादि की एकाउन्टिंग सुविधा भी प्रदान की गयी।

चूंकि हमारे देश की कर प्रणाली में प्रत्येक वर्ष परिवर्तन होते हैं इसलिए टैली पैकेज में भी लगातार संशोधन किया जाता रहा है। अतः टैली के 8.1 संस्करण में FBT अर्थात् फ्रिंज बेनीफिट टेक्स को जोड़ा गया है। इसके अतिरिक्त इसमें किसी भी भारतीय भाषा में लेखांकन का कार्य किया जा सकता है।

वर्तमान में टैली 9.00 संस्करण बाजार में आया है, जिसमें प्रचलित कर प्रणाली के अनुसार एकाउंटिंग के साथ-साथ पे-रोल एकाउंटिंग भी हो सकती है। यह बहुभाषी भी

है। लेकिन टैली के नवीनतम संस्करणों (6.3 व उसके पश्चात् आने वाले) का उपयोग विंड़ोज के 95 या उससे ऊँचे संस्करण वाले आपरेटिंग सिस्टम पर ही किया जा सकता है।

टैली पैकेज की विशेषताएँ (Characteristics of Tally Package)

टैली पैकेज में ऐसी कई विशेषताएँ है जिनके कारण इसका बहुतायत से उपयोग किया जा रहा है। ये विशेषताएँ निम्नलिखित हैं :

1. प्रयोग में सरल (Easy in Use)–टैली पैकेज को सरलता से सीखा जा सकता है। यह प्रयोग में अत्यन्त सरल है, लेकिन इसका उपयोग करने के लिए लेखांकन का आधारभूत ज्ञान होना आवष्ठयक होता है।

2. गति (Speed)–टैली के निर्माता इसके अगले संस्करणों के साथ उनकी गति भी बढ़ाते जा रहे हैं। अत: लेखांकन का कार्य अत्यन्त शीघ्रता व शुद्धता से किया जा सकता है। पहले जिस कार्य को करने में घंटों लगते थे तथा पूर्ण सही होने की गारण्टी भी नहीं होती थी, वहीं आज वही कार्य कुछ सेकेंड में ही हो जाता है।

3. बहुआयामी (Multi-Dimensional)–टैली पैकेज बहुआयामी है, अर्थात् इसमें एकाउन्टिंग के साथ किसी भी तरह की इन्वेंट्री को कन्ट्रोल किया जा सकता है। इसके अतिरिक्त इसमें ओपन डेटाबेस कनेक्टिविटी भी है, अर्थात् हम एमएस-वर्ड, एमएस-एक्सेल, ओरेकल, फॉक्सप्रो, एमएसक्यूएल, विजुअल बेसिक, डीवीडी टू जैसे सॉफ्टवेयरों में टैली में प्रतिवेदन तैयार कर सकते हैं। अपने व्यवसाय के लिए हमें जिन सूचनाओं की जरूरत होती है, उन्हें किस प्रारूप (Format) में हमें प्राप्त करना है, वह हम स्वयं तय कर सकते हैं।

4. नम्यता (Flexibility)–टैली पैकेज के द्वारा तैयार किए जाने वाले प्रतिवेदनों को हम अपने व्यवसाय के स्तर के अनुसार बना सकते हैं। व्यवसाय बड़ा हो या छोटा, टैली का उपयोग किसी में भी आसानी से किया जा सकता है।

5. सूचनाओं के आदान-प्रदान की क्षमता (Information Sharing Capacity)–टैली पैकेज में प्रतिवेदनों को एचटीएमएल प्रतिवेदन में भी प्रस्तुत किया जा सकता है। अत: व्यापारियों को यदि अपने व्यापार की कोई जानकारी किसी को देनी हो, या किसी व्यापारी के व्यापार की जानकारी प्राप्त करनी हो तो वह संबंधित रिपोर्ट को वेबसाइट पर प्रकाशित कर सकते हैं, और इसके लिए उन्हें कोई अतिरिक्त व्यय नहीं करना होता है।

6. व्यापक लेखांकन सुविधा (Coprehensive Accounting Facility)–टैली पैकेज के द्वारा हम चिट्ठा (Balance Sheet), लाभ-हानि खाता, नकद एवं कोष प्रवाह विवरण, तलपट इत्यादि किसी भी तरह के प्रतिवेदन बहुत ही शीघ्रता से बना सकते हैं। साथ ही प्राप्ति, भुगतान, आय, व्यय, क्रय, विक्रय, डेबिट नोट, क्रेडिट नोट इत्यादि विभिन्न प्रकार के लेनदेनों का लेखा भी कर सकते हैं।

7. अनुपात विश्लेषण (Ratio Analysis)–टैली पैकेज की मदद से एक ही शीट में विभिन्न मदों को रख उनका अनुपात के आधार पर विश्लेषण किया जा सकता है और व्यवसाय की सही-सही स्थिति का आकलन किया जा सकता है।

8. बहुमुद्रा सुविधा/मुद्रा विनिमय सुविधा (Multi Currency Facility)–आज व्यापार का क्षेत्र राष्ट्रीय न रहकर अन्तर्राष्ट्रीय स्तर तक बढ़ गया है, जिसमें विदेशों से व्यापार करने के लिए संबंधित देश की मुद्रा की आवश्यकता होती है। अत: टैली यह सुविधा भी प्रदान करता है।

9. प्राप्ति व भुगतान की जानकारी (Information about Receipts and Payments)–टैली विभिन्न व्यवहारों को उनकी प्रकृति के अनुसार वर्गीकृत कर देता है तथा एक जैसे व्यवहारों को एक साथ प्रदर्शित करता है। अत: इससे व्यापारी को अपने व्यापार के लेनदारों व देनदारों की जानकारी पूर्णत: स्पष्ट हो जाती है। साथ ही उसे यह भी ज्ञात हो जाता है कि उसके व्यापार में कौन से देनदार ऐसे हैं जिनसे शतप्रतिशत रकम प्राप्त हो जाएगी तथा कौन से देनदार ऐसे हैं जिनसे रकम प्राप्ति की संभावना कम है।

10. शीघ्र निर्णय (Quick Decision)–प्रतियोगिता बढ़ने के कारण आज व्यापारियों को किसी भी कार्य के लिए तुरंत निर्णय लेने होते हैं। एकाकी व्यापार में, जहाँ पर एक ही व्यक्ति का स्वामित्व होता है, निर्णय लेने में व्यापारी को किसी से सहमति प्राप्त नहीं करना होती हैं। लेकिन बड़ी-बड़ी कंपनियों और साझेदारी व्यापार में, जहाँ पर कि कई व्यक्तियों का स्वामित्व होता है, एक व्यक्ति द्वारा निर्णय नहीं लिया जा सकता है और अन्य साझेदारों/अधिकारियों से मिलने व सलाह-मशविरा करने में समय की जरूरत होती है, जबकि व्यापार में प्रतिक्षण परिवर्तन होते हैं, ऐसे में व्यापार में नुकसान की संभावना होती है। अत: टैली के निर्माताओं ने इसमें सूचनाओं के आदान-प्रदान की सुविधा दी है। टैली के द्वारा फाइल ट्रांसफर प्रोटोकॉल या एचटीटीपी का उपयोग कर प्रतिवेदनों को एचटीएमएल प्रारूप में वेबसाइट पर प्रस्तुत किया जा सकता है, जिसे कंपनी के अधिकारीगण, जो दुनिया के किसी भी कोने में उपस्थित हो, देखकर निर्णय ले सकते हैं।

11. सरकारी प्रारूप में प्रतिवेदन तैयार करना (Preparing Report in Government Format)–टैली पैकेज के द्वारा हम सरकारी कानूनों और प्रावधानों के अन्तर्गत प्रतिवेदनों को कस्टमाइज करके तैयार कर सकते हैं। जैसे संपत्ति कर रजिस्टर उसी तरह से बना सकते है जिस तरह से सरकार का संपत्ति कर विभाग बनाता है।

12. अन्तरजाल सुविधा (Internet Facility)–टैली में अन्तरजाल सुविधा भी शामिल की गयी है। इसमें खातों और इन्वेंट्री से संबंधित सूचनाओं को अलग-अलग व्यू में देखा जा सकता है। टैली के द्वारा मूल्य सूची, कोटेशन, डिलीवरी नोट, बिल, क्रय व विक्रय आदेश, अदत्त रिमाइण्डर, स्टॉक पोजीशन इत्यादि दस्तावेजों को कहीं भी भेजा जा सकता है।

13. सूचनाओं का प्रबंधन (Management of Information)–व्यापार में एक नाम के एक से अधिक खातेदार हो सकते हैं, अत: व्यापारी को एक नाम के खातेदारों से किए जाने वाले व्यवहारों का लेखा करने में कठिनाई होती है। कई बार एक व्यक्ति से प्राप्त होने वाली रकम को उसी नाम के दूसरे व्यक्ति के खाते में जमा कर दिया जाता है, ऐसी स्थिति में व्यापार का संचालन करना व आर्थिक स्थिति की जानकारी प्राप्त करना अत्यन्त मुश्किल हो जाता है। टैली में इस तरह की कठिनाई को दूर किया गया है। टैली स्वयं खातेदारों

को अलग-अलग तरह से वर्गीकृत कर खातों का प्रबंधन करता है, और हमें खाते ढूँढने में कोई परेशानी नहीं होती है। अतः टैली के द्वारा प्रदत्त की प्रविष्टि (Entry) करना सरल हो गया है।

14. बजटिंग, सम्पादन और सुरक्षा नियन्त्रण (Budgeting, Editing and Security Control)–टैली में दी गई ऑडिट सुविधा से न केवल हम अपने प्रदत्तों (Data) में होने वाले परिवर्तन को जान सकते हैं, बल्कि यूजर डिफाइनेबल सिक्योरिटी सिस्टम का उपयोग कर अपने प्रदत्त (Data) को सुरक्षित भी रख सकते हैं।

15. स्टॉक सम्बन्धी जानकारी (Information about Stock)–टैली पैकेज की वैरायटी ऑफ मैनेजमेंट की सुविधा से हम यह ज्ञात कर सकते हैं कि कौन सा सामान किन-किन पार्टियों को कब भेजा गया तथा उनसे कब कौन सा सामान/भुगतान प्राप्त किया गया। इससे हमें अपने व्यवसाय के अच्छे व बुरे भागीदारों का पता लग सकता है। उपरोक्त सुविधा के ऑप्शन स्टॉक क्वैरी से हम एक ही शीट पर सम्पूर्ण स्टॉक से संबंधित जानकारी प्राप्त कर सकते हैं।

16. जीवनकाल आधारित स्टॉक विश्लेषण (Age about Stock Analysis)–टैली पैकेज में स्टॉक का विश्लेषण उसके जीवनकाल के आधार पर भी किया जा सकता है। अर्थात् स्टॉक किस दिनांक व वर्ष में निर्मित किया गया है, उसकी जीवन अवधि कब तक है, तथा वह माल कब खराब होगा, इन सबकी जानकारी उपर्युक्त मेन्यु से प्राप्त हो सकती है। यह सुविधा दवाइयों, खाद्य-पेय सामग्री जैसे व्यवसायों के लिए अत्यन्त लाभदायक होती है।

17. पुनः आदेश स्तर (Re-order Level)–टैली पैकेज में इन्वेन्ट्री कन्ट्रोल के अन्तर्गत रि-आर्डर लेवल की सुविधा भी दी गई है। इससे यह पता लग जाता है कि किस मद के कितने आदेश मिले तथा सबसे अधिक आदेश किस मद के मिले तथा उनकी न्यूनतम व अधिकतम मात्रा क्या थी। इससे व्यापारी को यह ज्ञात हो जाता है कि उसे उस मद को अधिक मात्रा में खरीदना/निर्मित करना है जिसके अधिक आदेश मिलते हैं और उस मद की खरीद पर रोक लगाना है जिसकी खपत कम है।

18. क्रय एवं विक्रय सुविधाएँ (Purchasing & Selling Facilities)–टैली पैकेज की क्रय एवं विक्रय सुविधा के अन्तर्गत यह जाना जा सकता है कि स्टॉक की वर्तमान स्थिति क्या है? इससे यह ज्ञात होता है कि क्रय-विक्रय आदेश किन महिनों में सबसे अधिक दिए गए या प्राप्त किए गए हैं, इससे हम पार्टी व मद के अनुसार अदत्त आदेशों को प्राप्त कर सकते हैं। इन्वेंट्री में दी गई इनवाइसिंग सुविधा के अन्तर्गत हम टैली में सीधे ही विक्रय बीजक बना सकते हैं। इस बीजक में अपनी आवश्यकतानुसार अन्य जानकारी जैसे अतिरिक्त कर इत्यादि जोड़ सकते हैं। उसे दूसरे सॉफ्टवेयरों में लाने के लिए एक्सपोर्ट सुविधा का उपयोग कर नए प्रारूप में ला सकते हैं। अन्तरजाल (Internet) पर ले जाने के लिए ई-मेल के अनुसार फाइल बना सकते हैं और वेबसाइट पर प्रकाशित करने के लिए एचटीएमएल प्रारूप में बदल सकते हैं। टैली में बीजक का प्रारूप कई रूपों में उपलब्ध है, इसके बावजूद

अगर हमें उसमें कोई परिवर्तन करना हो तो हम अपनी आवश्यकतानुसार उसका लेआउट डिजाइन भी ले सकते हैं।

19. मेल टैली (Mail Tally)–मेल टैली की सुविधा के द्वारा टैली सॉफ्टवेयर में अन्तरजाल (Internet) का इस्तेमाल किया जा सकता है। टैली में एसएमटीपी प्रोटोकॉल के द्वारा बीजक व खातों को ई-मेल कर सीधे उपभोक्ताओं को भेजा जा सकता है। इन्हें प्रिन्ट नहीं करना होता है और वे अपने वास्तविक रूप में उपभोक्ता को भेजे जा सकते हैं। इससे व्यापारी के समय व धन (डाक-व्यय में लगने वाले) दोनों की बचत होती है।

20. वेब सुविधा (Web Facility)–टैली पैकेज में दी गई एक्सएमएल सुविधा के द्वारा सूचनाओं का आदान-प्रदान किया जा सकता है। यह सुविधा उन लोगों से भी सूचनाओं के आदान-प्रदान में सहायक होती है जिनके पास टैली सॉफ्टवेयर उपलब्ध नहीं है।

21. प्रिन्ट-प्रिव्यू सुविधा (Print Preview Facility)–टैली पैकेज में दी गई प्रिन्ट प्रिव्यू सुविधा से हम किसी प्रतिवेदन का प्रिन्ट प्राप्त करने के पहले ही उसे देख सकते हैं कि वह वास्तव में कैसा दिखेगा।

इस प्रकार टैली सॉफ्टवेयर लेखांकन के क्षेत्र में एक अपूर्व देन है जिसकी सहायता से बड़े-बड़े व्यवसायों का लेखांकन कार्य आसानी, शीघ्रता व शुद्धता से किया जा सकता है।

स. जर्क तकनीक (Jerk Technology)

शिक्षा का अभिप्राय बालकों के व्यवहार में वांछित परिवर्तन करना है और इसके लिए उन्हें अधिगम कराया जाता है। अनुभव एवं प्रशिक्षण के द्वारा बालकों के व्यवहार में वांछित परिवर्तन करना ही अधिगम है। यह अधिगम औपचारिक और अनौपचारिक, दोनों रूपों में हो सकता है। औपचारिक अधिगम के लिए बालकों को कक्षा में अध्यापक द्वारा अध्यापन कराया जाता है। अध्यापन या शिक्षण एक अत्यन्त औपचारिक गतिविधि है, जिसमें अधिकांशतया शिक्षक व्याख्यान द्वारा सूचनाओं का सम्प्रेषण करते हैं। इस प्रक्रिया में सामान्यत: एकतरफा सम्प्रेषण होता है जिसमें अध्यापक बोलते हैं और विद्यार्थी सुनते हैं। अत: आज हमारी शिक्षण-अधिगम प्रक्रिया एक नीरस कार्य बनकर रह गयी है, जिसमें शिक्षक बारी-बारी से कक्षा में आकर सूचनाओं का सम्प्रेषण कर चले जाते हैं और विद्यार्थी निष्क्रिय श्रोता बनकर बैठे रहते हैं। इसी वजह से वर्तमान में विद्यार्थी केवल संज्ञानात्मक (Cognitive) पक्ष के ज्ञान स्तर की प्राप्ति कर पाते हैं। उन्हें विषय का केवल सैद्धान्तिक ज्ञान होता है, उसे व्यावहारिक रूप में वे उपयोग में नहीं ला पाते हैं। इसे दृष्टिगत रखते हुए ही वाणिज्य के विद्यार्थियों के लिए चार्टड एकाउन्टेन्ट, कंपनी सेक्रेटरी, एम.बी.ए. इत्यादि पाठ्यक्रमों में व्यावहारिक ज्ञान प्राप्त करने के लिए पृथक से एक निश्चित अवधि रखी गयी है।

अत: विद्यार्थियों को प्रारंभ से ही सक्रिय रखने व पूर्ण संज्ञानात्मक (Cognitive), भावात्मक (Affective) व मनोगामक (Psychomotor) पक्षों का विकास करने के लिए अध्यापकों द्वारा अध्यापन कार्य कराते समय एक से अधिक शिक्षण विधि एवं/तकनीकों का उपयोग करना चाहिए। तकनीकों का उपयोग भी एक समाकलित रूप (Integrated

Fashion) में किया जाना चाहिए। शिक्षक अपने अध्यापन को सजीव व रोचक बनाने के लिए कौन सी तकनीक/तकनीकों का उपयोग करें इसका चयन उसे अनुदेशानात्मक उद्देश्यों की प्राप्ति के निकष के आधार पर करना चाहिए। आज ऐसी कई नवीनतम तकनीकें जैसे बहुमाध्यम, अन्तरजाल (Internet) एवं वीडियो सम्मेलन (Video Conferencing) उपलब्ध हैं, जिनका उपयोग शिक्षा में किया जा सकता है, और किया जा भी रहा है। लेकिन ये सुविधाएँ सभी जगहों पर उपलब्ध नहीं हैं और भारत जो कि गाँवों का देश है, में जहाँ विद्यालयों में पर्याप्त कक्ष, श्यामपट व पीने का पानी एवं शौचालय जैसी मूलभूत सुविधाओं की कमीं है, इन आधुनिक तकनीकों का उपयोग करना मुश्किल है। यहाँ अधिकांशतया सभी स्तरों पर व्याख्यान विधि का उपयोग किया जाता है, और अध्यापक इसका उपयोग करना ही पसंद करते हैं, क्योंकि यह विधि अधिक विद्यार्थियों की कक्षा में आसानी से उपयोग में लाई जा सकती है, इसके लिए विशेष प्रशिक्षण व सुविधाओं की आवश्यकता नहीं होती है, साथ ही इससे कम समय में अधिक सूचनाएँ सम्प्रेषित की जा सकती हैं। अतः शिक्षक को व्याख्यान विधि के साथ ऐसी तकनीक का उपयोग करने की जरूरत है जो कि शिक्षा में सुधार करने के साथ-साथ कम लागत वाली हो, तथा आसानी से हर स्थान पर उपयोग में लाई जा सकती हो। इसी को ध्यान में रखते हुए सनसनवाल (2000) ने जर्क तकनीक पर विचार किया।

जर्क तकनीक के उद्देश्य

सनसनवाल (2000) ने शिक्षकों के लिए जर्क तकनीक का उपयोग करने के लिए निम्न उद्देश्य बताए हैं–

1. विद्यार्थियों को सक्रिय अधिगमक बनाना।
2. कक्षा में तनावरहित माहौल निर्मित करना।
3. कक्षा में अधिगमक की मानसिक उपस्थिति बढ़ाने में उसकी मदद करना।
4. विद्यार्थियों एवं शिक्षकों के मध्य उचित तादात्म्य स्थापित करना।
5. अधिगम को आनंदमय बनाना।
6. अधिगमक क्या सीखता है, यह जानने में उसकी मदद करना।
7. कक्षा में उत्पन्न एकरसता (Monotony) को तोड़ना।

जर्क तकनीक का अर्थ (Meaning of Jerk Technology)

जैसे एक गतिमान वाहन में चालक को जागना व सड़क पर ध्यान देना जरूरी होता है, अगर उसका ध्यान थोड़ा भी विचलित होता है तो दुर्घटना की संभावना बनी रहती है। अतः चालक स्वयं सचेत रहता है तथा जागने के लिए अपने साथ वाली सीट पर बैठे व्यक्ति से बातें करता है या टेपरिकॉर्ड पर गाने सुनता है। यदि सहयात्री सोने लगता है तो वह उसे जागते रहने को कहता है या सीट बदलने को कहता है, अर्थात् वह उसे सक्रिय रखना चाहता है। इसके लिए वह कभी-कभी अचानक से ब्रेक लगाता है। सरकार भी हाइवे की सड़कों का पूरी तरह से सुधार नहीं कराती है तथा ऊर्ध्व गतिअवरोधक (Speed Breakers) बनवाती है।

अर्थात् वह सहयात्री व चालकों को सक्रिय बनाए रखने के हर संभव प्रयास करती है। और इसके लिए वह उन्हें धक्का (JERKS) देती है। इसी तरह कक्षा में भी विद्यार्थियों को धक्का या जर्क द्वारा सक्रिय बनाए रखा जा सकता है और उनकी ग्रहण क्षमता को बढ़ाया जा सकता है। विद्यार्थियों को सक्रिय बनाए रखने के लिए शिक्षक द्वारा कई प्रयास किए जा सकते हैं और इन सभी प्रयासों को ही जर्क तकनीक का नाम दिया गया है। जर्क तकनीक कोई शिक्षण विधि नहीं है, बल्कि इसके लिए कौशलों के एक विन्यास की आवश्यकता होती है। इसे समझने के लिए इसके उपकरणों का समझना आवश्यक है।

जर्क तकनीक के उपकरण (Tools of Jerk Technology)

अध्यापक द्वारा अपने विद्यार्थियों को कई तरीकों से धक्का (जर्क) दिया जा सकता है। लेकिन इनका चयन करते समय अध्यापकों को अपने लक्ष्य समूह (Target Group), उद्देश्य, विषयवस्तु, परिप्रेक्ष्य (Context) व स्वयं के व्यक्तित्व को ध्यान में रखना चाहिए।

सनसनवाल (2000) ने इसके विभिन्न उपकरण दिए हैं, जो इस प्रकार हैं–

1. दर्पण प्रतिबिंब लेखन (Mirror Image Writing, MIW)–वाणिज्य के अध्यापकों द्वारा श्यामपट का अत्यधिक उपयोग किया जाता है और यह उनके लिए आवश्यक भी होता है। लेकिन यह देखा गया है कि कई अध्यापक श्यामपट का इस तरह उपयोग करते हैं कि विद्यार्थी लिखी गई सामग्री पर ध्यान दिए बगैर अपनी कॉपी में केवल श्यामपट की नकल करते हैं। कभी-कभी तो उन्हें यह भी ज्ञात नहीं होता है कि उन्हें श्यामपट पर से क्या उतारना है, यहाँ तक कि वे श्यामपट पर लिखी सामान्य जानकारी जैसे कालांश, उपस्थिति, अनुपस्थिति इत्यादि की भी नकल कर लेते हैं। वे श्यामपट से कॉपी में नकल करने के साथ में एक-दूसरे से बड़े आराम से बातें करते रहते हैं, चुटकुलों का आदान-प्रदान करते हैं, यहाँ तक कि दूसरे विषय का कार्य भी करते रहते हैं।

कुछ संस्थाओं में शिक्षक श्यामपट की अपेक्षा ओव्हरहेड प्रोजेक्टर (OHP) का उपयोग करते हैं। ओव्हरहेड प्रोजेक्टर के लिए ट्रान्सपरेन्सी की जरूरत होती है। ट्रान्सपरेन्सी को बनाना व ओव्हरहेड प्रोजेक्टर के साथ प्रयोग करना आसान होता है। शिक्षक इसकी सहायता से कम समय में अधिक विषयवस्तु विद्यार्थियों के समक्ष प्रस्तुत कर सकते हैं। जब शिक्षक ओव्हरहेड प्रोजेक्टर का उपयोग करते हैं तब विद्यार्थी ट्रान्सपरेन्सी पर दर्शायी समस्त विषयवस्तु को कॉपी में उतारना चाहते हैं, लेकिन इसका उपयोग करने से शिक्षक की गति अधिक होने से वे कुछ ही विषयवस्तु की नकल कर पाते हैं और फिर वे लिखना छोड़ कर केवल सुनते और पढ़ते हैं। अत: वे कक्षा में एक निष्क्रिय श्रोता बन कर रहते हैं।

अत: सनसनवाल (2000) के अनुसार "विद्यार्थियों को कक्षा में सक्रिय बनाए रखने के लिए श्यामपट व ट्रान्सपरेन्सी पर दर्शायी विषयवस्तु को दर्पण के प्रतिबिम्ब की तरह लिखा जा सकता है जिससे विद्यार्थी उन्हें पढ़ने के लिए विशेष ध्यान दें तथा कक्षा में जाग्रत अवस्था में रहे। जैसे–Commerce, Account, प्रबंधन एवं व्यावसायिक सम्प्रेषण को निम्न प्रकार से लिखें :

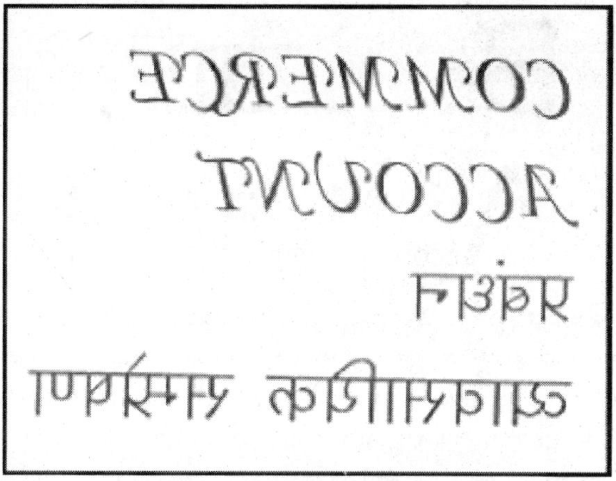

उपर्युक्त शब्दों को पढ़ने के लिए उन पर विशेष ध्यान देने की जरूरत होगी। इस तरह लिखने के लिए किसी तरह की अतिरिक्त वित्तीय सहायता की आवश्यकता नहीं होती है तथा इसे शिक्षक स्व-प्रयास से ही सीख सकते हैं। लेकिन इस तरह का लेखन शिक्षक को महत्वपूर्ण बिन्दुओं/शब्दों को दर्शाने के लिए ही करना चाहिए।

2. अनुपातहीन/असंगतशब्दलेखन (Disproportionate Word Writing, DWW)–शिक्षक-प्रशिक्षण कार्यक्रम में सूक्ष्म शिक्षण कौशलों का अभ्यास कराते समय प्रशिक्षुओं को श्यामपट लेखन कौशल का अभ्यास भी कराया जाता है, जिसमें उन्हें श्यामपट पर समानांतर पंक्ति में समान आकार के अक्षर/शब्द लिखने पर जोर दिया जाता है तथा अक्षरों का आकार कक्षा के आकार को ध्यान में रखकर निश्चित करना बताया जाता है। लेकिन शिक्षक द्वारा समान अनुपात व सामान्य आकार के शब्द लिखने से विद्यार्थियों को उन पर विशेष ध्यान देने की जरूरत नहीं होती है और वे निष्क्रिय बने रहते हैं। अतः उन्हें सक्रिय बनाए रखने के लिए शिक्षक द्वारा अपने श्यामपट लेखन में कुछ विशेष उपाय करना चाहिए। इन विशेष उपायों को जर्क तकनीक में (अ)अनुपातहीन/ असंगत शब्द लेखन (Disproportionate Word Writing, DWW) तथा 'लघु लेखन (Small Writing, SW) कहा गया है।

(अ) अनुपातहीन/असंगत शब्द लेखन (Disappropriate Word Writing, DWW)–अनुपातहीन/असंगत शब्द लेखन के अन्तर्गत शिक्षक समान अनुपात में न लिखकर शब्दों को असंगत रूप से लिखते हैं ताकि ये शब्द विद्यार्थियों का ध्यान आकर्षित कर सके और वे शब्द उनके मस्तिष्क पटल पर अंकित हो जाए। जैसे

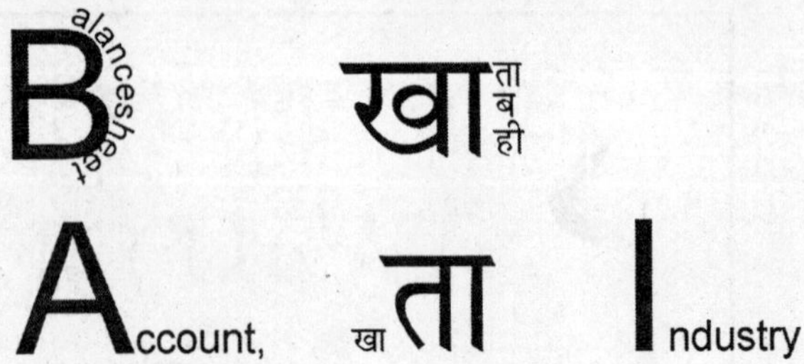

(ब) लघुलेखन (Small Writing, SW)–विद्यार्थियों को सक्रिय बनाए रखने व श्यामपट पर लिखी गई विषयवस्तु पर ध्यान देने के लिए शिक्षक को मुख्य बिन्दुओं को इतना छोटा लिखना चाहिए कि वे पहली पंक्ति में बैठे छात्रों को भी आसानी से दिखाई ना दे। जब विद्यार्थी उनके बारे में पूछें तो शिक्षक द्वारा अनसुना कर देना चाहिए। ऐसा करने से विद्यार्थी स्वयं उन बिन्दुओं को पढ़ने की कोशिश करेंगे और इससे उनकी ग्रहणशीलता बेहतर होगी। लेकिन शिक्षक को यह केवल मुख्य शब्दों/बिन्दुओं (जिन पर विद्यार्थियों का ध्यान विशेषतः आकर्षित किया जाना हो) के सन्दर्भ में ही करना चाहिए, पूर्ण विषयवस्तु के लिए नहीं। जैसे–

क. समस्त सम्पत्तियों तथा देनदारों के खाते विकलित/नामे किये जाते हैं।

ख. समस्त दायित्वों अथवा लेनदारों के खाते समाकलित/जमा किये जाते हैं।

3. दोहरे नकारात्मक वाक्य (Double Negative Sentences, DNS)–शिक्षण के दौरान शिक्षक जब विषयवस्तु की व्याख्या करते हैं तब कुछ बिन्दु व वाक्य ऐसे होते हैं, जिनके लिए वे अपने विद्यार्थियों से अपेक्षा करते हैं कि वे उन पर विशेष ध्यान दें। और इसके लिए वे उन वाक्यों के पहले यह भी कहते हैं कि 'इसमें यह महत्वपूर्ण है कि' या 'ध्यान दीजिए', 'इसके लिए आवश्यक है कि' इत्यादि-इत्यादि। जर्क तकनीक के अनुसार विद्यार्थियों का ध्यान महत्वपूर्ण वाक्यों की ओर आकर्षित करने के लिए शिक्षक को उन वाक्यों को दोहरे नकारात्मक रूप में बोलना चाहिए, जिससे विद्यार्थी उन्हें समझने के लिए विशेष ध्यान दें। जैसे–

1. लेखांकन विषय अरुचिकर नहीं है।
2. विपणन एक अमानवीय प्रक्रिया नहीं है।
3. चल दायित्व वे दायित्व नहीं होते हैं जिनका भुगतान अल्पकाल में (एक वर्ष के भीतर) नहीं किया जाता हो।

4. अस्वाभाविक वाक्य निर्माण (Unusual Sentence Construction, USC)–व्याख्यान के दौरान शिक्षक और विद्यार्थियों के मध्य एकतरफा सम्प्रेषण घटित होता है, जिसमें शिक्षक बोलते रहते हैं, और विद्यार्थी मात्र श्रोता बनकर बैठे रहते हैं। ऐसे में कक्षा का वातावरण बोझिल सा हो जाता है और शिक्षण प्रक्रिया नीरस बनकर रह जाती है। अतः व्याख्यान के दौरान शिक्षक को बीच-बीच में कुछ अस्वाभाविक वाक्यों का प्रयोग करना चाहिए जिससे

विद्यार्थी व्याख्यान पर ध्यान भी दें और रुचि भी लें। हालाँकि इन अस्वाभाविक वाक्यों का निर्माण करना इतना आसान नहीं होता है, फिर भी अभ्यास व उपयोग के द्वारा इसमें कुशलता प्राप्त की जा सकती है। वाणिज्य के शिक्षक इन वाक्यों का निर्माण इस प्रकार कर सकते हैं:

1. बीमा की सहायता से व्यवसाय की जोखिम को अधिकतम होने से बचाया जा सकता है।
2. थोक व्यापारी न तो उत्पादक अथवा निर्माता है और न ही फुटकर व्यापारी है।

5. तार्किक रूप से अतार्किक निष्कर्ष (Logically Illogical Conclusion, LIC)–विषयवस्तु की व्याख्या करना जितना महत्वपूर्ण होता है, उतना ही महत्वपूर्ण सम्पूर्ण व्याख्या के पश्चात् निष्कर्ष कथन देना भी होता है। निष्कर्ष कथन के द्वारा विद्यार्थी संकल्पना को समझने का प्रयास करते हैं। लेकिन कई शिक्षक अपनी व्याख्या के पश्चात् निष्कर्ष कथन देते ही नहीं हैं या फिर उनके निष्कर्ष कथन व्याख्या कथनों के समान ही होते हैं। इससे विद्यार्थी निष्कर्ष कथनों एवं व्याख्या के कथनों में अन्तर नहीं कर पाते हैं। अत: शिक्षक को निष्कर्ष कथन स्पष्टत: देना चाहिए। जर्क तकनीक के अनुसार तो शिक्षक को सही व पूर्ण: व्याख्या करने के पश्चात् अतार्किक निष्कर्ष देना चाहिए। अर्थात् निष्कर्ष कथन ऐसा होना चाहिए जो कि व्याख्या के विपरीत हो। इसका लाभ यह होगा कि विद्यार्थी शिक्षक से सवाल करने लगेंगे कि 'यह निष्कर्ष तो गलत है', 'क्या ऐसा होगा?' इत्यादि। और तब शिक्षक को विद्यार्थियों से ही सही निष्कर्ष निकलवाना चाहिए और अन्त में अपनी ओर से भी सही निष्कर्ष देना चाहिए। इससे व्याख्यान प्रभावी व रुचिकर बनाने के साथ-साथ विद्यार्थियों का ध्यान केन्द्रित किया जा सकता है जैसे–

दोहरा लेखा प्रणाली के अनुसार व्यापारिक सौदों को सर्वप्रथम प्रारंभिक लेखा पुस्तकों में दर्ज किया जाता है। इसके पश्चात् खातों का वर्गीकरण कर सम्बन्धित खातों में व्यवहारों की खतौनी की जाती है तथा इन खातों के आधार पर एक सारांश तैयार किया जाता है, यही सारांश अन्तिम खाते कहा जाता है। अन्तिम खाते बनाने से व्यापारी को अपने व्यापार की आर्थिक स्थिति की जानकारी प्राप्त हो जाती है। अत: अन्तिम खाते बनाना एक व्यापारी के लिए महत्वहीन कार्य है।

6. बहु शब्दों का उपयोग (Use of Multiple Words, UMW)–हम दिन-प्रतिदिन में जितना पढ़ते या सुनते हैं, वह सभी याद नहीं रख पाते हैं। क्योंकि हमारी स्मृति की एक सीमा होती है। इसी कारण विद्यार्थी भी शिक्षक द्वारा बोली गई सभी बातों को याद नहीं रख पाते हैं। ऐसे वाक्य, जो महत्वपूर्ण हों और जिनका विद्यार्थी को बोध कराना हो, में शिक्षक को मुख्य शब्द के लिए समान अर्थ के बहु शब्दों का उपयोग करना चाहिए। ये बहु शब्द पर्यायवाची हो सकते हैं या फिर विभिन्न भाषाओं जैसे हिन्दी, अंग्रेज़ी, गुजराती, मराठी, उर्दू के हो सकते हैं। बहुशब्दों का उपयोग करने से कुछ शब्द निश्चित रूप से विद्यार्थियों के मस्तिष्क पटल पर अंकित होंगे और उनके बोध में सुधार होगा। इसके लिए शिक्षकों को भी कोई विशेष प्रयास करने की जरूरत नहीं होती है। जैसे–जल, जाल, वाटर एवं पानी।

7. अनुपयुक्त उदाहरण देना (Give Misfit Example, GME)–कक्षा में विभिन्न बुद्धि स्तर के विद्यार्थी होते हैं, जिनके ग्रहण करने की क्षमता में भी अंतर होता है। अतः शिक्षक विषयवस्तु की व्याख्या करते समय विद्यार्थियों को कई तरह के उदाहरण देते हैं ताकि उन्हें समझने में आसानी हो। पाठ्यपुस्तकों में भी लेखकों द्वारा विभिन्न तरह के उदाहरण दिए जाते हैं। सामान्यतः ये सुझाव दिया जाता है कि कक्षा में दिए जाने वाले उदाहरण पाठ्यपुस्तक के उदाहरणों से हटकर एवं विद्यार्थियों के दैनिक जीवन से संबंधित हो। उदाहरण देने का उद्देश्य विषयवस्तु को समझने में सुसाध्यक होना व कक्षा शिक्षण की एकरसता को तोड़ना होता है। लेकिन सामान्य व उपयुक्त उदाहरणों को देने से इस उद्देश्य की पूर्ति नहीं होनी है। अतः जर्क तकनीक के विद्वानों के अनुसार उदाहरणों में परिवर्तन लाना चाहिए तथा उपयुक्त उदाहरणों के साथ अनुपयुक्त उदाहरण भी दिए जाने चाहिए। अनुपयुक्त उदाहरण देने से विद्यार्थी उनकी ओर इंगित करते हैं कि ये उदाहरण ठीक नहीं हैं। विद्यार्थियों द्वारा अनुपयुक्त उदाहरण की पहचान करना यह बताता है कि उन्होंने संकल्पना को अच्छी तरह समझ लिया है तथा वे कक्षा में मानसिक रूप से उपस्थित हैं। अतः उपयुक्त उदाहरणों के साथ अनुपयुक्त उदाहरण देना लाभकारी होता है जैसे–

1. व्यक्तिगत खातों के उदाहरण हैं–राम का खाता, कृष्णा का खाता, हंस एण्ड कंपनी का खाता, वेतन खाता, पूर्वदत्त बीमा खाता इत्यादि।
2. उधार व्यवहारों का लेखा करने हेतु रखी जाने वाली सहायक बहियों में क्रय बही, विक्रय बही, क्रय वापसी बही, विक्रय वापसी बही, रोकड़ बही, प्राप्य विपत्र बही, देय विपत्र बही आती है।

8. अध्यापक द्वारा ज्ञात त्रुटि (Teacher's Known Mistake, TKM)–शिक्षक को ज्ञान का भण्डार माना जाता है। विद्यार्थी विद्यालयीन स्तर के हो या महाविद्यालयीन स्तर के, शिक्षक के बारे में उनकी यह धारणा होती है कि वे एकदम सही हैं। शिक्षक उनसे अधिक जानते हैं और सही जानते हैं, और यह ठीक भी है। हमारे धार्मिक ग्रन्थों में तो गुरू को गोविन्द से भी बड़ा माना गया है। और इसीलिए छोटे बच्चों को तो अपने माता-पिता से यह कहते हुए भी सुना जाता है कि हमारी मैडम ने तो यह बताया है और यही सही है। शिक्षकों को भी प्रशिक्षण के द्वारा उनमें निहित योग्यताओं को विकसित किया जाता है और वे अपनी पूर्ण-सामर्थ्य व कुशलता के साथ अध्यापन करते हैं। लेकिन उनका यह गुण कभी-कभी विद्यार्थियों को निष्क्रिय, लापरवाह और शिथिल बना देता है। वे यह जानते हैं कि अध्यापक सही-सही बताएंगे, और इसीलिए वे व्याख्यान पर ध्यान दिए बगैर सुनते व लिखते हैं। अतः विद्यार्थियों को सक्रिय व सावधान बनाए रखने, चिंतन का अवसर देने व कक्षा में सक्रिय सहभागिता करने के लिए शिक्षक को कभी-कभी जानबूझकर गलती करना चाहिए। यह गलती शिक्षक को उन बिन्दुओं या विषयवस्तु के सन्दर्भ में करना चाहिए, जिनका विद्यार्थियों को पूर्व ज्ञान हो। जैसे गणितीय सूत्र/समीकरण लिखते समय, नियम बताते समय, चित्र/ रेखाचित्र/ग्राफ बनाते समय, श्यामपट पर वर्तनी लिखते समय या प्रयोगशाला में रसायनों का संयोजन करते समय शिक्षक जानबूझकर त्रुटि कर सकते हैं। इससे कक्षा के कुछ/कोई विद्यार्थी निश्चित रूप से शिक्षक से उस गलती के बारे में पूछेंगे, तब शिक्षक उनसे 'वह गलती क्यों हैं? तथा 'सही क्या होगा' इत्यादि पूछ

सकते हैं। लेकिन अगर शिक्षक द्वारा जानबूझकर की गई त्रुटि की ओर विद्यार्थियों का ध्यान न जाए तब ऐसी स्थिति में शिक्षक को स्वयं विद्यार्थियों का ध्यान उस गलती की ओर इंगित करना चाहिए तथा पूछना चाहिए कि 'क्या यह सही है?' तथा विद्यार्थियों द्वारा गलती न पकड़ने की स्थिति में स्वयं बताना चाहिए कि यह गलती क्यों हैं? इससे शिक्षक को अपने विद्यार्थियों को सक्रिय अधिगमक बनाने के साथ-साथ आलोचनात्मक चिंतन की क्षमता भी विकसित करने में सहायता मिलेगी।

जैसे–'रोकड़ बही में केवल नकद लेनदेन का ही लेखा किया जाता है।' यह बताने के पश्चात् निम्न व्यवहारों की प्रविष्टि बताए–

मार्च 1 मशीन खरीदी 10,000 रु.

मार्च 12 नकद माल बेचा 50,000 रु.

मार्च 23 रमेश को उधाार माल बेचा 4000 रु.

इन व्यवहारों की प्रविष्टि रोकड़ बही में इस प्रकार होगी–

नामे **रोकड़ बही** **जमा**

दिनांक	विवरण	वाउचर क्रमांक	खा पृ.	राशि	दिनांक	विवरण	वाउचर क्रमांक	खा पृ.	राशि
2008	विक्रय खाते से			50,000	2008	यंत्र खाते को			10,000
					मार्च 12				
					मार्च 23	रमेश को			40,000
					मार्च 31	शेष आगे ले गए			36,000
				50,000					50,000
अप्रैल 1	शेष आगे लाए			36,000					

यहाँ पर रमेश को माल उधार बेचा है अत: उसकी प्रविष्ट रोकड़ बही में नहीं होगी, यह शिक्षक द्वारा जानबूझ कर की गयी गलती है।

द. अनुदेशन सामग्री (Instructional Material)

आज दूरस्थ शिक्षा विश्व में अत्यधिक लोकप्रिय हो गई है। दूरस्थ शिक्षा के अन्तर्गत कई पाठ्यक्रम संचालित किए जा रहे हैं। इसमें अध्यापक और विद्यार्थी प्रत्यक्ष संपर्क में रहते हैं। अत: अध्यापकों के पूरक के रूप में विद्यार्थियों को अनुदेशन सामग्री प्रदान की जाती है। अनुदेशन सामग्री एक ऐसी मुद्रित सामग्री होती है, जो विभिन्न विशेषज्ञों द्वारा विद्यार्थियों की आवश्यकताओं, उम्र तथा स्तर के अनुरूप तैयार की जाती है। ये अध्यापक के पूरक के रूप में कार्य करती है। इनका उपयोग अनुदेशनात्मक उद्देश्यों को प्राप्त करने के लिए किया जाता है। इनकी कुछ विशेषताएँ होती हैं, जैसे इनमें सरल व छोटे वाक्य होते हैं, सरल भाषा का प्रयोग किया जाता है, व मुख्य

बिन्दुओं व परिभाषाओं को गहरे अक्षरों में दिया जाता है, विशिष्ट संकल्पनाओं को [ ] बॉक्स में दिया जाता है। चित्र, प्रवाह चित्र, व्यंग्यचित्र इत्यादि के द्वारा विषयवस्तु स्पष्ट की जाती है। उदाहरणों के द्वारा विषयवस्तु को सरस, सरल व बोधगम्य बनाया जाता है। विद्यार्थियों से अन्तर्क्रिया करने के लिए प्रश्न दिए जाते हैं। इसे विद्यार्थी अपनी गति से पढ़ सकते हैं, विषयवस्तु को पूर्णतः स्पष्ट करने के पश्चात् पुनरावृत्ति के लिए बिंदुवार सारांश व निष्कर्ष दिया जाता है। यदि विद्यार्थी अधिक जानना चाहते हैं तो सामग्री के अंतिम पृष्ठों पर दी गई सन्दर्भ ग्रंथों की सूची से सन्दर्भ प्राप्त कर पढ़ सकते हैं। स्व अधिगम सामग्री, स्व-अनुदेशित सामग्री, प्रमाप, अभिक्रमित अधिगम सामग्री, अभिक्रमित अनुदेशन सामग्री, शिक्षण-अधिगम सामग्री इत्यादि सभी अनुदेशन सामग्री के ही प्रकार हैं। इन्हें कुछ सिद्धांतों व विशेषताओं के आधार पर विकसित किया जाता है। विभिन्न विद्वानों व शोधकर्त्ताओं ने अनुदेशन सामग्री का विकास अपनी रूपरेखा बनाकर किया, जिनमें से कुछ का वर्णन यहाँ दिया गया है–

राष्ट्रीय शैक्षिक अनुसंधान एवं प्रशिक्षण परिषद् नई दिल्ली ने अपनी परियोजना (CAPE) के अन्तर्गत अनुदेशन सामग्री का विकास निम्न रूपरेखा पर किया–

1. शीर्षक
2. सामान्य निर्देश
3. अनुमानित व्यावहारिक परिणाम
4. अधिगम अनुभव
5. प्रतिपुष्टि प्रश्न
6. उत्तर-कुंजी एवं
7. अधिगम अनुभवों के प्रस्तुतीकरण का मूल्यांकन

पासी (1974) ने प्रशिक्षणार्थियों में शिक्षण कौशलों के विकास के लिए प्रयुक्त अनुदेशन सामग्री में निम्न रूपरेखा का उपयोग किया–

1. प्रस्तावना
2. कौशलों का उदाहरण सहित विवेचन
3. निरीक्षण
4. कौशलों के लिए नमूना पाठ
5. निष्कर्ष

मुखोपाध्याय (1980) ने अनुदेशन सामग्री विकास हेतु निम्न रूपरेखा का उपयोग किया–

1. प्रमाप कथन
2. पूर्वेक्षण
3. पूर्व परीक्षण
4. पूर्व आवश्यकताएँ
5. स्रोत
6. उद्देश्य
7. अधिगम अनुभव एवं प्रक्रियाएँ
8. स्वतः निषेध कार्य
9. पश्च परीक्षण
10. स्वतः अवरोधक नमूना उत्तर

पाल (1981) ने शिक्षक प्रशिक्षणार्थियों में सामाजिक कौशलों के विकास के लिए निम्न रूपरेखा प्रयुक्त की–

1. उद्देश्य
2. कौशल की परिभाषा
3. आवश्यकता एवं महत्त्व
4. मुख्य बिन्दु
5. शब्दों के उदाहरण
6. कौशल का प्रदर्शन
7. प्रदर्शन प्रारूप
8. अधिगम अभ्यास

9. पारिभाषिक शब्द
10. मतावली
11. निकष परीक्षण

भोज मुक्त विश्वविद्यालय (2004) की मार्गदर्शिका के अनुसार अनुदेशन सामग्री का प्रारूप इस प्रकार है–

1. परिचय
2. उद्देश्य
3. विषयवस्तु संगठन
4. गतिविधियाँ खण्ड, चार्ट, तालिकाएँ
5. संक्षेप/ याद करने योग्य बिन्दु
6. प्रदत्त कार्य
7. अपनी प्रगति की जाँच कीजिए
8. चर्चा/स्पष्टीकरण के बिन्दु
9. सन्दर्भ

शर्मा एवं पाल (2005) ने बी.एड. प्रशिक्षणार्थियों के लिए प्रतिभाशाली विद्यार्थियों की विशेषताएँ एवं शिक्षा पर अनुदेशन सामग्री निम्न रूपरेखा के आधार पर तैयार की–

1. अनुदेशन सामग्री का परिचय
2. पूर्व आवश्यक
3. उद्देश्य
4. विषयवस्तु संगठन
5. अधिगम अभ्यास
6. शब्द सूची
7. सन्दर्भ
8. निकष परीक्षण
9. प्रतिक्रिया मापनी

शर्मा (2009) ने वाणिज्य प्रथम वर्ष के विद्यार्थियों के लिए व्यावसायिक सम्प्रेषण पर अनुदेशन सामग्री का विकास निम्न रूपरेखा के आधार पर किया–

1. परिचय,
2. उद्देश्य,
3. विषय-वस्तु का प्रस्तुतीकरण (सरल उदाहरणों, छोटे वाक्यों, चित्रों, व्यंग्यचित्रों, प्रवाहचित्रों, प्रश्नों, विषय-वस्तु के संक्षेप)
4. अधिगम अभ्यास,
5. शब्द सूची,
6. आगे अध्ययन के लिए पुस्तकें,

9. सहायक सामग्री

परम्परागत शिक्षण प्रणाली में शिक्षक पाठ्यपुस्तकों तथा व्याख्यान की सहायता से विद्यार्थी के ज्ञान में अभिवृद्धि करते थे। शिक्षण प्रक्रिया में अध्यापक व पाठ्यचर्या ही प्रमुख घटक होते थे। उसमें विद्यार्थी का ज्ञान गौण था। लेकिन आधुनिक शिक्षण पद्धति बाल-केन्द्रित है। इसमें विद्यार्थी को प्रमुख स्थान दिया गया है। शिक्षण की अपेक्षा अधिगम को महत्त्वपूर्ण माना गया है। अधिगम हमारे अनुभवों के परिणामस्वरूप होता है। इसके लिए प्रत्यक्षण जरूरी है जो कि मूर्त, प्रत्यक्ष एवं स्व/प्रथम अनुभव (First hand Experience) से मिलकर होता है। मनुष्य की ज्ञानेन्द्रियाँ आँख, कान, नाक, जीभ व त्वचा उसे किसी भी वस्तु को सीखने, समझने व प्रत्यक्षण में मदद करती हैं। बहुज्ञानेन्द्रियों के उपयोग से अधिगम को प्रभावी बनाया जा सकता है। इसीलिए ज्ञानेन्द्रियों को ज्ञानार्जन का द्वार कहा जाता है (Senses are the gateway of Knowledge)। शिक्षण-अधिगम प्रक्रिया में सहायक सामग्री की सहायता से विद्यार्थियों की बहुज्ञानेन्द्रियों को सक्रिय बनाए रखा जा सकता है, और जितनी अधिक ज्ञानेन्द्रियों की सहायता ली जाती है, अधिगम उतना ही बेहतर और प्रभावी होता है। एक शिक्षक जो उच्च योग्यता प्राप्त है और सम्प्रेषण कौशल में कुशल है, के अध्यापन की तुलना में, एक ऐसा शिक्षक जो योग्यता व सम्प्रेषण कौशल में औसत है, लेकिन अपने शिक्षण में सहायक सामग्रियों का प्रयोग करता है, तो उसका अध्यापन बेहतर हो सकता है। सहायक सामग्रियों का प्रयोग कर वह अपनी कमियों को कम कर बेहतर अध्यापन कर सकता है। शिक्षण सहायक सामग्रियाँ एक सामान्य शिक्षक के अध्यापन में तो सुधार करती ही है साथ ही श्रेष्ठ शिक्षक के अध्यापन को भी प्रभावी बनाती है। शिक्षण सहायक सामग्रियों की सहायता से अमूर्त, जटिल एवं सूक्ष्म विषयवस्तु को भी मूर्त, सरल, आकर्षक, बोधगम्य तथा व्यावहारिक बनाया जा सकता है। सहायक सामग्रियों के अन्तर्गत ऐसे सभी साधन, जो विषयवस्तु को सरल, स्पष्ट, बोधगम्य एवं रोचक बना देते हैं तथा विद्यार्थियों को पाठ्यवस्तु की ओर आकर्षित कर उन्हें सक्रिय बनाए रखते हैं, सम्मिलित किए जाते हैं।

ई. सी. डेन्ट के अनुसार- ''सहायक सामग्री का अभिप्राय उन समस्त साधनों से है, जो कक्षा में अथवा अन्य शिक्षण परिस्थितियों में लिखित अथवा बोली हुई सामग्री को समझने में सहायता देती है।''

साधारण शब्दों में शिक्षण सामग्री वे अनुदेशनात्मक युक्तियाँ (Devices), उपकरण या सामग्रियाँ हैं, जिनकी सहायता से शिक्षक अधिगमकों की श्रव्य एवं दृश्यिक ज्ञानेन्द्रियों को

सक्रिय रखते हुए अपने अनुदेशनात्मक उद्देश्यों को सरलता व उद्देश्यपूर्ण तरीके से प्राप्त करता है।

शिक्षण सहायक सामग्रियों की आवश्यकता एवं महत्त्व

एक अध्यापक को अनुदेशनात्मक उद्देश्यों को प्राप्त करने एवं अपने अध्यापन को प्रभावी, रुचिकर एवं सजीव बनाने में शिक्षण सहायक सामग्री अत्यन्त मदद करती है। इसकी सहायता से अमूर्त, जटिल, सूक्ष्म, एवं नीरस विषयवस्तु को भी सरस, सरल एवं बोधगम्य बनाया जा सकता है। शिक्षाशास्त्रियों एवं मनोवैज्ञानिकों ने छोटे बालकों, जिनकी अवधान क्षमता बहुत कम होती है, के लिए शिक्षण सहायक सामग्रियों के प्रयोग को आवश्यक एवं महत्त्वपूर्ण बताया है, लेकिन ये महाविद्यालयीन विद्यार्थियों के लिए भी कम महत्वपूर्ण नहीं है। विद्यालयीन स्तर की तुलना में महाविद्यालयीन शिक्षा अधिक अमूर्त एवं संकल्पनात्मक होती है और इसलिए महाविद्यालयीन स्तर पर उच्चतम स्तर की सामग्री के व्यापक उपयोग की आवश्यकता होती है। महाविद्यालयीन शिक्षकों द्वारा शिक्षण सहायक सामग्रियों का उपयोग नहीं करने का कारण महाविद्यालयों में इन साधनों की अनुपलब्धता तथा शिक्षकों का गैरप्रशिक्षित होना होता है। शिक्षण सहायक सामग्री शिक्षा के सभी स्तरों पर सभी विषयों के अनुदेशन में मदद कर सकती है। इनका महत्व निम्न बिन्दुओं के अन्तर्गत बताया जा सकता है–

1. कुछ ऐसी अगम्य (unaccessible) वस्तुएँ, स्थान होते हैं जैसे कि नदी, जहाज, स्थल (सिन्धुघाटी), घटनाएँ (अंग्रेजों के समय के हिसाब-किताब की प्रणाली), वस्तुएँ (पुराने कम्प्यूटर जैसे मेनफ्रेम), प्रक्रियाएँ (व्यापार का विकास, साझेदारी का समापन) या समय, गति दूरी में परिवर्तन इत्यादि, जिन्हें कक्षा में नहीं लाया जा सकता है, तथा विद्यार्थी आसानी से इन्हें समझ नहीं पाते हैं, को सहायक सामग्री की सहायता से आसानी से स्पष्ट किया जा सकता है।
2. अध्यापन के दौरान अध्यापक कई बार विद्यार्थियों को एक किताब में से चित्र दिखाते हैं, सूक्ष्मदर्शी पर स्लाइड दिखाते हैं, श्यामपट पर लिखते हैं, मॉडल दिखाते हैं। लेकिन जब कक्षा का आकार बड़ा हो, समय कम हो और दिखाई जाने वाली वस्तु नाजुक और दुर्लभ हो, तब अध्यापक के सामने समस्या खड़ी हो जाती है। ऐसी स्थिति में शिक्षण सहायक सामग्री जैसे ओव्हरहेड प्रोजेक्टर या एपीडायस्कोप का उपयोग कर अध्यापक अपनी समस्या को दूर कर सकते हैं और प्रभावी शिक्षण कर सकते हैं। और इनके उपयोग के लिए उन्हें बहुत कम समय के प्रशिक्षण की आवश्यकता होती है।
3. प्रत्यक्ष ज्ञान से उत्तम शिक्षण प्रदान किया जा सकता है। लेकिन कई बार प्रत्यक्ष ज्ञान दिया जाना सम्भव नहीं होता है। ऐसी स्थिति में श्रव्य-दृश्य सामग्रियों के उपयोग से विद्यार्थियों को प्रत्यक्ष ज्ञान दिया जा सकता है तथा विद्यार्थियों की सक्रिय सहभागिता प्राप्त की जा सकती है।
4. सहायक सामग्रियों के उपयोग से दिया जाने वाला ज्ञान शुद्ध, गुणवत्तायुक्त एवं स्थायी होता है।

5. सहायक सामग्रियों के उपयोग से कक्षा के वातावरण को सजीव एवं रोचक बनाया जा सकता है। ये विद्यार्थियों को उनके भौतिक एवं सामाजिक वातावरण से जोड़ते हैं। इनकी सहायता से अध्यापक विद्यार्थियों को समय व गति की सीमा से परे कई वर्षों पूर्व एवं कई मीलों दूर की ऐसी घटनाएँ बता सकते हैं, जहाँ पहुँचना संभव नहीं है। खूँखार व अतिविशाल जानवर जैसे:- शेर, चीता, व्हेल-मछली, शार्क मछली, अजगर जिन्हें देखना दुर्लभ व मुश्किल होता है, को शिक्षण सहायक सामग्रियों की सहायता से कक्षा में अत्यन्त नजदीक से विद्यार्थियों को दिखाया जा सकता है। वाणिज्य के विद्यार्थियों को शेयर बाज़ार, बैंक के लाकर्स कक्ष, कोषालय (Treasury) जहाँ सामान्य व्यक्ति को जाने की अनुमति नहीं होती है, इत्यादि को सहायक सामग्रियों की सहायता से दिखाया जा सकता है।
6. महाविद्यालयीन विद्यार्थियों के लिए न्यूनतम उपस्थिति के नियम बनाए जाते हैं। उनके शिक्षकों की शिकायत रहती है कि विद्यार्थी अनुशासनहीन और उद्दण्ड होते हैं, कक्षा से भाग जाते हैं, कई-कई दिनों तक महाविद्यालयों में आते नहीं हैं। ये समस्याएँ कई बार विद्यालयों में भी आती हैं। इसका मूल कारण अध्यापकों द्वारा अपनाई गई शिक्षण विधि और अप्रभावी शिक्षण करना होता है। वे विद्यार्थियों की आवश्यकताओं को संतुष्ट नहीं कर पाते हैं। उनके द्वारा दिया जाने वाला व्याख्यान अरुचिकर एवं नीरस होता है। अत: अध्यापक शिक्षण सहायक सामग्रियों का उपयोग कर अधिगमकों को अध्ययन के लिए अभिप्रेरित कर सकते हैं और अपने व्याख्यान को रुचिकर व सरस बना सकते हैं।
7. दृश्य-श्रव्य सामग्रियाँ विद्यार्थियों के अवबोध की गति को बढ़ाने, सही संकल्पना का निर्माण करने, अमूर्तन को बढ़ाने के साथ-साथ सम्प्रेषण कौशल को विकसित करने में भी मदद करती है। जब विद्यार्थी विभिन्न परिस्थितियों में लोगों को एक-दूसरे के साथ बात करते, चलते हुए, खाते-पीते हुए देखते हैं, उनके वक्तव्य को सुनते हैं, तब वे उनका अनुकरण करना सीखते हैं तथा उनका वक्तव्य और व्यवहार करने के तरीके (Manners) में दिखाई देने वाली कमियों पर भी ध्यान देते हैं तथा अवसर मिलने पर उन्हें दूर कर अपने सम्प्रेषण को प्रभावी बनाते हैं।
8. बालकों में व्यक्तिगत भिन्नताएँ पाई जाती हैं। एक बालक दूसरे बालक से बुद्धि, रुचि, अभिक्षमता, अभिवृत्ति, समायोजन, व्यक्तित्व इत्यादि में भिन्न होता है। विभिन्न प्रकार की शिक्षण सहायक सामग्रियों की सहायता से विभिन्न बालक अलग-अलग प्रकार से अधिगम कर सकते हैं। शिक्षण सहायक सामग्री व्यक्तिगत अनुदेशन में मदद करती है।
9. दृश्य-श्रव्य सामग्रियों की सहायता से अधिगमक जीवन की समस्याओं का प्रत्यक्ष रूप से अनुभव करते हैं, वे स्वयं को अदाकार की जगह रखकर देखते व सोचते हैं। इससे उनमें अन्वेषण व विश्लेषण की क्षमता उत्पन्न होती है। उनमें वैज्ञानिक दृष्टिकोण का विकास होता है। वे तार्किक, सुव्यवस्थित एवं लक्ष्य निर्देशित चिंतन व कार्य करते हैं।

10. शिक्षण सहायक सामग्रियाँ विद्यार्थियों की रटंत क्षमता को कम करती हैं। ज्ञान का विस्फोट होने से शिक्षक शाब्दिक सूचनाएँ देने वाला और विद्यार्थी उनको रटने वाला स्रोत बनकर रह गए हैं। सूचना तकनीकी के विस्तार से श्रव्य-दृश्य सामग्रियों की सहायता से विद्यार्थी न केवल स्वयं सूचनाएँ एकत्रित कर लेते हैं, बल्कि उनका प्रयोग प्रतिपोष के यंत्र के रूप में कर अपने कार्य का आकलन (Assessment) एवं मूल्यांकन भी कर लेते हैं और सूचनाओं को रटने की बजाए समझते व ग्रहण करते हैं।

सहायक सामग्रियों के चयन का आधार

वाणिज्य कार्यक्रम के विभिन्न विषयों के लिए शिक्षण सहायक सामग्रियों की संख्या अत्यन्त सीमित है। अतः उपयुक्त शिक्षण सामग्री का चयन करना एक कठिन कार्य है। विद्यालयों व महाविद्यालयों में शिक्षण सहायक सामग्रियों के क्रय करने के लिए एक निश्चित/सीमित कोष रखा जाता है, अतः इन सामग्रियों का चयन अत्यन्त सावधानी एवं बुद्धिमत्ता से करना चाहिए। विद्यालय प्रशासन व अध्यापकों को विभिन्न सामग्रियों के बारे में उपलब्ध विभिन्न स्रोतों से पर्याप्त विस्तृत जानकारी प्राप्त कर लेनी चाहिए तथा निम्न निकषों के आधार पर अध्यापन के लिए शिक्षण सामग्री का चयन करना चाहिए:

1. चयनित शिक्षण सहायक सामग्री अधिगमक केन्द्रित होनी चाहिए अर्थात् वह बालकों के कक्षा स्तर, उम्र, योग्यता एवं रुचि के अनुसार होनी चाहिए। तभी वह विद्यार्थी की अधिगम प्रक्रिया को आगे बढ़ायेगी।
2. चयनित सहायक सामग्री अनुदेशनात्मक उद्देश्यों को प्राप्त करने में सहायक होनी चाहिए। सहायक सामग्री शिक्षण उद्देश्यों और विषय की प्रकृति को निर्धारित (Cosidered) करने वाली होनी चाहिए। विषय की प्रकृति संज्ञानात्मक विकास, कौशल विकास या प्रयोगात्मक उपयोग में से किस तरह की है, शिक्षण सहायक सामग्री का चयन करते समय इसका ध्यान रखा जाना चाहिए, और इसके लिए शिक्षक को अपने विषय का पर्याप्त ज्ञान होना चाहिए।
3. शिक्षण सहायक सामग्री का उपयोग करने का मुख्य उद्देश्य पाठ में विद्यार्थियों की अभिप्रेरणा व रुचि बनाए रखना होता है। अतः चयनित सहायक सामग्री ऐसी होनी चाहिए, जो विद्यार्थियों की पाठ में रुचि उत्पन्न करे, उन्हें सीखने के लिए अभिप्रेरित करे तथा उनकी आवश्यकताओं को संतुष्ट करे।
4. शिक्षण सहायक सामग्री अधिगम अनुभवों एवं विषयवस्तु की उपयुक्तता के अनुसार होनी चाहिए। एक स्थिति में किसी विषयवस्तु के लिए जो शिक्षण सामग्री उपयुक्त हो सकती है, वही दूसरी स्थिति में अन्य विषयवस्तु के लिए अनुपयुक्त होती है। जैसे किसी वस्तु की उत्पादन प्रक्रिया समझाने के लिए फिल्म इत्यादि दिखाने की अपेक्षा उस वस्तु का उत्पादन जहाँ होता है, उस कारखाने या क्षेत्र का भ्रमण कराना चाहिए।

5. ऐसी शिक्षण सामग्री का चयन करना चाहिए जो आसानी से उपलब्ध हो व परिचालित (Manipulate) की जा सके, जिसकी कीमत अधिक न हो और जो टिकाऊ हो।
6. वाणिज्य विषय के लिए ऐसी शिक्षण सामग्री का चयन किया जाना चाहिए, जो व्यापार और/ सरकारी कार्यालयों में सामान्यत: उपयोग में आती हो तथा व्यापारिक कार्यों में प्रवेश करने वाले नए व्यक्तियों द्वारा सरलता से उपयोग में लायी जाती हो।

शिक्षण सहायक सामग्रियों का वर्गीकरण

वाणिज्य के विभिन्न तकनीकी विषयों के लिए उपयोगी अनुदेशनात्मक सामग्रियों की उपलब्धता बहुत कम है, जबकि वाणिज्य जैसे कौशलयुक्त और व्यावहारिक विषय के लिए कई शिक्षण सहायक सामग्रियों का उपयोग किया जा सकता है। जिन्हें मुख्य रूप से दो वर्गों में वर्गीकृत किया जा सकता है :

अ. विद्युत से संचालित होने वाली सहायक सामग्री

इसके अंतर्गत दूरदर्शन, रेडियो, एपीडायस्कोप, ओव्हरहेड प्रोजेक्टर, फिल्म, फिल्म-स्ट्रिप्स, कम्प्यूटर, इत्यादि आते हैं।

ब. अन्य सामग्री

इसके अंतर्गत फ्लानेल बोर्ड, बुलेटिन बोर्ड, वास्तविक वस्तुएं, ग्लोब प्रतिमान एवं नमूने, कार्य पुस्तक (Work-Book), कार्य-कार्ड (Work-Cards), चित्र, रेखाचित्र, ग्राफ, चार्ट, और कार्टून इत्यादि आते हैं।

विभिन्न शिक्षण सहायक सामग्रियों का वर्णन यहाँ किया गया है:

दूरदर्शन (Television)

शिक्षण की सहायक श्रव्य-दृश्य सामग्री में दूरदर्शन का नाम प्रमुखता से लिया जाता है। पहले यह केवल सूचनाओं और मनोरंजन का साधन था। लेकिन वर्तमान में इसका शैक्षिक साधन के रूप में व्यापक प्रयोग किया जा रहा है। इसीलिए इसे शैक्षिक दूरदर्शन (Educational Television) भी कहा जाने लगा है।

दूरदर्शन

रेडियो के द्वारा अधिगमकों को केवल श्रव्य अनुभव ही प्रदान किए जाते हैं, उससे उनकी श्रवणेन्द्रिय ही सक्रिय रहती है, लेकिन टी.वी. अधिगमकों की श्रृव्य व दृव्य, दोनों ज्ञानेन्द्रियों को सक्रिय रखता है, यह विद्यार्थियों को श्रवण के साथ-साथ दृश्य अनुभव भी प्रदान करता है। इस पर देखी-सुनी जाने वाली वस्तुएँ व व्यक्तियों के चलायमान होने के कारण ये अनुभव विद्यार्थियों के लिए अधिक गतिशील (Dynamic) एवं प्रभावी होते हैं।

वे इनसे अधिक प्रभावी होते हैं और उनकी छाप उनके मस्तिष्क पटल पर अंकित हो जाती है। आज भारत में शिक्षा के क्षेत्र में टी.वी. का उपयोग शिक्षा की गुणवत्ता को बढ़ाने के उद्देश्य से ग्रामीण, पिछड़े एवं सुदूर (Remote) क्षेत्रों में किया जा रहा है। राष्ट्रीय चैनल पर प्रसारित होने वाले शैक्षिक कार्यक्रमों की सफलता इसके एक महत्त्वपूर्ण शिक्षण सहायक सामग्री बनने की ओर संकेत करती है।

पहले टी. वी. कार्यक्रमों को प्रसारित करने के लिए ध्वनि और दृश्यों को इलेक्ट्रोमेग्नेटिक तरंगों में परिवर्तित किया जाता था। ये तरंगें टी.वी. एन्टीना पकड़ता था, जिन्हें टी.वी. सेट प्राप्त करता था और वे वहाँ फिर से मूल दृश्यों में परिवर्तित हो जाती थी, और टी.वी. के पर्दे पर दिखाई व सुनाई देती थी।

विभिन्न शैक्षिक उपग्रहों जैसे SITE (Satellite Instuctional Television Experiment), INSAT (Indian National Satellite) इत्यादि के अंतरिक्ष परिधि में सफलतापूर्वक नियोजन (Planning) ने अनुदेशनात्मक उद्देश्यों की प्राप्ति के लिए दूरदर्शन के उपयोग में नए आयाम जोड़ दिए हैं। कृत्रिम उपग्रहों ने टी.वी. प्रसारण के क्षेत्र में क्रांति ला दी है।

वर्तमान में उपग्रहों के द्वारा प्रत्यक्ष प्रसारण किया जा रहा है, जिसे DBS (Direct Broadcast Satellite) प्रत्यक्ष प्रसारण उपग्रह के नाम से जाना जाता है। इस पद्धति में टी. वी. सेट सीधे ही उपग्रहों से संकेत प्राप्त कर लेते हैं। इसमें टी.वी. सेट को एक विशेष डिश ऐरियल की आवश्यकता होती है जोकि केबल टी.वी. में होते हैं। ये संकेत एक केबल के माध्यम से हमारे टी.वी. सेट तक पहुँच जाते हैं।

20 सितम्बर 2004 को छोड़े गए शैक्षिक उपग्रह, एजुसेट (Educational Satellite) ने भारत में शिक्षा के क्षेत्र में एक नया अध्याय जोड़ दिया है। इसने हमारे देश में घरों को कक्षा में बदल कर दूरस्थ शिक्षा के क्षेत्र में एक क्रांति ला दी है। इसका उपयोग मुख्य रूप से रेडियो व दूरदर्शन के कार्यक्रमों के प्रसारण, मांग आधारित विडियो कार्यक्रमों के प्रसारण, आँकड़ों के आदान-प्रदान, वेब आधारित शिक्षा और रेडियो, दूरदर्शन व कम्प्यूटर द्वारा कान्फ्रेन्सिग में किया जाएगा। इसकी सहायता से अब एक टी.वी. स्टूडियो से एक अध्यापक हजारों विद्यार्थियों को देश के विभिन्न शिक्षा संस्थानों में एक साथ संबोधित कर व्याख्यान दे सकेंगे, लेकिन उन संस्थानों में कार्यक्रम को प्राप्त करने के लिए टर्मिनल होना आवश्यक है। अगर संस्थानों में पारस्परिक क्रिया के लिए सुविधाएँ होंगी तो वहाँ के विद्यार्थी भी उसी समय उस अध्यापक से अपने प्रश्न ई-मेल, फोन, लघु संदेशों (SMS) एवं फैक्स इत्यादि के द्वारा पूछ सकेंगे जिनका प्रत्युत्तर सीधे प्रसारण द्वारा विशेषज्ञ दे सकेंगे। इस तरह एजुसेट शिक्षकों की कमी को पूरा कर शिक्षा की गुणवत्ता को बढ़ाने में योगदान देगा। लेकिन एजुसेट की सुविधा प्राप्त करने वाली प्रत्येक संस्था को एक रंगीन टी.वी. और विशेष प्रकार के डिश एन्टीना की जरुरत होती है।

इस प्रकार दूरदर्शन का शिक्षा में अत्यधिक व प्रभावी उपयोग किया जा रहा है। राष्ट्रीय शैक्षिक अनुसन्धान एवं प्रशिक्षण परिषद (N.C.E.R.T.), केन्द्रीय शैक्षिक प्रौद्योगिकी संस्थान (C.I.E.T.) और विश्वविद्यालय अनुदान आयोग (U.G.C.) शैक्षिक दूरदर्शन कार्यक्रमों के

निर्माण व प्रसारण में सहायता करते हैं। इनके द्वारा स्तरीय कार्यक्रम प्रसारित हो रहे हैं। सन् 2000 से शिक्षा के लिए समर्पित ज्ञानदर्शन चैनल 24 घण्टे अपनी सेवाएँ दे रहा है। सरकार द्वारा अनिवार्य प्रारंभिक शिक्षा के सार्वभौमीकरण के लक्ष्य की प्राप्ति हेतु, प्रौढ़ एवं सामाजिक शिक्षा की व्यवस्था हेतु, बच्चों और प्रौढ़ों के औपचारिकेतर शिक्षा की व्यवस्था हेतु, जनसंख्या शिक्षा, ऊर्जा संरक्षण, वन्यजीव संरक्षण, पर्यावरण की स्वच्छता, पोषण, स्वास्थ्य, प्राकृतिक संसाधन जैसे जल, मिट्टी, वन इत्यादि के संरक्षण के लिए दूरदर्शन का उपयोग कर कार्यक्रमों के निर्माण व प्रसारण को बढ़ावा दिया जा रहा है।

रेडियो (Radio)

श्रव्य सहायक सामग्रियों में रेडियो का नाम प्रमुखता से लिया जाता है। यह अनुदेशनात्मक उद्देश्यों को प्राप्त करने में शिक्षक का एक महत्वपूर्ण सहायक साबित हुआ है। शिक्षा में रेडियो को उपयोग करने के कारण इसके द्वारा अधिगमकों के एक बहुत बड़े समूह को सूचनाएँ एवं अधिगम अनुभवों को एक साथ प्रदान किया जाता है। ये अधिगमक कक्षा की तरह एक स्थान पर ही इकट्ठे हों, यह आवश्यक नहीं है। रेडियो के प्रसारण क्षेत्र के अंदर वे कहीं भी फैले हों, रेडियो उन सभी को एक साथ समान सूचनाएँ प्रदान करता है। अध्यापकों और विद्यार्थियों के एक-दूसरे के संपर्क में रहने का एक सीमित समय होता है। लेकिन रेडियो द्वारा अनुदेशन प्रदान करने में यह प्रतिबद्धता नहीं होती है। यह विद्यार्थियों के लिए प्रातःकाल से लेकर मध्यरात्रि तक उपलब्ध रहता है। आज इसका उपयोग शैक्षिक, सांस्कृतिक, चिकित्सीय, कृषि, वानिकी, वाणिज्यिक इत्यादि क्षेत्रों में होने के कारण बच्चों एवं युवाओं को संसार में बिखरे ज्ञान व कला के खजाने से आसानी से परिचित कराया जा सकता है।

रेडियो

रेडियो का शैक्षिक उपयोग

शैक्षिक दृष्टिकोण से रेडियो के कार्यक्रम दो प्रकार के होते हैं-

1. सामान्य प्रसारण (General Broadcast)–सामान्य प्रसारण के अन्तर्गत वे कार्यक्रम प्रसारित किए जाते हैं, जो विद्यालयीन/महाविद्यालयीन पाठ्यचर्या से प्रत्यक्ष रूप से सम्बन्धित नहीं होते हैं, लेकिन फिर भी श्रोताओं के ज्ञान में वृद्धि करते हैं। कार्यक्रमों में देश-विदेश के समाचार, महत्वपूर्ण घटनाएँ, संस्कृति, मौसम, जीवन इत्यादि से सम्बन्धित सूचनाएँ प्रसारित किए जाते हैं।

2. शैक्षिक प्रसारण (Educational Broadcast)–ये कार्यक्रम विद्यालयों/महाविद्यालयों

की पाठ्यचर्या से प्रत्यक्ष रूप से सम्बन्धित होते हैं और विषय विशेषज्ञों द्वारा तैयार कराए जाते हैं। ये विद्यालयीन समय में विशिष्ट दिनांक व समय के लिए तैयार किए जाते हैं। शिक्षक रेडियो स्टेशन से इन कार्यक्रमों की विषयवस्तु, प्रसारण होने का दिनांक व समय इत्यादि जान सकते हैं। ये कार्यक्रम बच्चों, युवाओं, महिलाओं, किसानों इत्यादि सभी के लिए अलग-अलग बने होते हैं।

रेडियो द्वारा प्रसारित कार्यक्रमों का लाभ उठाने के लिए शिक्षकों को कुछ पूर्व तैयारी व सावधानियाँ रखनी चाहिए-

शिक्षकों को शैक्षिक संस्थाओं के लिए तैयार किए जाने वाले कार्यक्रमों की संख्या, प्रकृति, समय व दिनांक रेडियो स्टेशन से शैक्षिक सत्र के प्रारंभ में प्राप्त कर लेनी चाहिए, तथा विद्यालय प्रबंधन से चर्चा कर नियत तिथि को रेडियो की व्यवस्था कर लेनी चाहिए। साथ ही विद्यार्थियों को भी पूर्व में ही प्रसारित होने वाले कार्यक्रम की विषयवस्तु/प्रकरण की जानकारी दे देनी चाहिए। जहाँ तक संभव हो, रेडियो का प्रयोग कक्षा में ही करना चाहिए तथा शिक्षक को भी कार्यक्रम के प्रसारण के समय में उपस्थित रहना चाहिए। कार्यक्रम प्रसारित होने के दौरान शिक्षक को कार्यक्रम के महत्त्वपूर्ण बिन्दु नोट करना चाहिए तथा विद्यार्थियों को भी उन्हें नोट करने को कहना चाहिए। शिक्षक यदि चाहे तो प्रसारित कार्यक्रम की विषयवस्तु पर आधारित चार्ट, पोस्टर, प्रतिमान इत्यादि पूर्व में तैयार कर रख सकते हैं और कार्यक्रम के प्रसारण के दौरान उनका उपयोग कर प्रभावी अनुदेशन प्रदान कर सकते हैं। कार्यक्रम प्रसारित होने के पश्चात् अध्यापक को विद्यार्थियों से प्रश्न आमंत्रित करना चाहिए और उनकी समस्याओं का समाधान करना चाहिए। इसके लिए यदि शिक्षक प्रसारित कार्यक्रम को रिकार्ड कर सकें तो उन्हें ऐसा करना चाहिए, ताकि वे कठिन बिन्दुओं को पुनः कार्यक्रम सुनकर स्पष्ट कर सकें। अध्यापक को कार्यक्रम के प्रसारण के समय शोर, बिजली की अनुपलब्धता, रेडियो के प्रसारण केन्द्र का सेट न होना, आवाज़ की खराबी इत्यादि समस्याओं को दूर करना चाहिए, ताकि कार्यक्रम स्पष्टतः सुना जा सके। इस प्रकार अध्यापक उपर्युक्त सावधानियाँ रख कर रेडियो द्वारा प्रभावी अनुदेशन कर सकते हैं और विद्यार्थियों को देश प्रसिद्ध विद्वानों के विचार सुना सकते हैं।

वाणिज्य के अन्तर्गत अध्यापक अपने विद्यार्थियों को महत्त्वपूर्ण व्यापारिक एवं औद्योगिक घटनाएँ व नीति नियम, कानून, अर्थशास्त्रियों के विचार, नवीन उत्पाद की जानकारी, नव प्रकाशित पुस्तकों के नाम व उनकी विद्वानों द्वारा की गई समालोचना, यात्रा वृत्तान्त, भौगोलिक व मौसम की जानकारी इत्यादि प्रदान करने के लिए अनुदेशन में रेडियो का उपयोग कर सकते हैं।

एपीडायस्कोप (Epidiascope)

एपीडायस्कोप, एपीस्कोप और डायस्कोप नाम के दो यंत्रों से मिलकर बना है। इस यंत्र की सहायता से अध्यापक विद्यार्थियों को अपारदर्शी वस्तुओं जैसे रेखाचित्र, मानचित्र, चार्ट, पुस्तक

में बने चित्र या लेख के साथ ही पारदर्शी वस्तुएँ जैसे स्लाइड को पर्दे पर प्रक्षेपित कर बड़े रूप में प्रस्तुत कर सकते हैं। इसमें एपीस्कोप अपारदर्शी वस्तुओं एवं डायस्कोप स्लाइड वाहक की सहायता से पारदर्शी स्लाइड को प्रक्षेपित करने के लिए प्रस्तुत किया जाता है। एपीडायस्कोप के द्वारा प्रदर्शित चित्र ध्वनिरहित एवं गतिहीन होते हैं। इस यंत्र के द्वारा सामग्री को प्रक्षेपित करने के लिए प्रकाश (Light) की आवश्यकता होती है, अतः इसमें उच्च शक्ति के बल्ब लगे होते हैं, जिनका प्रकाश सामग्री पर पड़ता है। इसमें रिफ्लेक्टर एवं लैंस को इस प्रकार से प्रक्षेपित किया जाता है कि वस्तु का बढ़ा हुआ (magnified) प्रतिबिंब (image) दिवाल पर बनता है। उच्च शक्ति के बल्ब लगे होने से यह अत्यधिक ऊष्मा उत्पन्न करता है, अतः इस ऊष्मा को बाहर निकालने के लिए इसमें एक पंखा भी लगा होता है। लेकिन फिर भी इस यंत्र का प्रयोग एक बार में अधिक देर तक नहीं करना चाहिए क्योंकि इसमें बल्ब से उत्पन्न होने वाली गर्मी से उपयोग में लाई जाने वाली सामग्री के जलने व बल्बों के "फ्यूज़ होने का खतरा बना रहता है। प्रयोग में लाए जाने के पश्चात् प्रक्षेपण लैंस को ढंककर रखना चाहिए। स्पष्ट व बेहतर प्रतिबिम्ब प्राप्त करने के लिए लैंस व बल्बों का उचित रखरखाव करना अत्यन्त आवश्यक होता है।

एपीडायस्कोप

पारदर्शी स्लाइड को प्रदर्शित करने के लिए स्लाइड वाहक की सहायता से स्लाइड को लैंस व प्रकाश के स्रोत के मध्य में रखा जाता है। प्रकाश की किरणें जैसे ही पारदर्शी स्लाइड पर पड़ती है, स्लाइड पर अंकित विषयवस्तु का प्रतिबिम्ब उभर कर पर्दे पर आ जाता है। डायस्कोप में प्रदर्शित की जाने वाली स्लाइड का आकार $3^{1/4}" \times 3^{1/4}" \times 3^{1/4}" \times 4"$ का होना चाहिए। इन स्लाइड्स को अध्यापक स्वयं भी तैयार कर सकते हैं, और अन्य किसी से निर्मित भी करवा सकते हैं।

वाणिज्य में जब अध्यापक को किसी संस्था के अंतिम खाते विद्यार्थियों को दिखाना होते हैं तो वह एक साथ सभी विद्यार्थियों को इतने खाते नहीं दिखा सकते हैं तथा उन्हें श्यामपट पर बनाना भी मुश्किल होता है। ऐसी स्थिति में तैयार खाते को अध्यापक एपीस्कोप के माध्यम से प्रदर्शित कर सकते हैं। इसके अतिरिक्त खाते तैयार करने के लिए सवालों को एक पुस्तक से दिखा सकते हैं। स्लाइड्स तैयार कर डायस्कोप की सहायता से चित्र, रेखाचित्र इत्यादि दिखा सकते हैं।

ओव्हरहेड प्रोजेक्टर (Overhead Projecter)

ओव्हरहेड प्रोजेक्टर शिक्षा में तकनीकी की एक महत्त्वपूर्ण देन है। यह यंत्र प्रक्षेपित की जाने वाली सामग्री का प्रतिबिम्ब बोलने वाले के पीछे तथा उसके सिर के ऊपर बनाता है, इसलिए इसका नाम ओव्हरहेड प्रोजेक्टर रखा गया है। यह यंत्र प्लायवुड से बना एक चौकोरनुमा डिब्बे की तरह होता है, जिसमें एक ग्लास-प्लेट लगी होती है, इस प्लेट के नीचे बल्ब तथा उनसे उत्पन्न ऊष्मा बाहर निकालने के लिए पंखा लगा होता है। ग्लास-प्लेट वेफ ऊपर ट्रान्सपरेन्सी रखी जाती है, जिस पर नीचे लगे हुए बल्ब से प्रकाश आता है। चौकोरनुमा डिब्बे से सटी हुई एक रॉड होती है जिस पर 90° का कोण बनाते हुए दो लैंस लगे होते हैं, इनमें एक साधारण काँच होता है और एक उत्तल/अवतल लैंस लगा होता है। डिब्बे के अंदर लगे बल्ब से आने वाला प्रकाश ट्रान्सपरेनसी से गुजरता हुआ ऊपर लगे लैंस पर आता है और प्रक्षेपित होते हुए वक्ता के पीछे सिर के ऊपर दिवाल या परदे पर लगी सामग्री को दिखाता है। इस यंत्र का प्रयोग करने के लिए कमरे में पूर्ण रूप से अन्धेरा करने की आवश्यकता नहीं होती है। चौकोरनुमा डिब्बे के बाहर यंत्र को चालू व बंद करने के बटन लगे होते हैं। आधुनिक ओव्हरहेड प्रोजेक्टर्स में रिमोट कन्ट्रोल की सुविधा भी है, जिनकी सहायता से अध्यापक जब चाहे बटन चालू व बंद कर सकते हैं। अध्यापक यंत्र का प्रयोग करते हुए पढ़ाने के साथ-साथ ही आवश्यकतानुसार ट्रान्सपरेन्सी पर विशेष स्याही से बने मार्कर पेन की सहायता से लिख सकते हैं। ट्रान्सपरेन्सी पर लिखी सामग्री को रिमोवर, सूखे कपड़े या रुई की सहायता से आसानी से हटाया भी जा सकता है। इस यंत्र की सहायता से अध्यापक विद्यार्थियों के बड़े समूह के समक्ष दृश्य का एक या कई भाग प्रदर्शित कर सकते हैं। इसके द्वारा वर्गीय (sectional) प्रतिमानों को भी प्रक्षेपित किया जा सकता है। जैसे छोटे-छोटे कीड़े या जलचर, पत्तियों के पार्श्वचित्र, फूलों के दल, समतल वस्तुओं के छायाचित्र इत्यादि को भी प्रक्षेपित किया जा सकता है। इसकी सहायता से गतिशील प्रदर्शन जैसे

ओव्हर हेड प्रोजेक्टर

सुई का विचलन, पारे स्तम्भ के बढ़ने के कारण तापमान में होने वाली वृद्धि को भी बड़े व स्पष्ट रूप में विद्यार्थियों को दिखाया जा सकता है।

कम्प्यूटर–आज प्राथमिक कक्षा के विद्यार्थियों से लगाकर उच्च कक्षा के विद्यार्थी तक कम्प्यूटर का उपयोग कर रहे हैं।

कम्प्यूटर

चार्ट (Charts)

अध्यापक द्वारा अपने पाठ की व्याख्या करने के साथ-साथ विद्यार्थियों के समक्ष श्यामपट पर ही दृश्यिक विस्तार (चित्र, रेखाचित्र) करने से अधिक प्रभावी सहायक सामग्री कोई नहीं है। लेकिन जब अध्यापक और विद्यार्थियों के पास समय की कमी हो तथा अध्यापक को चित्र बनाना नहीं आता हो, तो ऐसी स्थिति में अध्यापक चार्ट का उपयोग कर सकते हैं। जब अध्यापक को कम समय में किसी वैज्ञानिक घटना की प्रक्रिया या कुछ संकल्पनात्मक पदानुक्रम विकसित करना हो, जो कि श्यामपट पर प्रदर्शित करना संभव नहीं हो, तब अध्यापक कागज़ की मोटी शीट पर तैयार किए गए दृश्य का उपयोग कर सकते हैं। चार्ट अध्यापक द्वारा कक्षा में जाने के पूर्व स्वयं द्वारा तैयार किए भी हो सकते हैं, और दूसरे किसी व्यक्ति द्वारा भी तैयार करवाए जा सकते हैं। एक चार्ट में रेखाचित्र, ग्राफ, संकेतों, पोस्टर इत्यादि सभी के गुण होते हैं। चार्ट कई प्रकार के हो सकते हैं जैसे–

- **वृक्षनुमा आकृति वाले चार्ट (Tree Chart)**–जब किसी संगठन या संकल्पना के कार्य, प्रकार आदि बताने हों तो वृक्षनुमा आकृति वाले चार्ट बनाए जा सकते हैं। बहुधा वृक्षनुमा आकृति वाले चार्ट उस संकल्पना को स्पष्ट करने के लिए उपयोगी होते हैं, जिसकी विभिन्न शाखाएँ या भाग हो। मुद्रा के कार्य, बैंक में खोले जाने वाले विभिन्न खाते, उत्पादन के साधन, प्रबंधन के प्रकार इत्यादि।

- **तालिका चार्ट (Table Chart)**–इस प्रकार के चार्ट में किसी विषयवस्तु को स्पष्ट करने के लिए तालिकाओं में प्रदर्शित किया जाता है। जब किसी संकल्पना के कई बिन्दु हों और उनके भी उपबिन्दु हों तो उन्हें प्रदर्शित करने के लिए तालिका चार्ट प्रभावी होते हैं। जैसे पुस्तपालन एवं लेखांकन में खातों के नियम व उनसे प्रभावित पक्षों को तालिका चार्ट में सरलता व स्पष्टता से प्रदर्शित किया जा सकता है। जैसे–

नकलबही में लेखा करने सम्बन्धी नियम तालिका

खाते का वर्ग	विकलन (नामे) करना है	समाकलन (जमा)करना है
व्यक्तिगत खाता	पाने वाले व्यक्ति को	देने वाले व्यक्ति को
वस्तुगत खाता	व्यापार में आने वाली वस्तु का खाता	व्यापार से जाने वाली वस्तु का खाता
नाममात्र का खाता	व्यय एवं हानि के खाते	आय एवं लाभ के खाते

- **चित्रात्मक चार्ट** (Pictorial Chart)–इन चार्ट में किसी विषयवस्तु का चित्रात्मक दृश्य प्रस्तुत किया जाता है। इसका उद्देश्य विद्यार्थियों के मस्तिष्क में संकल्पना/विषयवस्तु की अमिट छाप बनाना होता है।
- **प्रवाह चार्ट** (Flow Chart)–इन चार्ट में आर्थिक संगठन, आर्थिक विचारधारा, वर्गीकरण, प्रकार, क्रमिक विकास इत्यादि को क्रमबद्ध व प्रवाह रूप में दर्शाया जाता है।
- **वृत्त चार्ट** (Pie Chart)–इन चार्ट में विषयवस्तु को वृत्त खण्डों के माध्यम से प्रदर्शित किया जाता है। वृत्त चार्ट में विषयवस्तु के प्रतिशत या भिन्न रूप में आँकड़ों के माध्यम से दिखाया जाता है।

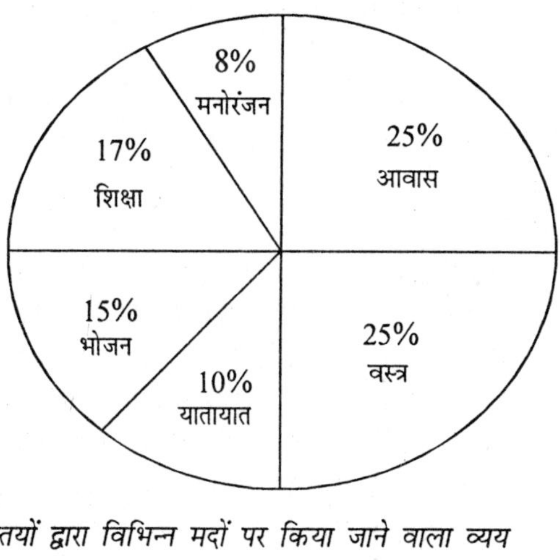

व्यक्तियों द्वारा विभिन्न मदों पर किया जाने वाला व्यय

उपयुक्त प्रकार के चार्ट के अतिरिक्त शिक्षक अपने उद्देश्यानुसार अन्य कई तरह के चार्ट का उपयोग कर सकते हैं। लेकिन जब भी अध्यापक चार्ट बनाए या अन्य व्यक्ति के द्वारा बनाए गए चार्ट का उपयोग करे तो उसे निम्न सावधानियाँ रखनी चाहिए–

1. चार्ट आकर्षक व प्रभावी होना चाहिए। इसके लिए चार्ट में गहरे रंगों का प्रयोग करना चाहिए।। रंगों का संयोजन विवकेपूर्ण तरीके से करना चाहिए। हल्के गुलाबी, पीले, सफेद रंगों का प्रयोग चार्ट में नहीं करना चाहिए क्योंकि ये रंग कक्षा में पीछे की पंक्ति में बैठे विद्यार्थियों को दिखाई नहीं देते हैं।
2. चार्ट विषयवस्तु से सम्बन्धित होने चाहिए।
3. ऐसे चित्र/रेखाचित्र/बिन्दु जिन्हें कि श्यामपट पर सरलता से दर्शाया जा सकता हो, उनके लिए चार्ट का अनावश्यक प्रयोग नहीं किया जाना चाहिए। प्राय: शिक्षक-प्रशिक्षणार्थियों को यह भ्रांति होती है कि कागज़ की शीट पर कुछ बिन्दु या परिभाषा लिखने से चार्ट बन जात। है।
4. चार्ट पर शीर्षक सबसे ऊपर लिखा जाना चाहिए। शीर्षक के अक्षर गहरे रंग के व अन्य अक्षरों से अधिक बड़े होने चाहिए। शीर्षक से चार्ट की विषयवस्तु स्पष्ट होनी चाहिए।
5. चार्ट पर लिखे गए अक्षर व शब्द स्पष्ट व शुद्ध होने चाहिए। उनमें वर्तनी सम्बन्धी गलतियाँ नहीं होनी चाहिए। उनका आकार इतना होना चाहिए कि वे कक्षा में पीछे की पंक्ति में बैठे अंतिम विद्यार्थी को भी आसानी से दिखाई दें।
6. चार्ट पर दर्शायी गई सामग्री का वर्णन उसे दिखाते हुए करना चाहिए। चार्ट को दिखाने के लिए संकेतक या स्केल का प्रयोग करना चाहिए। चार्ट की सामग्री को कभी भी हाथ या अगुँली से नहीं दिखाना चाहिए।
7. चार्ट पर लिखे जाने वाले अक्षरों की मोटाई पर्याप्त होनी चाहिए।
8. चार्ट के तीनों या चारों ओर सीमा रेखा (Boundry) बनानी चाहिए।
9. चार्ट सीधे लगे रहें, मुड़ें नहीं, इसके लिए चार्ट में ऊपर-नीचे लकड़ी या गत्ते का प्रयोग करना चाहिए। लकड़ी या गत्ते को इस प्रकार लगाना चाहिए कि यदि आवश्यकता होने पर शीट के पीछे वाला भाग प्रयोग में लाया जाए तो वह भद्दा दिखाई न दे।
10. चार्ट को शिक्षक द्वारा कक्षा में जाते से ही नहीं लगा देना चाहिए। बल्कि उसकी जरुरत हो तभी उसे विद्यार्थियों के समक्ष प्रदर्शित करना चाहिए और उस पर दर्शायी गई विषयवस्तु की व्याख्या समाप्त होने के पश्चात् चार्ट को तुरंत हटा लेना चाहिए, अन्यथा विद्यार्थियों का ध्यान अध्यापक के व्याख्यान की अपेक्षा चार्ट पर रहेगा।
11. चार्ट को लगाने के लिए अध्यापक को उपयुक्त व्यवस्था करनी चाहिए। चार्ट सीधा लगा होना चाहिए तथा ऐसी जगह लगाना चाहिए, जहाँ से सभी विद्यार्थी उसे देख सकें तथा अध्यापक भी उसे आसानी से लगा व उतार सके एवं उसका प्रयोग कर सके।

अध्यापक विद्यार्थियों को भी चार्ट बनाने के लिए प्रोत्साहित व निर्देशित कर सकते हैं। सर्व शिक्षा अभियान के अन्तर्गत राज्य शिक्षा केन्द्र ने 'दिवार अधिगम सामग्री के रूप में' (Wall as Learning aids) वाला कक्ष योजना के अन्तर्गत प्रत्येक प्राथमिक व माध्यमिक विद्यालयों में एक कक्ष की दिवारों पर रंगों से विभिन्न चित्रों, उक्तियों के माध्यम से विषयवस्तु को इस प्रकार से प्रदर्शित किया है कि विद्यार्थी उन्हें देखकर खेल-खेल में सीख जाए। इस तरह से दर्शायी गई सामग्री आकर्षक होने के साथ-साथ अधिगम में भी प्रभावी होती है।

फ्लानेल पट (Flanel Board)

फ्लानेल पट हार्ड बोर्ड का बना होता है, जिस पर फ्लानेल या खादी या मोटे ऊनी कपड़े को लगाया जाता है। इस पर लगाने वाले चित्र, रेखाचित्र, मानचित्रों आदि को तैयार कर उनके पीछे रेजमाल की पतली पट्टियाँ या रेतीले कागज (sand paper) को चिपका दिया जाता है। ये फ्लानेल के कपड़े को पकड़ लेती है। अतः बिना गोंद की सहायता से चित्र, रेखाचित्र, कार्टून इत्यादि को फ्लानेल पट पर लगाया जा सकता है और आवश्यकतानुसार उसे हटाया भी जा सकता है। वाणिज्य में इस बोर्ड का उपयोग आर्थिक व व्यापारिक तथ्यों को क्रमानुसार व तुलनात्मक रूप में प्रदर्शित करने के लिए किया जाता है।

बुलेटिन बोर्ड (Bulletin Board)

बुलेटिन बोर्ड को हिन्दी में सूचना पट या विज्ञप्ति पट कहते हैं। यह काँच या जाली से ढंका रहता है। इसकी पृष्ठभूमि रंगीन कपड़े की होती है। इसे उस ज़गह रखना चाहिए, जहाँ अधिकांश दर्शकों का ध्यान जाए। बुलेटिन बोर्ड के लिए पर्याप्त प्रकाश-व्यवस्था होनी चाहिए। वाणिज्य में इसका उपयोग आगामी घटनाओं की सूचनाएँ देने के लिए, पुस्तकों के शीर्षक प्रदर्शित करने के लिए, कार्टून, तालिका, दण्डचित्र, ग्राफ, नीति-नियम एवं अन्य सामान्य सूचनाएँ दर्शाने के लिए किया जाता है।

बुलेटिन बोर्ड

वास्तविक वस्तुएँ (Real Objects)

वास्तविक वस्तुएँ वे भौतिक पदार्थ है, जिन्हें विषयवस्तु से सम्बन्धित होने पर अध्यापक कक्षा में प्रदर्शित करके अथवा ऐसा संभव न होने पर विद्यार्थियों को उनके संपर्क में ले जाकर प्रभावी अध्यापन कर सकते हैं। कल्पना-शक्ति की अपेक्षा बालक वस्तुओं को मूल रूप में देखकर आसानी व शीघ्रता से सीखते हैं। इनके द्वारा प्राप्त अनुभव वास्तविक होते हैं। वाणिज्य के अन्तर्गत मुद्रा, अंश, ऋणपत्र, चेकबुक, पासबुक, बहियाँ इत्यादि वास्तविक रूप में दिखाए जा सकते हैं। कक्षा में प्रदर्शित की जाने वाली वास्तविक वस्तुओं का चयन करते समय अध्यापक को यह ध्यान रखना चाहिए कि वह वस्तु इतनी बड़ी/छोटी न हो कि उसे कक्षा में ले जाने में कठिनाई हो या उसे एक छोटे समूह के विद्यार्थियों को देखने में परेशानी हो।

मानचित्र

मानचित्रों द्वारा भौगोलिक, आर्थिक एवं ऐतिहासिक तथ्यों का विस्तारित वर्णन एक समतल सतह पर प्रदर्शित करते हुए किया जा सकता है। वाणिज्य शिक्षण में मानचित्रों के द्वारा राज्यों व देशों की सीमाएँ, प्राकृतिक वनस्पति, उद्योगों, व्यापारिक केन्द्रों, कृषि उपजों, खनिज, शक्ति के साधन, व्यापारिक उत्पादन, आर्थिक स्रोतों, जलवायु, पशु, जल, भूमि एवं व्यक्तियों का क्षेत्रवार वितरण का बेहतर सम्प्रेषण किया जा सकता है। यह अधिगमकों को विभिन्न प्राकृतिक एवं मानवीय स्रोतों, स्थलों एवं व्यक्तियों के अध्ययन के साथ-साथ रुचि उत्पन्न करते हुए समुचित दृश्यिक अनुभव भी प्रदान करते हैं।

मानचित्रों को पैमाने की सहायता से बनाया जाता है। अतः इनमें शुद्धता व प्रामाणिकता होना आवश्यक है। राजनीतिक व भौतिक स्थिति को दर्शाने वाले मानचित्रों का अधिक उपयोग किया जाता है। लेकिन आवश्यकतानुसार औद्योगिक एवं व्यावसायिक मानचित्र, मौसम, जनसंख्या, रेल-मार्ग, वायु-मार्ग, जल-मार्ग इत्यादि को दर्शाने वाले मानचित्र भी बनाए जा सकते हैं। वाणिज्य के अध्यापक अपने विद्यार्थियों को मानचित्र की सहायता से विभिन्न स्थलों की जलवायु, उत्पादन व जनसंख्या के मध्य सम्बन्ध स्थापित कर प्रभावी शिक्षण करा सकते हैं।

मानचित्रों का प्रयोग करते समय अध्यापकों को निम्न सावधानियाँ रखनी चाहिए-

1. मानचित्रों के पैमाने शुद्ध व निश्चित होने चाहिए।

2. मानचित्रों का आकार कक्षानुसार होना चाहिए। यदि पाठ्यपुस्तकों में बने मानचित्रों को दिखाना हो तो ओव्हरहेड प्रोजेक्टर के द्वारा उन्हें बड़े पर्दे पर प्रक्षेपित करना चाहिए।
3. मानचित्र आकर्षित होने चाहिए। इनमें अलग-अलग जानकारी को प्रदर्शित करने के लिए विभिन्न रंगों का प्रयोग करना चाहिए।
4. मानचित्र में एक या दो क्षेत्रों/वस्तुओं से सम्बन्धित जानकारी ही दिखायी जानी चाहिए और इनमें भी स्पष्ट अंतर दिखाई देना चाहिए।

ग्लोब (Globes)

वाणिज्य शिक्षण में ग्लोब का भी महत्त्वपूर्ण स्थान है। ग्लोब के द्वारा पृथ्वी की स्थिति, गति, विभिन्न देशों की सीमाएँ, आयात-निर्यात के लिए यातायात के साधन इत्यादि का ज्ञान अधिगमकों को सरलता से कराया जा सकता है। इनके द्वारा ज्ञान की कई विभिन्न शाखाओं की बहुत उपयोगी सूचनाओं को सम्प्रेषित किया जा सकता है। लेकिन ग्लोब का उपयोग करने के लिए उसकी भाषा से परिचित होना आवश्यक है। मानचित्र और ग्लोब में स्थानों, सीमाओं, नदियों, मार्गों, सतह, झीलों, समुद्रों एवं जंगलों, निवास स्थान इत्यादि को शामिल करते हुए अन्य भौतिक गुणों (Features) के लिए अधिकांशतया रंगों एवं संकेतों की भाषा प्रयुक्त की जाती है। अतः अध्यापकों एवं विद्यार्थियों, दोनों को इस भाषा का ज्ञान होना चाहिए।

ग्लोब मुख्यतः तीन प्रकार के होते हैं–

1. **राजनीतिक ग्लोब**–ये ग्लोब विभिन्न देशों की अक्षांशीय व देशांतरीय स्थिति, विस्तार, सीमाएँ इत्यादि दर्शाते हैं।
2. **भौतिक-राजनीतिक ग्लोब (Physico-Political Globes)**–इन ग्लोब में अतिरिक्त भौतिक विशेषताओं जैसे जंगलों, रेगिस्तानों, पर्वतों, नदियों, झीलों इत्यादि को दर्शाया जाता है।
3. **रूपरेखा ग्लोब (Outline Globes)**–ये वे ग्लोब होते हैं, जिन्हें किसी विशिष्ट उद्देश्य के लिए अध्यापक एवं विद्यार्थी दोनों रंगीन चॉक, पेन्सिल या रंगों की सहायता से तैयार कर सकते हैं। वाणिज्य शिक्षण में अधिकांशतः इसी प्रकार के ग्लोब का उपयोग किया जाता है। ये ग्लोब खनिज, ऊर्जा, टेक्सटाइल, उत्पादन इत्यादि के वितरण को दर्शाने वाले होते हैं।

रेखाचित्र एवं रेखाकृति (Diagrams and Sketches)

रेखाचित्र एवं रेखाकृति की सहायता से विषयवस्तु को सरल, स्पष्ट तथा बोधगम्य बनाया जा सकता है। वाणिज्य में आर्थिक नियमों जैसे उत्पत्ति, उपभोग, माँग तथा पूर्ति इत्यादि को रेखाचित्र की सहायता से स्पष्ट किया जा सकता है। रेखाचित्र को रेखाओं, गणितीय रूपों एवं संकेतों के साधन के द्वारा कुछ विचार, घटनाएँ या प्रक्रिया का वर्णन एवं अन्तर्सम्बन्ध दर्शाती हुई सरल एवं व्याख्यात्मक रूप में एक आलेखी दृश्य सामग्री के रूप में परिभाषित किया

जा सकता है। रेखाचित्र की सहायता से विद्यार्थियों को किसी संकल्पना का वास्तविक अर्थ आसानी से सम्प्रेषित किया जा सकता है। रेखाचित्रों को पाठ के विकास के साथ-साथ विकसित किया जा सकता है या पहले से तैयार किए रेखाचित्र भी प्रयुक्त किए जा सकते हैं। दृश्यिक प्रतिनिधित्व (Representation) की सफलता और व्याख्या रेखाचित्र के संकेतों का अर्थ व निर्वचन करने की विद्यार्थियों की योग्यता एवं समझ पर निर्भर करती है। रेखाचित्र अमूर्त प्रकृति के होते हैं और इनके निर्वचन के लिए अच्छे आधारभूत कार्य की आवश्यकता होती है। अतः अध्यापक को इनका उपयोग विद्यार्थियों को तथ्यों, सिद्धांतों एवं प्रक्रियाओं का मूलभूत ज्ञान देने के पश्चात् ही करना चाहिए।

रेखाकृति अध्यापक द्वारा मुक्त हाथ से श्यामपट पर किसी वस्तु की बनाई गई होती है। इसके द्वारा भी आर्थिक वक्रों का प्रतिपादन शीघ्रता से किया जा सकता है।

प्रतिमान एवं नमूने (Models and Specimens)

जब कक्षा में वास्तविक वस्तु को लाना व विद्यार्थियों को उस तक ले जाना संभव नहीं होता है तो अध्यापक द्वारा उस वस्तु का प्रतिमान प्रस्तुत किया जाता है। प्रतिमान सामान्यतः बहुत छोटी वस्तु या बहुत बड़ी वस्तु/प्राणी के बनाए जाते हैं, जो हूबहु वास्तविक वस्तु जैसे होते हैं। जैसे मच्छर, मक्खी, व्हेल मछली, ताजमहल, हिमालय का प्रतिमान। प्रतिमान त्रिवियामी (लंबाई, चौड़ाई व ऊँचाई) या विभागीय रूप में होते हैं, जो मूल वस्तु की कार्य संरचना को पूर्णतः स्पष्ट करते हैं। प्रतिमान के द्वारा वाणिज्य शिक्षण को प्रभावी बनाया जा सकता है। ये कभी-कभी वास्तविक वस्तु से अधिक आकर्षक व प्रभावी सिद्ध होते हैं। विभिन्न उद्देश्यों एवं वस्तु की प्रकृति के अनुसार विभिन्न प्रकार के प्रतिमान कार्ड बोर्ड, प्लास्टिक, प्लॉस्टर ऑफ पेरिस, लकड़ी, धातु, मोम, क्ले मिट्टी, थर्माकोल इत्यादि से बनाए जा सकते हैं। प्रतिमान गतिमान भी हो सकते है और गतिहीन भी। प्रतिमान अध्यापक द्वारा भी बनाए जा सकते हैं और व्यावसायिक रूप से भी तैयार करवाए जा सकते हैं। लेकिन कमज़ोर/नाजुक पदार्थ के प्रतिमान नहीं बनाने चाहिए। प्रतिमान का प्रयोग करते समय अध्यापक को कुछ सावधानियाँ रखनी चाहिए। जैसे-

1. प्रतिमान मूल वस्तु की प्रतिकृति ही होनी चाहिए।
2. पाठ की व्याख्या करते समय प्रतिमान को भी शामिल करना चाहिए। प्रतिमान की पूर्ण व्याख्या करनी चाहिए।
3. आकर्षक बनाने के चक्कर में उसमें मूल वस्तु से अलग रंगों का प्रयोग नहीं करना चाहिए।
4. प्रतिमान पढ़ाई जाने वाली विषयवस्तु से सम्बन्धित होना चाहिए।

प्रतिमान के अलावा मूल वस्तु के नमूने भी सहायक शिक्षण सामग्री के रूप में प्रस्तुत किए जा सकते हैं। नमूने वे मूल उपलब्ध वस्तु हैं, जिनके द्वारा विद्यार्थियों को प्रत्यक्ष अनुभव प्रदान किए जा सकते हैं। कक्षा में जीवित छोटे प्राणी या वस्तुओं के नमूने प्रस्तुत किए जा सकते हैं। जैसे जीवविज्ञान शिक्षण में (Dissection) के उद्देश्य से मेंढ़क, छिपकली, कीड़े,

फूल इत्यादि के नमूने या भूगोल शिक्षण में रेत, चट्टान के टुकड़े, लकड़ी की छाल, मिट्टी, दालें, अनाज इत्यादि को छोटी-छोटी पारदर्शी थैलियों में रखकर कक्षा में साफ-सुथरे तरीके से प्रस्तुत किया जा सकता है। वाणिज्य में विभिन्न प्रकार की बहियाँ, चेकबुक, पासबुक, बैंक खातों की स्लिपें, हुण्डी, विनिमय विपत्र इत्यादि के नमूने प्रस्तुत किए जा सकते हैं।

चित्र (Pictures)

जब अध्यापक द्वारा शिक्षण उद्देश्यों को प्राप्त करने के लिए वास्तविक पदार्थ या प्रतिरूप (Model) को कक्षा में दिखाना संभव नहीं होता है तब वे चित्रों का उपयोग कर अपने विचार स्पष्ट कर सकते हैं। चित्रों में संयोजन, वैषम्यता (Contrast), तीक्ष्णता (Sharpness), रंग, कलात्मक, गुण, सत्यता इत्यादि विशेषताएँ होनी चाहिए, तभी वे विचारों को पूर्ण रूप से स्पष्ट कर सकते हैं। चित्रों का उपयोग कर अध्यापक अपने शाब्दिक वाचन को कम कर सकते हैं। एक चित्र में कई गुना शब्दों का वर्णन करने की क्षमता होती है। वाणिज्य के ऐसे मूल्यवान उपकरण, जिन्हें क्रय करना विद्यालयों के लिए संभव न हो तब वे उनके चित्रों का उपयोग कर इसकी कमी को पूरा कर सकते हैं। चित्रों का उपयोग करते समय अध्यापक को यह सावधानी रखना चाहिए-

1. वे आकर्षक व संग्रह करने योग्य हों।
2. कक्षा के आकार के अनुसार हो।
3. शुद्ध एवं स्पष्ट हो।
4. विषयवस्तु से सम्बन्धित हो।
5. विद्यार्थियों के स्तर के अनुसार हो।
6. चित्रों को केवल दिखाना ही पर्याप्त नहीं है, बल्कि अध्यापक द्वारा उन्हें व्याख्या में शामिल करना चाहिए।
7. चित्र व्यावहारिक जीवन की घटनाओं से सम्बन्धित हो।
8. चित्र दुर्लभ व छोटे होने पर उन्हें एपिडायस्कोप की सहायता से प्रक्षेपित किया जा सकता है।

लेखाचित्र (Graphs)

लेखाचित्र के द्वारा समय के विभिन्न कालांशों के संख्यात्मक आँकड़ों को दृश्यात्मक रूप में प्रस्तुत किया जाता है। इनके उपयोग से तुलनात्मक एवं वैषम्य स्थिति का अध्ययन एवं निर्वचन आसानी से किया जा सकता है। वाणिज्य विषय में व्यापार एवं उद्योग की आर्थिक स्थिति को ज्ञात करने, नए व्यापार का प्रारम्भ करने पर उसकी प्रगति/पतन का अध्ययन करने, किसी देश में आयात-निर्यात् की स्थिति, जनसंख्या का घनत्व, कृषि क्षेत्र का विस्तार तथा विभिन्न नियमों जैसे- समसीमान्त उपयोगिता ह्रास नियम, उपभोग नियम, मांग-पूर्ति का नियम, मांग की लोच, मूल्य निर्धारण इत्यादि के प्रभावी अध्ययन में लेखाचित्र अत्यन्त सहायक सिद्ध होते हैं। कलात्मक व तथ्यात्मक प्रदर्शन होने से ये विद्यार्थियों का ध्यान आकर्षित करते हैं। ये कई प्रकार के होते हैं:

1. रेखाचित्र
2. दण्डाकृति या दण्ड आरेख
3. चित्रात्मक आरेख
4. वृत्त आरेख

1. रेखाचित्र (Line Graph)–रेखाचित्र बाज़ार या किसी वस्तु की कीमत या मांग की प्रवृत्ति दर्शाने के लिए प्रयोग किए जाते हैं। इनके द्वारा प्रदत्त की दो या अधिक शृंखलाओं के मध्य तुलना भी की जा सकती है।

2. दण्डाकृति या दण्ड आरेख (Bar Graph)–दण्ड आरेख का उपयोग मुख्य रूप से किन्हीं दो या दो से अधिक प्रदत्त की तुलना करने के लिए किया जाता है। दण्ड आरेख तीन प्रकार के होते हैं :

अ. बहुदण्ड आरेख
ब. विभाजित दण्ड आरेख
स. संयुक्त दण्ड आरेख

अ. बहुदण्ड आरेख (Multiple Bar Graph)–बहुदण्ड आरेख में दी गई सूचना को प्रदर्शित करने के लिए एक संख्यात्मक पैमाने की सहायता से दो या अधिक दण्डों की तुलना की जाती है। इस आरेख में आरेख के आकार एवं आरेखित किए जाने वाले प्रदत्त के अनुसार, दण्ड क्षैतिज (Horizontal) या ऊर्ध्वीय (Vertical), दोनों में से किसी भी तरह के हो सकते हैं। यह आरेख सामान्य तुलना के लिए प्रयुक्त किया जाता है।

ब. विभाजित दण्ड आरेख (Divided Bar Graph)–विभाजित दण्ड आरेख में एक या अधिक दण्डों के सापेक्ष विभागों में उप-वर्गीकृत किया जाता है। तथा इन उप-वर्गीकरणों के लिए रंगों या विभिन्न प्रकार की रेखाओं या संकेतों का उपयोग किया जाता है।

स. संयुक्त दण्ड आरेख (Joint Bar Graph)–संयुक्त दण्ड आरेख में विभाजित दण्डों का उपयोग कर दण्डों की शृंखला प्रस्तुत की जाती है। इनमें एक ही दण्ड में विभिन्न प्रदत्त को दिखाया जाता है। अत: यह जटिल तुलनात्मक रूप प्रदर्शित करता है।

3. चित्रात्मक आरेख (Pictorial Graph)–चित्रात्मक आरेख में संख्यात्मक प्रदत्त के तुलनात्मक अध्ययन एवं दृश्यिक प्रदर्शन के लिए वस्तुओं या संकेतों की मदद ली जाती है। ये संकेत कार, ज़ानवर, घर, पक्षी, फर्नीचर (मेज, कुर्सी), मानव आकृति इत्यादि में से कोई भी हो सकते हैं, लेकिन ये इतने सरल होने चाहिए कि आसानी से समझ में आ जाए। जैसे–दूरदर्शन पर समाचार प्रसारित करते समय जब मौसम के बारे में बताया जाता है तो जिन क्षेत्रों में वर्षा होने की भविष्यवाणी की जाती है वहाँ पर मानचित्र में पानी गिरता हुआ दिखाया जाता है। या टाटा कंपनी द्वारा निर्मित की गई नैनों कार पहली बार

जिन शहरों में आरम्भ की जा रही हो तो मानचित्र में उन शहरों के नाम के साथ-साथ नैनों कार का चित्र भी प्रदर्शित किया जाए।

चित्रात्मक आरेख का उपयोग साधारण तुलना, अभिवृद्धि, लाभ या हानि इत्यादि दर्शाने के लिए किया जा सकता है। चित्रात्मक आरेख में जब दो या दो से अधिक संकेत प्रयुक्त किए जाते हैं तो वे सभी इतने विभेदीय होने चाहिए कि आसानी से समझ में आ सकें।

4. वृत्त आरेख (Circle Graph)–वृत्त आरेख में एक वृत्त बनाया जाता है, जिसमें प्रदत्त को वृत्त के अनुपात में बांटा जाता है। इसमें सम्पूर्ण वृत्त को अलग-अलग खण्डों में विभाजित कर मदों को दर्शाया जाता है। वृत्त आरेख बनाना अत्यन्त आसान होता है।

कार्टून (Cartoons)

कार्टून एक ऐसी दृश्यिक रेखाचित्रीय शिक्षण सहायक सामग्री है, जिसमें किसी स्थिति, वस्तु, व्यक्ति, संगठन या विचार का संकेतों, हास्य, व्यंग्य एवं कुछ अतिश्योक्तिपूर्ण तरीकों से चित्रात्मक प्रदर्शन कर एक सार्थक संदेश प्रेषित किया जाता है। इसके अन्तर्गत संकल्पनाओं, विचारों, व्यक्तियों, दिन-प्रतिदिन की समस्याओं इत्यादि का रेखाचित्र इस तरह से प्रस्तुत किया जाता है कि वह दर्शकों का ध्यान तुरंत आकर्षित करता है। एक कार्टून में एक स्वतंत्र विचार शामिल होता है, जो कि उसके आविर्भाव को सजीव व स्पष्ट बनाते हुए एक सार्वभौमिक अपील करता है। यह अधिगमक के दिलो-दिमाग पर सीधे असर करता है। यह सूचना सम्प्रेषित करने के साथ-साथ चिंतन उत्पन्न करने का भी साधन है। शिक्षण अधिगम प्रक्रिया में इनका प्रयोग कर विद्यार्थियों को सीखने के लिए अभिप्रेरित किया जा सकता है। इनमें छोटे-बड़े सभी विद्यार्थियों का ध्यान आकर्षित करने की क्षमता होती है। साथ ही यह गंभीर समस्याओं को भी बड़े ही सहज व प्रभावी रूप से प्रदर्शित करते हैं। वाणिज्य विषय के शिक्षण में जिसमें कि कई तरह की औद्योगिक व आर्थिक समस्याएँ व संकल्पनाएँ निहित होती हैं, कार्टून का अत्यंत प्रभावी प्रयोग किया जा सकता है। जैसे कर के बढ़ते बोझ से दबा आदमी, मँहगाई की मार, पेट्रोल, डीज़ल व गैस की बढ़ती कीमतों से त्रस्त जनता, आतंकवाद, जनसंख्या-वृद्धि, गरीबी, जल की अनुपलब्धता, पर्यावरण प्रदूषण इत्यादि प्रकरणों पर कार्टून बना कर विद्यार्थियों को इनके दुष्परिणामों की भयावहता से परिचित कराया जा सकता है।

10. वाणिज्य में पाठ योजना
(Lesson Planning in Commerce)

जिस तरह किसी भी कार्य के लिए नियोजन करने की आवश्यकता होती है, उसी तरह अच्छे शिक्षण के लिए एक शिक्षक द्वारा प्रस्तुत किए जाने वाले पाठ की योजना बनाना आवश्यक होता है। यदि हम किसी कार्य को सुव्यवस्थित व सुनियोजित रूप से निश्चित समय में पूरा करना चाहते हैं तो हमें उसकी पूर्व योजना बनानी चाहिए। इसी तरह एक शिक्षक को भी अपने शिक्षण को सफल बनाने तथा निर्धारित उद्देश्यों की प्राप्ति के लिए उसकी पूर्व तैयारी करना चाहिए। शिक्षण की यह पूर्व तैयारी शिक्षक को अपने अनुभव और विद्यार्थियों के बारे में अपनी समझ के आधार पर करना चाहिए। और इसीलिए एक अच्छी पाठ योजना को एक अच्छे शिक्षण का अत्यन्त महत्वपूर्ण तत्व माना गया है। पाठयोजना अग्रिम में शिक्षण का मानसिक और संवेगात्मक अनुभव है, जिसमें शिक्षक, कक्षा में विद्यार्थियों को आने वाली कठिनाइयों एवं उनके हल का कल्पनात्मक रूप से अनुभव करते हैं।

सरल शब्दों में पाठ योजना शिक्षक द्वारा कक्षा में जाने के पश्चात् किए जाने वाले समस्त कार्यों का सुव्यवस्थित लेखा-जोखा है। पाठयोजना कक्षा में किए जाने वाले कार्यों की एक ऐसी अग्रिम योजना है जिसमें पढ़ाई जाने वाली विषयवस्तु, उसका क्रम, उद्देश्य, शिक्षण-विधियों, शिक्षण-प्रविधियों, विद्यार्थियों का पूर्व ज्ञान, सहायक सामग्री, पाठ का प्रस्तुतीकरण एवं मूल्यांकन इत्यादि का निर्धारण किया जाता है। वास्तव में पाठ योजना कक्षा शिक्षण का आधार होती है। यह शिक्षक द्वारा कक्षा में किए जाने वाले समस्त कार्यों का दर्पण है।

भिन्न विद्वानों ने पाठ-योजना की परिभाषा इस प्रकार दी है-

बासिंग के अनुसार ''शिक्षण क्रियाओं तथा उद्देश्यों को प्राप्त करने के लिए शिक्षक जिन क्रियाओं का नियोजन करता है, उसके आलेख को पाठ-योजना की संज्ञा दी जाती है।''

बाइनिंग एवं बाइनिंग के अनुसार ''दैनिक पाठ-योजना में शिक्षण के उद्देश्यों को परिभाषित करना, विषय-वस्तु का चयन करना तथा उसे सुव्यवस्थित करना और शिक्षण की विधि एवं प्रक्रिया का निर्धारण करना सम्मिलित होता है।''

स्टेण्ड्स के अनुसार ''पाठ-योजना वास्तव में एक कार्य-योजना है इसमें शिक्षक के कार्यदर्शन, उसका दार्शनिक ज्ञान, विद्यार्थियों के बारे में उसकी समझ एवं सूचनाएँ, शिक्षा के उद्देश्यों के प्रति उसका बोध, पढ़ाई जाने वाली सामग्री के बारे में उसका ज्ञान, एवं प्रयुक्त की जाने वाली प्रभावी विधियों के बारे में उसकी योग्यता को शामिल किया जाता है।''

उपर्युक्त परिभाषाओं के आधार पर यह निष्कर्ष निकाला जा सकता है कि शिक्षक पाठ-योजना तैयार कर उसके अनुरूप शिक्षण कर, शिक्षण के उद्देश्यों की पूर्ति करने में सफल होते हैं। शिक्षक निम्न निष्कर्षों के आधार पर पाठ-योजना तैयार करते हैं–

अ. शिक्षक का पढ़ाई जाने वाली विषयवस्तु के प्रति ज्ञान।

ब. शिक्षक की अपने विद्यार्थियों के प्रति समझ।

स. शिक्षक का संक्रियात्मक/क्रियात्मक दर्शन।

द. शिक्षण-विधि के बारे में शिक्षक का ज्ञान

पाठ-योजना की आवश्यकता एवं महत्व
(Need and Importance of Lesson-Plan)

सफल शिक्षण के लिए एक शिक्षक की कक्षा में जाने के पूर्व तैयारी करना अत्यन्त आवश्यक होता है, और यह तैयारी वह पाठ-योजना के माध्यम से करता है। अत: कक्षा-शिक्षण के लिए पाठ-योजना अत्यन्त आवश्यक व महत्वपूर्ण होती है। बैगली ने एक उचित पाठ योजना के महत्व को बताते हुए कहा है–''शिक्षक योग्य एवं अनुभवी होने के पश्चात् भी उसकी प्रारंभिक तैयारी न होने पर कुछ नहीं कर सकते हैं।''

जे.के. डेविस कहते हैं कि ''पाठ के पूर्व तैयारी अवश्य की जानी चाहिए, क्योंकि शिक्षक की प्रगति के लिए कक्षा में तैयार होकर न जाने से घातक और कुछ नहीं है।''

स्टीवेन्सन ने पाठ-योजना के लिए शिक्षक को एक बहुत उपयोगी सलाह दी है–पाठ-योजना हमेशा तैयार कीजिए, किंतु इसके गुलाम नहीं बनिए।

प्रत्येक शिक्षक अपने कौशल, ज्ञान, बुद्धि, योग्यता एवं व्यक्तित्व के अनुसार पाठ-योजना तैयार करते हैं। पाठ-योजना तैयार करने से शिक्षक के आत्मविश्वास में वृद्धि होती है। यह कक्षा में प्रस्तुतीकरण के लिए शिक्षक को आधार प्रदान करती है। इसका महत्व निम्नानुसार है–

1. पाठ-योजना तैयार करने से शिक्षक और विद्यार्थी दोनों को विषयवस्तु की स्पष्ट जानकारी प्राप्त हो जाती है तथा अनुदेशनात्मक उद्देश्य स्पष्ट हो जाते हैं।
2. इससे शिक्षक अपने विषय से भटकते नहीं है तथा सुसंगठित व सुव्यवस्थित शिक्षण करने में सफल होते हैं।
3. उद्देश्य निश्चित व स्पष्ट हो जाने से शिक्षक को कार्य करने की निश्चित दिशा प्राप्त हो जाती है और वे उन उद्देश्यों को प्राप्त करने में सफल रहते हैं।
4. कक्षा में जाने के पूर्व तैयारी से शिक्षक में आत्मविश्वास होता है।
5. पाठ-योजना तैयार होने से शिक्षक और विद्यार्थी दोनों के समय, धन व उर्जा की बचत होती है।
6. पाठ-योजना तैयार करते समय ही शिक्षक, स्वयं और विद्यार्थियों के द्वारा की जाने वाली गतिविधियों को निश्चित कर लेते हैं। इससे विद्यार्थी सक्रिय भी रहते हैं और दोनों की क्रियाओं में सामंजस्य भी बना रहता है।

7. पाठ-योजना को तैयार करते समय शिक्षक विद्यार्थियों के पूर्व ज्ञान को नवीन ज्ञान से जोड़ते हैं इससे अधिगम में सरलता होती है।
8. इससे शिक्षक अपने प्रस्तुतीकरण को रोचक एवं प्रभावी बना सकते हैं।
9. पाठ-योजना तैयार करने से प्रस्तुतीकरण के अनावश्यक दोहराव से बचा जा सकता है।
10. पाठ-योजना तैयार करने में मनोवैज्ञानिक सिद्धांतों का प्रयोग किया जाता है जिससे कक्षा में उपयुक्त अधिगम वातावरण बन जाता है।
11. शिक्षक और विद्यार्थियों दोनों के कार्य सुनिश्चित व स्पष्ट होने से कक्षा में अनुशासनहीनता की समस्या नहीं रहती है।
12. पाठ-योजना तैयार कर शिक्षक अनुदेशन के परिणामों का मूल्यांकन कर सकते हैं।
13. इसकी सहायता से प्रस्तुतीकरण में क्रमबद्धता रहती है।
14. पाठ-योजना शिक्षक को विद्यार्थियों को अभिप्रेरित करने और व्यक्तिगत भिन्नताओं के अनुसार शिक्षण करने में मदद करती हैं।
15. पाठ-योजना तैयार करने से शिक्षक विद्यार्थियों को पाठ के लिए उपयुक्त एवं पर्याप्त सामग्री तथा प्रदत्त कार्य प्रदान कर सकते हैं।
16. पाठ-योजना तैयार कर उस के अनुसार शिक्षण करने से शिक्षक के भूलने की संभावना कम हो जाती है।

एक अच्छी पाठ-योजना की विशेषताएँ

1. एक अच्छी पाठ-योजना लिखित रूप में तैयार की जानी चाहिए। उसमें शिक्षण के सभी पद स्पष्ट व निश्चित होने चाहिए। पाठ-योजना को कभी भी मानसिक या मौखिक स्तर पर तैयार नहीं करना चाहिए, विशेषकर एक नये शिक्षक को।
2. पाठ-योजना में प्राप्त किए जाने वाले सामान्य व अनुदेशनात्मक उद्देश्य स्पष्ट व निश्चित होने चाहिए।
3. एक अच्छी पाठ-योजना में अनुदेशन की सामग्री को ध्यानपूर्वक चयन एवं संगठित किया जाना चाहिए। विषयवस्तु को संगठित करते समय शिक्षण-सूत्रों का उपयोग करना चाहिए।
4. पाठ-योजना की विषयवस्तु विद्यार्थियों के पूर्व ज्ञान से सबंधित कर प्रस्तुत की जानी चाहिए।
5. एक अच्छी पाठ-योजना में शिक्षण विधियों, प्रविधियों, सहायक सामग्रियों जैसे चार्ट, मॉडल, वास्तविक वस्तुएं, मानचित्र इत्यादि का यथा स्थान उल्लेख किया जाना चाहिए।
6. अच्छी पाठ-योजना में शिक्षक और विद्यार्थी, दोनों के द्वारा की जाने वाली गतिविधियों का स्पष्ट वर्णन किया जाना चाहिए। उसमें शिक्षक द्वारा पूछे जाने वाले प्रश्न, श्यामपट कार्य, कक्षा कार्य, गृहकार्य इत्यादि का स्पष्ट उल्लेख रहना चाहिए।
7. एक अच्छी पाठ-योजना बालकों की व्यक्तिगत विभिन्नताओं, आवश्यकताओं, अधिगम में आने वाली कठिनाइयों इत्यादि को ध्यान में रखकर की जानी चाहिए।

8. पाठ-योजना में नम्यता होनी चाहिए। कक्षा व विषयवस्तु की आवश्यकताओं तथा परिस्थितियों को ध्यान में रखकर उसमें परिवर्तन करने की संभावना होनी चाहिए।
9. अच्छी परियोजना शिक्षक की मित्र व पथप्रदर्शक होती है। वह साधन होती है, साध्य नहीं।
10. एक अच्छी पाठ योजना में उदाहरणों, दृष्टांतों इत्यादि के साथ विषयवस्तु की स्पष्ट व रोचक व्याख्या की जाती है।
11. पाठ योजना शिक्षक को पाठ का उपयुक्त सारांश प्रदान करती है।
12. एक अच्छी पाठ योजना में अनुदेशन के परिणामों का मूल्यांकन शामिल किया जाता है।
13. एक अच्छी पाठ योजना कक्षा, विषय की प्रकृति, विद्यार्थियों का स्तर व समय को ध्यान में रख कर तैयार की जाती है।
14. अच्छी पाठ योजना किसी एक पुस्तक में उपलब्ध विषयवस्तु पर तैयार नहीं की जाती है। उसे विभिन्न स्तरीय पुस्तकों तथा सन्दर्भो की सहायता से तैयार किया जाता है। साथ ही प्रतिभाशाली विद्यार्थियों को अतिरिक्त पठन के लिए सन्दर्भ पुस्तकों की जानकारी भी दी जाती है।
15. एक अच्छी पाठ योजना विद्यार्थियों की सहभागिता रहती है। उन्हें सक्रिय रखने के लिए विभिन्न गतिविधियाँ शामिल की जाती है।
16. एक अच्छी पाठ योजना वह होती है जो स्व-मूल्यांकन के अवसर प्रदान करती है। शिक्षक तैयार की गई पाठ योजना के बारे में स्वयं से प्रश्न करता है और स्वयं ही उत्तर देता है तथा पाठ की प्रभाविता का अनुमान लगाता है।

पाठ योजना के उपागम

शिक्षाशास्त्रियों ने पाठ योजना निर्माण के विभिन्न उपागम बताए हैं। उनमें से कुछ इस प्रकार हैं–

1. हरबार्ट की पंचपदी प्रणाली
2. ग्लोवेरियन उपागम
3. मूल्यांकन उपागम
4. मोरीसन उपागम/इकाई उपागम
5. डिवी एवं किलपेट्रिक उपागम
6. 'मैसूर के क्षेत्रीय शिक्षा महाविद्यालय (RCEM) द्वारा दिया गया उपागम'

हरबार्ट की पंचपदी प्रणाली का वर्णन इस प्रकार है–

1. **हरबार्ट की पंचपदी प्रणाली (Herbartian Five Steps System)**–जे.एफ. हरबार्ट ने मनोवैज्ञनिक सिद्धांतों पर आधारित पाठ योजना के चार पदों का विकास किया था, किन्तु कालांतर में उनके शिष्यों ने तीन पदों के नामों में परिवर्तन कर तथा एक अतिरिक्त पद जोड़कर कुल पाँच पदों को पाठ योजना के लिए आवश्यक बताया जो आज 'हरबार्ट की पंचपदी प्रणाली' या 'हरबार्ट उपागम' के नाम से जानी जाती है। हरबार्ट ने पाठ योजना के निम्न चार पद बताए थे–

1. स्पष्टता (Clarity)
2. साहचर्य (Association)
3. प्रणाली (System)
4. विधि (Method)

उनके शिष्यों ने इनमें परिवर्तन कर निम्न पाँच पद बताए–

1. अ. तैयारी या प्रस्तावना (Prepration or Introduction)
   ब. उद्देश्य कथन (Statement of Aim)
2. प्रस्तुतीकरण (Presentation)
3. तुलना (Comparison)
4. सामान्यीकरण (Generalization)
5. अनुप्रयोग (Application)

इनका वर्णन निम्नानुसार है–

1. अ. तैयारी या प्रस्तावना–प्रस्तुत पद का मुख्य उद्देश्य विद्यार्थियों को नवीन ज्ञान प्राप्त करने के लिए तैयार करना है। शिक्षक के लिए विद्यार्थियों को नवीन ज्ञान देने के पहले जहाँ यह जानना जरूरी है कि विद्यार्थियों को पूर्व में क्या आता है, वहीं विद्यार्थियों को भी यह जानना जरूरी है कि उन्हें क्या नहीं आता है। इससे वे नवीन ज्ञान प्राप्त करने के लिए उत्सुक हो जाते हैं। इस पद में विद्यार्थियों को कोई नवीन ज्ञान नहीं दिया जाता है बल्कि उन्हें नवीन ज्ञान देने के लिए उससे संबंधित पूर्व ज्ञान का उपयोग किया जाता है। इसमें नवीन ज्ञान को पूर्व ज्ञान से जोङा जाता है। विद्यार्थियों को नवीन ज्ञान देने के लिए अभिप्रेरित किया जाता है। यह अभिप्रेरणा उन्हें पूर्व ज्ञान पर आधारित दो-तीन रुचिकर व संबंधित प्रश्न पूछकर, चित्र, चार्ट, माडल इत्यादि दिखाकर कोई घटना, कहानी, कविता, पहेली इत्यादि सुनाकर उसमें से प्रश्न पूछते हुए दिया जा सकता है। अभिप्रेरण देते समय यह ध्यान में रखना चाहिए कि–

1. विद्यार्थी वास्तव में नया ज्ञान ग्रहण करने के लिए अभिप्रेरित व उत्सुक हों।
2. वह बहुत अधिक लम्बा न हो। लम्बा होने से विद्यार्थी उसमें रुचि नहीं लेंगे।
3. उसमें नवीन ज्ञान शामिल न हो।
4. इसे शिक्षण कालांश का अल्प समय दिया जाए। तैयारी को प्रस्तावना पद भी कहा जाता है क्योंकि इसमें पाठ की भूमिका प्रस्तुत की जाती है।

ब. उद्देश्य कथन–यह प्रथम पद का ही उप पद है। पाठ का उद्देश्य कथन स्पष्ट, निश्चित व विशिष्ट होना चाहिए ताकि विद्यार्थी और शिक्षक दोनों को पाठ के सामान्य व विशिष्ट उद्देश्य स्पष्ट हो जाए। पाठ का उद्देश्य कथन एक कथन रूप में होता है तथा भविष्य काल में दिया जाता है, जैसे–"आज हम दोहरी लेखा प्रणाली के बारे में पढ़ेंगे।"

2. प्रस्तुतीकरण–प्रस्तुतीकरण 'हरबार्ट की पंचपद प्रणाली' का द्वितीय पद है। इसमें अध्यापक-अध्यापन योजना का विस्तृत ब्यौरा होता है। इसके अंतर्गत अध्यापक विद्यार्थियों की सहभागिता से पाठ का विकास करते हैं। यह अध्यापन योजना का विस्तृत ब्यौरा होता

है। इसके अंतर्गत अध्यापक विद्यार्थियों के समक्ष नवीन ज्ञान को प्रस्तुत करते हैं। विद्यार्थियों को पाठ्यवस्तु स्पष्ट करने व नवीन ज्ञान व सूचनाएँ प्रस्तुत करने के लिए शिक्षक विभिन्न युक्तियों जैसे प्रश्न, दृष्टांत, उदाहरण, व्याख्या, प्रदर्शन एवं सहायक सामग्रियों इत्यादि का प्रयोग कर सकते हैं। शिक्षक को अपने प्रस्तुतीकरण को प्रभावी बनाने के लिए यह ध्यान रखना चाहिए कि–

1. प्रस्तुत की जाने वाली विषयवस्तु का चयन एवं संगठन विवेकपूर्ण हो। उसे पाठ्यवस्तु को विभिन्न इकाइयों या उपभागों में प्रस्तुत करना चाहिए और अंत में उसे एक इकाई/भाग के अन्तर्गत संरक्षित करना चाहिए।
2. उसे विषयवस्तु को उत्तरोतर क्रम में प्रस्तुत करना चाहिए। अर्थात् सरल से प्रारंभ करते हुए कठिन पर आना चाहिए।
3. प्रस्तुतीकरण करने समय शिक्षक के साथ-साथ विद्यार्थियों को भी सक्रिय रखने के लिए उपयुक्त गतिविधियों को शामिल किया जाना चाहिए।

3. तुलना–प्रस्तुत पद का उद्देश्य विद्यार्थियों द्वारा प्राप्त किये गये ज्ञान को स्थायी बनाना और इसके लिए उन्हें दिये जाने वाले नवीन ज्ञान को पूर्व ज्ञान से संबंधित कर उनमें साहचार्यित एवं तुलना करने के अवसर दिये जाते हैं। वे पुराने ज्ञान के साथ नवीन ज्ञान को साहचर्यित करते हैं और उनमें अंतर, विश्लेषण, वर्गीकरण, तुलना कर अपने ज्ञान को दृढ़ करते हैं।

4. सामान्यीकरण–सामान्यीकरण के अन्तर्गत सीखे गये ज्ञान को व्यवस्थित कर सारांश तैयार किया जाता है और उदाहरण इत्यादि प्रस्तुत कर सामान्य गुणों के आधार पर सामान्यीकरण किया जाता है। सामान्यीकरण तुलना एवं वैषमता के आधार पर किया जाता है। अध्यापक को इस पद को प्रस्तुत करते समय यह ध्यान में रखना चाहिए कि वह स्वयं छात्रों के समक्ष तथ्यों व नियमों को प्रस्तुत न करें, बल्कि उन्हें ऐसी परिस्थितियों, उदाहरण, दृष्टांत इत्यादि प्रस्तुत करें कि वे स्वयं उनमें समान लक्षणों के अधार पर सामान्यीकरण कर तथ्यों व नियमों को प्रस्तुत करें।

5. अनुप्रयोग–यदि सीखे गए ज्ञान को समान परिस्थितियों में उपयोग करने का अवसर मिल जाए तो ऐसा ज्ञान स्थायी हो जाता है। इसी मनोवैज्ञानिक सिद्धांत को ध्यान में रखकर 'हरबार्ट की पंचपद प्रणाली' में अनुप्रयोग पद को शामिल किया गया है। अनुप्रयोग के लिए विद्यार्थियों को विषय वस्तु का शिक्षण कराने के पश्चात् समस्याओं को हल करने, निबंध लिखने, प्रयोगात्मक कार्य जैसे अभ्यास, मानचित्र, चार्ट या मॉडल बनाने, प्रश्नों के उत्तर देने इत्यादि के अवसर प्रदान किए जाते हैं। यह पद मूलतः विद्यार्थियों की निष्पति मूल्यांकन से संबंधित है।

पाठ योजना प्रारूप एवं उसमें शामिल बिंदु

यहाँ पाठ योजना प्रारूप एवं उसमें शामिल बिंदुओं का वर्णन किया गया है:

पाठ योजना क्रमांक

अध्यापक का नाम	–	दिनांक (Date)	–
कक्षा	–	दिन (Day)	–
विषय	–	कालांश (Period)	–
प्रकरण	–	समय (Time)	–
उप्रकरण	–		
सामान्य उद्देश्य	–		
अनुदेशनात्मक उद्देश्य	–		
सहायक सामग्री	–		
शिक्षण विधि	–		
पूर्व ज्ञान	–		
अभिप्रेरण	–		
उद्देश्य कथन/पाठाभिसूचन	–		
प्रस्तुतीकरण	–		

शिक्षण बिन्दु	अध्यापिका व्यवहार	विद्यार्थी व्यवहार

निष्कर्ष कथन –
पुनरावृत्ति प्रश्न –
कक्षा कार्य –
गृह कार्य –

इन बिन्दुओं का वर्णन इस प्रकार है :

1. पाठ योजना क्रम संख्या–पाठ योजना तैयार करने के पूर्व सबसे ऊपर पाठ योजना क्रमांक लिखा जाता है।

2. सामान्य जानकारी–चूंकि पाठ योजना कक्षा शिक्षण का आधार होती है। अतः अध्यापक/ छात्राध्यापक पाठयोजना तैयार करते समय प्रारंभ में स्वयं के नाम के साथ जिस कक्षा, विषय, प्रकरण एवं उपप्रकरण के लिए पाठ योजना बना रहे हैं, उसकी जानकारी देते हैं। यहाँ कुछ बातें जानना अत्यन्त आवश्यक हैं जैसे अध्यापक/छात्राध्यापक का नाम केवल पाठयोजना के लिखित प्रारूप में ही लिखा जाता है। वास्तविक शिक्षण करते समय कक्षा के श्यामपट पर छात्राध्यापक का नाम प्रायः नहीं लिखा जाता है। बहुत से शिक्षक-प्रशिक्षक इस तथ्य से अनजान होते हैं, और प्रशिक्षणार्थियों से उनका नाम भी वास्तविक शिक्षण के समय श्यामपट पर लिखवाते हैं और इसके कारण कई बार बड़ी हास्यापद स्थिति निर्मित हो जाती है।

कक्षा में उस स्तर का उल्लेख किया जाता है जिसके लिए पाठ योजना बनाई जा रही है। जैसे कक्षा 11 के लिए पाठ योजना बनाते समय कक्षा 11वीं लिखा जाएगा, न कि प्रशिक्षणार्थी जिस कक्षा में है, वह लिखी जाएगी।

इसी तरह विषय, प्रकरण एवं उपप्रकरण में भी पाठयोजना से संबंधित शीर्षक डाले जाएँगे। जैसे–

कक्षा	-	11वीं
विषय	-	लेखाकर्म
प्रकरण	-	रोजनामचा
उपप्रकरण	-	रोजनामचा में प्रविष्टि करने से संबंधित नियम

प्रत्येक पाठयोजना में यह आवश्यक नहीं है कि उपप्रकरण भी हो। अत: ऐसी स्थिति में उपप्रकरण का शीर्षक ही नहीं लिखा जाता है।

सामान्य उद्देश्य–सामान्य उद्देश्य उस विषय से संबंधित होते हैं, जिस विषय में पाठ योजना तैयार की जा रही है। ये सामान्य और दीर्घकालिक होते हैं।

अनुदेशनात्मक उद्देश्य–इन्हें विशिष्ट उद्देश्य भी कहा जाता है। यह उद्देश्य विशिष्ट प्रकरण (जिसे पढ़ाया जाएगा) से संबंधित होते हैं और प्रकरण को पढ़ाने के पश्चात् इनकी प्राप्ति होना आवश्यक है। यह उद्देश्य विद्यार्थियों के संज्ञानात्मक, भावात्मक और मनोगामक पक्ष से संबंधित होते हैं। इन पक्षों के भी विभिन्न स्तर होते हैं जिनमें अनुदेशानात्मक उद्देश्यों को वर्गीकृत किया जाता है। अनुदेशानात्मक उद्देश्यों को लिखने का विशिष्ट व्यावहारिक व सुव्यवस्थित तरीका होता है।

सहायक सामग्री–सहायक सामग्री के अन्तर्गत उन वस्तुओं के नाम लिखे जाते हैं जो विषयवस्तु को बोधगम्य व आकर्षक बनाने के लिए प्रयोग में लाई जाती है। जैसे - चार्ट, मॉडल, उपकरण।

कई अध्यापक सहायक सामग्री के अन्तर्गत चॉक, डस्टर, संकेतक (Pointer) इत्यादि भी लिखवाते हैं, लेकिन ये सभी वस्तुएँ कक्षा के सामान्य उपकरण हैं, एक कक्ष इन सभी वस्तुओं से ही कक्षा का आकार लेता है, अत: इनके नाम के स्थान पर लिखा जाना चाहिए–कक्षा के सामान्य उपकरण।

शिक्षण विधि–शिक्षण विधि प्रस्तुतीकरण का एक तरीका है। किसी भी विषयवस्तु को विद्यार्थियों के समक्ष जिस तरीके से प्रस्तुत किया जाता है वह तरीका शिक्षण विधि होता है। इस शीर्षक के अन्तर्गत अध्यापक विषयवस्तु को प्रस्तुत करने के तरीके का नाम लिखते हैं। ये कई प्रकार के हो सकते हैं। जैसे व्याख्यान विधि, पाठ्यपुस्तक विधि, आगमन विधि, निगमन, विश्लेषण विधि, संश्लेषण विधि, परियोजना विधि इत्यादि। अध्यापक द्वारा शिक्षण विधि के साथ सहायक के रूप में शिक्षण प्रविधियों का भी प्रयोग किया जाता है। अत: इसी शीर्षक में उनका भी उल्लेख किया जाता है जैसे व्याख्यान सह प्रश्नोत्तर विधि, प्रयोगशाला सह प्रदर्शन विधि।

पूर्व ज्ञान–पूर्व ज्ञान वह होता है जिसका कि विद्यार्थियों को नयी विषयवस्तु को पढ़ाने के लिए पहले से ज्ञान होता है। पूर्व ज्ञान नवीन ज्ञान की आधारशिला होता है। इसके आधार

पर ही विद्यार्थियों को नवीन ज्ञान देना प्रारंभ किया जाता है। 'पूर्व ज्ञान' शीर्षक में विद्यार्थियों को होने वाले पूर्व ज्ञान को व्यावहारिक रूप में वाक्यों के अन्तर्गत लिखा जाता है। अध्यापक को अनुदेशनात्मक उद्देश्यों की प्राप्ति के लिए पूर्व ज्ञान का सही अनुमान लगाना आवश्यक होता है।

अभिप्रेरण–अभिप्रेरण के अन्तर्गत विद्यार्थियों को नवीन ज्ञान देने के लिए तैयार किया जाता है। अतः यह रुचिकर तथा विद्यार्थियों को प्रोत्साहित करने वाला होना चाहिए। विद्यार्थियों को विषयवस्तु से संबंधित कोई कहानी, कविता, गीत या घटना सुनाकर, प्रश्न पूछकर, पहेली द्वारा, समाचार-पत्र की खबर सुनाकर नवीन ज्ञान प्राप्त करने के लिए तैयार किया जा सकता है। यदि प्रश्नोत्तर द्वारा विद्यार्थियों को अभिप्रेरित किया जाता है तो वे प्रश्न विद्यार्थियों के पूर्व ज्ञान पर आधारित होने चाहिए। तथा अभिप्रेरण में प्रश्न के साथ विद्यार्थियों द्वारा दिया जाने वाला अपेक्षित उत्तर भी लिखना चाहिए, क्योंकि अगला प्रश्न प्रत्येक पहले प्रश्न से जुड़ा (Link) होता है। इस तरह से प्रश्न पूछते हुए अध्यापक को अपने मूल प्रकरण पर आना चाहिए, यह आखिरी प्रश्न वह होता है जिसका उत्तर विद्यार्थियों से मिल भी सकता है और नहीं भी। इसे समस्या प्रश्न कहते हैं। अभिप्रेरण में प्रश्नों की संख्या सामान्यतः 3-5 होती है।

उद्देश्य कथन/पाठाभिसूचन–समस्या प्रश्न का उत्तर देने के साथ अध्यापक अपने प्रकरण पर आते हैं। वे विद्यार्थियों को पढ़ाए जाने वाले प्रकरण का खुलासा करते हैं।

प्रस्तुतीकरण–पाठाभिसूचन के पश्चात् विषयवस्तु का प्रस्तुतीकरण किया जाता है। प्रस्तुतीकरण को विभिन्न स्तम्भों के अन्तर्गत लिखा जाता है। पहला स्तम्भ शिक्षण बिन्दु का होता है जिसमें अध्यापक विषयवस्तु में शामिल किए जाने वाले मुख्य बिन्दुओं को उपयुक्त स्थान पर लिखते हैं। दूसरा स्तम्भ अध्यापक व्यवहार का होता है, इसमें अध्यापक पढ़ाई जाने वाली विषयवस्तु की व्याख्या करते हैं। ये व्याख्या छात्रों से प्रश्नोत्तर करते हुए, उदाहरण व दृष्टांत देकर, सहायक साधनों के सहयोग से की जाती है। कक्षा शिक्षण के समय यही भाग सबसे अधिक महत्वपूर्ण होता है। अध्यापक को सरल एवं स्पष्ट शब्दों में व्याख्या करना चाहिए। उसे व्याख्या में सूक्ष्म शिक्षण के विभिन्न कौशलों जैसे उद्दीपन परिवर्तन कौशल, पुनर्बलन कौशल, व्याख्या कौशल, खोजपूर्ण प्रश्न कौशल के साथ-साथ सम्प्रेषण कौशल इत्यादि का प्रभावी उपयोग करना चाहिए। अध्यापक को विषयवस्तु में शामिल बिन्दुओं की क्रमवार व पर्याप्त व्याख्या करना चाहिए तभी उसका शिक्षण प्रभावी हो सकता है।

प्रस्तुतीकरण का तीसरा स्तम्भ विद्यार्थी-व्यवहार का होता है। इसमें विद्यार्थियों से पूछे गए प्रश्नों के अपेक्षित उत्तरों को स्वीकृति देते हुए व व्याख्या करते हुए पाठ का विकास किया जाता है।

कभी-कभी प्रस्तुतीकरण में चौथा स्तम्भ प्राप्य उद्देश्य का भी बनाया जाता है। विद्यार्थियों से प्रश्न पूछकर उनके द्वारा प्राप्त अपेक्षित उत्तर के सामने इस स्तम्भ में अध्यापक प्राप्त होने वाले अनुदेशनात्मक उद्देश्य की संख्या लिखते हैं।

अंत में अध्यापक द्वारा निष्कर्ष कथन दिया जाता है। यह प्रस्तुतीकरण का ही एक भाग होता है।

श्यामपट सार–अध्यापक पढ़ाते समय श्यामपट का भी उपयोग करते हैं। वे मुख्य बिन्दुओं, संकल्पनाओं की परिभाषा, प्रकार इत्यादि को श्यामपट पर लिख सकते हैं। वाणिज्य में अंतिम खाते बनाते समय, रोजनामचा प्रविष्टि करते समय या ग्राफ, तालिका इत्यादि बनाने के लिए श्यामपट का उपयोग करते हैं। श्यामपट पर किन बिन्दुओं को लिखा जाएगा, इसका निर्धारण भी पूर्व में कर लिया जाता है और पाठयोजना में इसका ब्यौरा दिया जाता है। श्यामपट पर लिखते समय बाँयी तरफ कक्षा, विषय, प्रकरण व उपप्रकरण लिखे जाते हैं तथा दाँयी तरफ दिनांक, दिन, समय व कालांश लिखा जाता है। यदि श्यामपट छोटा हो तो इन जानकारियों को बायीं तरफ एक ओर भी लिखा जा सकता है। यदि उपप्रकरण ना हो तो केवल प्रकरण का शीर्षक ही डाला जाता है तथा प्रकरण का नाम श्यामपट के शीर्ष भाग पर मध्य में लिखा जाता है और उसके नीचे श्यामपट सार विकसित किया जाता है। यदि उपप्रकरण हो तो ऐसी स्थिति में उपप्रकरण का शीर्षक बाँयी तरफ लिख कर उसका नाम मध्य में डाला जा सकता है। श्यामपट सार विकसित करते समय अध्यापक को श्यामपट कौशल व जर्क तकनीक के तत्वों को ध्यान में रखना चाहिए तथा स्पष्ट व सुंदर त्रुटिरहित अक्षरों में बिन्दुवार सार विकसित करना चाहिए। श्यामपट पर बहुत लंबी संकल्पना नहीं लिखना चाहिए, क्योंकि ऐसी स्थिति में अध्यापक का ध्यान विद्यार्थियों से हट सकता है और अनुशासनहीनता की समस्या उत्पन्न हो सकती है। इसे कॉपी में हमेशा बायें पृष्ठ पर ही लिखा जाता है। तथा उस पृष्ठ पर अन्य कोई विषयवस्तु नहीं लिखी जाती है।

पुनरावृत्ति प्रश्न–इस शीर्षक के अन्तर्गत अध्यापक पढ़ाई गई विषयवस्तु की पुनरावृत्ति करते हैं और इसके लिए वे विद्यार्थियों से प्रश्न करते हैं। पुनरावृत्ति प्रश्नों के द्वारा ही की जाती है। चूंकि इसमें किए जाने वाले प्रश्न अध्यापक द्वारा पढ़ाई गई विषयवस्तु से संबंधित ही होते हैं। अतः यह माना जाता है कि विद्यार्थी उनका सही उत्तर ही देंगे। तथा इन प्रश्नों का एक-दूसरे से जुड़े (Link) होना आवश्यक नहीं होता है, अतः पुनरावृत्ति प्रश्नों के उत्तर नहीं लिखे जाते हैं।

अनुप्रयोग–अनुप्रयोग में कक्षा कार्य एवं गृहकार्य आते हैं।

कक्षा कार्य–अध्यापक अनुदेशनात्मक उद्देश्यों की प्राप्ति की जाँच करने के लिए पुनरावृत्ति प्रश्नों के पश्चात् विद्यार्थियों को कक्षा-कार्य देते हैं। यह कक्षा-कार्य अधिकतम 5 से 7 मिनट का होता है। इसे छात्राध्यापकों को लपेट श्यामपट पर लिखकर ले जाना होता है, ताकि वहाँ प्रश्न सोचने व श्यामपट पर लिखने में समय व्यर्थ न जाए। कक्षा-कार्य के रूप में विद्यार्थियों को रिक्त स्थान की पूर्ति प्रश्न, मिलान प्रश्न, सही-गलत वाक्य, बहुविकल्पीय प्रश्न इत्यादि जैसे वस्तुनिष्ठ प्रश्न ही दिए जाते हैं जिसे कि विद्यार्थी 5 मिनिट में पूर्ण कर ले व अध्यापक उनकी जाँच भी कर लें। यदि कक्षा बड़ी है तो अध्यापक कुछ विद्यार्थियों के मध्य एक दूसरे की कॉपी बदलवाकर (छोटे बच्चों की कक्षा में) सही उत्तर बता सकते हैं। लेकिन उन्हें कक्षा-कार्य देने के पश्चात् अनिर्वायतः उसकी जाँच करनी चाहिए व सही उत्तर बताने चाहिए। अध्यापक को कक्षा-कार्य में दिए जाने वाले प्रश्नों की रचना शुद्धतापूर्वक करनी चाहिए।

गृह-कार्य–सबसे अंत में अध्यापक चाहे तो विद्यार्थियों को गृह कार्य भी दे सकते हैं। सामान्यतः गृह कार्य एक पाठ या एक संपूर्ण इकाई समाप्त होने के पश्चात् दिया जाना चाहिए। गृह कार्य को भी लपेट श्यामपट पर लिख कर ले जाना चाहिए। यदि अध्यापक द्वारा गृह कार्य दिया जाए तो दूसरे दिन उसके बारे में विद्यार्थियों से पूछताछ करना चाहिए और उसे जाँचा जाना चाहिए। कई अध्यापक गृह कार्य तो दे देते हैं, लेकिन उसे जाँचते नहीं है। ऐसी स्थिति में विद्यार्थी उसे सरलता से लेते हैं और उनमें गृहकार्य न करने की बुरी आदत विकसित होती है।

पाठ योजनाएँ

पाठ योजना क्रमांक

सामान्य सूचनाएँ

छात्राध्यापिका का नाम	-		
कक्षा	- 11वीं	**दिनांक**	- 26.5.2010
विषय	- वाणिज्य (पुस्तपालन एवं लेखाकर्म)	**दिन**	-
		कालांश	- द्वितीय
प्रकरण	- प्रारंभिक बहियाँ	**समय**	- 40 मिनिट
विद्यालय का नाम	-		
सामान्य उद्देश्य	-		

विद्यार्थियों :

1. में व्यावसायिक कुशलता का विकास करना।
2. को राष्ट्रीय एवं अन्तर्राष्ट्रीय समस्याओं का ज्ञान कराना।
3. में वैज्ञानिक दृष्टिकोण का विकास करना।
4. में एक कुशल व्यवसायी, उपभोक्ता, उत्पादक व वितरक के गुणों को विकसित करना।
5. को वाणिज्य से सम्बन्धित रोजगारों के लिए तैयार करना।
6. में विश्लेषणात्मक और तार्किक चिंतन करने की योग्यताओं का विकास करना।
7. को व्यावसायिक संस्था के प्रबंध और संगठन के सैद्धान्तिक और व्यावहारिक पक्षों से परिचित कराना।
8. को वाणिज्य सम्बन्धी विवरणों और प्रतिवेदनों का विश्लेषण और व्याख्या करने तथा वाणिज्यिक अभिलेखों का रख-रखाव करने संबंधी उपयोगी तकनीकों की जानकारी देना।
9. में वाणिज्य के सिद्धान्तों के नियमों को व्यवहार रूप में लाने की क्षमता उत्पन्न करना।
10. को वाणिज्य शिक्षा का व्यावहारिक ज्ञान प्रदान करना।
11. को जीविकोपार्जन के लिए तैयार करना।

12. को सामान्य व्यावसायिक संगठन विन्यास की जानकारी कराना।
13. को वाणिज्य शिक्षा के व्यक्तिगत उपयोग से परिचित कराना।
14. को बहीखाता एवं लेखा विज्ञान के बुनियादी सिद्धान्तों व नियमों को जानने व समझने में सहायता करना।
15. में स्पष्टवादिता, समय की पाबन्दी, उत्तरदायित्व इत्यादि आदतों का विकास करना।
16. को पुस्तपालन के क्षेत्र में आने वाली विभिन्न समस्याओं के समाधान हेतु तत्पर करना।
17. को उच्च शिक्षा और वृत्तिक पाठ्यक्रमों के लिए तैयार करना।
18. को वाणिज्य से सम्बन्धित कार्य के संसार में प्रवेश करने और उपयुक्त स्थान प्राप्त करने में सहायता करना।
19. में सृजनात्मकता का विकास करना जिसमें वह निरन्तर कार्य कर आत्म संतोष की भावना का विकास कर सके।
20. को वाणिज्य शिक्षा के व्यक्तिगत उपयोगों से परिचित कराना।

विशिष्ट उद्देश्य

संज्ञानात्मक पक्ष

पाठ पढ़ने के पश्चात् विद्यार्थी :

ज्ञान स्तर

1. नकल बही का अर्थ लिख सकेंगे।
2. व्यक्तिगत खाते का नियम पहचान सकेंगे।
3. वस्तुगत खाते का नियम लिख सकेंगे।
4. नाममात्र खाते का नियम लिख सकेंगे।

बोध स्तर

1. व्यक्तिगत खाते व वस्तुगत खाते के नियमों में अन्तर कर सकेंगे।
2. वस्तुगत खाते व नाममात्र के खाते के नियमों में अन्तर कर सकेंगे।
3. व्यक्तिगत खाते से संबंधित प्रविष्टियाँ पहचान सकेंगे।

अनुप्रयोग स्तर

1. विभिन्न खातों से संबंधित नियमों के आधार पर नकल बही की प्रविष्टियाँ कर सकेंगे।
2. विभिन्न खातों के नियमों का प्रयोग कर सकेंगे।

विश्लेषण स्तर

1. व्यापारिक सौदों को नामे व जमा पक्ष में वर्गीकृत कर सकेंगे।
2. व्यापारिक सौदों को विभिन्न खातों के अनुसार अलग-अलग कर सकेंगे।

संश्लेषण स्तर–विभिन्न खातों के नियमों के आधार पर एक व्यापारी द्वारा किए गए सौदों को नकल बही में संगठित कर सकेंगे।

मूल्यांकन स्तर–विभिन्न व्यापारिक सौदों को उनसे संबंधित खातों में होने का समर्थन कर सकेंगे।

भावात्मक पक्ष–पाठ पढ़ने के पश्चात् विद्यार्थी

1. व्यापारिक सौदों को प्राप्त कर सकेंगे।
2. विभिन्न सौदों में से व्यक्तिगत खाते से संबंधित सौदों का चयन कर सकेंगे।
3. व्यापारिक सौदों को नकल बही में अंकित कर सकेंगे।
4. व्यापारिक सौदों व उनसे संबंधित खातों में सम्बन्ध बता सकेंगे।

मनोगामक पक्ष–पाठ पढ़ने के पश्चात् विद्यार्थी

1. व्यापारिक व्यवहारों की प्रविष्टियाँ लिख सकेंगे।
2. व्यापारिक व्यवहारों की सूची बना सकेंगे।

सहायक सामग्री–'स्मारक बही' को दर्शाता चार्ट, 'नकल बही में की जाने वाली प्रविष्टियाँ' को दर्शाता चार्ट, व कक्षा के सामान्य उपकरण।

शिक्षण विधि–व्याख्यान सह प्रश्नोत्तर विधि

पूर्व ज्ञान–विद्यार्थी

1. खाते का अर्थ लिख सकते हैं।
2. खाते के पक्षों के नाम लिख सकते हैं।
3. व्यक्तिगत खाते का अर्थ लिख सकते हैं।
4. वस्तुगत खाते का अर्थ लिख सकते हैं।
5. अव्यक्तिगत खाते/नाममात्र के खाते का अर्थ लिख सकते हैं।
6. दोहरा लेखा प्रणाली का अर्थ स्पष्ट कर सकते हैं।

अभिप्रेरण–

प्रश्न खाता किसे कहते हैं?

उत्तर व्यापार में होने वाले व्यवहारों को छाँटकर उनसे संबंधित किसी विशेष व्यक्ति, वस्तु या लाभ-हानि शीर्षक में एकत्रित कर लिखा जाता है तो ऐसा प्रत्येक शीर्षक खाता कहलाता है।

प्रश्न खाते में कितने पक्ष होते हैं?

उत्तर खाते में दो पक्ष होते हैं–बायाँ पक्ष नामे तथा दायाँ पक्ष जमा का।

प्रश्न दोहरा लेखा प्रणाली के अनुसार व्यापारिक सौदों को कौन सी प्रारम्भिक बहियों में लिखा जाता है?

उत्तर रफ एवं नकल बही में।

उद्देश्य कथन–दोहरा लेखा प्रणाली के अनुसार व्यापारिक सौदों को रफ बही, नकल बही इत्यादि प्रारंभिक बहियों में लिखा जाता है।

प्रस्तुतीकरण

शिक्षण बिन्दु	अध्यापिका व्यवहार	विद्यार्थी व्यवहार
प्रारंभिक लेखे की बहियों का परिचय	दोहरा लेखा प्रणाली के अनुसार व्यापारिक सौदों को सर्वप्रथम प्रारंभिक पुस्तकों में लिखा जाता है। उसके पश्चात् खातों का वर्गीकरण कर संबंधित खातों में व्यवहारों की खतौनी की जाती है तथा अंत में परिणामों को ज्ञात करने के लिए अंतिम खाते तैयार किए जाते हैं। प्रारंभिक लेखों को लिखने की कई बहियाँ होती हैं जिनमें स्मारक बही व नकल बही प्रमुख होती है। नकल बही के स्थान पर सहायक बहियों का भी उपयोग किया जाता है।	विद्यार्थी ध्यानपूर्वक सुनते हैं।
	प्रश्न–स्मारक क्यों बनाए जाते हैं।	उत्तर–जब किसी व्यक्ति ने ऐसे कार्य किए जिनसे समाज का कल्याण हुआ हो और उनके इस कार्य के कारण उन्हें दुनिया द्वारा याद रखा जाना हो तो उनकी याद में स्मारक बनाए जाते हैं।
	बिल्कुल ठीक है।	
स्मारक बही	इसी तरह बड़े-बड़े व्यावसायिक गृहों में जहाँ प्रतिदिन बड़ी संख्या में लेन–देन किए जाते हैं तब इन लेन–देनों को याद रखने के लिए तुरन्त इनका लेखा एक बही में कर दिया जाता है। इसी बही को स्मारक बही या रफ बही कहा जाता है। चूंकि इस बही में लेन–देन होते ही तुरन्त लेखा किया जाता है। अतः इसमें लेखा करने के कोई नियम नहीं होते हैं। यह केवल एक कामचलाऊ बही होती है, जिसमें सौदों को तिथिवार क्रम से लिख दिया जाता है। इसे कच्ची बही भी कहा जाता है। जैसे 1 फरवरी 2008 — रुपये नकद लगाकर व्यापार प्रारंभ किया 1,00,000 रु. नकद माल खरीदा 5,000 रु. नकद माल बेचा 2,000 रु. उधार माल खरीदा 8,000 रु.	विद्यार्थी ध्यानपूर्वक सुनते हैं।

	(अध्यापिका चार्ट पर स्मारक बही का एक नमूना दिखाती है।)	विद्यार्थी ध्यान से चार्ट देखते हैं।
	प्रश्न-इस नकल बही में कौन-कौन से खातों से संबंधित सौदे हैं?	उत्तर-इस नकल बही में विभिन्न खातों से संबंधित सौदे हैं।
	प्रश्न-इसमें नामे व जमा पक्ष क्यों नहीं हैं?	उत्तर-इस बही में सौदे लिखने के कोई नियम नहीं है। सौदों को केवल तिथि-वार लिख दिया जाता है। अतः इसमें नामे व जमा पक्ष नहीं है।
नकल बही का परिचय	स्मारक बही या रफ बही के आधार पर नकल बही में सौदे किए जाते हैं। नकल बही में व्यापारिक सौदों को दोहरा लेखा प्रणाली के सिद्धान्त के अनुसार लिखा जाता है। जो व्यापारी स्मारक बही का उपयोग नहीं करते हैं वे सौदों को सीधे नकल बही में ही लिखते हैं।	
नकल बही की परिभाषा	प्रश्न-नकल बही की परिभाषा दीजिये।	उत्तर-नकल बही एक ऐसी बही है जिसमें व्यापारिक सौदों को दोहरा लेखा प्रणाली के सिद्धान्त के अनुसार लिखा जाता है।
	हाँ, नकल बही प्रारंभिक लेखों की वह मुख्य बही होती है जिसमें व्यापारिक सौदों को तिथिवार क्रमानुसार विवरण सहित व्यापारिक सौदों को, दोहरा लेखा प्रणाली के सिद्धान्त के अनुरूप लिखा जाता है। नकल बही को रोजनामचा, पंजी इत्यादि नामों से पुकारा जाता है। अंग्रेजी में इसे जर्नल (Journal) कहा जाता है। इसमें सौदों को लिखने की क्रिया को पंजीकरण (Journalising) कहते हैं।	
नकल बही में लेखा करने संबंधी नियम	चूंकि नकल बही दोहरा लेखा प्रणाली के सिद्धान्त के अनुसार बनाई जाती है। अतः इसमें लेखा कुछ नियमों के अन्तर्गत किया जाता है। ये नियम विभिन्न खातों के अनुसार होते हैं।	
	प्रश्न-प्रमुख रूप से खाते कितने प्रकार के होते हैं।	उत्तर-खाते प्रमुख रूप से तीन प्रकार के होते हैं। व्यक्तिगत खाता, वस्तुगत खाता व नाममात्र का खाता।

	प्रश्न–व्यक्तिगत खाते में कौन से व्यवहारों का लेखा होता है?	उत्तर–व्यक्तिगत खाते में व्यक्ति, फर्म, संस्था, कम्पनी या निगम से संबंधित व्यवहारों का लेखा होता है।
	प्रश्न–वस्तुगत खाते में कौन से व्यवहारों का लेखा होता है?	उत्तर–वस्तुगत खाते में वस्तु तथा मशीनरी से संबंधित व्यवहारों का लेखा होता है।
	ठीक है। प्रश्न–नाममात्र के खाते में कौन से व्यवहारों का लेखा होता है?	उत्तर–नाममात्र के खाते में लाभ-हानि तथा आय- व्यय से संबंधित व्यव- हारों का लेखा होता है।
	हाँ। जिस तरह से व्यक्तिगत खाता, वस्तुगत खाता व नाममात्र के खाते में अलग-अलग व्यवहारों का लेखा होता है। इसी तरह से इनमें लेखा करने के भी अलग-अलग नियम है।	
नियम–1	व्यक्तिगत खाते के व्यवहारों को लिखने का नियम है– पाने वाले व्यक्ति को नामे या डेबिट तथा देने वाले व्यक्ति को जमा या क्रेडिट करो। (अध्यापिका श्यामपट पर नियम लिखती है।)	
	जैसे मोहन ने राम से 1000 रु. का माल खरीदा तो इसकी प्रविष्टि होगी। मोहन नामे 1000 राम से 1000	(विद्यार्थी अपनी कॉपी में श्यामपट पर लिखी गयी विषयवस्तु की नकल करते हैं।)
	यहाँ मोहन ने माल पाया है। अतः मोहन के खाते को नामे तथा राम ने माल दिया है, अतः राम के खाते को जमा किया है। जैसेः नीता ने प्रशांत को 1000 रु. नकद दिए गए। यहाँ प्रशांत पाने वाला व्यक्ति है, अतः प्रशांत का खाता डेबिट किया जाएगा। और नीता ने रूपये दिए हैं अतः नीता का खाता क्रेडिट किया जाएगा। (अध्यापिका द्वारा चार्ट पर लिखी गई प्रविष्टियाँ दिखाई जाती हैं।) (विद्यार्थियों से) अब आप बताइये-राम से 2000 रु. प्राप्त हुए, इसकी प्रविष्टि क्या होगी।।	

		उत्तर–यहाँ राम देने वाला व्यक्ति है, अतः राम का खाता जमा लिखा जाएगा।
	हाँ, ठीक हैं।	
	प्रश्न–सीता ने श्याम को 5000 रु. दिए, इसकी प्रविष्टि क्या होगी?	श्याम नामे 5000 सीता से 5000
	यहाँ श्याम के खाते को नामे तथा सीता के खाते को जमा क्यों किया गया है।	उत्तर–क्योंकि श्याम पाने वाला व्यक्ति है और सीता देने वाली।
	ठीक है। यहाँ एक बात ध्यान रखने योग्य है कि किसी व्यक्ति से किए जाने वाले लेन-देन के लिए प्रविष्टि करते समय संबंधित व्यक्ति के नाम के साथ खाता शब्द नहीं लगाते हैं।	
नियम-2	इसी तरह से वस्तुगत खाते का नियम है– जो वस्तु आए उसे नामे करो तथा जो वस्तु जाए उसे जमा करो।	
	(अध्यापिका द्वारा श्यामपट पर नियम लिखा जाएगा।) जैसे - 500 रु. का माल नकद खरीदा। यहाँ माल एक वस्तु है जो व्यापार में आयी है तथा 500 रु. की रोकड़ व्यापार से गई है, अतः इसकी प्रविष्टि होगी– माल खाते नामे 500 रोकड़ खाता से 500 चार्ट में देखिए इसी तरह से 2000 रु. का माल बेचा, तो इसकी प्रविष्टि होगी– रोकड़ खाते नामे 2000 माल खाता से 2000 यहाँ व्यापार से माल गया है और रोकड़ प्राप्त हुई है, इसलिए रोकड़ खाते को नामे तथा माल खाते को जमा किया जाएगा। (अध्यापिका चार्ट में लिखी प्रविष्टियाँ दिखाती है। (विद्यार्थियों से) प्र. राज को 1000 रु. का माल बेचा।	(विद्यार्थी अपनी कॉपी में श्यामपट पर लिखी गयी विषयवस्तु की नकल करते हैं)
	यहाँ पाने वाला कौन है?	उत्तर–यहाँ पाने वाला राज है।
	प्रश्न–राज के खाते को क्या लिखेंगे?	उत्तर–यहाँ राज के खाते को नामे किया जाएगा।
	सही है।	

	प्रश्न-व्यापार में से क्या गया है?	उत्तर-व्यापार से 1000 रु. का माल गया है।
	प्रश्न-तो माल खाते को क्या लिखेंगे?	उत्तर-यहाँ माल खाते को जमा लिखेंगे।
	ठीक है। प्रश्न-अब इस सौदों की प्रविष्टि करो।	उत्तर-राज नामे 1000 मालखाते से 1000
	ठीक है। अब हम अवास्तविक खाते या नाममात्र खाते के नियम को पढ़ेंगे।	
नियम-3	नाममात्र खाते का नियम है—व्यय व हानि को नामे करो तथा आय व लाभ को जमा करो। (अध्यापिका द्वारा श्यामपट पर नियम लिखा जाता है।)	(विद्यार्थी अपनी कॉपी में श्याम-पट पर लिखी गयी विषयवस्तु की नकल करते हैं।)
	जैसे-400 रु. वेतन दिया। यहाँ वेतन व्यापार का व्यय है, अत: वेतन खाता नामे लिखा जाएगा तथा व्यापार से 400 रु. की रोकड़ गई है अत: रोकड़ खाते को जमा लिखा जाएगा। इसकी प्रविष्टि होगी वेतन खाता नामे 400 रोकड़खाता से 400 (अध्यापिका चार्ट में प्रविष्टि दिखाती है।	
	प्रश्न-1500 रु. किराया दिया—इसकी प्रविष्टि क्या होगी?	किरायाखाते नामे 1500 रोकड़खाते से 1500
	ठीक है। (दूसरे विद्यार्थी से) यहाँ किराया खाते को नामे व रोकड़ खाते को जमा क्यों किया गया है?	क्योंकि किराया व्यापार का खर्च है अत: उसे नामे किया गया है, तथा व्यापार से रोकड़ गई है इसलिए रोकड़ खाते को जमा किया गया है।
	ठीक है। इस प्रकार आज हमने नकल बही में सौदे लिखने से संबंधित नियम पढ़े।	

श्यामपट सार

कक्षा	- 11वीं		दिनांक	- 26.05.08
विषय	- पुस्तपालन एवं लेखाकर्म		कालांश II	
प्रकरण	- प्रारंभिक बहियाँ		समय	- 40 मिनिट

प्रारंभिक बहियाँ

↓

स्मारक बही | नकल बही

* नकल बही में लेख करने संबंधी नियम

नियम 1 व्यक्तिगत खाता पाने वाले को नामे तथा देने वाले को जमा करो।

नियम 2 वस्तुगत खाता जो वस्तु आए उसे नामे तथा जो वस्तु भाए उसे जमर करो।

नियम 3 नाममात्र खाता व्यय व हानि को नामे तथा आय व लाभ को जमा करो।

पुनरावृत्ति प्रश्न

1. नकल बही किसे कहते हैं?
2. 'पाने वाले को नामे तथा देने वाले को जमा करो' - यह कौन से खाते का नियम है?
3. व्यक्तिगत खाते व वस्तुगत खाते के नियमों में क्या अंतर है?
4. नाममात्र के खाते व वस्तुगत खाते के नियमों में क्या अंतर है?
5. व्यक्तिगत खाते व नाममात्र खाते के नियमों में क्या अंतर है?

कक्षा कार्य

प्र. 1 वस्तुगत खाते का नियम लिखिए।

प्र. 2 नाममात्र खाते का नियम लिखिए।

गृह कार्य

एक व्यापारी के निम्नलिखित व्यवहार हैं। आप नकल बही में की जाने वाली उन व्यवहारों से संबंधित प्रविष्टियाँ, प्रभावित खातों के वर्ग तथा नामे व जमा किए जाने वाले खातों के नाम कारण सहित बताइए।

2008		रकम रु.
जनवरी 1	माल खरीदा	50,000
जनवरी 3	माल बेचा	10,000
जनवरी 6	राम से माल खरीदा	5,000
जनवरी 12	मज़दूरी दी	4,00
जनवरी 31	किराया दिया	7,00

पाठ योजना क्रमांक

छात्राध्यापिका का नाम	- **कृष्णा शर्मा**	**दिनांक**	-
कक्षा	- 11वीं	**कालांश**	- द्वितीय
		समय	- 40 मिनिट

विषय - वाणिज्य (पुस्तपालन एवं लेखाकर्म)

प्रकरण - प्राप्ति एवं भुगतान खाता

विद्यालय का नाम -

सामान्य उद्देश्य - पूर्व पाठयोजनानुसार

विशिष्ट उद्देश्य - विद्यार्थी, पाठ पढ़ने के पश्चात्

संज्ञानात्मक पक्ष

ज्ञान स्तर - रोकड़ पद्धति में रखी जाने वाली पुस्तकों की सूची बना सकेंगे।
- प्राप्ति-भुगतान खाते को पहचान सकेंगे।
- प्राप्ति-भुगतान खाते के स्तम्भों के नाम बता सकेंगे।

बोध स्तर - प्राप्ति-भुगतान खाते के अर्थ का निर्वचन (Interpretation) कर सकेंगे।
- प्राप्ति-भुगतान खाते का प्रारूप का चित्र बना सकेंगे।

अनुप्रयोग स्तर - किसी संस्था के लिए प्राप्ति-भुगतान खाते का विकास कर सकेंगे।
- प्राप्ति-भुगतान खाते व रोकड़ पुस्तक में सम्बन्ध बता सकेंगे।

विश्लेषण स्तर - प्राप्ति-भुगतान खाते व रोकड़ बही में भेद कर सकेंगे।
- व्यापारिक हिसाब प्रणाली व रोकड़ पद्धति को अलग कर सकेंगे।

संश्लेषण स्तर - प्राप्ति-भुगतान खाते का परिणाम निकाल सकेंगे।

मूल्यांकन स्तर - प्राप्ति-भुगतान खाते में 'अदत्त व्यय' का लेखा न करने का निर्णय ले सकेंगे।

भावात्मक पक्ष

प्राप्त करना - गैर-व्यापारिक संस्थाओं के आय-व्यय की जानकारी प्राप्त कर सकेंगे।

अनुक्रिया करना - रोकड़ पद्धति में रखी जाने वाली पुस्तकों का उत्तर दे सकेंगे।

मूल्य निर्धारित करना - गैर-व्यापारिक संस्थाओं एवं पेशेवर व्यक्तियों के लिए व्यापारिक खाता व लाभ-हानि खाता न बनाने के लिए तर्क दे सकेंगे।

संगठन - प्राप्ति एवं भुगतान खाते की परिभाषा दे सकेंगे।

मूल्य में चारित्रीकरण - रोकड़ बही को प्राप्ति एवं भुगतान खाता में बदल सकेंगे।

मनोगामक पक्ष

सहज गतियाँ - प्राप्ति एवं भुगतान खाते के स्तम्भ बनाने के लिए स्केल से रेखाएँ खींच सकेंगे।

प्रत्यक्षणात्मक योग्यताएँ- अपनी कॉपी में मुख्य बिन्दु लिख सकेंगे।
अशाब्दिक सम्प्रेषण - पाठ समझ रहे हैं, ये चेहरे से व्यक्त कर सकेंगे।
शिक्षण विधि - व्याख्यान सह प्रश्नोत्तर विधि
सहायक सामग्री - 'प्राप्ति व भुगतान खाता' शीर्षक का चार्ट व कक्षा के सामान्य उपकरण।
पूर्व ज्ञान- - विद्यार्थी आर्थिक गतिविधि का अर्थ बता सकते हैं।
- लाभ कमाने के उद्देश्य से स्थापित की जाने वाली संस्थाओं का नाम कह सकते हैं।
- गैर-व्यापारिक संस्थाओं की पहचान कर सकते हैं।

अभिप्रेरण

छात्राध्यापिका व्यवहार- मनुष्य अपने परिवार के जीवनयापन के लिए क्या करता है?
विद्यार्थी व्यवहार - मनुष्य अपने और परिवार के जीवनयापन के लिए कोई कार्य जैसे व्यापार, नौकरी इत्यादि करता है।
छात्राध्यापिका व्यवहार- मनुष्य द्वारा धन कमाने के लिए की जाने वाली गतिविधि क्या कहलाती है?
विद्यार्थी व्यवहार - मनुष्य द्वारा धन कमाने के लिए की जाने वाली गतिविधि आर्थिक क्रियाएँ कहलाती हैं।
छात्राध्यापिका व्यवहार- लाभ कमाने के उद्देश्य से स्थापित की जाने वाली संस्थाएँ क्या कहलाती हैं?
विद्यार्थी व्यवहार - लाभ कमाने के उद्देश्य से स्थापित की जाने वाली संस्थाएँ व्यापारिक संस्थाएँ कहलाती हैं।
छात्राध्यापिका व्यवहार- व्यापारिक संस्थाएँ अपने व्यापार की स्थिति जानने के लिए कौन से विवरण-पत्र तैयार करती हैं?
विद्यार्थी व्यवहार - व्यापारिक संस्थाएँ अपने व्यापार की स्थिति जानने के लिए व्यापार खाता, लाभ-हानि खाता तथा चिट्ठा तैयार करती हैं।
छात्राध्यापिका व्यवहार- श्री रचना ट्रस्ट द्वारा 'न लाभ न हानि' के आधार पर चिकित्सालय, विद्यालय, महाविद्यालय इत्यादि संचालित करना कौन सी गतिविधि कहलाएगी?
विद्यार्थी व्यवहार - श्री रचना ट्रस्ट द्वारा 'न लाभ न हानि' के आधार पर चिकित्सालय, विद्यालय, महाविद्यालय इत्यादि संचालित करना पारमार्थिक गतिविधियाँ कहलाएगी।
छात्राध्यापिका व्यवहार- लाभ कमाने की बजाय समाज कल्याण हेतु पारमार्थिक गतिविधियाँ संचालित करने वाली संस्थाएँ क्या कहलाती हैं?
विद्यार्थी व्यवहार - लाभ कमाने की बजाय समाज कल्याण हेतु पारमार्थिक गतिविधियाँ संचालित करने वाली संस्थाएँ गैर-व्यापारिक संस्थाएँ कहलाती है।

छात्राध्यापिका व्यवहार- गैर-व्यापारिक संस्थाएँ अपना हिसाब- किताब किस तरह रखती हैं?

विद्यार्थी व्यवहार - गैर-व्यापारिक संस्थाएँ प्राप्त होने वाली रोकड़ व भुगतान की जाने वाली रोकड़ के अनुसार हिसाब-किताब रखती हैं।

पाठाभिसूचन - हाँ, गैर-व्यापारिक संस्थाओं द्वारा प्राप्त होने वाली व भुगतान की जाने वाली रोकड़ के हिसाब-किताब के लिए 'प्राप्ति-भुगतान खाता' बनाया जाता है। आज हम 'प्राप्ति-भुगतान खाता' के बारे में अध्ययन करेंगे।

प्रस्तुतीकरण

शिक्षण बिन्दु	अध्यापिका व्यवहार	विद्यार्थी व्यवहार
गैर-व्यापारिक संस्थाएँ	गैर-व्यापारिक संस्थाओं को भी अपनी गतिविधियों के लिए धन की आवश्यकता होती है। हालाँकि इनका उद्देश्य लाभ कमाना नहीं होता है। अत: ये प्राप्त सम्पूर्ण आय को खर्च कर देती हैं। प्रश्न-गैर-व्यापारिक संस्थाओं के आय के स्रोत कौन से हैं?	
		उत्तर - गैर-व्यापारिक संस्थाओं के आय के स्त्रोत दान, चन्दा व सरकार से प्राप्त आर्थिक सहायता है।
गैर-व्यापारिक संस्थाओं के आय के स्रोत	हाँ, गैर-व्यापारिक संस्थाओं को कई व्यक्ति दान, चन्दा इत्यादि देते हैं, वहीं सरकार इन्हें कई प्रकार की आर्थिक सहायता प्रदान करती है। इसके अतिरिक्त इन संस्थाओं के सदस्य बनने के लिए व्यक्तियों से शुल्क के रूप में कुछ राशि ली जाती है, जो इनकी आय का स्रोत होती हैं। प्रश्न-गैर-व्यापारिक संस्थाओं में होने वाले मुख्य व्यय कौन से होते हैं।	
		उत्तर - गैर-व्यापारिक संस्थाओं में कार्यरत कर्मचारियों के वेतन, मजदूरी, संस्था के भवन का किराया, विद्युत व्यय, स्टेशनरी, छपाई

		व्यय इत्यादि मुख्य होते हैं। विद्यार्थी ध्यानपूर्वक सुनते हैं।
गैर-व्यापारिक संस्थाओं के व्यय	ठीक है। साधारणत: गैर-व्यापारिक संस्थाओं के व्यय संस्था की प्रकृति के अनुसार होते हैं। अर्थात् संस्था जिस तरह की होगी, जो कार्य करती होगी, उसके व्यय भी उसी के अनुसार होंगे। जैसे यदि अस्पताल है तो चिकित्सकों, नर्सों, कर्मचारियों के वेतन-मजदूरी, औषधियों, फर्नीचर, औजार, बिस्तर इत्यादि पर व्यय किया जाएगा। लेकिन यदि गैर-व्यापारिक संस्था कोई विद्यालय है तो वहाँ नियुक्त प्राचार्य, अध्यापकों, कर्मचारियों का वेतन, फर्नीचर, स्टेशनरी, पुस्तकें, विद्युत व्यय, दूरभाष व्यय, विभिन्न गतिविधियों पर किये जाने वाले व्यय इत्यादि प्रमुख होंगे।	
गैर-व्यापारिक संस्थाओं एवं व्यावसायिक व्यक्तियों को बहीखाता रखने की आवश्यकता	गैर-व्यापारिक संस्थाओं को प्रतिवर्ष प्राप्त होने वाली आय और उसे विभिन्न मदों पर किए जाने वाले व्यय का ब्यौरा अपने दान-दाताओं, सदस्यों या संचालकों को बताना होता है, इसलिए वे अपने बहीखाते बनाते हैं। इसी तरह डॉक्टर, वकील, प्राध्यापक, इंजीनियर, लेखापाल, अंकेक्षक इत्यादि को भी अपने पेशे से प्राप्त आय का लेखा रखने की आवश्यकता होती है। अत: ये भी गैर-व्यापारिक संस्थाओं की तरह अपने बहीखाते तैयार करते हैं।	विद्यार्थी ध्यानपूर्वक सुनते हैं।
गैर-व्यापारिक संस्थाओं की लेखांकन-पद्धति	हालाँकि ये भी अपने बहीखाते दोहरा लेखा प्रणाली (Double Entry System) के अनुसार ही रखते हैं, लेकिन इनकी लेखा-पद्धति व्यापारिक संस्थाओं से भिन्न होती है। व्यापारिक संस्थान अपना हिसाब-किताब 'व्यापारिक हिसाब प्रणाली' (Merchantile System of Book-keeping) के अनुसार रखते हैं। जिसके अन्तर्गत वे व्यापार खाता, लाभ-हानि खाता तथा चिट्ठा तैयार करते हैं। किन्तु गैर-व्यापारिक संस्थाएँ अपना हिसाब-किताब 'रोकड़ पद्धति' (Cash System) के अनुसार रखती है। प्रश्न-रोकड़ पद्धति में कौन-सी पुस्तकें रखी जाती है?	विद्यार्थी ध्यानपूर्वक सुनते हैं। उत्तर-रोकड़ पद्धति में रोकड़ पुस्तक तथा खाता

		पुस्तक रखी जाती है।
	ठीक है। प्रश्न–रोकड़ पुस्तक में कौन से व्यवहार लिखे जाते हैं?	उत्तर–रोकड़ पुस्तक में नकद व्यवहार लिखे जाते हैं।
	हाँ। प्रश्न–गैर-व्यापारिक संस्थाओं व पेशेवर व्यक्तियों को व्यापार व लाभ-हानि खाता बनाने की आवश्यकता क्यों नहीं होती है?	उत्तर–गैर-व्यापारिक संस्थाओं व पेशेवर व्यक्तियों का उद्देश्य व्यापार करना व लाभ कमाना नहीं होता है। उन्हें केवल आय होती है और व्यय होता है। इसलिए उन्हें व्यापार व लाभ-हानि खाता बनाने की आवश्यकता नहीं होती है।
रोकड़ पद्धति में रखी जाने वाली पुस्तकें	बहुत अच्छा। गैर-व्यापारिक संस्थाएँ और पेशेवर व्यक्ति किसी तरह का व्यापार नहीं करते हैं। न ही उनका उद्देश्य लाभ कमाना होता है। अत: वे अपना हिसाब-किताब 'रोकड़ पद्धति' (Cash System) के अनुसार रख सकते हैं। जिसमें रोकड़ पुस्तक और खाता पुस्तक के साथ अपनी आवश्यकतानुसार स्टॉक रजिस्टर, वेतन एवं मजदूरी बही, विनियोग रजिस्टर, सदस्य रजिस्टर, चन्दा रजिस्टर, शुल्क रजिस्टर, सम्पत्ति रजिस्टर इत्यादि रखे जा सकते हैं।	(विद्यार्थी अपनी कॉपी में लिख रहे हैं।)
रोकड़ पुस्तक में किए जाने वाले लेखे	प्रत्येक प्रकार की संस्था तथा व्यावसायिक व्यक्ति वर्ष के अन्त में अपने आय-व्यय का ब्यौरा जानना चाहते हैं, विभिन्न स्रोतों से प्राप्त आय तथा विभिन्न मदों पर किए गए व्यय की जानकारी प्राप्त करना चाहते हैं, अत: वे सभी आवश्यक रूप से रोकड़ पुस्तक बनाते हैं। प्रश्न–रोकड़ पुस्तक में नकद व्यवहारों का लेखा किस तरह से किया जाता है?	

		उत्तर-रोकड़ पुस्तक में समस्त नकद प्राप्तियों को नामे (Debit) पक्ष में व समस्त नकद भुगतानों को जमा (Credit) पक्ष में लिखा जाता है।
रोकड़ पद्धति के अनुसार वार्षिक लेखा विवरण बनाना	ठीक है। रोकड़ पद्धति के अनुसार हिसाब-किताब रखने के लिए गैर- व्यापारिक संस्थाएँ व पेशेवर व्यक्ति प्राप्ति-भुगतान खाता (Receipts and Payments A/c) आय-व्यय खाता (Income and Expenditure A/c) तथा चिट्ठा (Balance Sheet) तैयार करते हैं।	
प्राप्ति-भुगतान खाता	आज हम प्राप्ति-भुगतान खाता तैयार करने की विधि का अध्ययन करेंगे। प्रश्न-प्राप्ति-भुगतान खाते में कौन से व्यवहारों का लेखा किया जाएगा?	उत्तर-प्राप्ति-भुगतान खाते में समस्त प्राप्तियों एवं भुगतान का लेखा किया जाएगा।
	ठीक है। प्रश्न-रोकड़ बही में नकद प्राप्तियों को किस पक्ष में लिखा जाता है?	उत्तर-रोकड़ बही में नकद प्राप्तियों को नामे पक्ष में लिखा जाता है।
	हाँ, सही है। प्रश्न-रोकड़ बही में नकद भुगतानों को किस पक्ष में लिखा जाता है?	उत्तर-रोकड़ बही में नकद भुगतानों को जमा पक्ष में लिखा जाता है।
	ठीक है। रोकड़ पुस्तक की तरह ही प्राप्ति-भुगतान खाते में समस्त नकद प्राप्तियों को नामे (Debit) पक्ष में व समस्त नकद भुगतानों को जमा (Credit) पक्ष में लिखा जाता है।	
रोकड़ पुस्तक व प्राप्ति एवं भुगतान खाते में अन्तर	रोकड़ बही व प्राप्ति भुगतान खाते में अन्तर इतना ही है कि रोकड़ बही में समस्त प्राप्तियों व भुगतानों को तिथिवार व विस्तार से लिखा जाता है, जबकि इस खाते में समस्त प्राप्तियों व भुगतान को पृथक-	(विद्यार्थी अपनी कॉपी में नोट करते हैं।)

पृथक शीर्षकों के अन्तर्गत विभाजित कर उनकी कुल राशि एक ही बार लिखी जाती है। अतः यह खाता रोकड़ पुस्तक का एक संक्षिप्त रूप है।

प्रश्न–प्राप्ति–भुगतान खाते की परिभाषा बताओ।

उत्तर–प्राप्ति–भुगतान खाता रोकड़ पुस्तक का एक संक्षिप्त रूप है, जिसमें रोकड़ पुस्तक की तरह समस्त नकद प्राप्तियाँ नामे पक्ष में तथा समस्त नकद भुगतान जमा पक्ष में लिखे जाते हैं।

बिल्कुल ठीक है।

इस खाते में प्राप्तियाँ और भुगतान का लेखा होने के कारण ही इसे प्राप्ति–भुगतान खाता या आगम तथा शोधान खाता कहते हैं। अब हम प्राप्ति–भुगतान खाता बनाना सीखेंगे।

प्राप्ति–भुगतान खाता बनाने की विधि

प्राप्ति–भुगतान खाता एक वास्तविक खाता है, जिसे बनाते समय सबसे ऊपर उस संस्था का नाम लिखा जाता है जिसका खाता बनाया जा रहा है। देखिए चार्ट में (अध्यापिका द्वारा चार्ट में प्राप्ति–भुगतान खाते का प्रारूप दिखाया जाता है।)

पूजा क्लब
प्राप्ति एवं भुगतान खाता
31 दिसम्बर, 2001 को समाप्त होने वाले वर्ष का

जमा

प्राप्तियाँ	राशि	भुगतान	राशि

यह खाता पूजा क्लब के लिए बनाया गया है, अतः सबसे ऊपर पूजा क्लब का नाम लिखा गया है। इसके पश्चात् प्राप्ति–भुगतान खाता एवं उसके नीचे अंतिम दिनांक सहित वह वर्ष लिखा जाता है जिस वर्ष का खाता बनाया जा रहा है।

छात्राएँ कॉपी में नोट करती हैं।

प्रश्न–इस खाते के कितने पक्ष है?

	हाँ।	उत्तर-इस खाते के दो पक्ष है–नामे तथा जमा
प्राप्ति-भुगतान खाते की विशेषताएँ	इसके नामे पक्ष में प्राप्तियाँ लिखी जाती है तथा जमा पक्ष में भुगतान लिखे जाते हैं। चूंकि इसमें नकद व्यवहारों का ही लेखा किया जाता है, साथ ही इसमें अशोधय ऋण एवं मूल्य ह्रास जैसे समायोजनों को भी शामिल नहीं किया जाता है। इसमें पूंजीगत व आगम दोनों ही प्रकार की प्राप्तियों व भुगतानों का लेखा किया जाता है। तथा इस खाते का प्रारंभ रोकड़ के प्रारंभिक शेष से, यदि हो तो, तथा अन्त चालू वर्ष का अन्तिम शेष बताकर होता है। अब हम एक सवाल की सहायता से प्राप्ति-भुगतान खाता बनाएंगे। (अध्यापिका द्वारा लपेट श्यामपट पर सवाल दिखाया जाता है।)	
सवाल	1 जनवरी, 2001 को रानू क्लब का प्रारंभिक शेष 8000 रु. था। अतः सबसे ऊपर रानू क्लब का नाम, फिर प्राप्ति- भुगतान खाता एवं उससे नीचे "31 दिसम्बर, 2001 को समाप्त होने वाले वर्ष का" लिखेंगे। (अध्यापिका द्वारा श्यामपट पर सवाल हल किया जाएगा) इसके नामे पक्ष में प्राप्तियाँ एवं जमा पक्ष में भुगतान के स्तम्भ बनाएंगे। अब नामे पक्ष में सबसे पहले शेष ला/ग 8000 लिखेंगे। प्रश्न-चालू वर्ष का चंदा प्राप्त 3500 रु. इसे किस प्रकार लिखेंगे?	(विद्यार्थी अपनी कॉपी में प्राप्ति-भुगतान खाता बनाते हैं) उत्तर-इसे नामे पक्ष में चन्दा से चालू वर्ष 3500 रु. इस प्रकार लिखते हैं
नामें पक्ष में प्राप्तियाँ स्तम्भ में लेखा	ठीक है। इसी तरह 'आगामी वर्ष का चन्दा मिला, 1000 रु. –इसे भी नामे पक्ष में 'चन्दा से' शीर्षक के अन्तर्गत चालू वर्ष के नीचे आगामी वर्ष 1000 लिखकर चन्दे की कुल राशि का योग राशि वाले स्तम्भ में 3600 रु. लिखेंगे।' प्रश्न-आजीवन सदस्यता शुल्क 6000 रु. इसका लेखा कहाँ करेंगे?	

		उत्तर-आजीवन सदस्यता शुल्क संस्था की प्राप्ति है। अतः इसे नामे पक्ष में प्राप्तियाँ स्तम्भ में - सदस्यता शुल्क से 6000 लिखेंगे।
नामे पक्ष में प्राप्तियाँ स्तम्भ में लेखा	हाँ। यह एक पूंजीगत प्राप्ति है। लेकिन प्राप्ति-भुगतान खाते में पूंजी व आगम दोनों प्रकार के लेखे किए जाते हैं। अतः इसे भी प्राप्ति-भुगतान खाते में लिखेंगे। प्रश्न-विनियोग किया-25000 रु. इसे कहाँ लिखा जाएगा?	
		उत्तर-यह एक भुगतान है। अतः इसे भुगतान पक्ष में विनियोग को - 25000 लिखा जाएगा।
जमा पक्ष में भुगतान स्तम्भ में लेखा	(अध्यापिका द्वारा श्यामपट पर सवाल हल करके दिखाया जाता है। इसी तरह 'फर्नीचर खरीदा, 3000 रु. इसका लेखा भी भुगतान स्तम्भ में इस प्रकार किया जाएगा। फर्नीचर को 3000 (By Furniture 3000) (अध्यापिका द्वारा श्यामपट पर लिखा जाता है।) प्रश्न-'खेल सामग्री खरीदी, 3000 रु. इसका लेखा कैसे किया जाएगा?	(विद्यार्थी श्यामपट से सवाल की नकल अपनी कॉपी में करते हैं)
		उत्तर-इसे भुगतान स्तम्भ में खेल सामग्री को 3000 (By Sports Material 3000) लिखा जाएगा।
	ठीक है। इसी तरह 'सामान्य व्यय दिये 5500 रु. इसका लेखा भी भुगतान पक्ष में इस प्रकार लिखा जाएगा। सामान्य व्यय को 5500 (By General Expenses 5500) प्रश्न-'अदत्त व्यय 300 रु.' इसका लेखा किस तरह किया जाएगा?	
		उत्तर-यह वास्तव में भुगतान नहीं किया गया है। अतः इसका लेखा प्राप्ति-भुगतान में नहीं किया जाएगा।
	Very good	

प्राप्ति एवं भुगतान खाते का योग	इस प्रकार लेखे करने के पश्चात् नामे व जमा पक्ष का अलग-अलग योग लगाने के पश्चात् खाते का शेष निकाला जाएगा। यहाँ नामे पक्ष का योग 50,000 रु. तथा जमा पक्ष का योग 36,500 रु. आ रहा है। अतः नामे पक्ष का योग अधिक है, अर्थात् प्राप्तियाँ भुगतान से अधिक है। इसलिए जमा पक्ष में शेष ला/ग 13,500 (50,000 - 36,500) लिख कर इनका योग बराबर किया जाएगा।	(विद्यार्थी अपनी कॉपी में लिखते हैं)
निष्कर्ष कथन	विद्यार्थियों, इस प्रकार आज हमने प्राप्ति-भुगतान खाता बनाना सीखा।	

पुनरावृत्ति प्रश्न

1. प्राप्ति-भुगतान खाते व रोकड़ पुस्तक में क्या सम्बन्ध है?
2. प्राप्ति-भुगतान खाते के नामे पक्ष का योग, जमा पक्ष से अधिक होना - क्या दर्शाता है?
3. व्यापारिक हिसाब प्रणाली व रोकड़ पद्धति में क्या अंतर है?
4. रोकड़ बही को प्राप्ति-भुगतान खाते में कैसे बदला जा सकता है?

कक्षा कार्य - प्राप्ति-भुगतान खाते की परिभाषा लिखिए तथा उसका प्रारूप बताइये।

गृह कार्य - आपकी पुस्तक के पृष्ठ क्रमांक 205 पर रचना कॉलेज ऑफ टीचर्स ट्रेनिंग की दी गई जानकारी के अनुसार उनका प्राप्ति एवं भुगतान खाता बनाइये।

पाठ योजना

सामान्य सूचनाएँ

छात्राध्यापिका का नाम - नेहा शर्मा — दिनांक ....

कक्षा - 12वीं — कालांश - चतुर्थ

विषय - व्यावसायिक अध्ययन — समय - दिन

प्रकरण - बैंक पत्राचार

विद्यालय का नाम - श्री क्लॉथ मार्केट कन्या उ.मा.विद्यालय

सामान्य उद्देश्य - पूर्व पाठयोजनानुसार

विशिष्ट/अनुदेशनात्मक उद्देश्य - पाठ पढ़ने के पश्चात् विद्यार्थी

संज्ञानात्मक पक्ष

ज्ञान स्तर - व्यापार व उद्योग की प्रमुख आवश्यकताओं को पहचान सकेंगे।
- वित्तीय आवश्यकताओं की पूंजी के स्रोतों के नाम बता सकेंगे।

बोध स्तर - बैंक के अर्थ की व्याख्या कर सकेंगे।

अनुप्रयोग स्तर - बैंक से पत्र-व्यवहार करते समय बैंक पत्र-व्यवहार के ज्ञान का उपयोग कर सकेंगे।

श्यामपट सार

कक्षा - 12वीं
विषय - पुस्तपालन एवं लेखाकर्म
प्रकरण - प्राप्ति एवं भुगतान खाता

दिनांक - 13.3.2010
दिन - शुक्रवार
कालांश - द्वितीय
समय - 40 मिनिट

रानू क्लब
प्राप्ति एवं भुगतान खाता
31 दिसम्बर, 2009 को समाप्त होने वाले वर्ष का

नामे **जमा**

प्राप्तियाँ	राशि	भुगतान	राशि
शेष ला/ग	8,000	विनियोग को	25,000
चन्दा से		फर्नीचर को	3,000
चालू वर्ष 35,000		खेल सामग्री को	3,000
अगामी वर्ष 1,000	36,000	सामान्य व्यय को	5,500
सदस्यता शुल्क से	6,000	शेष ला/ग	13,500
योग	**50,000**		**50,000**

विश्लेषण स्तर - भारतीय रिजर्व बैंक व अन्य बैंकों के कार्य में भेद कर सकेंगे।

संश्लेषण स्तर - बैंक पत्र-व्यवहार के समय ध्यान रखने योग्य बिन्दुओं को संगठित कर सकेंगे।

मूल्यांकन स्तर - बैंक पत्र-व्यवहार के महत्व का मूल्यांकन कर सकेंगे।

भावात्मक पक्ष - बैंकों द्वारा किए जाने वाले कार्यों को स्वीकार कर सकेंगे।
- ग्राहकों द्वारा बैंक से पत्र-व्यवहार करने वाले विषयों की सूची बना सकेंगे।
- बैंक पत्र-व्यवहार के ज्ञान का अनुसरण कर सकेंगे।
- बैंकों से पत्र-व्यवहार द्वारा व्यवहार विकसित कर सकेंगे।

मनोगामक पक्ष - बैंक को पत्र लिख सकेंगे।

शिक्षण विधि - व्याख्यान सह प्रश्नोत्तर विधि

सहायक सामग्री - 'बैंक पत्र-व्यवहार के रूप' एवं 'ग्राहक द्वारा किया जाने वाला पत्र-व्यवहार' शीर्षक के दो चार्ट एवं कक्षोपयोगी अन्य उपकरण।

पूर्वज्ञान-विद्यार्थी
1. बैंक का सामान्य अर्थ लिख सकते हैं।
2. बैंक में खोले जाने वाले खातों के नाम लिख सकते हैं।
3. बैंक के कार्य का वर्णन कर सकते हैं।
4. पत्र-व्यवहार का अर्थ कह सकते हैं।

अभिप्रेरण

छात्राध्यापिका व्यवहार- (एक विद्यार्थी को अपने पास बुलाकर एक पत्र देती है, और उसे पढ़ने को कहती है।)

विद्यार्थी व्यवहार - (विद्यार्थी पत्र पढ़ता है।)

रामकमल ट्रेडर्स

(कम्प्यूटर सॉफ्टवेयर के निर्माता एवं विक्रेता)

तार : 'रामकमल'	1169F, न्यू पलासिया,
दूरभाष : 2254751	इन्दौर (म.प्र.)
ईमेल : www.kamalram@yahoo.com	दिनांक 14 मार्च 2010

श्रीमान शाखा प्रबन्धक,
बैंक ऑफ इण्डिया,
एम.जी. रोड़ शाखा, इन्दौर

विषय : बैंक में चालू खाता खुलवाने बाबद।

महोदय,

उक्त विषयान्तर्गत निवेदन है कि हम अपने व्यावसायिक लेनदेनों में आपके बैंक की मध्यस्थता एवं सहयोग चाहते हैं। अत: हम आपकी शाखा में अपना चालू खाता खुलवाना चाहते हैं। अत: आप इस सम्बन्ध में आवश्यक औपचारिकताएँ पूर्ण करने के लिए जानकारी एवं प्रपत्र भेज कर हमें अनुग्रहीत करें।

धन्यवाद सहित,

भवदीय,
रामकमल ट्रेडर्स के लिए,
रामहंस
साझेदार

छात्राध्यापिका व्यवहार- यह पत्र किसके द्वारा लिखा गया है?

विद्यार्थी व्यवहार - यह पत्र रामकमल ट्रेडर्स की ओर से एक साझेदार 'राजहंस नीमा' द्वारा लिखा गया है।

छात्राध्यापिका व्यवहार- यह पत्र किसको लिखा गया है?

विद्यार्थी व्यवहार - यह पत्र बैंक ऑफ इण्डिया की एम.जी. रोड़ शाखा इन्दौर के शाखा प्रबन्धक को लिखा गया है।

छात्राध्यापिका व्यवहार- यह पत्र किस सन्दर्भ में लिखा गया है?

विद्यार्थी व्यवहार - यह पत्र बैंक में चालू खाता खुलवाने हेतु लिखा गया है।

छात्राध्यापिका व्यवहार- बैंक को अन्य किस सन्दर्भ में पत्र लिखे जा सकते हैं?

विद्यार्थी व्यवहार - बैंक में बचत खाता खोलने हेतु अधिविकर्ष की सुविधा प्राप्त करने हेतु, चैक बुक, पास बुक निर्गमित करने हेतु पत्र लिखे जा सकते हैं।

छात्राध्यापिका व्यवहार- बैंक द्वारा अपने ग्राहकों को पत्र किन सन्दर्भ में भेजे जाते हैं?

विद्यार्थी व्यवहार - बैंक खाता खोलने हेतु, ऋण लेने एवं देने में, ग्राहक की ओर से विद्युत, दूरभाष, मोबाइल बिल भरने के लिए आवश्यकतानुसार अपने ग्राहकों को पत्र भेज सकती है।

छात्राध्यापिका व्यवहार- बैंक द्वारा ग्राहकों को व ग्राहकों द्वारा बैंक को पत्र भेजना क्या कहलाता है?

विद्यार्थी व्यवहार - बैंक द्वारा ग्राहकों को व ग्राहकों द्वारा बैंक को पत्र भेजना पत्र-व्यवहार कहलाता है।

पाठाभिसूचन - हाँ, बैंक व अन्य पक्षों के मध्य होने वाला पत्र-व्यवहार बैंक पत्र-व्यवहार कहलाता है। आज हम बैंक पत्र-व्यवहार के बारे में ज्ञान प्राप्त करेंगे।

प्रस्तुतीकरण

शिक्षण बिन्दु	अध्यापिका व्यवहार	विद्यार्थी व्यवहार
व्यापार के लिए वित्त का महत्व	प्रश्न-किसी भी व्यापार अथवा उद्योग की प्रमुख आवश्यकता क्या होती है?	उत्तर-किसी भी व्यापार अथवा उद्योग की प्रमुख आवश्यकता वित्त होती है।
	प्रश्न-एक व्यापारी अपनी वित्तीय आवश्यकताओं की पूर्ति किन स्रोतों से करता है?	उत्तर-एक व्यापारी अपनी वित्तीय आवश्यकताओं की पूर्ति अपनी बचत या जमा धन से तथा परिवार व रिश्तेदारों से धन उधार लेकर करता है।
	प्रश्न-जब व्यापारी की स्वयं की बचत व रिश्तेदारों से धन उधार लेने से भी वित्तीय आवश्यकताओं की पूति नहीं हो पाती है तब इसे कैसे पूर्ण किया जाता है?	उत्तर-ऐसी स्थिति में व्यापारी बैंकों से ऋण लेकर अपनी वित्तीय

		आवश्यकताओं की पूर्ति करता है।
	बिल्कुल ठीक है।	
व्यापार में बैंक की भूमिका	व्यापार अथवा उद्योग के लिए वित्त अत्यन्त महत्वपूर्ण होता है। प्रत्येक व्यवसाय का प्रमुख उद्देश्य लाभ कमाना होता है। और इसके लिए व्यापारी/ उद्योगपति को सर्वप्रथम व्यापार में विनियोग करने के लिए धन की आवश्यकता होती है। इस आवश्यकता को व्यापारी पहले अपने व्यक्तिगत साधनों जैसे जमा पूंजी, परिवार व रिश्तेदारों से धन लेकर पूरी करता है। और जब इन साधनों से भी उसकी आवश्यकताओं की पूर्ति नहीं हो पाती है तो वह बैंक से धन उधार लेता है।	विद्यार्थी ध्यानपूर्वक सुनते हैं।
	प्रश्न-बैंक उधार देने के लिए धन कहाँ से लाती है?	उत्तर-बैंक ऐसे व्यक्तियों से जमा के रूप में धन प्राप्त करती है, जिन्हें उस धन की आवश्यकता नहीं होती है। और उन व्यक्तियों को वह धन उधार के रूप में देती है जिन्हें उसकी आवश्यकता होती है।
	ठीक है।	
	प्रश्न-बैंक व्यक्तियों से जमा प्राप्त करने व धन उधार देने के बदले में क्या देती-लेती है?	उत्तर-बैंक व्यक्तियों से जमा प्राप्त करने व धन उधार देने के बदले में ब्याज देती-लेती है।
	हाँ।	
बैंक की परिभाषा	प्रश्न-बैंक की परिभाषा बताइये?	उत्तर-ऐसी संस्था जो व्यक्तियों की जमा राशि अपने पास सुरक्षित रखती है तथा उस पर उन्हें कुछ ब्याज देती है। व व्यक्तियों को धन उधार देती है और उस

		पर उनसे कुछ राशि ब्याज के रूप में प्राप्त करती है, बैंक कहलाती है।
बैंक द्वारा किए जाने वाले कार्य बैंक द्वारा प्रदत्त सुविधाएँ	हाँ। बैंक एक ऐसी संस्था है जो मुद्रा और साख में व्यवसाय करती है। बैंकों के द्वारा ही देश की वित्त व्यवस्था संचालित होती है। वर्तमान समय में बैंकों को वित्तीय सहायता उपलब्ध कराने के अतिरिक्त अपने ग्राहकों के एजेण्ट के रूप में भी कई कार्य करना होते हैं जैसे खाता खोलने, अपने ग्राहकों की ओर से उनके विद्युत, दूरभाष शुल्क, बीमा पॉलिसी, गाड़ी, मकान इत्यादि के ऋण के लिए किश्त का भुगतान, उनके द्वारा की गई खरीदी व उपभोग का क्रेडिट कार्ड सुविधा के माध्यम से भुगतान, बच्चों का विद्यालय शुल्क इत्यादि का भुगतान करना होता है। इसके अतिरिक्त बैंक अपने ग्राहकों को अधिविकर्ष सुविधा, विनिमय विपत्रों को समय से पूर्व भुनाने की सुविधा प्रदान करती है। अगर कोई व्यक्ति विदेशी व्यापार करता है तब बैंक मध्यस्थता की भूमिका निभाती है। अपने ग्राहक के लिए अन्य व्यक्तियों से भुगतान प्राप्त करती है, ग्राहकों को बहुमूल्य वस्तुओं की सुरक्षा हेतु लॉकर सुविधा प्रदान करती है। और इन सब कार्यों के लिए बैंक को कई पक्षों से कभी न कभी पत्र-व्यवहार करने की आवश्यकता होती है।	विद्यार्थी अपनी कॉपी में लिखते हैं। विद्यार्थी ध्यानपूर्वक सुनते हैं।
	प्रश्न-हमारे देश का केन्द्रीय बैंक कौन सा है?	उत्तर-हमारे देश का केन्द्रीय बैंक भारतीय रिजर्व बैंक है।
	हाँ। प्रश्न-भारतीय रिजर्व बैंक क्या कार्य करता है?	उत्तर-भारतीय रिजर्व बैंक देश की सभी बैंकों पर नियन्त्रण करता है।
भारतीय रिजर्व बैंक के कार्य	हाँ, ठीक है। भारतीय रिजर्व बैंक देश की सभी बैंकों पर नियन्त्रण करने के लिए नियम बनाता है तथा उन्हें ऋण प्रदान करता है। और इसके लिए वह सभी बैंकों का स्थिति विवरण भी प्राप्त करता है। अतः भारतीय रिजर्व बैंक और अन्य बैंकों के मध्य इन कार्यों के लिए पत्र-व्यवहार किया जाता है।	

बैंक पत्र-व्यवहार का अर्थ	अत: एक बैंक और उसके विभिन्न पक्षों के मध्य बैंक विषयक कार्यों के लिए किए गए आपसी पत्रचार को बैंक पत्र-व्यवहार कहा जाता है। (अध्यापिका श्यामपट पर लिखती है।) प्रश्न-एक बैंक को किन पक्षों से पत्र-व्यवहार करना होता है?	उत्तर-एक बैंक को अपने ग्राहकों, भारतीय रिजर्व बैंक तथा अन्य बैंकों से पत्र-व्यवहार करना होता है।
	ठीक है। प्रश्न-बैंक ऑफ इंडिया, एम.जी. रोड़ शाखा, इन्दौर –इसका क्या अर्थ है?	उत्तर-इसका अर्थ है कि यह बैंक इन्दौर के एम. जी. रोड़ पर बैंक ऑफ इण्डिया की एक शाखा है।
बैंक का प्रधान कार्यालय व शाखाएँ	हाँ। इसी तरह बैंक ऑफ इण्डिया की इन्दौर में कई स्थानों पर व अन्य शहरों में कई शाखाएँ हैं। अन्य बैंकों की भी अलग-अलग शहरों में अलग-अलग स्थानों पर कई शाखाएँ होती हैं। व प्रत्येक बैंक का एक मुख्य कार्यालय होता है जो इन शाखाओं से जुड़ा होता है। प्रश्न-मुख्य कार्यालय से बैंक की सभी शाखाओं पर कोई सूचना या नियम इत्यादि कैसे भेजे जाएँगे?	उत्तर-मुख्य कार्यालय से बैंक की शाखाओं पर सूचना, नियम, ई-मेल या पत्र के द्वारा भेजे जाएँगे।
बैंक पत्र-व्यवहार के रूप	ठीक है। आज का युग कम्प्यूटर का युग है। अत: अब ई-मेल के द्वारा तुरन्त सूचनाओं का आदान-प्रदान किया जा सकता है। लेकिन ई-मेल के अन्तर्गत भी पत्रों के माध्यम से ही जानकारियों का आदान-प्रदान किया जाता है। एक बैंक पत्र-व्यवहार के रूप इस प्रकार हो सकते हैं। देखिए चार्ट में। (अध्यापिका चार्ट दिखाती है।)	(विद्यार्थी अपनी कॉपी में चार्ट पर अंकित विषयवस्तु की नकल करते हैं।)

	बैंक पत्र-व्यवहार के रूप बैंक एवं : विभिन्न ग्राहकों के मध्य प्रधान कार्यालय के मध्य भारतीय रिजर्व बैंक के मध्य दूसरी अन्य बैंकों के मध्य अपनी अन्य शाखाओं के मध्य अन्य पक्षों के साथ	
	प्रश्न-यदि आपके हस्ताक्षर किया गया कोई चैक कहीं गिर जाता है, या खो जाता है, तब आप क्या करेंगे?	उत्तर-हम बैंक को उस चैक का भुगतान न करने के लिए सूचित करेंगे।
	ठीक है। प्रश्न-जब किसी व्यापारी की दुकान या गोदाम का पता परिवर्तित हो जाता है, तो वह बैंक को कैसे सूचित करेगा ?	उत्तर-दुकान या गोदाम का पता परिवर्तित होने की स्थिति में व्यापारी बैंक को पत्र के माध्यम से सूचित करेगा।
ग्राहक द्वारा बैंक से किया जाने वाला पत्र-व्यवहार	ठीक है। अत: एक ग्राहक को भी अपनी बैंक से कई विषयों पर पत्र-व्यवहार करने की आवश्यकता होती है। देखिए चार्ट में (अध्यापिका द्वारा चार्ट दिखाया जाता है।)	
	ग्राहक द्वारा किया जाने वाला पत्र-व्यवहार 1. खाता खोलने हेतु। 2. चैक बुक, पास बुक जारी करने हेतु। 3. लॉकर सुविधा प्राप्त करने हेतु। 4. अधिविकर्ष की सुविधा प्राप्त करने हेतु। 5. किसी चैक का भुगतान रोकने हेतु। 6. ऋृण के लिए आवेदन करने हेतु। 7. किसी परिवर्तन की सूचना देने हेतु। 8. अन्य विषयों हेतु।	विद्यार्थी अपनी कॉपी में चार्ट की विषयवस्तु की नकल करते हैं।
	अत: बैंक पत्र-व्यवहार का ज्ञान आज सभी व्यक्तियों के लिए आवश्यक हो गया है। बैंक पत्र-व्यवहार	

	के लिए कुछ बातों का ध्यान रखना आवश्यक होता है। जैसे –	
बैंक पत्र-व्यवहार में ध्यान रखने योग्य बिन्दु	– इन पत्रों की भाषा औपचारिक किन्तु सरल व स्पष्ट होना चाहिए। – पत्र स्वच्छ, संक्षिप्त व क्रमबद्ध होना चाहिए। – पत्र में विनम्रता और मधुरता होना चाहिए, ताकि पत्र प्रभावी बन सके और उसके उद्देश्य की पूर्ति हो सके। – पत्र में उल्लेखित तथ्यों के सम्बन्ध में लापरवाही नहीं बरतना चाहिए। – ग्राहक द्वारा बैंक को पत्र लिखते समय शाखा प्रबन्धक को सम्बोधित करके लिखा जाना चाहिए। – पत्र में विषय से सम्बन्धित आवश्यक बातों को ही लिखना चाहिए, उसमें अनावश्यक विवरण नहीं होना चाहिए।	विद्यार्थी अपनी कॉपी में बिदु नोट करते हैं।
निष्कर्ष कथन	तो विद्यार्थियों इस प्रकार आज हमने बैंक पत्र-व्यवहार के बारे में अध्ययन किया।	

श्यामपट सार

कक्षा – 12वीं
विषय – व्यावसायिक अध्ययन
प्रकरण – बैंक पत्रचार

दिनांक – 13.3.2009
दिन – शनिवार
कालांश – चतुर्थ
समय – 40 मिनिट

बैंक पत्राचार

- बैंक पत्रव्यवहार का अर्थ
- बैंक पत्रव्यवहार की आवश्यकता एवं महत्व
- बैंक पत्रव्यवहार में ध्यान रखने योग्य बिंदु

पुनरावृत्ति प्रश्न –

5. बैंक की परिभाषा दीजिए।
6. भारतीय रिजर्व बैंक व अन्य बैंकों की कार्यप्रणाली में क्या अन्तर है?
7. वर्तमान युग में बैंक पत्र-व्यवहार का क्या महत्व है?
8. बैंक पत्र-व्यवहार का अर्थ बताइए।

अनुप्रयोग

कक्षा कार्य – एक ग्राहक को बैंक से पत्र–व्यवहार किन विषयों पर करना होता है, उनकी सूची बनाइये।

गृह कार्य – मेसर्स राजमणि दीनबन्धु, विजय नगर, इन्दौर, स्टेट बैंक ऑफ इन्दौर विजय नगर शाखा, इन्दौर में अपना चालू खाता खोलना चाहते हैं। बैंक को इस सम्बन्ध में एक पत्र लिखिए।

11. वाणिज्य का अध्यापक
(Teacher of Commerce)

शैक्षिक प्रक्रिया में अध्यापक का अत्यन्त महत्वपूर्ण स्थान है। वह शैक्षिक पद्धति का सर्वाधिक सक्रिय घटक होता है। अध्यापक विद्यालय की गत्यात्मक शक्ति है तथा विद्यालय के समस्त क्रिया-कलापों का संचालक भी है। शिक्षा पद्धति की सफलता उसके गुणों अर्थात् किए गए कार्यों पर आश्रित रहती है। अध्यापक के बिना शैक्षिक प्रक्रिया की कल्पना ही नहीं की जा सकती है। वह विद्यालय की आत्मा होता है, तथा विद्यार्थियों के भविष्य का निर्माता होता है। विद्यार्थी हमारे राष्ट्र व समाज के कर्णधार होते हैं, उनके भविष्य पर हमारे राष्ट्र व समाज का भविष्य निर्भर करता है। अत: अध्यापक राष्ट्र व समाज का निर्माता भी है।

एक अच्छे अध्यापक में कौन से गुण होना चाहिए? उच्च शिक्षा के अध्यापक को कैसा होना चाहिए? इत्यादि प्रश्नों का उत्तर देने के लिए अनेक शिक्षाशास्त्रियों और शोधकों द्वारा शोध की गयी हैं और उनकी अनेक विशेषताएँ बताई हैं। ये इस प्रकार हैं :

बिट्टी (1948) ने अध्यापकों के सकारात्मक एवं नकारात्मक गुणों के बारे में 4700 विद्यार्थियों के प्रत्यक्षण का अध्ययन किया और अग्र सकारात्मक एवं नकारात्मक गुण पाए–

सकारात्मक गुण (Positive Characteristics)

1. सहयोगी तथा प्रजातांत्रिक अभिवृत्ति।
2. दयालुता तथा व्यक्ति के बारे में निष्पक्ष।
3. धैर्य।
4. विविध रुचियाँ।
5. व्यक्तिगत आविर्भाव एवं प्रसन्नचित्त व्यवहार।
6. ईमानदार एवं पक्षपातरहित।
7. विनोदी।
8. व्यावहारिक एवं एक जैसा व्यवहार।
9. छात्रों की समस्याओं में रुचि लेने वाला।
10. नम्यता।
11. पहचान एवं प्रशंसा का उपयोग करने वाला।
12. अध्यापन में विलक्षण दक्षता।

नकारात्मक गुण (Negative Characteristics)

1. बुरे स्वभाव वाला एवं असहिष्णु।
2. बेईमान एवं पक्षपाती।
3. विद्यार्थियों की मदद करने से बचने वाला।
4. मांगों के प्रति अतार्किक।
5. खिन्न एवं अभिन्नतापूर्ण होने की प्रवृत्ति।
6. ताने देने वाला एवं उपहास करने वाला।
7. कुरूप।
8. बैचेन एवं अनम्य।
9. बातूनी।
10. विद्यार्थियों से स्तरहीन बात करने वाला।
11. ढीठ एवं घमंडी।
12. विनोदी प्रवृत्ति का अभाव।

मेनन (1949) ने बड़ौदा में 243 विद्यार्थियों के न्यादर्श पर शोध कर पसंद के क्रम में निम्न गुण पाए–

मित्रतापूर्ण अभिवृत्ति, अच्छा अध्यापन, कक्षा एवं परीक्षा में पक्षपातरहित व्यवहार, अच्छा अनुशासन एवं विनोदी।

मायर्स एवं विलियम्स (1998) ने अध्यापन व्यवस्था में सफलता के लिए निम्न गुण बताए–

(*i*) बच्चों में रुचि।
(*ii*) लोगों एवं घटनाओं में रुचि।
(*iii*) पुख्ता सामाजिक दर्शन।
(*iv*) अध्ययनशील अभिवृत्ति एवं आदतें।
(*v*) मौलिकता एवं सृजनात्मक शक्ति।
(*vi*) वस्तुनिष्ठ एवं विश्लेषणात्मक अभिवृत्ति।
(*vii*) विनोदी।
(*viii*) व्यावसायिक मापदण्ड।

2. व्यक्तिगत संबंध (Personal Relations)

अ. विद्यार्थियों की प्रकृति एवं आवश्यकताओं को समझना।
ब. बच्चों के व्यक्तिगत व्यक्तित्वों का सम्मान।
स. अध्यापक-छात्र संबंध।
द. अध्यापन निर्देशन पर छात्र की अनुक्रिया।
ई. अध्यापक-अभिभावक संबंध।

3. छात्रवृत्ति

अ. अंग्रेज़ी भाषा के उपयोग की योग्यता।
ब. सामान्य ज्ञान का विस्तार।

4. कक्षा प्रबंध

अ. कक्षा की भौतिक विशेषताओं की ओर ध्यान।

ब. अनुदेशन सामग्रियों की ओर ध्यान।

स. सह-कार्यकर्त्ताओं के साथ व्यावसायिक संबंध।

द. व्यक्तिगत मामलों की तुलना में व्यावसायिक बंधन को वरीयता।

ई. अध्यापन व्यवसाय के लिए आदर एवं प्रशंसा।

5. विद्यार्थियों के अनुभवों को निर्देशित करने की योग्यता

अ. अनुदेशन सामग्रियों की पारंगतता।

ब. व्यक्तिगत भिन्नताओं के लिए अनुदेशन सामग्रियों का अनुकूलन।

स. विद्यार्थियों की रुचि एवं ध्यान।

द. व्यक्तित्व के विभिन्न पहलुओं की अभिवृद्धि के लिए प्रावधान।

अदावल (1952) ने अध्यापकों के गुणों पर शोध किया। उनके शोध के निष्कर्ष थे-

अ. अध्यापकों में संसार के बारे में सामान्य ज्ञान पाया गया।

ब. अध्यापन व्यवसाय चयन के लिए बच्चों से प्यार, लोकसेवा से प्यार इत्यादि प्रेरक थे।

स. बुद्धि एवं अध्यापन अभिक्षमता में उच्च सहसंबंध पाया गया।

द. अधिकांश अध्यापकों की बुद्धि-लब्धि 80 एवं 109 पाई गई।

ई. बुद्धि व सामान्य ज्ञान में उच्च सहसंबंध पाया गया।

कोठारी शिक्षा आयोग (1964-66) ने भी शिक्षा की गुणवत्ता एवं राष्ट्रीय विकास में अध्यापक की गुणवत्ता एवं विशेषताओं को सर्वाधिक सार्थक कारक बताया है।

रायन (1960) ने अध्यापकों के गुणों का अधययन कर असाधारण अध्यापकों के गुणों के बारे में सामान्यीकरण किया। ये गुण हैं–उच्च बौद्धिक योग्यताएँ, औसत से अधिक विद्यालयीन उपलब्धियाँ, अच्छा संवेगात्मक समायोजन, विद्यार्थियों के प्रति सकारात्मक अभिवृत्ति, विद्यार्थियों के संबंध से आनंदित पठन एवं साहित्यिक मामलों में गहन रुचि, संगीत एवं चित्रकला में रुचि, सामाजिक एवं सामुदायिक कार्यों में सहभागिता, बच्चों की देखभाल एवं अध्यापन का प्रारंभिक अनुभव, सामाजिक सेवा में रुचि इत्यादि।

कृष्णन एवं नाइटिंगल (1994) ने प्रभावी अध्यापक की वांछित विशेषताएँ बताई हैं। उनके अनुसार प्रभावी अध्यापक–

अ. विभिन्न अध्यापन विधियों एवं दृश्य-श्रव्य साधनों का एवं गैर परम्परागत तकनीकों का उपयोग कर पढ़ा सकते हैं।

ब. नैतिक प्रतिष्ठा होनी चाहिए।

स. बौद्धिक गहराई होनी चाहिए।

द. विनोदप्रियता का एहसास होना चाहिए।

इ. सर्वांगीण व्यक्तित्व का व्यक्ति होना चाहिए।

च. आत्मविश्वास होना चाहिए तथा उसे पढ़ाते समय सहज होना चाहिए।

छ. छात्रों से अच्छे संबंध होने चाहिए।
ज. कक्षा का प्रबंध अच्छी तरह कर सकता है।
झ. पाठ अच्छी तरह तैयार करता है।
ञ. विद्यार्थियों के स्तर पर बिन्दु को स्पष्ट रूप से व्याख्या कर सकता है।
ट. विषय में रुचि रखने वाला होना चाहिए।
ठ. दोहराने एवं परीक्षा तकनीकों पर ध्यान देता हो।
ढ. जहाँ तक संभव हो, पाठ को रुचिकर एवं आसान बनाता हो।
ड. विद्यार्थियों के कार्य के लिए उच्च अपेक्षाएँ सम्प्रेषित करता हो।
त. विद्यार्थियों को स्वतंत्र रूप से चिंतन करने के लिए उद्दीप्त एवं अभिप्रेरित कर सकता है।
थ. सृजनात्मक, निर्माणात्मक, नवाचारी एवं विद्यार्थियों की आलोचना में सहायक होना चाहिए।
द. विद्यार्थियों को विविध अनुभव प्रदान करने में स्रोत पूर्ण होना चाहिए। और
ध. नम्य, सजग एवं प्रकृति में प्रजातांत्रिक होना चाहिए।

मोहंती (1995) ने प्रभावी अध्यापक की निम्न विशेषताएँ बताई हैं :

1. विषय का पारंगत।
2. उच्च विद्यार्थी केन्द्रित।
3. उत्तरदायी।
4. प्रजातांत्रिक।
5. सुसंगठित।
6. जोशीला।
7. विषय में रुचि लेना वाला।
8. जीवनपर्यन्त सीखने वाला।
9. मददगार।
10. सुव्यवस्थित।
11. विद्यार्थियों के कल्याण में रुचि लेने वाला।
12. प्रभावी सम्प्रेषक।
13. उत्साही।
14. स्पष्ट प्रस्तुतीकरण में विशेषज्ञ।
15. पाबंद।
16. जाँचे गए परीक्षा एवं प्रदत्त कार्य को नियमित लौटाने वाला।
17. प्रायः सलाह के लिए उपलब्ध।
18. विद्यार्थियों द्वारा आदर एवं विश्वास प्राप्त।
19. उचित गति से स्पष्ट बोलने योग्य।
20. कक्षा में विद्यार्थियों का ध्यान प्राप्त करने योग्य।
21. विचारक।
22. विद्यार्थियों के प्रश्नों से प्रसन्न होने वाला।
23. विद्यार्थियों के सूक्ष्म संदेश के प्रति संवेदनशील।
24. बिना ज्ञानेन्द्रियों की सहायता के कक्षा के वातावरण का प्रत्यक्षण करने योग्य।
25. बौद्धिक रूप से शक्तिशाली।
26. सुवस्त्रधारी एवं शिष्टाचारी।
27. सभी विद्यार्थियों पर समान ध्यान देने योग्य।
28. आत्मविश्वासी।
29. विषय का प्रेमी।
30. अध्यापन व्यवसाय के प्रति समर्पित।
31. सम्प्रेषण कौशल में पारंगत।
32. नवाचारी।
33. सृजनशील।

34. विनोदी।
35. व्यक्तिगत आलोचना से अविचलित।
36. संवेगात्मक स्थिर।
37. ईमानदार।
38. निष्कपट।
39. आध्यात्मिक।
40. पाठ्य पुस्तकों से अधिक सूचनाएँ देने योग्य।
41. समर्पित।
42. दोस्ताना।
43. मुक्त।

पाल (1995) ने अर्थ भिन्नता (Semantic Differential) मापनी का उपयोग कर विद्यार्थियों से अध्यापक के गुणों का पता लगाया। विद्यार्थियों ने बताया कि उच्च शिक्षा के अध्यापक को सुसंगठित, अच्छी तरह तैयार, विषय में रुचि रखने वाले, मित्रवत, नम्य, सहायक, सृजनशील, उत्साही, विद्यार्थियों में रुचि रखने वाले, प्रजातांत्रिक, सुव्यवस्थित, समर्पित, स्पष्ट, निष्पक्ष, समय के पाबंद, नियमित, बुद्धिमान, उत्तेजक, प्रभावी सम्प्रेषक, मौलिक, उत्तरदाई और कुशल होना चाहिए।

उक्त शोध अधययनों से हम यह निष्कर्ष रूप में कह सकते हैं कि उच्च शिक्षा के अध्यापकों में–

अ. उच्च बौद्धिक क्षमता होनी चाहिए।

ब. को कुशल सम्प्रेषक होना चाहिए।

स. को अध्यापन की विभिन्न विधियों एवं दृश्य-श्रव्य साधनों का उपयोग करना आना चाहिए।

द. को शोध प्रविधि का पर्याप्त ज्ञान होना चाहिए।

इ. को अध्ययनशील होने के साथ ही साथ विषय में हुई नवीनतम शोधों की जानकारी होना चाहिए।

च. उच्च अध्यापन अभिक्षमता होनी चाहिए।

छ. को विस्तार कार्यक्रमों में सक्रियता से सहभागिता करना चाहिए।

आज शिक्षा में विशिष्टीकरण हो गया है। विभिन्न क्षेत्रों के अध्यापकों में उपर्युक्त विशेषतओं के साथ-साथ अपने क्षेत्र की विशिष्टता के अनुरूप कुछ विशेष योग्यताएँ व कौशलों का होना आवश्यक हो गया है। चूँकि वाणिज्य एक व्यावहारिक विषय है। इसमें विद्यार्थियों को केवल सैद्धान्तिक ज्ञान ही नहीं दिया जाता है, बल्कि उन्हें व्यवसाय संबंधी व्यावहारिक ज्ञान भी प्रदान किया जाता है। आज वाणिज्य में भी कई सारी शाखाएँ व उपशाखाएँ सम्मिलित हो गई हैं। नई-नई तकनीकियों का समावेश हो गया है। अतः वाणिज्य के अध्यापकों को इन नवीन तकनीकियों का ज्ञान होना चाहिए। उसमें निम्नलिखित गुण होना चाहिए–

1. विषय का सैद्धान्तिक व प्रायोगिक ज्ञान (Theoritical and Practical Knowledge of Subject)–वाणिज्य एक ऐसा विषय है जिसमें निरन्तर परिवर्तन होता रहता है। कर, बैंकिंग, बीमा, प्रबंधन, व्यापार संबंधी नियमों में प्रतिवर्ष बदलाव होता रहता है। अतः वाणिज्य के अध्यापक को तत्संबंधी सभी विषयों के आधारभूत नियमों व तथ्यों का

ज्ञान होना चाहिए। इसके लिए उसे स्तरीय व सामयिक पुस्तकों, पत्र-पत्रिकाओं, व्यापार सन्नियम, बजट-प्रावधान इत्यादि का निरन्तर अध्ययन करते रहना चाहिए। सन्दर्भों का अध्ययन कर स्वयं को संवर्धित करते रहना चाहिए। कई व्यक्ति ऐसे होते हैं, जो वाणिज्य के विद्यार्थी रह चुके होते हैं, लेकिन अपने व्यापार का साधारण हिसाब-किताब नहीं रख सकते हैं। अपने बैंक खाते का संचालन नहीं कर सकते हैं। साधारण से फार्म, ड्राफ्ट इत्यादि की पूर्ति नहीं कर सकते हैं। इसका कारण उनके द्वारा वाणिज्य की केवल सैद्धान्तिक शिक्षा प्राप्त करना है। अतः यह आवश्यक है कि अध्यापक द्वारा विद्यार्थियों को सैद्धान्तिक ज्ञान के साथ-साथ व्यावहारिक ज्ञान भी दिया जाए। औद्योगिक प्रतिष्ठानों व उनके क्रिया-कलापों को व्यवहार में दिखाकर सिखाया जाए और इन सब के लिए अध्यापक को स्वयं को वाणिज्य का गहराई से ज्ञान होना तथा विषय का शिक्षण अनुप्रयोग रूप में करने में समर्थ होना आवश्यक है।

2. शिक्षण व्यवसाय के प्रति निष्ठा भाव (Commitment towards Teaching Profession)–प्रत्येक व्यक्ति को अपने व्यवसाय के प्रति निष्ठा भाव रखना चाहिए। उसने किसी भी व्यवसाय या पेशे को कैसी भी परिस्थिति में अपनाया हो, लेकिन अपनाने के पश्चात् उसे व्यक्ति को उसमें निष्ठा व समर्पण भाव से कार्य करना चाहिए, तभी वह उसमें सफल हो सकता है।, शिक्षण एक ऐसा कार्य है जिसमें सम्मिलित व्यक्ति की इच्छा के विरुद्ध कोई भी उससे जबर्दस्ती सफलतापूर्वक कार्य नहीं करा सकता है। यदि अध्यापक स्वयं ना चाहे तो उससे उसकी योग्यताओं व सामर्थ्य के अनुरूप कोई अन्य शिक्षण नहीं करा सकता है। और अध्यापक के इस व्यवहार से शिक्षा जगत को सर्वाधिक क्षति उठानी पड़ती है। जो व्यक्ति मजबूरीवश अध्यापन व्यवसाय में आ जाते हैं और अपना कार्य ईमानदारी पूर्वक नहीं करते हैं, वे स्वयं तो कभी भी एक सफल अध्यापक नहीं बन पाते हैं, साथ ही उनसे पढ़ने वाले बच्चों का भी अहित करते हैं। अतः एक अध्यापक में अपने व्यवसाय के प्रति निष्ठा व समर्पण होना अत्यन्त आवश्यक है।

3. शैक्षिक मनोविज्ञान का ज्ञान (Knowledge of Educational Psychology)–बालकों में व्यक्तिगत विभिन्नताएँ होती हैं। कोई भी दो बालक एक समान नहीं होते हैं। बालकों में ये विभिन्नताएँ रुचि, बुद्धि, शारीरिक विशेषताओं, व्यक्तित्व इत्यादि में होती है। व्यक्तिगत विभिन्नताएँ होने के कारण प्रत्येक बालक के सीखने की दर भिन्न होती हैं।

वाणिज्य एक जटिल एवं संकल्पनात्मक विषय है जो आसानी से एक बार में ही विद्यार्थियों को समझ में नहीं आता है। साथ ही इसमें कार्य करने के अवसर अत्यन्त अधिक है जिससे बालकों का रुझान इस विषय में अधिक रहता है। लेकिन सामान्य व कमजोर बालकों को इसे सीखने में समय लगता है। अतः वाणिज्य के अध्यापक को बालकों में निहित व्यक्तिगत विभिन्नताओं को ध्यान में रखकर धैर्यपूर्वक अध्यापन कराना चाहिए। यदि उसे शैक्षिक मनोविज्ञान का ज्ञान होता है तब वह बालकों को उनकी रुचि, योग्यताओं व क्षमताओं के अनुसार अध्यापन करा सकता है।

4. सामयिक घटनाओं का ज्ञान (Knowledge of Current Events)–वाणिज्य एक गतिशील विषय है। आज व्यापार ने अन्तर्राष्ट्रीय स्वरूप ले लिया है। नई-नई तकनीकियों ने

कार्य के संसार को विस्तृत कर दिया है। ज्ञान में निरन्तर वृद्धि हो रही है। व्यापार के विस्तार के फलस्वरूप वाणिज्य विषय में नित नवीन संकल्पनाएँ जन्म ले रही है। अत: वाणिज्य के शिक्षक को इन नवीन संकल्पनाओं को जानना तथा स्वयं को ज्ञान से उन्नत (Update) करना अत्यन्त आवश्यक है। जब वह सामयिक घटनाओं का ज्ञान रखेंगे, नवीन शोधों के परिणाम को जानेंगे, तभी अपने विद्यार्थियों को नवीन सूचनाएँ प्रदान कर सकेंगे और इसके लिए उन्हें पत्र-पत्रिकाओं, जर्नल्स, शोध पत्र, विभिन्न अधिनियमों इत्यादि का अध्ययन करना तथा कार्यशालाओं, संगोष्ठियों, परिसंवाद इत्यादि में सहभागिता करना चाहिए।

5. व्यावसायिक प्रशिक्षण (Vocational Training)–वाणिज्य विषय एक तकनीकी तथा कौशलयुक्त विषय है। इसके अध्यापक के लिए प्रशिक्षित होना अत्यन्त आवश्यक है। आज शिक्षा में तकनीकी का प्रयोग होने से शिक्षा के उद्देश्यों की पूर्ति के लिए अध्यापकों को व्यावसायिक प्रशिक्षण प्राप्त करना अत्यन्त आवश्यक हो गया है। चूँकि वाणिज्य शिक्षा को व्यावसायिक शिक्षा के समूह में भी रखा गया है। अत: वाणिज्य के क्षेत्र में गुणात्मक सुधार लाने के लिए अध्यापकों को व्यावसायिक रूप से प्रशिक्षित होना चाहिए। पहले वाणिज्य के अध्यापकों के लिए किसी भी प्रकार का प्रशिक्षण आवश्यक नहीं समझा जाता था। इसीलिए शिक्षक-प्रशिक्षण महाविद्यालयों में वाणिज्य विषय का अध्यापन नहीं कराया जाता था। लेकिन अब अधिकांश राज्यों में वाणिज्य के अध्यापकों के लिए भी प्रशिक्षण अनिवार्य कर दिया गया है। अनेक शिक्षाविद् वाणिज्य अध्यापक के लिए आवश्यक दक्षता व कौशलता के विकास के लिए व्यावसायिक प्रशिक्षण की महत्ता को स्वीकारते हैं। राष्ट्रीय शिक्षा नीति 1986 के क्रियात्मक कार्यक्रम 1992 ने भी आठवीं योजना के अन्त तक क्षेत्रीय शिक्षा महाविद्यालयों के लिए व्यावसायिक शिक्षा से संबंधित 1600 शिक्षकों को तैयार करने का लक्ष्य रखा है। अत: क्षेत्रीय शिक्षा महाविद्यालयों में शिक्षकों के लिए विशेष पाठ्यक्रम संचालित किए जा रहे हैं तथा विशेष शिक्षण पद्धतियों के साथ-साथ आवश्यक ज्ञान व कौशल पर बल दे रहे हैं। व्यावसायिक प्रशिक्षण प्राप्त करने से शिक्षकों में व्यावसायिक जागरूकता व दक्षता उत्पन्न होती है, व्यावसायिक कुशलता बढ़ती है। वे विभिन्न विधियों, युक्तियों व प्रविधियों से परिचित होते हैं। उनमें सैद्धान्तिक एवं प्रयोगात्मक तत्वों का गुण विकसित होता है। उनमें विद्यार्थियों की उपलब्धियों के निर्धारण व मूल्यांकन की योग्यता आती है। वे कौशलयुक्त अध्यापन करना सीखते हैं, उन्हें शैक्षिक मनोविज्ञान का ज्ञान प्राप्त होता है जिससे वे व्यक्तिगत भिन्नता के अनुसार अध्यापन करना सीखते हैं तथा राष्ट्रीय आकांक्षाओं व लक्ष्योंनुरूप कार्य करते हैं।

6. आर्थिक समस्याओं में रुचि (Interest in Economic Problems)–वाणिज्य विषय एक ऐसा विषय है जो एक ओर तो प्रत्येक नागरिक और उपभोक्ता को आर्थिक और वाणिज्यिक वातावरण को समझने के लिए वाणिज्य-संबंधी सूचनाएँ उपलब्ध कराता है तथा दूसरी ओर व्यापारिक धन्धों की व्यावसायिक तैयारी कराता है। अत: वाणिज्य के अध्यापक को समाज व राष्ट्र की आर्थिक स्थिति व उनकी समस्याओं का ज्ञान होना चाहिए तथा उनका समाधान करने में रुचि लेने वाला होना चाहिए। वाणिज्य एक व्यावहारिक व

गतिशील विषय है, यह राष्ट्र व अन्तर्राष्ट्रीय जगत के आर्थिक पहलू से जुड़ा हुआ है। विद्यार्थी इसके द्वारा व्यापारिक जगत के प्रत्यक्ष एवं अप्रत्यक्ष प्रभावों का अध्ययन करते हैं। यदि अध्यापक को आर्थिक व औद्योगिक समस्याओं का प्रत्यक्ष एवं व्यावहारिक ज्ञान नहीं होगा तब वे विद्यार्थियों को इनका अध्ययन कराने में असमर्थ होंगे। अतः अध्यापक को स्वयं विभिन्न आर्थिक एवं औद्योगिक समस्याओं का ज्ञान प्राप्त करना चाहिए तथा इनके समाधान के लिए व्यावहारिक दृष्टिकोण विकसित करना चाहिए।

7. प्रभावशाली व्यक्तित्व (Effective Personality)–वाणिज्य के अध्यापक का व्यक्तित्व प्रभावशाली होना चाहिए। व्यक्तित्व में केवल बाहरी रंगरूप व शारीरिक बनावट ही नहीं आते हैं, बल्कि अच्छा चरित्र, सद्आचरण, स्नेह, सहानुभूति, धैर्य, स्वाभिमान, संवेगात्मक परिपक्वता, निष्पक्षता, मौलिकता, सृजनात्मकता, सत्य-प्रियता, अनुशासन, विनोदप्रियता, आत्म-नियंत्रण इत्यादि गुण भी शामिल होते हैं। अध्यापक के व्यक्तित्व की अमिट छाप विद्यार्थियों पर पड़ती है, विद्यार्थी अध्यापक को अपना आदर्श मानते हैं। अतः उसका व्यक्तित्व प्रभावशाली होना चाहिए। उपरोक्त गुणों के अतिरिक्त अध्यापक में सम्प्रेषण कौशल का गुण होना चाहिए, अपने विषय में पारंगत होना चाहिए, उसका शब्द-भण्डार समृद्धशाली होना चाहिए, उसकी वाणी में ओज व स्पष्टता होनी चाहिए तथा अपने कार्य के प्रति ईमानदार होना चाहिए, तभी एक अध्यापक प्रभावशाली व्यक्तित्व वाले कहलाएँगे।

8. वैज्ञानिक एवं व्यापक दृष्टिकोण (Scientific & Comprehensive Viewpoint)–वाणिज्य के अध्यापक को अपना दृष्टिकोण वैज्ञानिक एवं व्यापक रखना चाहिए। उसे प्रत्येक तथ्य को क्रमबद्ध एवं तर्कसम्मत ढंग से लेना चाहिए तथा वैज्ञानिक विधि से ही किसी समस्या का समाधान करना चाहिए तथा अपने विद्यार्थियों में भी वैज्ञानिक दृष्टिकोण का विकास करना चाहिए।

9. जनतंत्रात्मक दृष्टिकोण (Democratic Viewpoint)–हमारी शासन व्यवस्था प्रजातांत्रिक शासन व्यवस्था है, जिसमें सभी नागरिक समान हैं, सभी को समान अधिकार व कर्त्तव्य प्रदान किए गए हैं। अतः अध्यापक का दृष्टिकोण भी प्रजातांत्रिक होना चाहिए। उसमें समानता, स्वतंत्रता, बंधुत्व, न्याय, सहयोग इत्यादि गुण होने चाहिए। उसे प्रत्येक व्यक्ति का आदर करना चाहिए। व्यक्ति की महत्ता को सम्मान देना चाहिए। विद्यार्थियों से पक्षपातरहित व्यवहार करना चाहिए तथा संस्था व वहाँ कार्य करने वालों को पूर्ण सहयोग प्रदान करना चाहिए।

10. नेतृत्व (Leadership)–वाणिज्य के अध्यापक में नेतृत्व का गुण भी होना चाहिए। उसे विद्यार्थियों का मार्गदर्शन करना होता है। उसे अपनी शक्ति एवं प्रभाव का दुरुपयोग न करते हुए इस प्रकार से नेतृत्व करना चाहिए कि लोग उसका दिल से आदर-सम्मान करें। उसका व्यवहार पक्षपातरहित व मधुर होना चाहिए तथा उसे स्पष्ट वक्ता होना चाहिए।

12. वाणिज्य की पाठ्य पुस्तक
(Textbook of Commerce)

शैक्षिक प्रक्रिया में अध्यापक, छात्र और पाठ्यचर्या को महत्वपूर्ण स्थान दिया गया है। अर्थात् सीखने और सिखाने वाले के साथ-साथ क्या सीखाना है? इसका निर्धारण करना भी अति आवश्यक है। बालकों को क्या सिखाया जाना है? उनमें कौन-से अपेक्षित व्यवहारगत परिवर्तन होंगे? इन परिवर्तनों के लिए उन्हें क्या गतिविधियाँ कराई जावेंगी? इत्यादि सभी का निर्धारण पाठ्यचर्या के अन्तर्गत किया जाता है। इसीलिए पाठ्यचर्या को अधिगम अनुभवों की माला (Series) कहा गया है। पाठ्यचर्या में विभिन्न विषय होते हैं जिन्हें पाठ्य पुस्तकों के द्वारा प्रस्तुत एवं पूर्ण किया जाता है।

अध्यापक पुस्तक में दी गई विषयवस्तु में निहित अर्थ को ग्रहण कर उसे कक्षा में विद्यार्थियों के समक्ष प्रस्तुत करते हैं। अतः कक्षा सम्प्रेषण में पाठ्य पुस्तक एक महत्वपूर्ण भूमिका अदा करती है। पाठ्य पुस्तक वह पुस्तक है जिसे कक्षाकक्ष उपयोग के लिए अभिकल्पित किया गया है। (बेकन) ये सूचनाओं एवं विचारों का भण्डार है। शिक्षा के लक्ष्य एवं साधनों को पाठ्यचर्या में शामिल किया जाता है तथा उन्हें समाज के समक्ष प्रस्तुत करने के लिए पाठ्य पुस्तकों को वाहन के रूप में उपयोग किया जाता है।

विश्वविद्यालय अनुदान आयोग द्वारा सन् 2003 में निर्धारित की गई आदर्श पाठ्यचर्या में 'वाणिज्य' विषय को सैद्धान्तिक के साथ-साथ व्यावहारिक विषयों की श्रेणी में भी रखा गया है।, अतः वाणिज्य विषय में पाठ्य पुस्तक का अत्यधिक महत्व है। वाणिज्य की एक अच्छी पाठ्य पुस्तक में निम्नलिखित विशेषताएँ होनी चाहिए–

1. उद्देश्य (Objectives)–पाठ्य पुस्तक का विकास करने के पूर्व उसके उद्देश्यों का निर्माण किया जाना चाहिए। अर्थात् पाठ्य पुस्तक किस स्तर के विद्यार्थियों के लिए विकसित की जानी है? पाठ्य पुस्तक किस विषय के लिए विकसित की जानी है? पुस्तक की पाठ्यवस्तु पढ़ने के पश्चात् विद्यार्थियों में अपेक्षित व्यवहारगत परिवर्तन कौन-कौन से होंगे? पाठ्य पुस्तक में क्या प्रत्येक इकाई के लिए सुस्पष्ट उद्देश्य बनाए गए हैं? क्या प्रत्येक इकाई के उद्देश्यों को अधिगमकों द्वारा प्राप्त किया जा सकेगा? इत्यादि सभी बिन्दुओं पर पूर्व में ही विचार किया जाना चाहिए।

2. विषयवस्तु (Contents)–जिस विषय के लिए पाठ्य पुस्तक तैयार की जाती है उसमें उस विषय के पाठ्यक्रम का कितना भाग शामिल किया जा रहा है, तथा वह राज्य बोर्ड/केन्द्रीय बोर्ड में से किस पाठ्यक्रम के लिए तैयार की जा रही है? इसका निर्धारण

पाठ्य पुस्तक के विकास के पूर्व ही कर लेना चाहिए। तथा उसमें संबंधित बोर्ड के पाठ्यक्रम की अधिकाधिक विषयवस्तु शामिल की जानी चाहिए, तभी वह पुस्तक अध्यापकों व विद्यार्थियों के लिए उपयोगी होगी।

3. विषयवस्तु का संगठन (Organisation of Contents)–पाठ्य पुस्तकों को सम्प्रेषण का माध्यम कहा गया है और प्रभावी सम्प्रेषण हेतु विषयवस्तु का उचित (Adequate) संगठन आवश्यक होता है। विषयवस्तु के उचित संगठन से पाठकों का ध्यान बना रहता है, वे लेखक द्वारा सम्प्रेषित संदेश को आसानी से समझ लेते हैं, तथा उनके समय एवं ऊर्जा की बचत भी होती है। अत: एक अच्छी पाठ्य पुस्तक में विषयवस्तु का संगठन निम्न विधियों से किया जाना चाहिए (पाल, 2003)।

1. स्थानगत या भौगोलिक संगठन (Spatial or Geographical Organization)
2. कालानुक्रम या समयक्रम संगठन (Chronological or Time Order Organization)
3. प्राकरणिक संगठन (Topical Organization)
4. तुलना-वैषम्य संगठन (Comparison-Contrast Organization)
5. आगमनात्मक या निगमनात्मक संगठन (Inductive or Deductive Organization)

4. विकासात्मक इतिहास (Developmental History)–पाठ्य पुस्तक क्यों विकसित की जा रही है? क्या उस विषय पर पहले कोई पुस्तक उपलब्ध नहीं है, और अगर हैं तो उनमें क्या कमियाँ हैं? क्या पुस्तक किसी विशेष भाषा में ही उपलब्ध है, या अनुपलब्ध है, इत्यादि के आधार पर पाठ्य पुस्तक के विकास का औचित्य बताया जाना चाहिए।

5. इकाइयों का क्रम एवं संयोजन (Sequence of Unit)–पाठ्य पुस्तक में शामिल की गई विषयवस्तुओं को इकाइयों के अन्तर्गत वर्गीकृत किया जाना चाहिए तथा उन इकाइयों का क्रम व संयोजन किन्हीं निकष/निकषों के आधार पर किया जाना चाहिए। शामिल की गई विषयवस्तुओं का विस्तार एवं संयोजन भी औचित्यपरक होना चाहिए।

6. अन्य विषयों से संबंध (Relation with Other Subjects)–शमिल की गई विषयवस्तु का अन्य विषयों से संबंध स्थापित कर दर्शाया जाना चाहिए। यदि पाठ्य पुस्तक अन्य विषयों से संबंधित नहीं होगी तो मनोविज्ञान के अधिगम के स्थानान्तरण के सिद्धान्त के विपरीत होने से ज्यादा उपयोगी नहीं होगी। अत: संबंधित का (जिस विषय की पाठ्य पुस्तक है) अन्य विषयों से एकीकरण किस प्रकार से किया जा सकता है, यह बताया जाना चाहिए।

7. अधिगम अनुभव (Learning Experience)–एक अच्छी पाठ्य पुस्तक में विद्यार्थियों को प्रदान किए जाने वाले अधिगम अनुभवों एवं उदाहरणों की पर्याप्त संख्या होनी चाहिए। साथ ही ये अनुभव एवं उदाहरण विविध क्षेत्रों के होने चाहिए जिससे विभिन्न रुचि वाले विद्यार्थियों की आवश्यकताओं की संतुष्टि की जा सके।

8. अनुदेशन समय (Instructional Time)–पाठ्य पुस्तक विकास के पूर्व ही अनुदेशन समय का निर्धारण किया जाना चाहिए। अर्थात् पाठ्य पुस्तक में शामिल की गई

विषयवस्तु का अनुदेशन एक वर्ष/दो वर्ष/छः माह में से कितने समय के लिए दिया जाएगा, उससे संबंधित कोर्स की अवधि कितनी होगी, इसे ध्यान रखते हुए शामिल की गई विषयवस्तु व उसके विस्तार का निर्धारण किया जाना चाहिए।

9. अभिप्रेरणात्मक गुण (Motivational Properties)–पाठ्य पुस्तक की अनुदेशन सामग्री में अभिप्रेरणात्मक गुण होना चाहिए, अर्थात् वह विद्यार्थियों/अधिगमक को पढ़ने के लिए आकर्षित करने वाली व ध्यान बनाए रखने वाली होनी चाहिए।

10. वैयक्तिकरण (Individualization)–पाठ्य पुस्तक में वैयक्तिकरण का गुण होना चाहिए, अर्थात् विभिन्न योग्यताओं वाले विद्यार्थियों की आवश्यकताओं की संतुष्टि करने वाली होनी चाहिए। उसमें शामिल उदाहरणों एवं गतिविधियों में विविधता होनी चाहिए।

11. स्पष्टता (Clarity)–पाठ्य पुस्तक की विषयवस्तु में स्पष्टता का गुण होना चाहिए। वह विद्यार्थियों के लिए बोधगम्य होना चाहिए।

12. पठनीयता (Readability)–पाठ्य पुस्तक में प्रयुक्त भाषा पाठकों के लिए बोधगम्य होना चाहिए, अर्थात् वह पाठकों को आसानी से समझ में आने वाली होना चाहिए तथा स्तरीय भी होनी चाहिए।

13. अधिगम अभ्यास (Learning Exercise)–एक अच्छी पाठ्य पुस्तक में विद्यार्थियों के अधिगम को बेहतर व स्थायी बनाने के लिए अधिगम अभ्यास के रूप में विभिन्न प्रकार के प्रश्नों व गतिविधियों को शामिल किया जाना चाहिए। अधागम अभ्यास के रूप में दिए गए प्रश्नों के द्वारा अध्यापक अपने विद्यार्थियों की प्रगति का अनुश्रवण व मूल्यांकन भी कर सकते हैं।

14. पूर्व आवश्यक (Pre-requisite)–पाठ्य पुस्तक की विषयवस्तु को ग्रहण करने हेतु विद्यार्थियों के लिए आवश्यक पूर्व ज्ञान को पाठ्य पुस्तक में प्रारंभ में ही स्पष्ट कर दिया जाना चाहिए।

15. कौशलों का विकास (Development of Skills)–चूँकि वाणिज्य एक व्यावहारिक विषय है, अतः उसकी पाठ्य पुस्तक इस तरह की होनी चाहि जिससे उसका उपयोग कर विद्यार्थियों में आवश्यक कौशलों का विकास हो सके, वे व्यापारिक खाते तैयार कर सके। इसके लिए पाठ्य पुस्तक में खाते तैयार करने का स्पष्ट विवरण व नमूने दिए जाने चाहिए।

16. लेखक (Writer)–पाठ्य पुस्तक को लिखने वाले व्यक्ति की योग्यता, अनुभव व साख का भी पाठ्य पुस्तक पर महत्वपूर्ण प्रभाव पड़ता है। पुस्तक लिखने वाले व्यक्ति की शैक्षणिक योग्यता संबंधित विषय में स्नातकोत्तर व पी-एच.डी. होना चाहिए। इसके साथ ही उसे अपने विषय का पूर्ण ज्ञान होना चाहिए। उसके पूर्व में शोध पत्र/आलेख एवं अन्य स्तरीय पुस्तकें प्रकाशित हों तब इससे लेखक की साख होती है। पुस्तक/लेख इत्यादि लिखने का उसका अनुभव भी पुस्तक की गुणवत्ता में वृद्धि करता है। उसका हिन्दी व अंग्रेजी भाषा पर पूर्ण अधिकार होना चाहिए, तभी वह पुस्तक लिखने में शब्दकोषों, विदेशी लेखकों की

पुस्तकों, शोध प्रक्रियाओं, विश्वकोषों (Encyclopaedia) अन्तरजाल (Internet) इत्यादि का उपयोग कर सकेगा।

17. मूल्य (Cost)–पुस्तक का मूल्य उसके आकार, पृष्ठों की संख्या, विषयवस्तु की गुणवत्ता इत्यादि को ध्यान में रखकर निर्धारित किया जाना चाहिए। मूल्य उचित होने पर ही विद्यार्थी उसे खरीदते हैं। ग्रन्थ अकादमियाँ एवं विश्वविद्यालय अपने प्रकाशन के मूल्य का ध्यान रखते हैं। इस हेतु शासन उन्हें सस्ते दर पर कागज उपलब्ध कराता है।

18. अध्यापक प्रशिक्षण (Teacher Training)–जिस तरह से पाठ्य पुस्तक का उपयोग करने हेतु विद्यार्थियों के लिए पूर्व ज्ञान आवश्यक होता है, उसी तरह यदि पाठ्य पुस्तक का उपयोग करने हेतु अध्यापकों के लिए भी किसी विशेष ज्ञान या प्रशिक्षण की आवश्यकता हो तो उसे स्पष्टत: दर्शाया जाना चाहिए।

19. प्रकाशक (Publisher)–पाठ्य पुस्तक को छापने वाले प्रकाशक की योग्यता, ज्ञान व साख (Credit) का भी अत्यधिक प्रभाव पड़ता है। कुछ प्रकाशक केवल लाभ कमाने के लिए कुन्जी, गाइड या ऐसी पुस्तकों का प्रकाशन कर देते हैं जिनका स्तर निम्न होता है। जबकि ऐसे प्रकाशक जो पुस्तक की गुणवत्ता पर ध्यान देते हैं, किसी पुस्तक को छापने के पहले उसकी विषय विशेषज्ञ/ विशेषज्ञों से समीक्षा करवाते हैं, तत्पश्चात् छापने का निर्णय लेते हैं। ऐसे प्रकाशकों का प्रकाशन भी उच्च स्तर का होता है। वे पृष्ठ, मुद्रण, पुस्तक की जिल्द, आवरण-पृष्ठ इत्यादि की उच्च गुणवत्ता रखते हैं। अत: पुस्तक के प्रकाशक की बाजार में अच्छी साख होना चाहिए।

20. शब्द सूची (Glossary)–पुस्तक के अन्त में शब्दसूची व महत्वपूर्ण पारिभाषिक शब्द सूची दी जानी चाहिए। हिन्दी में कई ऐसे शब्द होते हैं जिनके हिन्दी पर्याय कई होते हैं, लेकिन अंग्रेजी पर्याय एक ही होता है, तथा ऐसे शब्द जिनका अंग्रेजी पर्याय हिन्दी शब्द से अधिक स्वीकृत हो गया हो, उन्हें पुस्तक के अन्त में शब्द सूची में दिया जाना चाहिए। साथ ही महत्वपूर्ण पारिभाषिक शब्दों की सूची भी दी जानी चाहिए।

21. सन्दर्भ (References)–पुस्तक को लिखने में शब्दकोषों, मानकीकृत पारिभाषिक कोषों, विश्वकोषों, शोध पत्रिकाओं, अन्तरजाल, विदेशी व भारतीय प्रामाणिक पुस्तकों का उपयोग किया जाना चाहिए और इन सभी का उल्लेख उनके लेखक, संपादक, प्रकाशक, प्रकाशन वर्ष इत्यादि के साथ पुस्तक के अन्त में सन्दर्भ में किया जाना चाहिए। जिससे यदि पाठक पुस्तक की विषयवस्तु के बारे में अधिक जानना चाहेंगे तो वे सन्दर्भ से जानकारी प्राप्त कर सन्दर्भित ग्रन्थ का उपयोग कर सकेंगे। आजकल अन्तरजाल (Internet) द्वारा लेखक सामग्री संकलित करते हैं। अत: सन्दर्भ में वेबसाइड्स (Websides) की सूची भी दी जानी चाहिए।

13. वाणिज्य में मूल्यांकन
(Evaluation in Commerce)

मापन का अर्थ (Meaning of Measurement)

मापन का अर्थ किसी भौतिक राशि को अंक प्रदान करना है। इसके अन्तर्गत नियमानुसार घटनाओं या वस्तुओं को अंक प्रदान किए जाते हैं। घटनाओं या वस्तुओं को अंक प्रदान करने के लिए उनके गुणों या निरीक्षणीय संकेतों को खोजा जाता है, तत्पश्चात् सांख्यिकीय तकनीकों का उपयोग कर, उनके परिणामों को अंक प्रदान किए जाते हैं। चूँकि इसमें अंक प्रदान की जाने वाली राशि का अस्तित्व होता है, अत: यह परिमाणात्मक (Quantitative) होता है और निश्चित एवं पूर्ण जानकारी प्रदान करता है। जैसे–

- राज का वजन 55 किलोग्राम है।
- रीना की लम्बाई 5 फीट 4 इंच है।
- मित्तल स्टील कंपनी का उत्पादन 50 लाख टन है।
- नेसकॉम कंपनी का व्यापार क्षेत्र पाँच राज्यों तक फैला हुआ है।

ये सभी उदाहरण मापन को प्रदर्शित करते हैं। मापन यह बताता है कि कोई वस्तु कितनी अधिक है। (How much?)

ग्रानलुण्ड एवं लिन (1981) के अनुसार, "कोई व्यक्ति किसी निश्चित विशेषता को किस अंश तक धारण करता है, इसका आंकिक वर्णन प्राप्त करने की प्रक्रिया मापन कहलाती है।"

लिंडक्विस्ट (1961) के अनुसार, "किसी वस्तु अथवा गुण को निश्चित नियमों के तहत् अंक प्रदान करने का कार्य मापन है।"

आकलन (Assessment)

आकलन की प्रकृति अनौपचारिक होती है। यह अभौतिक राशि को अंक प्रदान करने की प्रक्रिया है। इससे आशय विकास के किसी गुणधर्म या पहलू का आकलन करने से है। हालाँकि मापन की तरह आकलन में भी अंक प्रदान किए जाते हैं, लेकिन ये अंक ऐसी राशियों को प्रदान किए जाते हैं, जिनका भौतिक रूप में अस्तित्व नहीं होता है। अत: अंक प्रदान करने के पश्चात् भी उन अभौतिक राशियों के बारे में सम्पूर्ण सूचना प्राप्त नहीं होती है। जैसे–

(अ) रीना को व्यावसायिक सम्प्रेषण विषय में 55 अंक प्राप्त हुए हैं।

(ब) नीलम ने पुस्तपालन एवं लेखाकर्म में 75 अंक अर्जित किए हैं।

विद्यार्थियों की उपलब्धि को ज्ञात करते समय अध्यापक द्वारा किसी मानक (Standard) के विरूद्ध मूल्य निर्णय करना आकलन कहलाता है।

मूल्यांकन (Evaluation)

मापन व आकलन के द्वारा भौतिक व अभौतिक राशियों को अंक प्रदान किए जाते हैं। लेकिन केवल अंक प्रदान करने से ही उनके बारे में किसी निर्णय पर नहीं पहुँचा जा सकता है। अतः मापन व आकलन के द्वारा अंक प्रदान करने के पश्चात् जब किसी वस्तु/व्यक्ति के गुण/गुणों या घटना का मूल्य निर्धारण किया जाता है तो यह मूल्यांकन कहा जाता है। जैसे

(अ) रीना को व्यावसायिक सम्प्रेषण में 55 अंक मिले हैं। उसे सभी विद्यार्थियों से कम अंक मिले हैं।

(ब) राज की ऊँचाई 6 फीट 2 इंच है। वह अपने भाई-बहनों में सबसे अधिक लंबा है।

मूल्यांकन की संकल्पना जानने के पश्चात् यह कहा जा सकता है कि मूल्यांकन में परिमाणात्मक एवं गुणात्मक के साथ ही मूल्य-निर्धारण भी शामिल है।

मूल्यांकन = मापन/आकलन+मूल्य निर्धारण

अच्छे मूल्यांकन परीक्षण के गुण (Characteristics of a Good Evaluation Tool)

किसी भी विषय के अध्यापन के पूर्व उसके उद्देश्य निर्धारित किए जाते हैं। क्योंकि उस विषय को पढ़ने के पश्चात् विद्यार्थियों के व्यवहार में क्या परिवर्तन होंगे? इसका ज्ञान शैक्षिक उद्देश्यों से ही होता है। उद्देश्यों के द्वारा ही शिक्षक व विद्यार्थियों को दिशा प्राप्त होती है और वे अपने वांछित लक्ष्य की प्राप्ति का प्रयास करते हैं। शैक्षिक उद्देश्यों को तीन क्षेत्रों में वर्गीकृत किया गया है–

(अ) संज्ञानात्मक पक्ष (Cognitive Domain)

(ब) भावात्मक पक्ष (Affective Domain)

(स) मनोगामक पक्ष (Psychomotor Domain)

संज्ञानात्मक पक्ष में व्यक्ति के चिन्तन, ज्ञान तथा समस्या-समाधान से सम्बन्धित उद्देश्य शामिल किए जाते हैं, जबकि भावात्मक पक्ष व्यक्ति के मन व हृदय से सम्बन्धित होता है, इसमें वे उद्देश्य शामिल किए जाते हैं जो व्यक्ति की रुचियों, अभिवृत्तियों, मूल्य-परिवर्तन, प्रशंसा तथा समायोजन के विकास से सम्बन्धित होते हैं। तथा मनोगामक क्षेत्र में माँसपेशियों के विकास तथा प्रयोग एवं शारीरिक क्रियाओं के समन्वय की योग्यता से सम्बन्धित उद्देश्य शामिल किए जाते हैं।

शिक्षक अपने अध्यापन में कितने सफल हुए, उन्हें कितने उद्देश्यों की प्राप्ति हुई, इसका आकलन वे मूल्यांकन के द्वारा करते हैं। और मूल्यांकन के लिए उन्हें एक अच्छे उपकरण

की आवश्यकता होती है। एक अच्छे उपकरण के द्वारा किया गया मूल्यांकन विश्वसनीय व श्रेष्ठ होता है। अतः उपकरण में कुछ विशेषताएँ अनिवार्यतः होनी चाहिए। ये विशेषताएँ निम्न हैं–

1. विश्वसनीयता
2. वैधता
3. विभेदकारिता
4. व्यापकता
5. वस्तुनिष्ठता
6. उपयोगिता/व्यवहार योग्यता

इनका वर्णन इस प्रकार हैं–

1. विश्वसनीयता (Reliability)–एक अच्छे उपकरण में विश्वसनीयता का गुण होना चाहिए। किसी उपकरण को समान परिस्थितियों में एक व्यक्ति या कई व्यक्तियों पर बार-बार प्रशासित करने पर एक जैसे फलांक प्राप्त होते हैं, तो यह परीक्षण की विश्वसनीयता को बताता है। विश्वसनीयता का शाब्दिक अर्थ है–'विश्वास करने योग्य'। उपकरण के सन्दर्भ में विश्वसनीयता का अर्थ मापन/ आकलन में एकरूपता (Consistency) से होता है। जैसे किसी विद्यार्थी की व्यावसायिक सम्प्रेषण विषय में उपलब्धि का एक से अधिक बार आकलन किया जाता है और प्रत्येक बार समान फलांक प्राप्त हो तो ऐसी स्थिति में उपलब्धि परीक्षण विश्वसनीय कहलाता है।

2. वैधता (Validity)–वैधता का तात्पर्य 'किसी उपकरण के द्वारा किए जाने वाले मापन/आकलन में सत्यता' (Truthfulness in measurement/ assessment by a tool) से होता है। अर्थात् एक उपकरण जिन उद्देश्यों के लिए बनाया गया है, वह उन उद्देश्यों की पूर्ति करने वाला होना चाहिए। जिस उपकरण में यह विशेषता होती है वह वैध कहलाता है। और प्रत्येक उपकरण के लिए वैध होना अत्यन्त आवश्यक है।

3. विभेदकारिता (Discrimination)–एक अच्छे उपकरण को विभेद करने वाला होना चाहिए। अर्थात् एक परीक्षण को विभिन्न योग्यता/गुण वाले व्यक्तियों में अन्तर करने वाला होना चाहिए। यदि उपकरण उच्च योग्यता व निम्न योग्यता वाले व्यक्तियों में विभेद नहीं कर सकता है तो वह अनुपयोगी होता है। इसीलिए एक उपलब्धि परीक्षण में विभिन्न कठिनाई स्तर के प्रश्न रखे जाते हैं क्योंकि सभी छात्र सभी प्रश्नों के उत्तर नहीं दे पाते हैं और उनकी उपलब्धि के आधार पर उनमें अन्तर किया जा सकता है।

4. व्यापकता (Comprehensiveness)–एक उपकरण को जिन गुणों के मापन के लिए बनाया जाता है, उसमें उन गुणों से सम्बन्धित समस्त पहलुओं को शामिल किया जाना उपकरण की व्यापकता को दर्शाता है। और सभी पहलुओं को सम्मिलित किए जाने से गुण/गुणों का आकलन सटीक होता है, अतः एक अच्छे उपकरण में व्यापकता का गुण भी होना चाहिए। किसी भी परीक्षण को व्यापक बनाने के लिए उसमें शामिल की गयी पाठ्यवस्तु व उससे सम्बन्धित उद्देश्यों पर ध्यान दिया जाना चाहिए। जैसे यदि हमें व्यावसायिक सम्प्रेषण के प्रकार ऊर्ध्वमुखी सम्प्रेषण, अधोमुखी सम्प्रेषण, कर्णीय सम्प्रेषण व क्षैतिज सम्प्रेषण के बारे में विद्यार्थियों के ज्ञान का आकलन करना हो तो व्यावसायिक सम्प्रेषण उपलब्धि परीक्षण में इन सभी प्रकारों के लिए प्रश्नों

को शामिल करना चाहिए तभी परीक्षण व्यापक होगा व हमारे उद्देश्यों की प्राप्ति का आकलन संभव होगा।

5. वस्तुनिष्ठता (Objectivity)–वस्तुनिष्ठता एक अच्छे उपकरण का मुख्य गुण होता है। किसी परीक्षण को एक विद्यार्थी पर प्रशासित करने के पश्चात् जब उसके निष्पादन का अलग-अलग व्यक्तियों द्वारा फलांकन किया जाय और उन सभी के फलांक समान हो तो यह परीक्षण की वस्तुनिष्ठता को बताता है। साथ ही विभिन्न स्थितियों में एक ही परीक्षक द्वारा विद्यार्थी के निष्पादन का आकलन कर समान फलांक प्रदान करना भी वस्तुनिष्ठता कहलाती है। फलांकन पर परीक्षक का व्यक्तिगत प्रभाव होना परीक्षण में वस्तुनिष्ठता की कमी को दर्शाता है। अतः ऐसा परीक्षण जिसके फलांकन पर परीक्षक का व्यक्तिगत प्रभाव नहीं पड़ता है, वह वस्तुनिष्ठ होता है।

6. उपयोगिता/व्यवहार योग्यता (Usability)–एक अच्छा उपकरण उपयोगी होना चाहिए, उसमें व्यवहार योग्यता होनी चाहिए। अर्थात् वह सरलता से प्रयोग में लाया जाने वाला होना चाहिए। यदि उपकरण का प्रयोग करना कठिन होता है तब उसे जनमानस द्वारा अपनाया नहीं जाता है और नकार दिया जाता है। अतः उपकरण को अधिकाधिक मात्रा में उपयोग में लाया जाने के लिये उसका प्रयोग सरल होना चाहिए।

प्रश्न एवं उनके प्रकार (Questions and their Types)

प्रायः वाणिज्य में मूल्यांकन केवल प्रश्नों के द्वारा ही किया जाता है, अतः मूल्यांकनकर्त्ता को अच्छे प्रश्नों के निर्माण में महारथ हासिल होना चाहिए। और यह तभी संभव है जब उसे प्रश्नों के प्रकार व निर्माण का ज्ञान हो। अतः यहाँ प्रश्नों के प्रकार के साथ वाणिज्य में बनाए जाने वाले विभिन्न प्रकार के प्रश्न व उनमें ध्यान रखने योग्य बातें बताई गई हैं।

प्रश्नों के प्रकार

वाणिज्य में मुख्यतया तीन प्रकार के प्रश्न बनाए जा सकते हैं–

1. वस्तुनिष्ठ प्रश्न (Objective Type Questions)
2. लघुउत्तरीय प्रश्न (Short-Answer Type Questions)
3. निबन्धात्मक प्रश्न (Essay Type Questions)

वस्तुनिष्ठ प्रश्न (Ojbective Type Questions)

वस्तुनिष्ठ प्रश्नों के लिए विद्यार्थी स्वतंत्र रूप से अनुक्रिया नहीं कर सकते हैं। इन प्रश्नों में विद्यार्थियों को दिए गए विकल्पों में से ही उत्तर का चयन करना होता है। इन प्रश्नों के उत्तर सूक्ष्म व निश्चित होते हैं। अतः इनका मूल्यांकन भी सटीक होता है। उसमें पक्षपात या विषयनिष्ठता नहीं होती है। लेकिन इन प्रश्नों के द्वारा विद्यार्थियों की भाषा-शैली का मूल्यांकन नहीं किया जा सकता है। साथ ही इन प्रश्नों का निर्माण करना भी एक अत्यन्त कौशलपूर्ण कार्य है। प्रत्येक व्यक्ति इन्हें नहीं बना सकता है, यद्यपि इन प्रश्नों के लिए यह भ्रान्ति होती है कि एक प्रश्न/वाक्य लिखकर उसके चार विकल्प रखने भर से ये प्रश्न तैयार

हो जाते हैं, लेकिन ऐसा नहीं है। इन प्रश्नों का निर्माण करते समय विशेष ज्ञान व सावधानी की जरूरत होती है। वस्तुनिष्ठ प्रश्न भी कई प्रकार के होते हैं। जैसे–

1. बहुविकल्प प्रश्न।
2. सत्य-असत्य वाले प्रश्न/हाँ-नहीं वाले प्रश्न।
3. रिक्त स्थान की पूर्ति वाले प्रश्न।
4. मिलान प्रश्न।
5. वाक्य-पूर्ति प्रश्न।
6. वर्गीकरण वाले प्रश्न।
7. प्रत्यास्मरण वाले प्रश्न।

इनका वर्णन एवं उदाहरण इस प्रकार है–

1. बहुविकल्प प्रश्न (Multiple Choice Questions)–बहुविकल्प प्रश्नों में एक समस्या और उसके लिए सुझाए गए संभावित समाधान दिए होते हैं। प्रत्येक पद में एक विकल्प ही उस समस्या का सही उत्तर होता है और शेष ध्यान भंगक (Distractor) होते हैं। विद्यार्थी को उस पद को पढ़कर उसके लिए दिए गए विकल्पों में से सही उत्तर का चयन करना होता है। इस तरह के प्रश्नों का उपयोग कई प्रतियोगी परीक्षाओं जैसे IAS, SSC, NET, NDA इत्यादि में किया जाता है।

उदाहरण–नीचे दिए गए प्रश्नों में दिए गए चार विकल्प में से एक विकल्प प्रश्न का सही उत्तर है। आप उनमें से उपयुक्त विकल्प का चयन कीजिए।

1. किराया क्रय प्रणाली में माल का स्वामित्व (Ownership) क्रेता को कब प्राप्त होता है:
   (अ) अनुबंध करने के पश्चात्
   (ब) माल की पूर्ण कीमत चुकाने के पश्चात्
   (स) माल की आधी कीमत चुकाने के पश्चात्
   (द) माल का कब्जा प्राप्त होने के पश्चात्
2. प्रतिवर्ष संपत्ति की मूल लागत पर ह्रास की गणना निम्न में से कौन सी मूल्य ह्रास की विधि में की जाती है?
   (अ) घटती किस्त पद्धति (ब) वार्षिक वृत्ति पद्धति
   (स) स्थायी किस्त पद्धति (द) घटौती कोष पद्धति

2. सत्य-असत्य वाले प्रश्न/विकल्पनात्मक अनुक्रिया पद (True-False or Alternative Response Item)–सत्य-असत्य वाले प्रश्नों में एक घोषणात्मक पद होता है, जिसमें विद्यार्थी को सत्य अथवा असत्य, सही अथवा गलत, हाँ अथवा नहीं, तथ्य अथवा मत, सहमत अथवा असहमत इत्यादि पर चिन्ह लगाना होता है। सत्य-असत्य पदों का उपयोग कथनों की सत्यता के मापन के लिए किया जाता है। इन कथनों में तथ्य, शब्दों की परिभाषाएँ, नियम इत्यादि प्रस्तुत किए जाते हैं। उदाहरण–

निर्देश : नीचे दिए गए कथन को पढ़िए, यदि कथन सत्य है, तब 'सत्य' पर वृत्त बनाइए, यदि कथन असत्य है, तब 'असत्य' पर वृत्त बनाइए :

- स्कन्ध का मूल्यांकन, बाजार मूल्य या लागत मूल्य में जो भी कम हो, उस पर किया जाता है।

सत्य असत्य

निर्देश : नीचे दिए गए कथन को पढ़िए। यदि कथन तथ्य है तब 'त' पर वृत्त बनाइए। यदि कथन मत है तब 'म' पर वृत्त बनाइए।

- पूँजीगत व्यय स्थायी प्रकृति के होते हैं।

त म

3. रिक्त स्थान की पूर्ति वाले प्रश्न (Fill in the Blanks Item)—रिक्त स्थान की पूर्ति वाले प्रश्नों में एक कथन दिया होता है, जिसमें कथन के मध्य में किसी शब्द की पूर्ति करने पर वह कथन पूर्ण होता है। यह कथन प्रश्न रूप में नहीं होता है। तथा कथन पूर्ण करने के लिए दिए गए रिक्त स्थान में एक या अधिकतम दो शब्दों की ही आवश्यकता होती है। रिक्त स्थान की पूर्ति वाले प्रश्नों में रिक्त स्थान की पूर्ति करने वाले शब्द के नीचे रेखांकन किया जाता है। जैसे—

(अ) प्रधान की ओर से बिक्री या वापसी की शर्त पर भेजे जाने वाले माल को ________ कहा जाता है।
(प्रेषण)

(ब) अधिकार शुल्क देय होने की स्थिति में पट्टेदार (Lessee) की पुस्तकों में अधिकार शुल्क खाता ________ तथा भूस्वामी (Lessor) का खाता ________ किया जाता है।
(नामे, जमा)

4. मिलान प्रश्न/पद (Matching Item)—मिलान पदों में दो समानान्तर स्तम्भ (Column) दिए होते हैं, जिनमें पहले स्तम्भ में दिए गए पदों का मिलान दूसरे स्तम्भ में दिए गए पदों से करना होता है। पहले स्तम्भ, जिसमें शब्द, नाम, नियम, संकेत, संख्या दी होती है, को आधार खण्ड (Premise) कहते हैं, तथा दूसरे स्तम्भ, जिसमें शब्द, वाक्य गद्यांश, उदाहरण, संकल्पनाएँ दी होती है, को अनुक्रिया (Response) कहा जाता है। मिलान प्रश्न के लिए दिए गए निर्देश में मिलान करने का आधार स्पष्ट किया जाना चाहिए। मिलान प्रश्न का उदाहरण इस प्रकार है—

निर्देश : नीचे दो स्तम्भ 'अ' एवं 'ब' दिए गए हैं। 'अ' में पूँजीगत एवं आगम मदें दी गई हैं और 'ब' में उनके उदाहरण दिए गए हैं। आप स्तम्भ 'अ' में दी गई मदों का, स्तम्भ 'ब' में दिए गए उनके उदाहरणों से मिलान कीजिए।

स्तम्भ 'अ'	स्तम्भ 'ब'
1. पूँजीगत व्यय	1. भवन की बिक्री से प्राप्त राशि।
2. पूँजीगत प्राप्ति	2. 20,000 रु. की मशीन खरीदने पर नकद 12,000 रु. चुकाना।
3. आगमगत व्यय	3. मोटर ट्रक को बचेने पर 750 रु. का लाभ।
4. आगमगत प्राप्ति	4. आयकर की अपील करने का कानूनी व्यय।
	5. अखबार की रद्दी बेचने से प्राप्त रकम।
	6. स्थायी संपत्ति पर मूल्य ह्रास।
	7. भूमि के पट्टे पर दिया गया नजराना

5. वाक्य-पूर्ति प्रश्न (Sentence-Completion Questions)–वाक्य-पूर्ति प्रश्न में एक अपूर्ण कथन दिया जाता है, जो प्रश्न रूप में भी हो सकता है। इसे पूरा करने के लिए एक शब्द में उत्तर देना होता है। इन्हें पूरक प्रकार के पद भी कहा जाता है। जैसे -

(अ) प्रधान एवं एजेन्ट के मध्य कमीशन पर माल बेचने के सम्बन्धों को कहते हैं ___________ (आढ़त)

(ब) प्रधान द्वारा सौंपे गये कार्य को सम्पन्न करने वाला व्यक्ति कहलाता है ___________ (प्रतिनिधि)

6. वर्गीकरण वाले प्रश्न (Classification Type Questions)–वर्गीकरण वाले प्रश्नों के अन्तर्गत चार-पाँच शब्दों का एक ऐसा समूह प्रस्तुत किया जाता है जिसमें एक शब्द असंगत होता है। अर्थात् एक शब्द को छोड़कर अन्य सभी शब्द किसी आधार पर समान होते हैं। विद्यार्थियों को उसी बेमेल या असंगत शब्द को छाँटना होता है। जैसे–

निर्देश : नीचे दिए गए शब्दों के समूह में से प्रत्येक में एक शब्द ऐसा है, जो अन्य शब्दों की श्रेणी से अलग है। आप प्रत्येक समूह से उस शब्द को छाँटकर लिखिए–

(अ) भोजन, टी.वी., वस्त्र, मकान (ब) भूमि, पूँजी, बचत, श्रम, संगठन, साहस

(स) बैलगाड़ी, कार, बस, हवाई जहाज (द) लखनऊ, भोपाल, पटना, सूरत

7. प्रत्यास्मरण प्रश्न (Recall Type Questions)–विद्यार्थी अपनी स्मृति के आधार पर जिन प्रश्नों के उत्तर देते हैं, वे प्रत्यास्मरण प्रश्न कहलाते हैं। इन प्रश्नों का कठिनाई स्तर निम्न होता है। इनके द्वारा साधारण सूचनाएँ प्राप्त की जाती है। जैसे–

1. साझेदारी फर्म में स्थिर पूँजी की दशा में कौन से खाते बनाए जाते हैं।
2. पुनर्मूल्यांकन खाते का दूसरा नाम क्या है?
3. भारतीय बहीखाता पद्धति में नकल बहियों में कितनी सलें (Folds) डाली जाती है?

वस्तुनिष्ठ प्रश्न निर्माण करते समय ध्यान रखी जाने वाली सावधानियाँ

- बहुविकल्पनात्मक प्रश्न बनाते समय प्रत्येक प्रश्न के लिए कम से कम चार विकल्प होने चाहिए।

- दिए गए सभी विकल्प प्रश्न से व्याकरण रूप से एक रूप होने चाहिए।
- एक प्रश्न का केवल एक ही सर्वश्रेष्ठ उत्तर होना चाहिए।
  विशिष्ट विकल्पों जैसे 'उक्त में से कोई भी नहीं' तथा 'उक्त सभी' का उपयोग, जहाँ तक संभव हो, नहीं करना चाहिए।
- रिक्त स्थान की पूर्ति वाले प्रश्न बनाते समय पाठ में से हूबहू वाक्य नहीं लेना चाहिए।
- रिक्त स्थान वाक्य के प्रारंभ या अन्त में नहीं देना चाहिए।
- सत्य अथवा असत्य वाले प्रश्नों को बनाते समय ऐसे कथनों को शामिल नहीं करना चाहिए, जिनका सत्य अथवा असत्य होना संदिग्ध हो अथवा जिनके बारे में विभिन्न मत हों।
- मिलान पद बनाते समय हमेशा एक स्तम्भ की तुलना में दूसरे स्तम्भ में अधिक विकल्प दिये जाने चाहिए।
- मिलान पद में दिए जाने वाले निर्देश प्रारंभ में व स्पष्ट रूप से दिए जाने चाहिए।
- किसी भी प्रकार के वस्तुनिष्ठ प्रश्न बनाते समय अनिश्चित अंश वाली शब्दावली से बचना चाहिए। जैसे–लम्बे समय, हमेशा, कभी नहीं, कुछ, केवल इत्यादि।
- मिलान प्रश्नों में मिलान किए जाने वाले पदों की सूची संक्षिप्त होनी चाहिए तथा अनुक्रियाओं को दायीं ओर रखना चाहिए।
- एक मिलान प्रश्न में दिए गए सभी पद एक ही पृष्ठ पर होना चाहिए।
- मिलान प्रश्न के लिए दिए गए निर्देश में पदों के मिलान का आधार स्पष्ट होना चाहिए।

लघुउत्तरीय प्रकार के प्रश्न (Short-Answer Type Questions)

लघुउत्तरीय प्रश्न निबंधात्मक व वस्तुनिष्ठ प्रश्नों के मध्य में होते हैं। अर्थात् ऐसे प्रश्न जिनके उत्तर निबंधात्मक प्रश्नों के उत्तरों से छोटे होते हैं, लेकिन वस्तुनिष्ठ प्रश्नों के उत्तरों से बड़े होते हैं, लघुउत्तरीय प्रकार के प्रश्न कहलाते हैं। निबंधात्मक प्रश्नों की तुलना में लघुउत्तरीय प्रश्नों में वस्तुनिष्ठता एवं विश्वसनीयता अधिक होती है। वस्तुनिष्ठ प्रकार के प्रश्न जहाँ विचारों की अभिव्यक्ति, संगठन एवं संश्लेषण की योग्यताओं का परीक्षण करने में असमर्थ होते हैं, वहीं लघुउत्तरीय प्रकार के प्रश्नों द्वारा इन योग्यताओं का कुछ सीमा तक मापन क़िया जा सकता है। अत: ऐसा कहा जाता है कि लघुउत्तरीय प्रकार के प्रश्नों में निबंधात्मक एवं वस्तुनिष्ठ दोनों प्रकार के प्रश्नों के लाभ निहित रहते हैं, और इसीलिए परीक्षाओं में इनका उपयोग बढ़ता जा रहा है।

विभिन्न विद्वानों ने लघुउत्तरीय पदों व वस्तुनिष्ठ प्रश्नों को एक समान ही बताया है। जैसे–

ग्रानलुण्ड ने अपनी पुस्तक मापन व मूल्यांकन (1985) में बताया है कि 'लघुउत्तरीय पद वे हैं जिनके उत्तर एक शब्द, अंक, संकेत अथवा वाक्यांश में दिए जा सकते हैं।'

स्टेनले एवं होपकिन्स (1990) के अनुसार, 'लघुउत्तरीय परीक्षण एक वस्तुनिष्ठ परीक्षण है जिसमें प्रत्येक पद एक प्रत्यक्ष प्रश्न, एक उद्दीपक शब्द या वाक्यांश (Phrase), एक विशिष्ट दिशानिर्देश (Direction), एक विशिष्ट समस्या या एक अपूर्ण कथन या प्रश्न के रूप में होता है। इसमें विद्यार्थी अनुक्रिया देने के लिए, शिक्षक द्वारा सुझाए गए उत्तरों की सूची में से चयन करता है।

लघुउत्तरीय प्रकार के प्रश्न-निर्माण में रखी जाने वाली सावधानियाँ

वस्तुनिष्ठ प्रकार के प्रश्नों की तुलना में लघुउत्तरीय प्रकार के प्रश्नों के निर्माण में योग्यता के निम्न स्तर की आवश्यकता होती है, लेकिन फिर भी इन्हें सावधानीपूर्वक संरचित किया जाना चाहिए और निम्न सावधानियाँ रखनी चाहिए–

1. लघुउत्तरीय प्रकार के प्रश्नों के उत्तर विशिष्ट और बिन्दुवार होने चाहिए।
2. लघुउत्तरीय प्रकार के प्रश्नों में अस्पष्ट (Vague) शब्द नहीं होने चाहिए।
3. लघुउत्तरीय प्रकार के प्रश्नों के अस्पष्ट (Vague) एवं सार्वभौम (Global) उत्तर नहीं मांगे जाना चाहिए।
4. लघुउत्तरीय प्रकार के प्रश्नों के उत्तर देने के लिए निश्चित शब्दसीमा (30 से 50 शब्द) दी जानी चाहिए।
5. लघुउत्तरीय प्रकार के प्रश्नों के लिए फलांक भी बिन्दुवार निश्चित किए जाने चाहिए।

निबन्धात्मक प्रश्न (Essay Type Questions)

निबन्धात्मक प्रश्न वे प्रश्न होते हैं जिनके लिए विद्यार्थी स्वतंत्र रूप से अनुक्रिया देते हैं। अनुक्रिया देने के लिए उन्हें कोई विकल्प नहीं दिया जाता है। इन प्रश्नों के द्वारा उनके अभिव्यक्ति कौशल व भाषा सौन्दर्य का विशेष रूप से आकलन किया जा सकता है। इन प्रश्नों के उत्तर विस्तार से दिए जाते हैं तथा पूर्णतः सटीक व निश्चित नहीं होते हैं, अतः इनका मूल्यांकन करना भी एक कठिन कार्य होता है। उसमें पक्षपात की संभावना अधिक होती है। अतः इससे बचने के लिए इनके उत्तर निश्चित बिन्दुओं के अन्तर्गत पूछे जाने चाहिए।

निबन्धात्मक प्रश्नों को दो प्रकारों में वर्गीकृत किया जा सकता है–

1. सीमित अनुक्रिया पद/प्रश्न (Restricted Response Question/Item)–ऐसे प्रश्न जिनमें विषयवस्तु एवं उत्तर की सीमा सीमित कर दी जाती है, सीमित अनुक्रिया प्रश्न कहलाते हैं। जैसे -

प्रश्न भारतीय अर्थ-व्यवस्था में वनों का महत्व स्पष्ट कीजिये। (केवल 400 शब्दों में)

प्रश्न ''विपणन व्यूह रचना'' पर 200 शब्दों में संक्षिप्त टिप्पणी लिखिए।

2. विस्तारित अनुक्रिया प्रश्न (Extended Response Question/Item)–ऐसे प्रश्न जिनमें अनुक्रिया का विस्तार विद्यार्थी की इच्छा पर निर्भर होता है, विस्तारित अनुक्रिया प्रश्न कहलाते हैं।

निबन्धात्मक प्रश्नों की रचना के लिए ग्रानलुण्ड एवं लिन (1990) ने निम्न सुझाव दिए हैं–

1. निबन्धात्मक प्रश्नों का उपयोग उन अधिगम परिणामों के लिए किया जाना चाहिए, जिन्हें वस्तुनिष्ठ प्रश्नों द्वारा संतोषजनक रूप से नहीं मापा जा सकता हों।
2. प्रश्नों का निर्माण इस तरह से करना चाहिए, जो अधिगम परिणामों में निर्दिष्ट व्यवहार को प्रदर्शित करते हों।

उन्होंने निम्न प्रश्न बताए हैं–

(अ) तुलना करना (Comparing)

प्रश्न साधारण रोकड़ बही व लघु रोकड़ बही में तुलना कीजिए।

प्रश्न साधारण रोकड़ बही व द्विस्तम्भीय रोकड़ बही में समानताएँ एवं विभिन्नताएँ बताइए।

प्रश्न माल्थस के जनसंख्या सिद्धान्त एवं अनुकूलतम जनसंख्या सिद्धान्त में तुलना कीजिए।

(ब) कारण एवं प्रभाव में संबंध बताना

प्रश्न देश की परिस्थितियों से श्रम की कार्यक्षमता किस प्रकार प्रभावित होती है?

प्रश्न भारत में गरीबी के प्रमुख कारण क्या है?

प्रश्न व्यापारिक केन्द्रों की स्थापना एवं उन्नति के क्या कारण हैं? इनकी स्थापना होने से वहाँ के निवासियों का जीवन स्तर किस तरह प्रभावित होता है?

प्रश्न उपभोक्ता मंच (फोरम) की स्थापना के क्या कारण है?

(स) औचित्य प्रतिपादन (Justifying)

प्रश्न 'अर्थशास्त्र विज्ञान है या कला' स्पष्ट कीजिए।

प्रश्न 'लेखाकर्म कला है अथवा विज्ञान' समझाइये।

प्रश्न 'दोहरा लेखा प्रणाली लेखाकर्म की लोकप्रिय व वैज्ञानिक प्रणाली है।' समझाइए।

(द) संक्षिप्तीकरण करना (Summarizing)

प्रश्न आवश्यकता के वर्गीकरण को प्रभावित करने वाले वातावरण सम्बन्धी घटकों को संक्षेप में लिखिए।

प्रश्न तुष्टिगुण के विभिन्न प्रकारों को संक्षेप में समझाइए।

प्रश्न दोहरा लेखा प्रणाली के अन्तर्गत रोजनामचा (जर्नल) से अन्तिम खाते तक की प्रक्रिया संक्षेप में समझाइये।

(इ) सामान्यीकरण करना (Generalizing)

प्रश्न ''राम खाना खाने बैठता है तब वह पहले अपनी माँ से दो रोटी माँगता है। फिर एक रोटी लेता है, उसके पश्चात् आधी रोटी माँगता है। और इसके पश्चात् जब माँ उसे आधी रोटी और देती है तो वह दृढ़ता से इंकार कर देता है।''

"मीनू को अमरूद बहुत पसंद है। वह अपनी माँ से अमरूद मंगवाती है और दो अमरूद लेती है। उन्हें खाने के पश्चात् वह एक अमरूद और माँगती है। लेकिन उसके पश्चात् वह अमरूद खाने से इंकार कर देती है।"

इन दो प्रकरणों में अर्थशास्त्र का कौन सा नियम लागू होता है। सामान्यीकरण प्रतिपादित कीजिए।

(ई) निष्कर्ष निकालना (Infering)

प्रश्न 'महेश को बेचे गए 150 रु. माल की राशि व्यापारिक व्यय खाते में नाम कर दी गई। इस अशुद्धि से अंतिम खातों पर क्या प्रभाव हुआ व उनमें सुधार कैसे किया जा सकता है, बताइये।

प्रश्न तलपट का मिलान न होने की दशा में अशुद्धियों को ढूँढ़ने के लिए आप क्या कदम उठायेंगे ?

(उ) वर्गीकरण करना (Classifying)

प्रश्न श्रम की गतिशीलता को वर्गीकृत कीजिए।

प्रश्न विनिमय साध्य प्रलेख कितने प्रकार के होते हैं? नाम लिखिए।

प्रश्न अशुद्धियों के संशोधन के आधार पर अशुद्धियों का वर्गीकरण कीजिए।

(ऊ) सृजन करना (Creating)

प्रश्न क्या होगा यदि मकानों में पहिए लग जाएं?

प्रश्न क्या होगा यदि मनुष्य पर लगाए जाने वाले कर जैसे आयकर, उपहारकर, संपत्तिकर, सेवाकर इत्यादि हटा दिए जाए।

(ए) अनुप्रयोग करना (Applying)

प्रश्न पूर्वदत्त व्यय के लिए समायोजन प्रविष्टि कीजिए।

प्रश्न उपार्जित आय के लिए नकल प्रविष्टि कीजिए।

(ऐ) विश्लेषण करना (Analysing)

प्रश्न प्रो. रॉबिन्स द्वारा दी गई अर्थशास्त्र की परिभाषा का विश्लेषण कीजिए।

प्रश्न इच्छा तथा आवश्यकता में अन्तर बतलाइए।

प्रश्न उत्पादन के साधनों के नाम बताइए तथा उनका वर्णन कीजिए।

(ओ) संश्लेषण करना (Synthesizing)

प्रश्न उपभोक्ता मंच (फोरम) के बारे में जनता को जागरूक करने के लिए क्या कदम उठाए जाने चाहिए। एक योजना बनाइए।

प्रश्न आप एक सहकारी उपभोक्ता भण्डार की स्थापना व संचालन कैसे करेंगे? इसके लिए एकयोजना बनाइये।

(आ) मूल्यांकन करना (Evaluation)

प्रश्न मार्शल द्वारा दी गई अर्थशास्त्र की परिभाषा की आलोचना कीजिए।

प्रश्न वनों के विकास की दिशा में सरकार द्वारा किये गये प्रयासों का मूल्यांकन कीजिए।

बहुविभेदात्मक प्रश्न/पद (Multiple Discriminant Question/Item)

बहुविभेदात्मक प्रश्न/पद वस्तुनिष्ठ प्रश्नों का एकप्रकार है। जिसमें एक साथ एक से अधिक प्रश्न (तीन, चार या अधिक) दिए जाते हैं, तत्पश्चात् उनके कई सारे संभावित उत्तर (विकल्प) दिए जाते हैं। जिनमें प्रत्येक प्रश्न/पद का एक ही सही उत्तर होता है तथा शेष विकल्प ध्यान भंग करने वाले होते हैं। इन पदों के द्वारा विद्यार्थियों में संकल्पनात्मक योग्यता (Conceptual Ability) व आलोचनात्मक चिंतन शक्ति का विकास होता है। वाणिज्य जैसे संकल्पनात्मक व व्यावहारिक विषय में बहुविभेदात्मक प्रश्नों का महत्व और भी बढ़ जाता है। इन प्रश्नों के विकास के लिए भी विशेष योग्यता की आवश्यकता होती है, वही शिक्षक इन प्रश्नों का विकास कर सकते हैं, जिनकी विषय पर अच्छी पकड़ हो। इन प्रश्नों के उदाहरण इस प्रकार हैं :

प्रश्न: 1

अ. निजी क्षेत्र की औद्योगिक संस्थाओं को दीर्घकालीन और मध्यकालीन वित्तीय सहायता देना।

ब. राज्य में छोटे और मध्यम आकार के उद्योगों को वित्तीय सहायता देना।

स. देश में सरकारी तथा गैर सरकारी क्षेत्रों में स्थापित किए गए उद्योगों को वित्तीय सहायता देना।

1. भारतीय औद्योगिक वित्त निगम।
2. राज्य वित्त निगम।
3. भारतीय औद्योगिक विकास बैंक।
4. राष्ट्रीय औद्योगिक विकास निगम।
5. भारतीय यूनिट ट्रस्ट।
6. भारतीय औद्योगिक विनियोग बैंक।
7. भारतीय औद्योगिक साख एवं विनियोग निगम।
8. भारतीय जीवन बीमा निगम।
9. भारतीय साधारण बीमा निगम।
10. भारतीय लघु उद्योग विकास बैंक।
11. भारतीय रिजर्व बैंक।

प्रश्न: 2

अ. संस्था के निर्धारित लक्ष्यों को पाने के लिए कर्मचारियों का अनुकूलतम प्रयोग करना।

ब. भवन, यन्त्र तथा सामग्रियों के सही रख-रखाव एवं देखभाल की व्यवस्था करना।

स. प्रयोग, शोध, उपभोक्ता अनुसंधान एवं नए कार्य क्षेत्रों की खोज करना।

विकल्प

1. क्रय प्रबन्ध
2. कार्यालय प्रबन्ध
3. पर्यावरण प्रबन्ध
4. तकनीकी प्रबन्ध
5. आयात-निर्यात प्रबन्ध
6. प्रतिरक्षा प्रबन्ध

7. समय प्रबन्ध
8. पर्यटन प्रबन्ध
9. विपणन प्रबन्ध
10. सेविवर्गीय प्रबन्ध
11. उत्पादन प्रबन्ध
12. परिवहन प्रबन्ध
13. शिक्षा का प्रबन्ध
14. अनुरक्षण प्रबन्ध
15. वित्तीय प्रबन्ध

प्रश्न: 3

अ. उधार क्रय का लेखा किया जाता है।

ब. उधार विक्रय का लेखा किया जाता है।

स. नकद क्रय-विक्रय का लेखा किया जाता है।

1. लाभ-हानि खाता में
2. चिट्ठा में
3. तलपट में
4. नकल बही में
5. रोकड़ बही में
6. लघु रोकड़ बही में
7. क्रय बही में
8. खाता बही में
9. विक्रय बही में
10. द्विस्तम्भीय रोकड़ बही में
11. त्रिस्तम्भीय रोकड़ बही में
12. रोजनामचा में
13. प्राप्य विपत्र बही में
14. देय विपत्र बही में
15. व्यापार खाता में
16. खाते में।

मानक सन्दर्भित परीक्षण (Norm Referenced Test) व निकष सन्दर्भित परीक्षण (Criterion Referenced Test)

मानक सन्दर्भित परीक्षण व निकष सन्दर्भित परीक्षण विद्यार्थियों की उपलब्धि का मूल्यांकन करने के तरीके हैं जो कि दो विभिन्न दर्शनों पर आधारित है।

मानक सन्दर्भित परीक्षण मूल्यांकन की परंपरागत विचारधारा पर आधारित है जो कि प्रत्येक विद्यार्थी की उपलब्धि का निर्वचन एक समूह, एक कक्षा, एक विद्यालय या एक राज्य के सन्दर्भ में करता है। प्रस्तुत परीक्षण के अनुसार विद्यार्थियों में व्यक्तिगत भिन्नताएँ होती है, अत: सभी विद्यार्थियों के अधिगम की गति समान नहीं होती है, वे सभी अपनी-अपनी गति से सीखते हैं। इसलिए किसी भी विद्यार्थी के निष्पादन की तुलना अन्य विद्यार्थी के निष्पादन से नहीं की जानी चाहिए। किसी विद्यार्थी के निष्पादन की तुलना एक मानक से की जानी चाहिए, और यह मानक उस समूह के मूल्य, परम्पराएँ व विशेषताओं के आधार पर निर्धारित किए जाने चाहिए, जिस समूह का वह विद्यार्थी सदस्य है। अत: 'ऐसा परीक्षण, जो किसी समूह के मानकों के सन्दर्भ में किया जाता है, मानक सन्दर्भित परीक्षण कहा जाता है। या ऐसा मापन, जिसमें विद्यार्थी के अंकों की व्याख्या एक समूह के सन्दर्भ में की जाती है, मानक सन्दर्भित परीक्षण कहलाता है। इन परीक्षणों का उपयोग निम्न कार्यो के लिए किया जा सकता है :

1. विद्यार्थियों को प्रश्न व्यापारिक केन्द्रों की स्थच्च से निम्न के क्रम में कोटि प्रदान करने के लिए।

2. एक विद्यार्थी के निष्पादन का निर्वचन उसके समूह के मानकों के सन्दर्भ में कर विद्यार्थी को मानक के समीप पहुँचाने में।
3. समूह में अधिक विषयवस्तु जानने वाले विद्यार्थी को पहचानने में।
4. नए पाठ्यक्रम को सफलता पूर्वक पूर्ण करने वाले विद्यार्थियों की पहचान करने के लिए अभिक्षमता परीक्षण में।

निकष सन्दर्भित परीक्षण (Criterion Referenced Test)

निकष सन्दर्भित परीक्षण किसी विद्यार्थी के पिछले निष्पादन की तुलना उसके वर्तमान निष्पादन से करते हुए उसके अधिगम में सुधार करने की विचारधारा पर आधारित है। यह मानक सन्दर्भित परीक्षण की तरह विद्यार्थी के निष्पादन की तुलना एक मानक से नहीं करता है। इसके दर्शन के अनुसार, चूँकि कक्षा में औसत से अधिक, औसत एवं औसत से कम, सभी तरह की योग्यताओं के विद्यार्थी रहते हैं, और प्रत्येक विद्यार्थी का निष्पादन शत-प्रतिशत नहीं हो सकता है, अतः उनके निष्पादन की तुलना किसी मानक से नहीं की जानी चाहिए। बहुत से विद्यार्थी मानक से परे प्राप्त करते हैं, अतः यदि उनके निष्पादन की तुलना किसी मानक से की जाती है तब उनकी असफलता उन्हें हतोत्साहित कर सकती है और उनमें हीनभावना उत्पन्न कर सकती है। लेकिन यदि विद्यार्थी के निष्पादन की तुलना एक पूर्व-निर्धारित निकष से की जाए और उनकी सफलता को दर्शाया जाए तब वे प्रोत्साहित होते हैं और भविष्य में सफलता के मार्ग पर अग्रसर होते हैं।

अतः निकष सन्दर्भित परीक्षण एक ऐसा परीक्षण है जिसमें विद्यार्थी के निष्पादन का आकलन एक विशिष्ट निकष के सन्दर्भ में किया जाता है। जैसे विद्यार्थियों को बहीखाता एवं लेखाकर्म पढ़ाते समय निम्न पूर्व-निर्धारित उद्देश्य बनाए जाए–

1. विद्यार्थी मूल्य ह्रास का अर्थ लिख सकेंगे।
2. विद्यार्थी स्थायी किस्त पद्धति के आधार पर यंत्रों पर मूल्य ह्रास की गणना कर सकेंगे।
3. विद्यार्थी भारतीय बहीखाता प्रणाली के अनुसार लेखा पुस्तकें तैयार कर सकेंगे।
4. विद्यार्थी किराया क्रय पद्धति के अनुसार विक्रेता की पुस्तकों में लेखे कर सकेंगे।

उपर्युक्त उद्देश्यों के आधार पर विद्यार्थी को अध्यापन कराया जाए और उसके पश्चात् उसके निष्पादन का परीक्षण किया जाए तब परीक्षण से प्राप्त परिणामों के आधार पर हमें प्रतिपोष (Feedback) प्राप्त होगा कि विद्यार्थी ने कौन से उद्देश्यों को पूर्णतः प्राप्त कर लिया है और किन उद्देश्यों को आंशिक अथवा बिल्कुल भी प्राप्त नहीं किया है। ऐसी स्थिति में उन उद्देश्यों से संबंधित (जिन्हें प्राप्त नहीं किया है) प्रकरणों का पुनः अध्यापन करा कर विद्यार्थी के अधिगम में सुधार किया जा सकता है और तब यह परीक्षण निकष सन्दर्भित परीक्षण होगा।

पीट्सबर्ग विश्वविद्यालय के राबर्ट ग्लेजर निकष सन्दर्भित परीक्षण की संकल्पना देने वाले सबसे पहले व्यक्ति थे। इनके अनुसार, ''निकष सन्दर्भित परीक्षण वह है, जो कि

जानबूझकर मापन के लिए निर्मित किया गया है, जिसका कि प्रत्यक्ष रूप से निर्वचन (Interpretation) विद्यार्थियों के विशिष्ट निष्पादन के आधार पर किया जा सकता है।

इवान (1970) के अनुसार, ''एक निकष सन्दर्भित परीक्षण वह है जिसमें व्यावहारिक उद्देश्यों के एक समुच्चय से कथनों की कुंजी को शामिल किया जाता है।''

पोफम के अनुसार, ''निकष सन्दर्भित परीक्षण एक सुपरिभाषित व्यावहारिक पक्ष के सन्दर्भ में एक व्यक्ति के स्तर को जाँचने में प्रयोग किया जाता है।''

निकष सन्दर्भित परीक्षण के उपयोग (Uses of Criterion Referenced Test)

निकष सन्दर्भित परीक्षण का उपयोग निम्न के लिए किया जाता है :

(अ) अनुदेशन के विभिन्न उद्देश्यों की प्राप्ति का स्तर ज्ञात करने में।

(ब) विद्यार्थियों की अधिगम में अपर्याप्तता को खोजने एवं कमजोर विद्यार्थियों को उपचार के एक नियमित कार्यक्रम के द्वारा अन्य विद्यार्थियों के स्तर तक पहुँचाने में मदद करने में।

(स) एक कक्षा में पारंगतता प्राप्त एवं गैर-पारंगतता प्राप्त को पहचानने में।

(द) एक विशेष संकल्पना को किस स्तर तक सीखा, यह ज्ञात करने में।

(इ) विभिन्न ग्रेड स्तरों पर संकल्पनाओं के बेहतर स्थानन (Placement) में।

निदानात्मक परीक्षण (Diagnostic Test)

किसी विषय में विद्यार्थियों द्वारा अधिगम के स्तर को ज्ञात करने के लिए उपलब्धि परीक्षण प्रशासित किया जाता है और विद्यार्थियों द्वारा अर्जित उपलब्धि के आधार पर यह ज्ञात किया जाता है कि विद्यार्थियों ने किन उद्देश्यों को प्राप्त किया है और किन उद्देश्यों को प्राप्त करने में वे असफल रहे हैं। लेकिन उपलब्धि परीक्षण से यह ज्ञात नहीं होता है कि विद्यार्थियों को किसी विशिष्ट प्रकरण में अधिगम कठिनाइयाँ कहाँ हैं और कौन सी हैं ? चूंकि प्रत्येक विद्यार्थी को अधिगम में आने वाली कठिनाइयाँ अलग-अलग होती हैं। इसलिए उन्हें पहचानना अत्यन्त कठिन होता है। अत: विद्यार्थियों को अधिगम में आने वाली कठिनाइयों की पहचान करने के लिए एक परीक्षण उपयोग में लाया जाता है, जिसे निदानात्मक परीक्षण (Dignostic Test) कहा जाता है और इसके द्वारा उनकी अधिगम संबंधी कठिनाइयों की पहचान करना निदान कहलाता है।

गुड (1959) के अनुसार, ''विद्यार्थियों की विशिष्ट कमजोरियों के निर्धारण के दृष्टिकोण से एक सीमित विषयक्षेत्र या संबंधित उपक्षेत्र में उपलब्धि मापने का एक इच्छित /अभीष्ट (Intended) परीक्षण, जिसके आधार पर उपचारात्मक उपाय किये जा सकें, निदानात्मक परीक्षण कहलाता है।''

निदानात्मक परीक्षण का निर्माण (Counstruction of a Diognostic Test)

निदानात्मक परीक्षण का निर्माण कुछ सोपानों के आधार पर किया जाता है जो इस प्रकार है–

1. योजना बनाना (Planning)
2. पदों को लिखना (Writing the Item)
3. पदों को एकत्रित करना (Assembling of the Items)
4. निर्देश प्रदान करना (Providing Directions)
5. अंकन कुंजी एवं अंक योजना तैयार करना (Preparing Scoring Key and Marking Scheme)
6. समीक्षा एवं सम्पादन (Reviewing and Editing)

इन सोपानों का क्रमानुसार वर्णन इस प्रकार है–

1. योजना बनाना (Planning)–निदानात्मक परीक्षण के निर्माण का पहला सोपान योजना बनाना होता है। चूंकि यह परीक्षण विद्यार्थियों की अधिगम कठिनाइयों को जानने के लिए निर्मित किया जाता है। अतः इसके लिए अध्यापक को सर्वप्रथम अधिक से अधिक प्रदत्त एकत्रित करना होते हैं, और फिर उनके आधार पर संबंधित विषयवस्तु का विश्लेषण करना होता है। विषयवस्तु विश्लेषण के लिए विषयवस्तु को छोटे-छोटे अधिगम बिन्दुओं में तोड़ा जाता है और फिर उन्हें पदानुक्रम (Hierarchical Order) में व्यवस्थित किया जाता है। पदानुक्रम में व्यवस्थित करते समय इन अधिगम बिन्दुओं में निरन्तरता बनाये रखनी होती है ताकि परीक्षण में सभी अधिगम बिन्दु शामिल हो जायें और विद्यार्थियों की सभी कठिनाइयों का निदान किया जा सके और इन सभी कार्यों के लिए शिक्षक एक सुनिश्चित योजना तैयार करते हैं।

2. पदों को लिखना (Writing the Item)–निदानात्मक परीक्षण के पहले सोपान में विषयवस्तु विश्लेषण के दौरान निर्धारित किये गये अधिगम बिन्दुओं के पदानुक्रम के अधार पर पदों को लिखा जाता है। विद्यार्थियों की अधिगम कठिनाइयों को स्पष्टतः जानने के लिए प्रत्येक अधिगम बिन्दु से संबंधित पर्याप्त पद लिखे जाते हैं। पद लेखन के लिए सामान्यतः यह सुझाव दिये जाते हैं कि–

1. सामान्यतः एक अधिगम बिन्दु से संबंधित तीन से अधिक पद लिखे जाने चाहिए।
2. ये सभी पद औसत कठिनाई स्तर के होने चाहिए।
3. परीक्षण में वस्तुनिष्ठ व लघुउत्तरीय, दोनों तरह के पद शामिल करना चाहिए।
4. चूँकि प्रस्तुत परीक्षण का उद्देश्य विद्यार्थियों की अधिगम कठिनाइयों का निदान करना होता है और इसके लिए विद्यार्थियों द्वारा सभी पदों को हल करना आवश्यक होता है ताकि उनकी अधिगम कठिनाइयों को पकड़ा जा सके, अतः परीक्षण को हल करने के लिए कोई समय-सीमा निर्धारित नहीं की जानी चाहिए।

इसके अतिरिक्त पद लिखते समय उन सभी बातों का ध्यान रखना चाहिए जो कि परीक्षण मानकीकरण में पद लेखन में दी गई हैं।

3. पदों को एकत्रित करना (Assembling of the Items)–एक अधिगम बिन्दु से संबंधित विभिन्न प्रकार के पदों (वस्तुनिष्ठ, लघु उत्तरीय) में निरंतरता नहीं होने से विद्यार्थियों को उन्हें हल करते समय बार-बार अपने मानसिक विन्यास (Mental Sets) को परिवर्तित करना होता है, और अपना ध्यान एकाग्र करना होता है। इससे कई बार उनकी वास्तविक

अधिगम कठिनाइयों को नहीं पहचाना जाता है। अतः पद-लेखन के पश्चात् पदों को व्यवस्थित किया जाता है, और एक अधिगम बिन्दु से संबंधित सभी पदों को एक साथ रखा जाता है और उन्हें कठिनाई स्तर के आधार पर व्यवस्थित किया जाता है।

4. निर्देश प्रदान करना (Providing Directions)–विद्यार्थियों द्वारा पदों को पर्याप्त रूप से समझने तथा वांछित अनुक्रिया प्राप्त करने के लिए निदानातमक परीक्षण में पदों से संबंधित निर्देश स्पष्ट एवं विशिष्ट रूप से दिए जाने चाहिए। ये निर्देश निदानात्मक परीक्षण में तो लिखित रूप से दिए जाने ही चाहिए, साथ ही परीक्षण प्रशासन के लिए भी स्पष्ट निर्देश दिए जाने चाहिए।

5. अंकन कुजी एवं अंक योजना तैयार करना (Preparing Scoring Key and Marking Scheme)–निदानात्मक परीक्षण में एक उपयुक्त परीक्षण के गुण जैसे विश्वसनीयता, वैधता, वस्तुनिष्ठता इत्यादि बनाए रखने के लिए परीक्षण में अंकन कुंजी एवं अंक प्रदान करने की योजना देनी चाहिए। इससे परीक्षण का उपयोग करने वाले सभी व्यक्तियों द्वारा एक समान अंकन किया जा सकता है।

6. समीक्षा एवं सम्पादन (Reviewing and Editing)–निदानात्मक परीक्षण का अंतिम सोपान उसकी समीक्षा व सम्पादन करना हेता है। जिसके लिए परीक्षण तैयार करने के पश्चात् उसे विषय-विशेषज्ञों को देना चाहिए तथा उनके सुझावानुसार पदों में संशोधन भी करना चाहिए।

उपचारात्मक शिक्षण (Remedial Teaching)

निदानात्मक परीक्षण का उपयोग विद्यार्थियों की त्रुटियों व कमज़ोरियों का पता लगाने के लिए किया जाता है, लेकिन हमारा मुख्य उद्देश्य उन त्रुटियों व कमजोरियों को दूर करना होता है और इसके लिए निदानात्मक परीक्षण द्वारा विद्यार्थियों की गलतियों का निदान कर उन्हें दूर करने के लिए उपचारात्मक शिक्षण कराया जाता है। उपचारात्मक शिक्षण न केवल विद्यार्थियों की गलतियों में सुधार करता है, बल्कि उनकी उपलब्धि को भी बेहतर बनाता है। यह किसी विषय/विषयवस्तु के सन्दर्भ में सम्पूर्ण शिक्षण न होकर विद्यार्थियों की त्रुटियों पर आधारित शिक्षण होता है। इससे विद्यार्थियों की संकल्पनात्मक योग्यता में भी वृद्धि होती है।

अतः निदानात्मक परीक्षण के पश्चात् उपचारात्मक शिक्षण अपरिहार्य रूप से किया जाना चाहिए। उपचारात्मक शिक्षण परिस्थितियों एवं व्यक्तियों के अनुसार विभिन्न प्रकार से संचालित किया जा सकता है, लेकिन इसके क्रियान्वयन के लिए निम्न प्रक्रिया अपनाई जा सकती है–

1. चूँकि एक उपचार कार्यक्रम विद्यार्थियों की त्रुटियों को दूर करने व अधिगम में सुधार करने के लिए संचालित किया जाता है, अतः इसमें शामिल विद्यार्थियों की रुचि व स्वीकृति कार्यक्रम के लिए होनी आवश्यक है, तभी उपचार कार्यक्रम प्रभावी हो सकता है और इसके लिए उपचार कार्यक्रम को उन प्रकरणों या अधिगम बिन्दुओं से प्रारम्भ करना चाहिए जिनका विद्यार्थियों को पूर्ण ज्ञान है।

2. उपचार कार्यक्रम में अध्यापक को विद्यार्थियों की अच्छाइयों एवं मजबूत बिन्दुओं से शुरूआत करते हुए कमजोरियों पर आना चाहिए।
3. एक उपचार कार्यक्रम गतिविधि-उन्मुख (Activity-Oriented) होना चाहिए, ताकि विद्यार्थी सक्रिय बने रहें व स्वयं कर के सीखें। उसमें विद्यार्थियों के सीखने के लिए नवाचार होना चाहिए, अन्यथा उपचार कार्यक्रम भी सामान्य शिक्षण की तरह नीरस बन कर रह जाएगा। अत: उपचार कार्यक्रम में प्रत्येक अध्याय का प्रारम्भ व अन्त गतिविधियों से करना चाहिए।
4. उपचार कार्यक्रम में पूर्ण समय विद्यार्थियों की कमियों को ही नहीं दर्शाना चाहिए। एक घंटे के सत्र में विद्यार्थियों की कमियों को बताने के लिए अधिकतम दस मिनट का समय लेना चाहिए तथा विद्यार्थियों की अच्छाइयों का उपयोग करते हुए कमजोरियों पर आना चाहिए।
5. उपचार कार्यक्रम की योजना बनाते समय विद्यार्थियों को भी शामिल किया जाना चाहिए तथा की जाने वाली गतिविधियों के लिए उनकी राय भी ली जाना चाहिए।
6. अनुदेशन देने के लिए विद्यार्थियों के छोटे-छोटे समूह बना लेना चाहिए तथा प्रत्येक दिन समूह में शामिल होने वाले विद्यार्थियों का ढूँढ कर उनकी प्रशंसा की जानी चाहिए।
7. विद्यार्थियों के पालकों तथा अन्य शिक्षकों से सम्पर्क कर उन्हें विद्यार्थी की सफलता के बारे में बताना चाहिए, और सभी को मिलकर विद्यार्थी को पुनर्बलन देना चाहिए।
8. गतिविधियाँ तय करते समय विद्यार्थियों की पसंद/नापसंद का ध्यान रखा जाना चाहिए।
9. विद्यार्थियों को मिल-जुलकर कार्य करने के अवसर दिए जाना चाहिए।
10. विद्यार्थियों द्वारा नए क्षेत्रों में सफलतापूर्वक कार्य करने के लिए पुरस्कार प्रदान किए जाने चाहिए।
11. उपचार प्रोग्राम की प्रभाविता से संबंधित सूचनाएँ प्राप्त करने के लिए विद्यार्थियों का समय-समय पर परीक्षण व मूल्यांकन करना चाहिए। इससे विद्यार्थियों को उनकी प्रगति का ज्ञान करवा कर अभिप्रेरित भी किया जा सकता है।

उपचार के सिद्धांत (Principles of Remediability)

एक प्रभावी उपचारात्मक कार्यक्रम के लिए निम्न सिद्धांतों का अनुपालन करना चाहिए-

1. सकारात्मक अभिवृत्ति-एक उपचार कार्यक्रम तभी सफल हो सकता है जब उसमें शामिल विद्यार्थियों की उपचार के प्रति सकारात्मक अभिवृत्ति हो। उपचार कार्यक्रम उन विद्यार्थियों के लिए होता है जो अधिगम में त्रुटि करते हैं और जिनकी उपलब्धि निम्न होती है। निम्न उपलब्धि व पढ़ाई में लगातार असफल होने से इन विद्यार्थियों की अधययन के प्रति अरुचि विकसित हो जाती है और वे हतोत्साहित होते हैं। अत: उनमें उपचार कार्यक्रम के प्रति सकारात्मक अभिवृत्ति विकसित की जानी चाहिए तथा उन्हें यह विश्वास दिलाया जाना चाहिए कि यह उपचार कार्यक्रम उनकी उपलब्धि में सुधार करेगा तथा वे सफल होंगे।

और इसके लिए उन्हें दिये जाने वाले उपचार में प्रारंभिक पाठ उनके मज़बूत बिन्दुओं की ओर निर्देशित किए जाने चाहिए तथा सम्पूर्ण उपचार कार्यक्रम के प्रत्येक पाठ में भी कुछ समय उन्हें उनके मजबूत बिन्दुओं की ओर निर्देशित किए जाने चाहिए।

2. सफलता से परिचित कराना–उपचार कार्यक्रम का दूसरा सिद्धांत विद्यार्थियों को उनकी सफलता के बारे में बताना है। उन्हें उपचार कार्यक्रम के दौरान होने वाले अनुभवों से वास्तविक रूप से परिचित करा कर **सफलता** की ओर बढ़ाया जाना चाहिए।

3. अनुप्रयोग–एक उपचार कार्यक्रम तभी प्रभावी बन सकता है जब विद्यार्थी उससे वास्तविक रूप में सीखें। और इसके लिए उन्हें सीखे गये ज्ञान का अनुप्रयोग करने का अवसर प्रदान करना चाहिए।

4. नम्यता–एक प्रभावी उपचार कार्यक्रम नम्य होना चाहिए, जिसमें बालकों की बदलती आवश्यकताओं व परिस्थितियों के अनुसार गतिविधियों को समायोजित करने की क्षमता होनी चाहिए।

5. लक्ष्य-निर्देशित–उपचार कार्यक्रम के प्रारम्भ में ही अनुदेशनात्मक उद्देश्य बना लेना चाहिए और उनकी प्राप्ति के लिए ही कार्यक्रम चलाया जाना चाहिए।

6. कौशल आधारित–उपचार कार्यक्रम इस तरह का होना चाहिए कि विद्यार्थी अपनी कमियाँ पहचान कर उन्हें दूर कर लें तथा अपनी दैनिक विद्यालयीन सफलता के लिए उपचार कार्यक्रम पर ही निर्भर ना रहें। अतः उपचार कार्यक्रम विद्यार्थियों में कौशलों का विकास करने वाला होना चाहिए।

14. वाणिज्य में उपलब्धि परीक्षणों का मानकीकरण
(Standardization of Achievement Tests in Commerce)

अध्यापक विद्यार्थियों की उपलब्धि का मूल्यांकन करने के लिए उपलब्धि परीक्षणों का उपयोग करते हैं। लेकिन अध्यापकों द्वारा बनाए गए उपलब्धि परीक्षणों में एक अच्छे उपकरण के गुण जैसे- विश्वसनीयता, वैधता, उपयोगिता, वस्तुनिष्ठता, विभेदकता, संवेदनशीलता इत्यादि नहीं होते हैं। अत: अध्यापकों को मानकीकृत उपलब्धि परीक्षणों (Standardize Achievement Test) का ही उपयोग करना चाहिए। लेकिन हमारे देश में सामान्यत: सभी विषयों में, और विशेषकर वाणिज्य विषय में मानकीकृत उपलब्धि परीक्षणों का नितान्त अभाव है। अत: वाणिज्य के अध्यापक को उपलब्धि परीक्षणों के मानकीकरण की प्रक्रिया का ज्ञान होना अत्यन्त आवश्यक है। यहाँ मानकीकृत उपलब्धि परीक्षणों की प्रक्रिया को उसके अर्थ के साथ संक्षिप्त किन्तु सुस्पष्ट रूप में वर्णित किया गया है।

मानकीकृत उपलब्धि परीक्षण का अर्थ व परिभाषा
(Meaning and Definitions of a Standardized Achievement Test)

''एक मानकीकृत परीक्षण वह परीक्षण होता है जिसका निर्माण सुव्यवस्थित पदों के अन्तर्गत किया गया हो।''

विद्वानों ने मानकीकृत परीक्षण की परिभाषाएँ इस प्रकार दी है–

गुड (1957) के अनुसार, ''एक मानकीकृत परीक्षण वह परीक्षण है, जिसमें विषयवस्तु का चयन अनुभव के आधार पर किया गया हो, जिसके मानक ज्ञात हों, जिसके प्रशासन एवं फलांकन की समरूप विधियों को विकसित किया गया हो तथा फलांकन को वस्तुनिष्ठ विधि से किया गया हो।''

क्रौनबेक (1990) के अनुसर, ''किसी मानकीकृत परीक्षण में प्रक्रिया, फलांकन, मूल्यांकन आदि सभी निश्चित होते हैं जिससे इसका प्रयोग विभिन्न अवसरों पर किया जा सके। इसमें मानकों की सारणी तथा किसी समूह के प्रतिनिधित्वकारी विद्यार्थियों का सम्भावित प्राप्तांक ज्ञात रहता है।''

परीक्षण मानकीकरण के सोपान (Steps of Standardization of Test)

रॉस (1965) के अनुसार उपलब्धि परीक्षण के मानकीकरण के निम्न सोपान होते हैं–

1. परीक्षण की योजना बनाना
2. परीक्षण की तैयारी करना,
3. जाँच करना/पद विश्लेषण करना
4. मूल्यांकन करना

इनका क्रमानुसार वर्णन इस प्रकार है–

1. परीक्षण की योजना बनाना (Planning of the Test)–परीक्षण मानकीकरण के लिए सर्वप्रथम एक सुनिश्चित योजना बनानी होती है, जिसमें निम्न बातों का ध्यान रखना चाहिए–

(अ) परीक्षण में शामिल विषयवस्तु कौन सी है?

(ब) परीक्षण संज्ञानात्मक (Cognitive), भावात्मक (Affective), एवं मनोगामक (Psychomotor) उद्देश्यों में से किन उद्देश्यों की पूर्ति के लिए निर्मित किया जा रहा है?

(स) परीक्षण में शामिल प्रश्न वस्तुनिष्ठ, लघुउत्तरीय, निबंधात्मक में से किस प्रकार के हैं?

(द) परीक्षण में शामिल प्रश्नों में से प्रत्येक प्रकार के प्रश्नों की कितनीशृँखला रखी जाएगी तथा परीक्षण की समयावधि कितनी होगी?

(इ) परीक्षण का अंकन किस प्रकार किया जाएगा?

सामान्यत: परीक्षण की योजना बनाते समय सबसे पहले परीक्षण के द्वारा आकलित किए जाने वाले परिवर्ती (Variable) की संक्रियात्मक परिभाषा (Operational Definition) तय की जाती है। ताकि परीक्षण निर्माण करते समय उस परिभाषा में परिवर्ती के शामिल किए गए पहलू/पहलुओं के अनुसार ही पद रखे जा सके।

परिवर्ती की संक्रियात्मक परिभाषा के निर्धारण के लिए अध्यापक या परीक्षण-निर्माणकर्त्ता स्वयं अपनी परिभाषा निर्मित कर सकते हैं या आवश्यकतानुसार स्तरीय पुस्तकों, शब्दकोषों, विश्वकोषों, अन्तरजाल (Internet) की सहायता ले सकते हैं। वे अन्य विद्वानों द्वारा संबंधित परिवर्ती की दी गई परिभाषा का उपयोग भी कर सकते हैं।

परीक्षण-निर्माण को योजना बनाते समय परीक्षण की फलांकन विधि का भी निर्धारण कर लेना चाहिए। परीक्षण कम्प्यूटराइज्ड होने की स्थिति में फलांकन कम्प्यूटर द्वारा किया जा सकता है। परीक्षण के लिए फलांकन कुंजी का उपयोग किया जाना चाहिए। उपलब्धि परीक्षण के निर्माण की योजना बनाते समय एक नील-पत्र (Blue Print) तैयार किया जाना चाहिए जिसमें परीक्षण में शामिल विषयवस्तु, उनका भार (Weightage), प्रश्नों की संख्या एवं प्रकार, प्रश्न जिस पक्ष से संबंधित है उसका स्तर इत्यादि का निर्धारण कर लेना चाहिए। जैसे –

नील पत्र (Blue Print)
विषय-बहीखाता एवं लेखाकर्म

प्रश्नों की संख्या | कक्षा - 12वीं | कुल अंक - 100

क्र.	प्रकरण	संज्ञानात्मक पक्ष के स्तर									प्रश्नों की संख्या	भार प्रतिशत
		ज्ञान			बोध			अनुप्रयोग				
		प्रश्न			प्रश्न			प्रश्न				
		वस्त-निष्ठ	लघु-उत्तरीय	निबंधा-त्मक	वस्त-निष्ठ	लघु-उत्तरीय	निबंधा-त्मक	वस्त-निष्ठ	लघु-उत्तरीय	निबंधा-त्मक		
1.	मूल्यहास		2 (5.6)		1 (2.8)				1 (2.8)	1 (2.8)	5	14
2.	प्रेषण लेखे	3 (8.7)		2 (5.8)		2 (5.8)	2 (5.8)·			1 (2.9)	10	29
3.	भारतीय बहीखाताप्रणाली			1 (2.8)		1 (2.8)		1 (2.8)	2 (5.6)		5	14
4.	पूँजी एवं आगम	2 (5.7)	3 (8.6)			2 (5.7)					7	20
5.	प्राप्ति भुगतान खाता एवं आय-व्ययखाता			3 (8.6)	1 (2.9)		2 (5.75)		1 (2.9)	1 (2.9)	8	23

2. परीक्षण तैयार करना (Preparing the Test)–परीक्षण निर्माण की पूर्ण योजना बनाने के पश्चात् परीक्षणकर्त्ता परीक्षण तैयार करता है, जिसके लिए वह अनेक प्रकार के पदों का निर्माण करता है। पदों का निर्माण करते समय वह उनके प्रकार, परीक्षण में उन्हें रखने का क्रम व संगठन इत्यादि का भी निर्धारण करता है।

3. जाँच करना/पद विश्लेषण करना (Trying out the Test/Item Analysis)–पदों का निर्माण करने के पश्चात् परीक्षण निर्माणकर्त्ता द्वारा पदों की उपयुक्तता का पता लगाने के लिए पदों की जाँच (Try out) की जानी चाहिए। यह जाँच दो प्रकार से की जाती है:

1. प्रारंभिक जाँच (Initial Try out)
2. अंतिम जाँच (Final Try out)

प्रारंभिक जाँच (Initial Try out)–प्रारंभिक जाँच के मुख्य उद्देश्य पदों में संशोधन करना व पद-विश्लेषण (Item Analysis) करना होता है। इनके आधार पर ही यह निश्चित किया जाता है कि परीक्षण में कौन से पद रखे जाएँ। प्रारंभिक जाँच तीन प्रकार से की जाती है।

प्रारंभिक जाँच
(Initial Try out)

विशेषज्ञों द्वारा (By Experts)	व्यक्तिगत रूप से (By Individual)	समूह द्वारा (By Group)

विशेषज्ञों द्वारा जाँच (Experts Try out)–वाणिज्य के परीक्षण का प्रथम प्रारूप तैयार होने के पश्चात् उसे वाणिज्य एवं मापन-मूल्यांकन के 10-15 विशेषज्ञों को जाँच के लिए दिया जाना चाहिए। विशेषज्ञ परीक्षण के पदों को पढ़कर यह सुझाव दे सकते हैं कि कौन से पदों को परीक्षण में शामिल किया जाए और कौन से पदों को हटाया जाए। वे पदों को परीक्षण में शामिल करने अथवा हटाने का सुझाव परीक्षण में शामिल परिवर्ती की संक्रियात्मक परिभाषा के आधार पर देते हैं, अर्थात् यदि परीक्षण में शामिल पद परिवर्ती की संक्रियात्मक परिभाषा से मिलान (Match) नहीं करते हैं तो उन्हें हटाने को कह सकते हैं और यदि संक्रियात्मक परिभाषा के किसी पहलू/पहलुओं से संबंधित पद बनाने से रह गए हैं तब वे उन पहलुओं से संबंधित नए पद परीक्षण में शामिल करने का कह सकते हैं। इसके अतिरिक्त विशेषज्ञ परीक्षण के पदों में संशोधन निम्न तरह से कर सकते हैं–

1. लक्ष्य समूह (Target Group) के आधार पर पदों की भाषा में परिवर्तन करना।
2. पदों की पुनर्रचना करना तथा शब्द बदल देना।

व्यक्तिगत जाँच (Individual Try out)–परीक्षण जिस लक्ष्य समूह (Target Group)

के लिए बनाया गया है, उस लक्ष्य समूह को परीक्षण समझ आ रहा है या नहीं, परीक्षण के निर्देश विद्यार्थियों को समझ आ रहे हैं या नहीं, भाषा लक्ष्य समूह के स्तर के लायक है या नहीं, यह जानने के लिए परीक्षण के प्रथम प्रारूप की जाँच लक्ष्य समूह के 20-25 सदस्यों अर्थात् विद्यार्थियों को परीक्षण देकर की जाती है। इन विद्यार्थियों को परीक्षण दिया जाता है और उनसे परीक्षण में दिए गए पद व निर्देश पढ़ने के लिए दिए जाते हैं, और उनसे कहा जाता है कि जो शब्द/वाक्य व निर्देश उन्हें समझ न आए, वे उन्हें बता दें। इस प्रकार उनके द्वारा दी गयी अनुक्रिया के आधार पर पदों में आवश्यक संशोधन किया जाता है।

समूह जाँच (Group Try out)–समूह जाँच का उद्देश्य पद-विश्लेषण करना होता है। यह पद विश्लेषण पदों का विभेदकारिता व कठिनाई स्तर ज्ञात कर किया जाता है। इसके लिए परीक्षण को एक बड़े समूह पर प्रशासित किया जाता है। लेकिन समूह जाँच के लिए बालकों को परीक्षण देने से पूर्व परीक्षण में प्रारंभ में परीक्षण का नाम, परीक्षण निर्माणकर्त्ता के नाम के साथ बालक (जिसे परीक्षण हल करने के लिए दिया जा रहा है) का नाम, लिंग, कक्षा, विद्यालय का नाम, जन्म-दिनांक, सामाजिक-आर्थिक स्थिति, पिता का नाम, माता का नाम, इत्यादि ऐसी सभी जानकारी, जो हम प्राप्त करना चाहते हैं, का शीर्षक देना चाहिए तथा परीक्षण को हल करने के लिए विद्यार्थी को दिए जाने वाले आवश्यक निर्देश स्पष्ट रूप से देना चाहिए।

उपलब्धि परीक्षण का पद-विश्लेषण करते समय उसका विभेदीकरण स्तर (Discrimination Level) व कठिनाई स्तर (Difficulty Level) ज्ञात किया जाता है। यहाँ रॉस व स्टेनले पद-विश्लेषण विधि के द्वारा विभेदीकरण स्तर व कठिनाई स्तर ज्ञात करने की विधि दी गयी है–

रॉस व स्टेनले पद-विश्लेषण विधि

प्रस्तुत विधि में विद्यार्थियों के बड़े समूह पर परीक्षण प्रशासित करने व फलांकन करने के पश्चात् विद्यार्थियों की उत्तर पुस्तिकाओं को आरोही अथवा अवरोही क्रम में जमा लिया जाता है, और उच्च व निम्न, दोनों ओर से 27 प्रतिशत विद्यार्थियों के दो वर्ग बना लिए जाते हैं। मध्य के 46 प्रतिशत विद्यार्थियों की उत्तर पुस्तिकाओं को अलग कर दिया जाता है तथा प्रत्येक पद के लिए उच्च वर्ग व निम्न वर्ग के द्वारा अशुद्ध किए गए उत्तरों की संख्या पृथक-पृथक ज्ञात कर ली जाती है तथा सूत्र के द्वारा विभेदकारिता निर्देशांक व कठिनाई स्तर ज्ञात किया जाता है। निम्न तालिका की सहायता से विभेदकारिता निर्देशांक व कठिनाई स्तर की गणना को समझा जा सकता है:

यदि कुल विद्यार्थियों की संख्या 26 है तो 27 प्रतिशत उच्च व 27 प्रतिशत निम्न समूह के विद्यार्थियों की संख्या 7 होगी, अर्थात्

उपर्युक्त सारणी में –

W_L (Wrong Lower) = निम्न वर्ग में अशुद्ध उत्तर देने वाले विद्यार्थियों की संख्या

W_H (Wrong Higher) = उच्च वर्ग में अशुद्ध उत्तर देने वाले विद्यार्थियों की संख्या

पद संख्या	उच्च वर्ग द्वारा दिए गए अशुध्द उत्तर W_H (1)	निम्न वर्ग द्वारा दिए गए अशुध्द उत्तर W_L (2)	विभेदकारिता (2–1) $D_1 = W_L - W_H$ (3)	कठिनाई (1+2) $D_2 = W_L + W_H$ (4)	विभेदकारिता निर्देशांक (3) % N	कठिनाई स्तर (4) % 2N
1	3	7	4	10	0.57	0.71
2	2	4	2	6	0.28	0.42
3	1	3	2	4	0.28	0.28
4	0	2	2	2	0.28	0.14
5	4	6	2	10	0.28	0.71
6	3	4	1	7	0.14	0.50
7	6	6	0	12	0	0.85
8	2	2	0	4	0	0.28
9	1	1	0	2	0	0.14
10	3	4	1	7	0.14	0.50

D_1 = विभेदकारिता
D_2 = कठिनाई

$$\text{विभेदकारिता निर्देशांक} = \frac{W_L - W_H}{N}$$

$$\text{कठिनाई स्तर} = \frac{W_L - W_H}{2N}$$

N = प्रत्येक वर्ग में विद्यार्थियों की संख्या।

अंतिम जाँच (Final Try out)–उपलब्धि परीक्षण के मानकीकरण के लिए तृतीय सोपान में पद-विश्लेषण के लिए प्रारंभिक जाँच के आधाार पर पदों में संशोधन व कमी/वृद्धि होने के पश्चात् उनकी अंतिम जाँच की जाती है। अंतिम जाँच का उद्देश्य उपकरण की विश्वसनीयता व वैधता निर्धारित करना व उपकरण के मानक निर्धारित करना है।

उपकरण की विश्वसनीयता ज्ञात करने की निम्न विधियाँ हैं :

1. परीक्षण-पुनर्परीक्षण विश्वसनीयता (Test-retest Reliability)
2. अर्ध-विच्छेद विश्वसनीयता (Split-Half Reliability)
3. युक्तिपरक तुल्यता विधि (The Method of Rational Equivalence)
4. कुडर रिचर्डसन सूत्रविधि

परीक्षण की वैधता ज्ञात करने की विधियाँ निम्नानुसार है :

1. विषयवस्तु वैधता (Content Validity)
2. पूर्वकथनात्मक वैधता (Predictive Validity)
3. समवर्ती वैधता (Concurrent Validity)
4. अन्वय वैधता (Construct Validity)
5. आमुख/रूप वैधता (Face Validity)

विश्वसनीयता व वैधता की उपर्युक्त में से कोई भी एक या अधिक विधियों द्वारा परीक्षण की विश्वसनीयता व वैधता ज्ञात की जा सकती है, तत्पश्चात् परीक्षण के मानक निर्धारित किए जाते हैं।

4. मूल्यांकन करना (Evaluation)–उपलब्धि परीक्षण के निर्माण के पश्चात् उसका मूल्यांकन कर यह ज्ञात किया जाना चाहिए कि वह एक अच्छे परीक्षण की कसौटी पर खरा उतरता है या नहीं। मूल्यांकन के द्वारा परीक्षण में विश्वसनीयता, वैधता, वस्तुनिष्ठता, विभेदकता, उपयोगिता, संवेदनशीलता इत्यादि गुणों का आकलन किया जाना चाहिए।

इस प्रकार उपर्युक्त सभी सोपानों को पूर्ण कर वाणिज्य विषय में एक मानकीकृत उपलब्धि परीक्षण का निर्माण किया जा सकता है।

नोट–इस अध्याय के प्रकरणों को विस्तृत रूप में पढ़ने के लिए पाल एवं शर्मा (शिप्रा, 2009) की पुस्तक 'मापन/आकलन एवं मूल्यांकन' देखें।

शब्द सूची
(Glossary)

अंकन	Marking	अनुसूचियाँ	Inventories
अंकेक्षण	Auditing	अन्तरअनुशासनिक	Interdisciplinary
आंकिक	Numerical	अन्तरजाल	Internet
अकादमिक	Academic	अन्तरनिरीक्षक	Inter-observer
अकारादिक्रम	Alphabetically	अन्तरराष्ट्रीय	International
अगम्य	Inaccessible	अन्तरवैयक्तिक	Interpersonal
अर्जित	Acquired	अन्तिम खाते	Final Account
अतार्किक	Illogical	अन्वेषण	Investigation
अर्थपूर्ण	Meaningful	अपर्याप्तता	Inadequacy
अदत्त	Outstanding	अभिकल्प	Design
अद्वितीय	Unique	अभिक्षमता	Aptitude
अधिगम	Learning	अभिप्राय	Aims
अधिगमक	Learner	अभिप्रेरणा	Motivation
अधिभार	Weightage	अभिरुचियाँ	Hobbies
अध्यापक निर्मित	Teacher-made	अभिलेख	Records
अनंतिम	Tentative	अभिवृत्तियाँ	Attitudes
अनुक्रिया	Response	अभीष्ट	Intended
अनुदेशनात्मक	Instructional	अमूर्त	Abstract
अनुपलब्धता	Non-availability	अमूर्तन	Abstraction
अनुपातहीन	Misappropriate	अवधान	Attention
अनुप्रयोग	Application	अवधारणाएँ	Assumptions
अनुमति	Permission	असंगठित	Unorganized
अनुमान	Estimate	असंगतता	Discrepancy
अनुमानन	Guessing	अस्वाभाविक	Unusual
अनुरक्षण	Maintenance	आंशिक	Partial
अनुशंसाएँ	Recommendations	आकलन	Assessment
अनुशिक्षकीय	Tutorials	आकर्षक	Attractive
अनुश्रवण	Monitoring	आकस्मिक	Casual
अनुसंधान	Invention	आकांक्षाओं	Expectations

आक्रामक	Aggressive
आगत	Input
आतंकवाद	Terrorism
आत्म-कथा	Autobiography
आत्म -मूल्यांकन	Self Evaluation
आत्म-विकास	Self Development
आत्मसात	
आधार खण्ड	Premise
आधार वाक्य	Syllogism
आनुवांशिक	Hereditary
आपतिक	Emergent
आयाम	Dimension
आलेख	Script
आलोचनात्मक	Critical
आवरण-पृष्ठ	Cover-Page
आविर्भाव	Appearance
आविष्कार	Invention
आहरण	Drawing
इंगित	Intended
इकाई	Unit
उक्तियाँ	Quotation
उच्चारण	Pronunciation
उत्पाद	Product
उत्पादक	Producer/Productive
उद्दीपन	Stimulation
उद्दीप्त	Stimulated
उददेश्य	Objective
उददेश्यपूर्ण	Purposeful
उद्यम, उद्योग	Industry
उन्नत	Update
उन्मुखीरण	Orientation
उपकरण	Tool
उपग्रह	Satellite
उपचार	Treatment
उपचारात्मक	Remedial
उपलब्धि	Achievement
उपागम	Approach
उपार्जित	Accrued
ऊर्ध्व	Erecting
ऊर्ध्वाकार	Vertical
एकरूपता	Consistency/ Uniformity
एकाग्र	Concentrate
एकाधिकार	Monopoly
औचित्य	Rational
औद्योगिक	Industrial
औपचारिक	Formal
कठोर	Rigorous
कर्णीय	Diagonal
कल्पना	Imagination
कारण-प्रभाव	Cause Effect
कृत्रिम	Artificial
केन्द्रण	Focusing
केन्द्रीभूत	Focus
कोटि	Rank
कोषालय	Treasury
कौतुहल	Curious
कौशल	Skill
क्रमबद्ध	Sequential
क्रियान्वयन	Implementation
क्रियाशीलता	
क्षैतिज	Horizontal
खतौनी	Ledger-Posting
खनिज	Minerals
खाता	Account
खाताबही	Ledger
खातेदार	Account-Holder
खोज	Discovery
गंतव्य	Destination
गणना	Calculation
गतिवरोधक	Speed-Breaker
गतिशील	Dynamic
गप्प धुप्पल	Bluffing
गामक	Motor
गुणधर्म	Property
गुणवत्ता	Quality

गुणात्मक	Qualitative	नाजुक	Delicate
गुणांक	Coefficient	नामांकित	Labeled
गृहकार्य	Homework	निकष	Criteria
गौण	Secondary	निकाय	Body
ग्रहणक्षमता	Receptivity	निकूटन	Coding
घटना	Event	निकूटित	Coded
चयन	Selection	निदान	Diagnose
चयनित	Elective	निदानात्मक	Diagnostic
चालूखाता	Current Account	नियोजन	Planning
चिन्तन	Thinking	निरीक्षण	Observation
चित्रकारी	Drawing	निर्दिष्ट	Specified
चित्रात्मक	Pictorial	निर्देशांक	Index
चुनौती	Challenge	निर्धारण	Rating
छँटाई	Sorting	निर्वचन	Interpretation
जटिल	Complex	निष्कर्ष	Conclusion
जागरूक	Conscious	निष्क्रिय	Inactive
जागरूकता	Awareness	निष्पत्ति	Achievement
जिज्ञासु	Curious	निष्पादन	Performance
जुआ	Gamble	नीलपत्र	Blue Print
टंकण	Typing	नेतृत्व	Leadership
तकनीक	Technique	नैदानिक	Diagnostic
तर्क	Logic	न्यूनतम	Minimum
तर्क-शक्ति	Logical-Power	पक्ष	Domain
तलपट	Trial-Balance	पक्षपात रहित	Unbiased
तार्किक	Logical	पट	Board
तादात्म्य	Rapport	पथप्रदर्शक	Guide
त्रिविमायी	Tri-dimensional	पद	Item
त्रुटियाँ	Errors	पद-विश्लेषण	Item-Analysis
दर्पण	Mirror	पदानुक्रम	Hierarchical
दर्शन	Philosophy	परम्परागत	Traditional
दुर्लभ	Rare	परावर्तक	Reflector
दूरसम्मेलन	Teleconferencing	परिकल्पना	Hypothesis
दूरस्थ-शिक्षा	Distance Education	परिचालन	Manipulation
दृष्टांत	Illustration	परिप्रेक्ष्य	Context
देयविपत्र	Bill Payable	परियोजनाएँ	Projects
ध्यानभंगक	Distractor	परिवर्ती	Variable
नम्यता	Flexibility	परिष्कृत	Sophisticated
नवाचार	Innovation	परिसंवाद	Symposium

परीक्षण	Test	प्रत्यास्मरण	Recall
पर्यवेक्षक	Invigilator	प्रदत्त	Data
पर्यवेक्षण	Supervision	प्रदत्तकार्य	Assignment
पर्यावरण	Environment	प्रदर्शन	Demonstration
पर्याप्त	Adequate	प्रबन्धन	Management
पसंद	Choice	प्रभावशाली	Impressive
पाठ्यचर्या	Curriculum	प्रभाविता	Efficacy
पाठ्यवस्तु	Content	प्रभावी	Effective
पाठ्यविवरण	Syllabus	प्रभुत्व	Dominance
पारंगत	Master	प्रमाप	Module
पारंगतता	Mastery	प्रयोग	Experiment
पार्श्वचित्र	Profile	प्रवाहपित्र	Flow- Diagram
पुनरावृति	Recapitulation	प्रविष्टि	Entry
पुनर्बलन	Reinforcement	प्रशासकीय	Administrative
पुस्तपालन	Book-Keeping	प्रशिक्षक	Trainer
पूँजी	Capital	प्रशिक्षण	Training
पूछताछ	Quarry	प्रशिक्षित	Trained
पूरक	Supplement	प्रशिक्षुओं	Trainees
पूर्वकथन	Prediction	प्रस्तावित	Proposed
पूर्वदत्त	Prepaid	प्रस्तुतीकरण	Presentation
पूर्ववर्ती	Antecedent	प्राथमिक	Primary
पूर्वानुमान	Anticipation	प्राथमिकता	Preference
पृष्ठभूमि	Background	प्राप्य विपत्र	Bill Receivable
पैमाना	Scale	प्रमाणिक	Authentic
प्रकरणों	Topics	प्रायोगिक	Practical
प्रकृति	Nature	प्रायोगीकरण	Experimentation
प्रक्रिया	Process	प्रावधान	Provision
प्रक्षेपित	Projected	प्रासंगिकता	Relevance
प्रगत	Advanced	प्रेरक	Motive
प्रगति	Progress	प्रेषण	Consignment
प्रजातांत्रिक	Democratic	फलांक	Scores
प्रतिपोष	Feedback	फलांकन	Scoring
प्रतिफल	Return	बही	Book
प्रतिमान	Model	बहु	Multiple
प्रतिवेदन	Report	बहुआयामी	Multidimensional
प्रतिस्पर्धा	Competition	बहुलक	Mode
प्रत्यक्षण	Perception	बुनियादी	Fundamental
प्रत्यक्षणात्मक	Perceptual	बाधक-शोर	Noise

बोझिल, बोध	Comprehension	रेखाकृति	Sketches
बोधगम्य	Understood	रेखाचित्र	Diagrams
ब्याज	Interest	रोज़नामचा	Journal
भविष्योन्मुख	Future Oriented	लक्ष्य	Goal
भावात्मक	Affective	लापरवाह	Careless
भाषिक	Linguistic	लिपिकीय	Clerical
भ्रम	Ambiguity	लेखापाल	Accountant
मनोगामक	Psychomotor	लोक	Public
मनोदैहिक	Psychophysical	वक्ता	Speaker
मनोनयन	Nomination	वर्गीकरण	Classification
मनोभाव	Sentiments	वर्गीकृत रूप से	Taxonomically
मनोवैज्ञानिक	Psychologist	वर्तनी	Spelling
मात्रात्मक	Quantitative	वस्तुनिष्ठ	Objective
माध्य	Mean	वस्तुनिष्ठता	Objectivity
मध्यिका	Median	वांछनीय	Desirable
मानक	Norms	वांछित	Desired
मानकीकरण	Standardization	वानिकी	Forestry
मानकीकृत	Standardized	विकलित/नामे	Debit
मानचित्र	Map	विकासात्मक	Developmental
मापन	Measurement	विकृत	Distorted
मार्गदर्शिका	Guideline	विचलन	Deviation
मालगोदाम	Warehousing	वितरण	Distribution
मितव्ययी	Economical	वित्त	Finance
मिलान	Matching	विनिमय-विपत्र	Bill Exchange
मुखाभिव्यक्ति	Facial Expression	विनियोजन	Investment
मुद्रा	Currency	विनोदी	Humorous
मुद्रित	Printed	विन्यास	Set
मूल्य	Worth	विपणन	Marketing
मूल्य-निर्णय	Value Judgments	विभेदकारिता	Discrimination
मूल्यांकन	Evaluation	विमर्शक	Reflective
यादृच्छिक	Random	विवाद	Dispute
युक्तियाँ	Devices	विशिष्टीकरण	Specialization
योगात्मक	Summative	विशेषज्ञ	Expert
योग्यता	Ability	विश्लेषण	Analysis
रचनात्मक	Formative	विश्वकोषों	Encyclopedias
रसास्वादन	Appreciate	विश्वसनीयता	Reliability
रहस्यमय	Puzzling	विश्रान्ति	Pause
रुचि	Interest	विषयवस्तु	Content

विषयवस्तु वैधता	Content Validity	संगठन	Organization
विस्तृत	Broad	संगठित	Organized
विस्फोट	Explosive	संगतता	Consistency
वैकल्पिक	Alternative	संगोष्ठी	Seminar
वैज्ञानिक	Scientific	संचलन	Movement
वैधता	Validity	संतुलन	Balance
वैयक्तिकरण	Individualization	संभावित	Possible
व्यक्तिगत	Personal	संयोजन, संरक्षण	Preservation
वैषम्यता	Contrast	संलग्नता	Persistency
व्यंग्यचित्र	Cartoon	संवेदनशीलता	Sensitivity
व्यक्तिगत खाता	Personal Account	संश्लेषण	Synthesis
व्यक्तिपरक	Individualized	संस्थाओं	Institutions
व्यवसाय	Business	सतत	Continuous
व्यवहार्यता	Feasibility	सत्यापन	Verification
व्यापक	Comprehensive	सनातनी	Conservative
व्यापकता	Comprehensiveness	सन्दर्भ	Reference
व्यावसायिक	Vocational	सन्निहित	Embedded
व्यूह रचना	Strategy	सभापति	Chairman
शब्दभण्डार	Vocabulary	समकालिक	Simultaneous
शब्दावली	Terminology	समग्राकृति	Configuration
शारीरिक	Physical	समझ	Understanding
शिथिल	Relaxed	समरूपता	Analogies
शिथिलन	Relaxation	समन्वय	Coordination
शिक्षाविद्	Educationist	समरूप	Uniform
शैक्षणिक	Academic	समवर्ती	Concurrent
शीघ्रलेखन	Shorthand	समस्या-समाधान	Problem Solving
शुद्ध	Accurate	समाकलित/जमा	Credit
श्रृंखला	Series	समाजीकरण	Socialization
श्रेणीयन	Grading	समानान्तर	Parallel
श्रेष्ठ	Superior	समीक्षा	Review
शोध	Research	सम्पादक	Editor
संकलन	Collection	सम्पादन	Transaction
संकल्पना	Concept	सम्प्राप्ति	Attainment
संकाय	Discipline	सम्प्रेषण	Communication
संकेतन	Gesture	सम्भाव्यता	Probability
संकेतों	Symbols	सम्बन्धित	Related
संक्रियात्मक	Operational	सम्मेलन	Conference
संज्ञानात्मक	Cognitive	सर्वांगीण	All-round

सर्वेक्षण	Survey	सूचनापट	Information Board
सहनकरना	Tolerance	सूक्ष्म	Micro
सहपाठी	Classmate/Peer	सृजनात्मकता	Creativity
सहभागिता	Participation	सृजित	Created
सांखयिकी	Statistics	सोपान	Stage
साझेदार	Partner	स्रोतों	Sources
साझेदार	Partnership	स्कन्ध	Stock
साध्य	Feasible	स्तर	Level
सामर्थ्य	Potential	स्तरीय	Standard
सामान्यीकाण	Generalization	स्थायी	Permanent
सारांक्षित	Summarized	स्थिरपूँजी	Fixed Capital
सार्वभौम	Global	स्पष्टीकरण	Clarification
सार्वभौमिक	Universal	स्मृति	Memory
साहचर्य	Association	स्व अनुदेशन	Self Instruction
सुदूर	Remote	स्वरमान्	Pitch
सुनिश्चित	Precise	स्वाध्याय	Self Study
सुपरिभाषित	Well defined	स्वीकृत	Reception
सुव्यवस्थित	Systematic	हतोत्साहित	Discourage
सुसाध्यक	Facilitator		

सन्दर्भ
(References)

Adaval, S.B., *Quality of Teachers*. Amitash Prakashan, Allahabad. 1979.

Agrawal, S.P., *Development of Education in India*. Vol. V, Concept Publishing Company, New Delhi, 2002.

Agrawal, J.C., *Teaching of Commerce*. Vikas Publishing House, New Delhi. 2005

Allen, D.W. & Ryan, K.A., *Microteaching. Reading Mass.* Addision Wesley, California, 1989.

Anastasi, A. and Urdina, S., *Psychological Testing*. Pearson Education Pvt. Ltd., Delhi, 1997.

Barth, James, *Methods of Instruction in Social Studies Education*. University Press of America, Washington D.C., 1976.

Bass, B. and Vaughan, J.A., *Training in Industry: The Management of Learning*. Tavistock Publication, London, 1966.

Beard, R.M., et al. Research in Teaching Methods in Higher Education. Society for Research in Higher Education, London, 1978.

Bellingham, John, *Dictionary of Education*. Academic (India) Publishers, New Delhi, 2004.

Bhatia, S.K. (ed.), Methods of Teaching Accountancy. Institute of Advanced Studies in Education, Department of Education. University of Delhi, Delhi. 1996.

Bhatnagar, R.P., *Educational Technology and Management*. International Publishing House, Meerut, 2005.

Bhatt, D. B., *Curriculum Reforms - Change and Continuity*. Kanishka Publishers, New Delhi, 2006.

Bhorali, Devdas (ed)., *Commerce Education In India*. Deep & Deep Publications, NewDelhi. 1987.

Bhushan, A. and Ahuja, M., *Educational Technology – Theory and Practice in Teaching Learning Process*. Bawa Publications, Patiala, 2002.

Binnion, J.E., "When You Use a Book-keeping Practice Set" *Journal of Business Edcation*. Vol. 32, pp. 30-33, Oct 1956.

Bligh, D.A., *What's Use of Lecture*. Penguine, Harmondsworth, 1972.

Bloom, B.S. (ed), Taxonomy of Educational Objectives: The Classification of Educational Goals. *Handbook I Cognitive Domain*. Longmans Green, NewYork, 1956.

Bossing, Nelson. L., *Teaching in Secondary Schools*. Amerind Publishing Co, Bombay, 1970.

Boynton, L.D., *Methods of Teaching Book-Keeping*. South Western Publishing Co, Cincinati, 1955.

Brook, S.C., *Aspects of Learning*. CFED, Manhatton, 1977.
Brown, C.S. and Gloyne E.R., *Field Training of Social Worker*. Allen & Unwin, London, 1966.
Brown, G.A. and Bakhtar, M. (eds), *Styles of Lecturing*. ASTD Publications, UK, 1983.
Buch, M.B. (ed.), *A Survey of Research in Education*. Centre of Advance Study in Education, Baroda, 1974.
Buch, M.B. (ed.), *Second Survey of Research in Education* (1972-78). Society for Educational Research and Development, Baroda, 1979.
Buch, M.B. (ed.), *Third Survey of Research in Education* (1978-83). NCERT, New Delhi, 1986.
Buch, M.B. (ed.), *Fourth Survey of Research in Education* (1983-88).Vol I &II NCERT, New Delhi, 1991.
Choudhary, D. Paul, *Training Methodology and Management*. Sterling Publisher's Pvt Ltd, New Delhi, 1986.
Clark, Burton, R. and Neave Guy R., *The Encyclopaedia of Higher Education*. Pergamann Press, NewYork, 1992.
Clem, Jane E., *Techniques of Teaching Typewriting*. McGraw Hill Book Co, NewYork, 1955.
Corsini, R.J. & Shaw, M.E. *Role Playing in Business and Industry*. Free Press, Glenco, III 1961.
Dame, J. Frank & Brinkman, Albert. R., *Guidance in Business Education*. South Western Publishing Co, Cincinati, 1961.
Das, R.C., et al., *Curriculum and Evaluation*. NCERT, New Delhi, 1984.
Daugherty, Anne Scoot, *Methods of Basic Business & Economic Education*. .South Western Publishing Co, Cincinati. 1965.
Davies, I.K., *Objectives in Curriculum*. McGraw Hill Book Co Ltd, London.1976.
Deighton, Lee C. (ed), *The Encyclopaedia of Education*. The McMillan & Co, London, 1971.
Dhand, H., *Techniques of Teaching*. Ashish Publishing House, New Delhi.1990.
Dunkin, M.J. (ed), *The International Encyclopaedia of Teaching and Teacher Education*. Pergamon, Oxford, 1987.
Ebel, Robert L. (ed), *Encyclopaedia of Educational Research*. The McMillan Co, London, 1960.
Fleming, C.M., *Teaching a Psychological Analysis*. Methuen & Co, London 1958
Freeman, F. S., *Theory and Practice of Psychological Testing*. Surjeet Publications, Delhi, 2006.
Gage, N. L. (ed.), *Hand Book of Research on Teaching*. Rand Mcnally & Company, Chicago, 1967.
Gage, N.L. (ed.), *The Psychology of Teaching Methods*. University of Chicago Press, Chicago, 1976.
Gartside, L., *Teaching Business Subjects*. MacDonald & Evans Ltd,London.1970
GOI, Education Commission Report. (1964-66). Ministry of Education Publication Division, Delhi, 1966.
GOI, The Secondary Education Commission Report. Ministry of Education Publication Division, Delhi, 1953.

Good, C.V., *Dictionary of Education*. McGraw-Hill Book Co., London, 1973.

Graham, R.C. & Grey, C.P., *Business Games Handbook*. American Management Association, Inc, New York, 1969.

Green, Helen Hinson, *Activities Handbook for Business Teachers*. McGraw Hill Book Co, New York, 1959.

Green, George H., *Planning The Lesson*. University of London Press Ltd, London, 1948.

Guilford, J. P., *Psychometric Methods*. Surjeet Publications, Delhi, 2006.

Gulley, Halbert E., *Discussion, Conference, and Group Process*, Amerind Publishing Co, Pvt. Ltd, 1968.

Gupta, Rainu, *Teaching of Commerce*, Shipra Publications, Delhi, 2009.

Hanson, J.L., *A Dictionary of Economics & Commerce*. Vth edition. The English Language Book Society. Mc Donald & Evans, London, 1977.

Hardaway, Maithilde & Mair, Thomos B., *Test & Measurement in Business Education*, South Western Publishing Co, Cincinati, 1952.

Harms, harm And Stehr, B.W., *Methods in Vocational Business Education*, South Western Publishing Co, Cincinati, 1963.

Harrow, A.J., *A Taxonomy of Psychomotor Domain*. McKay, New York, 1972.

Highet, G., *The Art of Teaching*. Methuen & Co, London, 1951.

Husen, Toresten (ed), *The International Encyclopaedia of Education*. John Wiley & Sons, Pergamon Press, 1983.

Jain, K.C.S., *Teaching of Commerce* (Hindi) 4th edition Rajasthan Hindi Granth Academy, Jaipur, 1994.

Khamborkar, K.R., *Training Teaching Techniques*. I.W. Deshmukh, Akola.1980.

Krathwohl, D.R. et al., *Taxonomy of Educational Objectives, The Classification of Educational Goals*. Handbook II affective Domain McKay Co, Inc, New York, 1964.

Kuppuswamy, G. & Natrajan R., Lecture Method Strategy for Improvement. *Journal of Higher Education*. Monsoon Spring, p. 87-99.

Lamb, Morison M., *Your First Year of Teaching Typewriting*. South Western Publishing Co, Cincinati, 1959.

Lambhate, M.V., Development of Instructional Material for Teachers Teaching Science to Class VI in Rural area of M.P. Unpublished Ph. D. (Edu.) Thesis, D.A.V.V., Indore, 1983.

Mohanty, J., *Educational Technology*. Deep & Deep Publication Pvt. Ltd., New Delhi, 2001.

Mrunalini, T., *Curriculum Development*. Neelkamal Publication Pvt. Ltd., New Delhi, 2006.

Musselmann, V.A. Hanna. J.A., *Teaching Book-Keeping and Accounting*. McGraw Hill Books. New York, 1960

Narang, M. & Arora, V. (eds), *Encyclopaedia of Techniques of Teaching*. (Vol. I & II)

NCERT, Fifth Survey of Educational Research (1983-88), Volume I & II, NCERT, New Delhi, 2000.

Nolan, C. A. et al., *Principle & Problems of Business Education*, South Western Publishing Co, Cincinati, 1967.

Page, G. Terry & Thomas, J.B., *International Dictionary of Education*. The English Language Book Society & Kogan Page. London, 1977.

Pal, H. R., Curriculum Construction for Developing Social Skills in Teachers for Establishing Closer Contact with Community. Unpublished Ph. D. (Edu.) Thesis, Indore University, Indore, 1981.

Pal, H.R. & Sharma, M., *Measurement/Assessment & Evaluation*. Shipra Publications, 2009.

Pal, H.R., *Methodologies of Teaching & Training in Higher Education*. (Hindi) Directorate of Hindi Implementation, Delhi University, Delhi, 2000.

Pal, R., Nature & Process of Academic Orientation of Teachers of Higher Education. Unpublished Ph.D. Thesis. Devi Ahilya University Indore, 1995.

Passi, B.K. (ed), Becoming Better Teacher: Microteaching Approach.Sahitya Mudranalaya, Ahmedabad, 1976.

Rai, Seema, *Teaching of Commerce*. Anmol Publications, New Delhi, 1995

Rao, V. K., *Educational Technology*. A P H Publishing Corporation, New Delhi, 2003.

Ryans, D.G., *Characteristics of Teachers*. Sterling Publishers, Delhi, 1965.

Sansanwal, D.N. & Singh, P, *Models of Teaching*. (Hindi) Society for Educational Research & Development, Baroda, 1991.

Sampat, K., et al., *Introduction to Educational Technology*. Sterling Publication Pvt. Ltd., New Delhi, 1998.

Shankar, T., *Methods of Teaching Educational Technology*. Crescent Publishing Corporation, New Delhi, 2006.

Sharma, A., *Modern Educational Technology*. Commonwealth Publishers, New Delhi, 2004.

Sharma, G.D. & Ahemad, S.R. (eds), *Methodologies of Teaching in Colleges*. National Institute of Educational Planning & Administration, New Delhi, 1966.

Sharma, R. N., *History and Problems of Education in Indian*. Surjeet Publications, Delhi, 2003.

Siddiqui, M. H., *Technology in Higher Education*. A P H Publishing Corporation, New Delhi, 2004.

Sidhu, K. S., *New Approaches to Measurement and Evaluation*. Sterling Publication Pvt. Ltd., New Delhi, 2005.

Singer, S. F. (ed.), *Is there an Optimum Level of Population*?. McGraw–Hill Book Company, New Delhi, 1971.

Singh, R.P. & Singh, P. *Teaching of Commerce*. Vinod Pustak Mandir Agra, 1998

Srivastav, D. S. and Kumari, S., *Curriculum and Instruction*. Isha Books, Delhi, 2006.

Srivastava, H.S., *Curriculum and Methods of Teaching*, 2nd edition, Shipra Publication, Delhi, 2010

Tiwari, B., *Hindi-English Dictionary*. Kitab Ghar Prakashan, New Delhi, 1995.

Tonne, H.A., et. al., *Principles of Business Education*. Mc Graw Hill, New York, 1970

Tonne, H.A., et. al., *Methods of Teaching Business Subjects*. Mc Graw Hill, New York, 1995.

Tourani, P., Comparative Effectiveness of Jerk Technology and Lecture Method in terms of Cognitive and Affective Domain related Variables of Class IX Students. Unpublished Ph. D. (Edu.) Thesis, D.A.V.V., Indore, 2001.

Wadhwa, S., *Modern Methods of Teaching Adult Education*. Sarup & Sons, New Delhi, 2000.